教师教育系列教材

学前儿童语言教育

张莉娜　主　编

李京蕾　宫晓东　副主编

清华大学出版社
北　京

内 容 简 介

本书围绕学前儿童语言教育的重点，从理论和实践的角度展开论述和讨论，反映了《幼儿园教育指导纲要》和《3～6岁儿童学习与发展指南》对幼儿语言发展的要求。全书共分为8章，主要内容包括学前儿童语言教育概述、学前儿童语言的基础知识、不同阶段学前儿童语言发展与教育、学前儿童语言教育的目标与内容、学前儿童语言教育的途径与方法、学前儿童语言教育活动的设计与组织指导、学前儿童语言教育评价、学前儿童语言教育研究展望。通过学习本课程，学生能够对学前儿童语言教育有一个整体认识，掌握学前儿童语言教育活动设计与组织实施的基本技能。

本书融系统性、新颖性、应用性和启发性于一体，本书的特色首先体现在体系的科学性，每章包括“本章学习目标、核心概念、引导案例、本章小结及思考与练习”；其次是注重理论联系实际，精选了大量案例，便于学生加深理解；最后是编写视角新颖，始终站位于实践的视角，不同于其他语言教育类教材，突出了学前专业基础课的“实践特点”。

本书可以作为高等学校本科及专科学前教育专业的基础课教材，也可作为从事幼儿语言教学和研究人员、幼儿教师和有意从事幼儿教育的其他专业学生的参考用书。

图书在版编目(CIP)数据

学前儿童语言教育/张莉娜主编. —北京：清华大学出版社，2019.10(2025.2重印)
教师教育系列教材
ISBN 978-7-302-53922-3

Ⅰ. ①学… Ⅱ. ①张… Ⅲ. ①学前儿童—语言教学—师资培训—教材 Ⅳ. ①G613.2

中国版本图书馆 CIP 数据核字(2019)第 220948 号

责任编辑：陈冬梅
封面设计：刘孝琼
责任校对：吴春华
责任印制：杨　艳
出版发行：清华大学出版社
　　网　　址：https://www.tup.com.cn, https://www.wqxuetang.com
　　地　　址：北京清华大学学研大厦 A 座　　**邮　　编：**100084
　　社 总 机：010-83470000　　**邮　　购：**010-62786544
　　投稿与读者服务：010-62776969, c-service@tup.tsinghua.edu.cn
　　质量反馈：010-62772015, zhiliang@tup.tsinghua.edu.cn
　　课件下载：https://www.tup.com.cn，010-62791865
印 装 者：三河市君旺印务有限公司
经　　销：全国新华书店
开　　本：185mm×260mm　　**印　张：**15.5　　**字　数：**377 千字
版　　次：2019 年 11 月第 1 版　　**印　次：**2025 年 2 月第 5 次印刷
定　　价：48.00 元

产品编号：077658-01

前言

习近平总书记在中国共产党第二十次全国代表大会上的报告中明确指出："我们要办好人民满意的教育，全面贯彻党的教育方针，落实立德树人根本任务，培养德智体美劳全面发展的社会主义建设者和接班人，加快建设高质量教育体系，发展素质教育，促进教育公平。"本教材在编写过程中深刻领会党对高校教育工作的指导意见，认真履行党对高校人才培养的具体要求。

世界范围内的信息革命和高科技的飞速发展，要求提高人的素质。语言是交际、思维和学习的工具，语言能力已成为高素质人才不可或缺的基本能力。学前期是儿童语言发展的关键期，学前儿童语言教育日益受到社会的重视，特别是教育工作者的重视。我国学前教育和儿童心理领域的理论工作者对部分高校学前教育专业学生和教师的调查发现，学前儿童语言教育存在选题不当、目标定位和表述不准、材料准备与环境利用不能有效支持活动的开展等问题，广大师生热切期盼通过语言领域教材的改革提升学前教育专业教学水平。

本书坚持理论联系实际，在理论的基础上以丰富、鲜活的案例和深入浅出的方法作为教材编写的出发点，重新优化组合知识体系，融系统性、新颖性、应用性和启发性于一体，试图为学前教育的理论和实践工作提供经验借鉴。就总体框架结构而言，本书分为 8 章，分别介绍如下。

第一章为学前儿童语言教育概述。

第二章讲述学前儿童语言的基础知识。

第三章讲述不同阶段学前儿童语言发展与教育。

第四章讲述学前儿童语言教育的目标与内容。

第五章讲述学前儿童语言教育的途径与方法。

第六章讲述学前儿童语言教育活动的设计与组织指导。

第七章讲述学前儿童语言教育评价。

第八章讲述学前儿童语言教育研究展望。

在每章的编写中，我们主要从"本章学习目标、核心概念、引导案例、本章小结及思考与练习"五个方面与读者交流。本章学习目标、核心概念能帮助读者获得本章学习的要点和主要内容；引导案例能让读者感受本章的学习重点，从而更好地把握本章的正文；本章小结能让读者清晰我们的理论观点；思考与练习能帮助读者运用所学理论进行深入的分析和解答现实中的问题，与更多的学者进行对话与交流。

本书由张莉娜进行策划、担任主编，李京蕾和宫晓东担任副主编。张莉娜拟定编写大纲，编写了第一章、第二章、第八章，李京蕾编写第三章、第五章、第七章，宫晓东编写第四章、第六章，由张莉娜对全书统稿，进行加工整理与修改。

在编写过程中，我们参阅了许多学者的专著和研究成果，同时感谢清华大学出版社为我们提供了出版机会。在此一并表示衷心感谢。

由于时间仓促，编者水平有限，缺点、错误之处，诚望读者指正。

编　者

目 录

语言作为工具，对于我们之重要，正如骏马对骑士的重要。最好的骏马适合于最好的骑士，最好的语言适合于最好的思想。

——但丁

第一章　学前儿童语言教育概述

本章学习目标

- 熟悉学前儿童语言教育的基本内涵。
- 理解学前儿童语言教育的意义、研究任务和研究方法。
- 掌握学前儿童语言教育的基本观念。

核心概念

学前儿童语言教育(language education for preschool children)　语言与言语(language and speech)　第一语言、第二语言和外语(first language, second language and foreign language)　双语和双语教育(bilingualism and bilingual education)　语言学习和语言习得(language learning and language acquisition)　语言能力和语言运用(language competence and language performance)　语言深层结构和表层结构(language deep structure and surface structure)

引导案例

我能进来“做客”吗？①

3 岁的晨晨是一个性格比较孤僻的孩子，也不喜欢说话，但非常喜欢“娃娃家”。由于该园是根据孩子吃饭速度的快慢来决定谁有最先选择区角的权利，而晨晨的外婆总是很晚送晨晨来上幼儿园，别的小朋友都快吃完了，而晨晨却刚刚开始吃，因此，晨晨总是没有机会选择去“娃娃家”。有一天，晨晨吃完饭后，又在“娃娃家”旁边观望，老师决定这一次让晨晨破例进“娃娃家”。老师和晨晨商量，主人是当不成了(因为没有进区牌)，那就

① 资料来源：唐思群，屠荣生．师生沟通艺术[M]．北京：教育科学出版社，2001．

当一回客人吧。晨晨满口答应了，老师带着晨晨进入了“娃娃家”。晨晨进入“娃娃家”后，非常喜欢一本图画书，正当晨晨要去拿的时候，老师提醒晨晨：“晨晨，我们是客人。”这时候，晨晨看了看正在“叠衣服”的“妈妈”，他走过去，问道：“我可以看看你们家的这本书吗？”“妈妈”点了点头。晨晨津津有味地看起书来。

案例分析

这个案例为我们提供了一个教师为儿童提供操练语言的机会，满足儿童自己的需要，并促进儿童语言发展的成功范例。对于刚入园的小班幼儿来说，“娃娃家”是区角活动的重要内容。它不仅能够使幼儿得到心理上的满足感，能够找到一种熟悉的感觉，同时还能够促进幼儿语言的发展。孩子通过区角游戏，充当不同的家庭成员，进行沟通交流，就是一个促进语言发展的机会。案例中的晨晨就是在区角游戏中通过协商的语言方式，来满足自己的需要的。在其他领域的活动中，语言也是儿童学习的工具。在参与其他领域活动，如数学学习活动时，语言交往有利于学前儿童正确地感知和理解学习的内容，提高儿童对学习内容的认识和表达能力，能够学习运用语言来思考事物之间的相互关系。

学习指导

本章的重点是学前儿童语言教育的基本内涵、研究对象和意义以及研究任务和研究方法。在学习的过程中，首先要仔细阅读教材，掌握相关的理论。其次要结合自己的学习，理解研究任务和研究方法。最后要根据教学实践活动，掌握学前儿童语言教育的基本观念。

第一节　学前儿童语言教育的研究对象和意义

近二三十年来，学前儿童语言教育获得了突飞猛进的发展，已成为一门独立学科，并对学前教育相关领域的发展起到了巨大的推动作用。由于学前儿童语言是一个不断发展的过程，因此，学前儿童语言教育又被称为“学前儿童语言发展与教育”。目前，语言、学前儿童语言以及学前儿童语言教育已成为学前教育所关注的最主要的课题。要想学好“学前儿童语言教育”这门课程，首先要清楚有关语言教育的几个关键概念，弄清楚概念的内涵，有助于我们加深对这门课程研究对象的理解；其次要明确学前儿童语言教育研究的对象和意义。学前儿童语言教育的基本概念包括语言与言语、第一语言与第二语言、语言学习与语言习得、语言能力、语言运用等。弄清这几个基本概念，还有助于我们在实践中采取适宜且丰富有效的形式开展教育活动。

一、学前儿童语言教育的基本概念

语言对于人类社会来说具有极为重要的意义。人们每天的生活都离不开语言，无论是表达感情、传递信息，还是交往、交流，语言都是最为便捷和有效的工具。长久以来，语言的结构、语言学习和运用的规律、语言与社会和人类的关系一直都是古今中外学者关注和探索的问题。语言学的理论观点对语言教育的理论和实践产生了很大影响。因此，弄清楚与学前儿童语言教育相关的基本概念，是我们学习的首要任务。

(一)语言与言语

在日常生活中，很少有人理会或探究语言和言语之间的关系。不少人把语言和说话混为一谈，往往认为汉族人说的话就是汉语，英国人说的话就是英语。这显然把人们所说的话同他们说话时所使用的语言等同起来了，这是不对的。所以，区分语言和言语这两个概念是十分必要的，语言和言语是两个彼此不同却又紧密联系的概念。

1. 语言(language)

语言是以语音或字形为物质外壳，以词汇为建筑材料，以语法为结构规律而构成的体系。语言以其物质化的语音或字形而为人所感知，它的词汇标示着一定的事物，它的语法规则反映着人类思维的逻辑规律。

从语言结构本身来看，语言是人类社会中客观存在的、约定俗成的符号系统。所谓符号，就是指代某种事物的标志或标记，它是由一个社会的全体成员共同约定用来表示某种意义的标记和记号。符号包括了形式和内容两个方面的要素。语言符号的形式是声音，语言符号的内容是意义。形式是符号的外壳，是可以被人的感觉器官感知的，因而形式具有物质性。内容是符号形式所代表的意义，也就是现实、现象、事物。因此，任何语言都包括语音、语义两个结构要素，这两个要素构成语言的语音系统和语义系统。

从语言的功能角度看，语言是人类最重要的交际工具。交际的最基本单位是句子，句子是由词和词组按照一定的语法规则组合而成的。一种语言中所有的词以及词的等价物——固定短语构成该语言的词汇系统，一种语言的所有语法规则构成该语言的语法系统。因此，语言是由语音、语义、词汇、语法四个要素构成的复杂系统。

2. 言语(speech)

言语指的是人类运用语言材料和语言规则所进行的交际活动的过程，是人们讲话的行为和所讲的话及所写的话，又叫“话语”。言语交际的具体过程，实际上就是言语产生(编码)和言语理解(译码)的过程，是在社会交往中运用语言的过程。汉语、英语、俄语就是作为交际工具的各种语言。使用一定语言的人，他或者说话或者听话或者阅读或者写作。这些听、说、读、写的活动，就是作为交际过程的言语。

讲话也叫言语活动，指的是运用语言的行为动作，而不是具体的语言。例如，我们现在常说“某某人不言语了”，这里的言语指的正是运用语言的行为而不是语言。人们所讲的话和所写的话也叫言语作品，它是使用语言的产物。例如，我们运用汉语说或写出来的一个个具体的句子(甚至一篇文章、一本著作)就是言语作品。语言是整个社会公有的交际工具和体现思维的工具，但是任何个人使用这个工具所构成的“言辞”已经不是工具本身，而是使用工具的产物，即言语作品。人们为了某种目的，表达特定的思想内容而说的话或写下来的话就是言语作品。

总之，言语联系着特定的说话者，有特定的场合和特定的交际目的。

3. 语言和言语的关系

瑞士语言学家、现代语言学创始人索绪尔认为，语言和言语是语言展示的两种基本表现形态。语言是一套音义结合的词汇系统和语法系统，是操同种语言的语言共同体中得到普遍认同的结构体系。言语是依赖于这个体系的个体的话语或写作的行为和结果，它有两方面的含义：其一，言语就是具体的说话和写作，是一种行为动作；其二，言语就是所说的话和所写的话，是行为动作的结果。概括起来说，言语是说、写和所说、所写；语言是人们用于说、写和存在于所说、所写中的音义结合的词汇系统和语法系统，这二者是紧密相连而又互为前提的。一方面，要使言语被人理解，并产生它的一切效果，就必须建立规范，使说话的人或写作的人都遵照一定的规则去说去写，即必须有语言规范，才能使所说或所写被人理解；另一方面，语言要建立，必须有它的实际的行为——所说或所写，二者互为前提的关系是语言学研究的基点。离开了语言，就不会有言语活动，而语言又是在人类的言语活动中形成和发展起来的。

然而，二者的区别又是明显的。首先，语言是社会的，是社会共有的交际工具，个人不能独创语言，语言的产生必须有全社会的约定俗成，因而语言是稳定的，具有相对静止的状态；言语是个人的，是个体运用语言工具进行交际的过程和结果，是自由结合的，具有偶然性。其次，语言具有强制性的规范作用，它的规范是以社会因素作为本质因素的；言语是人们运用语言这个工具去说或写的过程和结果，除了具有社会因素外，还带有个人的因素。例如，每个人因其发音器官和发音方法以及表达习惯的不同，其言语风格和作品的风格就与其他人有差异，甚至有很大的差异。此外，语言是语言学研究的对象，而心理学则主要研究言语现象。言语不同于语言，运用同一种语言的人不见得会有同样的言语。

(二)第一语言、第二语言和外语

1. 第一语言(first language)

第一语言是指一个人出生之后最先接触并获得的语言。例如，一个儿童出生之后首先接触并获得了英语，英语就成为他的第一语言。一个人的第一语言通常是他的母语。但第一语言既不同于母语，也不同于本族语。

什么是母语呢？母语就是指父母乃至多代以前一直沿用下来的语言。母语具有继承性，它体现了人们世代的语言关系。一个人出生之后通常是使用并继承了母语，母语通常也就成为他的第一语言。例如，一个汉族儿童自幼所习得的语言就是他祖祖辈辈沿用下来的汉语，汉语就是他的母语，当然也是他的第一语言。因此，人们通常把第一语言和母语等同起来。

第一语言不等同于母语。尽管第一语言与母语之间的关系十分密切，但二者也有所区别。首先，第一语言和母语是两个不同的概念，第一语言可能是母语，也可能不是母语。就多数人而言，母语是他们的第一语言。由于种种原因，有些人习得的第一语言并非母语，如中国少数民族的小孩在汉族地区长大，先习得了汉语，汉语是他的第一语言，却不是他的母语，对于那些移居国外的人来说，其子女出生后首先接触并获得的语言可能也不是母语。如移居美国的华侨，其子女可能从小就不学说母语，而是先学说英语，他们的第一语言是英语，而不是母语汉语。母语失却现象的存在，也有力地说明了第一语言和母语的不同。其次，在内涵上第一语言指的是获得语言的顺序，而母语不完全是一个获得语言的顺序问题；在外延上二者所指称的对象是交叉关系。此外，第一语言是语言学的概念，而母语则更多地牵涉民族学问题。

民族语与母语也不能完全画等号。一般人认为，母语就是本族语，如汉族人的母语就是汉语，蒙古族人的母语就是蒙古语，等等。其实一个人的母语可以是他的本族语，也可以是非本族语，母语的转用和民族语的消亡就是很好的证明，如满族，据说全国会满语的只有 150 人，会书面语翻译的不到 50 人，精通的不到 20 人；再如我国境内的犹太裔汉族社群，当他们入境并聚集在河南开封的时候，逐渐被同化，母语希伯莱语消亡。

本族语和非本族语通常是按民族的界限来区分的。本族语是指语言习得者自己的民族所使用的语言，也称民族语。一般来说，每个民族都有自己独立的语言，如汉族有汉语，维吾尔族有维吾尔语，俄罗斯族有俄语。非本族语是指本民族以外的语言，可能是外语，也可能是本国其他民族的语言。例如，对我国的各个民族来说，其他民族的语言就是非本族语，但不能称作外语。

第一语言也不等于本族语。一个人儿时从父母那里习得本族语言，这时，他的第一语言和本族语是一致的；但一个人儿时从父母或当地社团那里习得外族语言，这时他的第一语言就不是本族语，出现了第一语言与本族语分离的现象。

总之，第一语言、母语和本族语三者关系密切，但又不完全等同。在一般情况下，就绝大多数人而言，第一语言和母语、本族语是一致的。但现实中有些时候，由于本族语的消亡，母语的转用，母语与第一语言的分离等，第一语言和母语、本族语又不完全一致，形成三者之间相互交错的局面。

2．第二语言(second language)

第一语言、第二语言是从获得语言的顺序，即个人角度定义的。第二语言一般有广义与狭义之分。广义的第二语言是指人们在获得第一语言以后再学习和使用的另一种语言。如果所学的第二语言是外国人的语言，可称为外语。狭义的第二语言是指在本国与母语同等重要或占重要地位的一种语言，也就是除母语之外，在社会生活、活动中广泛应用的语言，通常表现为在多民族聚居的国家或地区，每个民族都有自己的语言，在这种复杂的环境里，为了进行有效交流，往往还会使用除了本族语之外的一种语言，这种语言就是第二语言。例如，我国新疆的维吾尔族，维吾尔语是大多数维吾尔族人的母语，汉语就是他们的第二语言。

3．外语(foreign language)

外语是从国家角度定义的，是指某一地区的本土居民不使用的语言，俗称别的国家的语言。例如，英语在日本就是一种外语。外语也指某人所属国家不使用的语言。例如，对于一位生活在日本的普通英国人来说，日语是一门外语。更多的时候，外语和第一语言、第二语言相连。比如，阿拉伯语在英国是外语，但对阿拉伯裔英国人来说，则可能是他们的第一语言；英语在中国是外语，也是大部分中国人的第二语言。如果一个人学习了好几种外语，则可以有第一外语(一外)、第二外语(二外)等，这里的“一”和“二”也是从个人角度进行的区分。

(三)双语和双语教育

1. 双语(bilingualism)

双语即两种语言。双语是指在一个国家或地区同时使用的两种语言，这两种语言一种是本族语/母语，另一种是该国家或地区的通用语言(第二语言)。双语现象是指个人或社区群体可以同时使用两种标准语言的现象，大多出现在多民族居住的，或者是移民社会的国家或地区。依据两种语言的功能大小来分类，双语可以分为两种类型：一是本民族语言为主要交际工具，使用频率高；二是第二种语言为主要交际工具，本民族语言反而使用频率低。

2. 双语教育(bilingual education)

双语教育，是以两种语言作为教学媒介的教育系统，可划分为广义的双语教育和狭义的双语教育。广义的双语教育指的是学校中使用两种语言的教育。狭义的双语教育指的是学校中使用第二语言或外语传授学科内容的教育。目前，我国开展的双语教学基本符合狭义的双语教育的界定，是我国在基础教育中推广普及的一种汉语和外语两种语言的学习训练的教学模式，一般以汉语和英语教育为主。其目标是培养学生具备两种语言能力，从而使学生通过授课语言的运用来达到掌握两种语言的最终目标。

(四)语言学习和语言习得

1. 语言学习(language learning)

语言学习是指个体学会使用语言进行交际的过程，它包括对一系列声音或符号及其约定俗成意义的识别、再认和重现，对语法规则的理解，以及对使用语言所必需的动作技能(如发音、书写等)的掌握。语言学习是在正式的环境下有意识地、系统地进行语言学习的过程。在这个过程中，语言学习是在一个正式的学习环境中发生的。它要求教师事先要进行一个系统的设计(如教学活动)，创设能够有利于激发儿童兴趣，引起儿童有意注意、积极参与的语言学习活动，逐渐掌握教师所预设的目标语言而进行主动性的学习。

2. 语言习得(language acquisition)

语言习得又叫语言获得，是指在自然的语言环境中，不经过正式的教授而自然地、下意识地获得语言的过程。这个过程一般经历一个牙牙语、单词句、双词句、简单句、复杂句到熟练掌握语言的过程，同儿童的生理发展、认知发展以及社会性发展密切相连。语言习得的语言材料是自然的活材料，是一种特殊的过程。一般发生在有交际的生活情境中，语言规则的掌握是无意识的，其过程是由不自觉到自觉。

(五)语言能力和语言运用

20 世纪 60 年代美国语言学家乔姆斯基提出了“语言能力”和“语言运用”两个概念。

1. 语言能力(language competence)

语言能力是个体大脑中形成的一种能够按照一定的语言规则把声音和意思联系起来的能力。乔姆斯基认为，这种语言能力是个体所具有的语言规则内化的体系，是对语言系统的一种抽象的掌握。根据乔姆斯基的观点，人的语言能力是指人具有识别和理解句子的能力，也包括对语言材料进行归纳、推导出语言规则、生成合乎规则的句子的能力。巴克曼认为语言能力包括两部分：组织能力和语用能力。其中语用能力包括语法规则知识和如何使用语言达到特定交际目的的知识。

2. 语言运用(language performance)

语言运用是语言能力的实际表现，是在具体语境中的言语行为，这是一个动态的过程。简而言之，就是指人对语言的使用，一般可以理解为把语言规则和语用规则结合起来形成的言语行为。语言运用是个体的一种心理过程，需要个体在运用语言材料的过程中，根据某种方式叙述事情、表达思想时，要以语言情境和语言功能为转移，同时还会受到个体的语言知识、价值观念以及不同文化传统等因素的影响。

(六)语言的深层结构和表层结构

20 世纪后半叶，美国语言学家乔姆斯基提出了“转换生成语法(transformational generative grammar)”学说，包括深层结构学说和表层结构学说。

1. 深层结构(deep structure)

深层结构是语法理论中构成句子结构基础的内在、抽象的语法关系，人们借此解释句子所表示的意思，即指短语或句子成分之间的内在语法关系，句子的基本的、比较抽象的意义。在这一分析层次上可以区别陈述和疑问两类句子，能够区别否定句和肯定句或主动句和被动句。例如，主动句“狗追猫”和被动句“猫被狗追”两种语态的意思是相同的。

2. 表层结构(surface structure)

表层结构与深层结构相对称，是对人们所讲和所听的语句的直接语法分析层次，即对句子中词和词的特别顺序的分析。我们平时看到的、听到的根据一定的文法组织起来的一串词，或写的、说出来的句子，就是句子的表层结构。例如，我们看到的下面两个句子，“狗追猫”和“猫被狗追”，就是句子的表层结构。

3. 转换生成语法(transformational generative grammar)

转换生成语法学说认为人们心理上的认知(深层结构)，演化成具体的语言形式(表层结构)，要经过一个投射、衍生的变化的过程(转换)。把心里的意思转换成语言(从“深层”到“表层”)，可以有不同的形式(平行、并列、对应关系)。比如说，“我在纸上写字”和“我把字写在纸上”这两个句子，深层结构是一样的，但表层结构却不一样。这样从同一个深层结构投射、衍生、变化而来的表层句子就都是同义形式。同义形式在表层结构里具有平行、并列、对应关系，可以有条件地互相代替。

二、学前儿童语言教育的研究对象

学前儿童语言教育是研究儿童语言发生发展的现象、规律及其训练和教育的一门科学，是学前教育师范院校培训教师的一门应用性科目。它与其他学前教育学科相联系，从不同侧面研究学前教育的理论与实践，为促进学前儿童身心各方面的和谐发展服务。学前儿童语言教育有广义和狭义之分。

(一)广义的学前儿童语言教育

广义的学前儿童语言教育把0～6岁儿童的所有语言获得和学习现象、规律以及训练与教育作为主要研究的对象，对0～6岁儿童注重听、说、读、写的训练及语言运用能力的培养，以提高儿童运用语言进行交际的能力。在儿童期，除有严重的学习语言障碍外，一般儿童都能成功学会母语的口语；在现有的教育条件下，绝大部分儿童还应学习母语的书面语，从出生即开始进行早期阅读的训练；有条件的儿童还要学习一门到几门外语。随着科学技术的发展和社会教育观念的进步，即使有学习语言障碍的儿童(如聋哑儿童等)也将不同程度地受到语言康复教育。

(二)狭义的学前儿童语言教育

狭义的学前儿童语言教育只把3～6岁儿童掌握母语口语的过程，特别是把3～6岁儿童早期掌握母语的听说训练和教育作为研究的主要对象，对3～6岁儿童加强口语听说训练。一般来说，母语是人们掌握的第一语言，而且母语的学习方式主要是自然获得，也称母语获得或第一语言习得，它不同于第二语言的学习。因此，狭义的学前儿童语言教育无论在研究对象上还是对学前儿童语言学习、第二语言学习的看法上都存有偏颇。而且对它的狭义限定既不利于儿童早期0～6岁阶段语言一体化研究与教育，也不利于学前儿童语言的健康发展，更不利于在实际教育工作中对学前儿童语言的具体指导。

三、学前儿童语言教育的意义

学前儿童语言教育的意义是多方面的，不仅对儿童个体全面发展具有积极的影响，而且还具有服务社会、延续与发展文化的功能。只有全面认清语言教育的意义，才能在语言教育过程中更好地促进学前儿童全面发展。

(一)学前儿童语言教育对个体发展的意义

学前儿童语言教育能促进学前儿童语言的发展，还能促进其认知、社会性和情绪情感等方面的发展。

1. 促进学前儿童语言的发展

促进学前儿童语言发展是学前儿童语言教育最基本的意义。具体表现在以下三个方面。

1) 把握学前儿童语言发展的关键期

关键期，又称最佳期、敏感期、临界期、转折期，是指特定技能或行为模式发展最敏感的时期或者做准备的时期，是个体发育过程中的某些行为在适当环境刺激下才会出现的时期，如果在这个时期缺少适当的环境刺激，这种行为便不会再产生。

心理学家在儿童早期发展的研究中，提出了儿童语言发展的关键期问题。国外有的学者认为，从2岁到青春期是言语发展的关键期或最适宜期。国内也有学者认为，2～12岁或14岁是言语获得的关键期，超过了12岁或14岁，第一语言就很难习得。此外，也有学者提出乳儿期，主要是语音发展阶段；婴儿期，主要是掌握词汇阶段；2～3岁是儿童口头语言发展的关键期；3～4 岁时儿童的语音、词汇、语法和口语表达能力都有迅速发展；4～5 岁是儿童学习书面语言的关键期；6 岁前基本掌握口语等。如果在这一时期能够给予正确的语言教育，则会使其更容易获得语言反应，甚至可以促使其语言发展达到最高水平，而且获得的语言习惯最易长期保持下去。如果错过了这一时期，再进行补偿教育，就不可能再达到其应有的水平与能力。我们熟悉的“印度狼孩卡马拉”就是错过语言发展关键期的典型案例，即忽视或错过儿童语言发展的关键期将对儿童语言的发展造成不可弥补的损害。

此外，研究表明在第二语言和外语的学习中也存在着关键期。专家对来自不同的非英语国家的被试者进行测试，内容是在美国的英语教育环境下对英语语音、语法的掌握及理解能力。测试结果发现：6 岁以前到美国的移民的发音与土生土长的美国人相近率达到 71%，13 岁以后发音的相近率只占 17%；7 岁前到美国的被试者都能达到如同本土美国人一样的语法水平，8 岁后到美国的被试者成绩较差；11 岁以前到美国的移民的英语口语的理解能力比 16 岁之后到的更接近于美国人。另有研究表明：许多 6 岁以后开始学习外语的被试者，难以获得纯正的语音，15 岁以后开始学习外语的，其词法和句法均无法达到与本族语学生一样的水平。这并非意味着过了关键期，就完全不能进行第二语言和外语的学习，而是学习的效果不如关键期内的学习效果理想。

总之，学前期是人生中语言发展的关键时期，这一时期的语言教育不仅在学前期有着重要的意义，而且对个体一生的发展也有着重要的影响。因此，通过学前儿童语言教育工作，及时把握学前儿童语言发展的关键期，为学前儿童学习第一语言、第二语言和外语提供良好的学习环境，才能有效促进学前儿童语言的发展。

拓展阅读

最近发展区理论

最近发展区理论是由苏联教育家维果茨基提出来的。维果茨基的研究表明，教育对儿童的发展能起到主导作用和促进作用，但需要确定儿童发展的两种水平：一种是已经达到的发展水平；另一种是儿童可能达到的发展水平，表现为“儿童还不能独立地完成任务，但在成人的帮助下，在集体活动中，通过模仿，却能够完成这些任务”。这两种水平之间的距离，就是“最近发展区”。把握“最近发展区”，能加速学生的发展。维果茨基的“最近发展区”，主要是就智力而言的，其实在学生心理发展的各个方面都存在着“最近发展区”。

2) 促进学前儿童语言能力的发展

语言能力一般是指语言运用能力以及运用语言认知和思考的能力。语言教育旨在使儿童发音准确、词汇丰富，能够运用恰当的词句表达自己的意思、描述身边的事物，这种能力涉及儿童对语言的获得(包括对语音、语义和语法等的理解和表达)，同时还包括语言运用能力的成长。

语言是传递信息的主要方式和载体，主要包括口头语言和书面语言两大方面。根据学前儿童年龄特点和人类掌握语言的规律，学前儿童的语言教育以发展口头语言为主，发展书面语言为辅。因为口头语言是书面语言的基础，掌握了口头语言，才能更好地学习书面语言。《3～6 岁儿童学习与发展指南》就将幼儿语言学习与发展的目标分为两个子领域：

幼儿的口头语言的学习与发展目标——倾听与表达；幼儿的书面语言的学习与发展目标——阅读和书写。例如，妈妈给 4 岁的孩子读《小猪生病了》的故事时，孩子能大致理解书面语言所包含的信息。这是因为故事中出现的“肚子疼”“救护车”“医院”“医生”“打针”等词句，都能使儿童结合已有的口头语言经验和相关的生活经验，去自己分析和理解书面语言表达的意思。可见，儿童在学习口头语言的过程中所积累的知识和经验，对儿童学习书面语言也有很大的帮助，能够从很大程度上降低学习书面语言的难度。因此，口头语言是书面语言的基础。

学前儿童语言教育会为儿童提供各种各样的语言范例，如文学故事、儿歌、散文诗、童话等，引导儿童去感知、理会、体验、理解和记忆。其间，儿童的语音能力不断发展，词汇逐渐丰富，运用所掌握的词汇进行遣词造句的能力也逐渐增强，其语言能力也相应地得到快速发展。

3) 提高学前儿童语言学习的兴趣

儿童心理学研究发现，在语言学习过程中，学前儿童会对语音、词汇、语法等现象表现出兴趣，产生语音意识和语法意识，自发地关注、纠正自己或他人的发音、用词以及语言表达。对语言现象及言语过程的兴趣是学前儿童语言分析能力、语言运用能力发展的前提，而语言分析能力和运用能力的提高会进一步增强学前儿童的语言兴趣。这一良性互动关系在那些语言兴趣高、语言能力强的学前儿童身上能得到充分的印证。良好的语言教育能增强学前儿童的语言兴趣，并有助于促进学前儿童语言能力发展和语言兴趣之间的良性互动。

学前儿童语言教育活动的形式多样，能激发并增强学前儿童的多种语言兴趣：文学教育活动使学前儿童接触不同类型的文学形式和文学语言，增强他们对文学语言的兴趣；谈话活动围绕各种学前儿童感兴趣的话题进行交流，增强他们对交流彼此经验和看法的兴趣；早期阅读活动使学前儿童接触到不同类型的图书，增强他们对阅读的兴趣，等等。由于语言兴趣的提高，学前儿童会主动去接触各种语言形式，寻找听与说的机会。例如，有的儿童特别喜欢听故事，一有时间就找故事录音听，一遍又一遍，不厌其烦；有的儿童特别喜欢和人交谈，他会寻找机会和不同的人谈论他的所见所闻、所思所想，滔滔不绝。在兴趣的驱使下，他们的语言分析能力和运用能力必然得到不断提高，这也为将来学习书面语言打下良好的基础。

2. 促进学前儿童认知的发展

学前儿童语言教育对学前儿童认知发展的促进不仅表现在感知和记忆方面，而且还表现在思维能力上。

学前儿童在语言接受过程中需要感知语音、记忆词汇、理解词和句的含义，这些加工过程使他们的认知能力得到锻炼。在语言表达过程中，学前儿童要把意思表达得正确完整和连贯，也需要有感知、记忆、思维、想象过程的参与。在语言教育活动中，教师在引导幼儿认识周围事物、传递文化知识、解释行为规则、观察事物特征、比较抽象地概括、形成事物概念时，都需要伴以语言。幼儿理解掌握了这些语言的同时，也就掌握了这些知识和概念，同时也就锻炼和发展了思维的能力。

随着学前儿童言语水平的提高，语言和认知能力的结合也渐趋密切。我国心理学家朱智贤认为，儿童言语连贯性的发展是儿童言语能力和逻辑思维能力发展的重要环节。心理学家普遍认为，儿童早期语言能力的发展，是他们智力发展的重要标志。在各种学前儿童语言教育活动中，伴随听和说的能力的培养，学前儿童的认知能力也得到了较大发展。

3. 促进学前儿童社会性的发展

学前儿童语言教育不仅有助于促进学前儿童社会适应能力的发展，而且有助于其社会认知、社会情感、社会行为的发展。

语言是人类社会最重要的交际工具。学前儿童学习语言的过程也是学习和掌握交际工具的过程。儿童社会化是儿童在一定的条件下逐渐独立地掌握社会规范，正确处理人际关系，从而客观地适应社会生活的心理发展过程。通过语言教育，学前儿童学习运用语言进行交际的社会规则，掌握这些规则是学前儿童社会性发展的一项重要内容。具体表现为，幼儿常常喜欢与同伴一起玩，与同伴游戏的关系由比较疏松的聚合到比较协调的、有规则约束的结合，社会化程度逐渐提高。影响儿童社会化的因素有社会环境、生物因素和心理工具，其中，心理工具是指儿童的符号系统，主要是语言。语言的发展帮助儿童逐步发展对外部世界、他人和自己的认识，儿童社会性发展得以正常进行。

学前儿童语言教育中有很多反映社会生活的内容，这些内容反映着社会知识、社会情感和社会行为，这些内容的教育能促进学前儿童社会性的发展。例如，讲述、谈话、听说游戏等活动类型所涉及的内容中就包含很多有助于学前儿童社会性发展的方面。儿童获得语言，被称为儿童社会化进程中的一个里程碑，儿童接触社会、融入社会、与社会相互作用的主要方式就是语言交流。因此，学习语言、发展语言运用能力也是学前教育的主要任务，幼教工作者应积极创设条件发展儿童的语言，让科学的语言教育有效地促进儿童的社会化。

4. 促进学前儿童情绪情感的发展

情绪、情感是人对客观事物所持态度的体验及相应的行为反应，情绪倾向于个体需求上的态度体验，情感则倾向于社会需求上的态度体验。

语言教育，有助于儿童情绪情感的表达，促进其情绪情感的发展。通过语言教育，儿童的词汇逐渐丰富起来，对语言的理解能力也逐渐加强，使得他们的情绪情感色彩更加多样而丰富，他们会用一些表达情绪情感的词语来描述自己的感受。例如，当儿童说“今天下午我玩得很开心”，所描述的是与同伴一起玩的状态，是儿童与同伴一起玩得很融洽、心情很好的一种表述。而当与同伴一起玩得不是很融洽、心情不好时，儿童则会说“我生气了”“我不高兴了”等，以此来表达自己的情绪。

通过语言教育，儿童也逐渐理解文学作品中故事人物的情绪情感，从而促进他们自己情绪情感的发展，也会帮助他们进行自我情绪的调节与控制。比如，幼儿园老师告诉幼儿“勇敢就是表示很厉害，打针不怕痛，不哭”。当儿童玩“看医生”游戏时，他会鼓励自己说：“我很勇敢，我不怕痛。”当真正在医院面对护士要给打针时，他会自言自语：“我很勇敢，我不怕痛。”

综上所述，学前儿童语言教育在促进儿童语言发展、认知发展、社会性发展、情绪情感发展等方面都起到了重要作用。

拓展阅读

延迟满足实验[1]

20 世纪 70 年代，在 Walter Mischel(沃尔特·米契尔，心理学家)的策划组织下，美国斯坦福大学附属幼儿园基地内进行了著名的“延迟满足”实验。实验人员给每个 4 岁的孩子一颗好吃的软糖，并告诉孩子可以吃糖。但是，如果马上吃掉的话，那么只能吃一颗软糖；如果等 20 分钟后再吃的话，就能吃到两颗。然后，实验人员离开，留下孩子和极具诱惑力的软糖。实验人员通过单面镜对实验室中的幼儿进行观察，发现：有些孩子只等了一会儿就不耐烦了，迫不及待地吃掉了软糖，是“不等者”；有些孩子却很有耐心，还想出各种办法拖延时间，如闭上眼睛不看糖或头枕双臂或自言自语或唱歌、讲故事……成功地转移了自己的注意力，顺利等待了 20 分钟后再吃软糖，是“延迟者”。后来，研究人员在参加实验的孩子到了少年时期时，对他们的家长及教师进行了调查，发现：“不等者”在个性方面，更多地显示出孤僻、易固执、易受挫、优柔寡断的倾向；“延迟者”较多地成为适应性强、具有冒险精神、受人欢迎、自信、独立的少年。两者学业能力的测试结果也显示，“延迟者”比“不等者”在数学和语文成绩上平均高出 20 分。

(二)学前儿童语言教育对社会发展的意义

语言是一种社会现象，它伴随着人类社会的产生而产生，随着人类社会的发展而发展。语言教育在促进个体发展意义的基础上，也为社会发展服务，体现着其独特的意义。

首先，教育是培养人的教育活动，语言教育是为国家与社会培养所需要的合格人才服务的。语言教育在学校教育中具有基础性和关键性地位，国家所需人才的人生观、价值观、世界观等方面的教育绝大部分渗透在语言教育中。学前教育阶段是整个学校教育的基础，是儿童初步形成良好社会个性品格的关键时期，儿童语言教育通过选择有利于儿童社会性发展的内容与信息来促使儿童成长为国家和社会所需要的人才。

其次，语言教育在未来社会高新技术发展中的重要作用日益凸显。未来社会将会是一个高度信息化全方位开放的社会，伴随着开放范围的不断扩大、程度的不断深入，地区经济文化的交流与融合程度的不断深化，各种错综复杂的信息大量涌现，对人的语言能力的要求将超过任何一个时代。此外，随着国际交往的日益频繁、人际交往的日益密切，具备多种语言能力也就成为人们适应未来社会发展的必然要求。

创新、竞争、合作、发展将是未来社会非常明显的一个特征，这将对人的素质提出更高的要求，通过教育提高人的素质，促进人的全面发展成为全社会共识。语言教育是素质教育的重要组成部分，而人的口语交际能力、表达能力、阅读能力与书写能力本身就是人的基本素质，语言在未来社会发展中所具有的重要作用将会更加凸显。学前阶段是幼儿语言发展的关键时期，幼儿语言教育应抓住时机，为幼儿能够适应未来社会发展的需要，成为语言能力全面发展的人打好基础。

---

① 资料来源：舒阳花，李振江．幼儿语言活动指导[M]．北京：北京师范大学出版社，2013.

(三)学前儿童语言教育对文化发展的意义

人类传统的观念认为，文化是一种社会现象，它是由人类长期创造形成的产物，同时又是一种历史现象，是人类社会与历史的积淀物。确切地说，文化是人类在社会历史发展过程中所创造的物质财富和精神财富的总和，它包括物质文化、制度文化和精神文化三个方面。物质文化是指人类创造的物质文明，包括交通工具、服饰、日常用品等，它是一种可见的显性文化；制度文化和精神文化分别指生活制度、家庭制度、社会制度以及宗教信仰、风俗习惯、道德情操、哲学、政治、学术思想、文学艺术、科学技术等，它们属于不可见的隐性文化。

语言和文化之间有着密切的联系。语言是人类文化的载体和重要组成部分，每种语言都能表达出使用者所在民族的世界观、思维方式、社会特性以及文化、历史等，都是人类珍贵的无形遗产。语言是一个民族历代智慧的积累，它包含了一个民族长期创造性活动的成果。可以说，语言记录着民族的历史，反映着民族的经济生活，透视着民族的文化心态，蕴含着民族的思维方式，标志着民族间的文化交流。

人类文化的延续有多种方式，通过语言、文字记录保存人类文化是其中的重要方式。要理解和懂得这些语言、文字的意义和价值，必须通过教育。此外，文化中精神层面的延续，也只有通过代与代之间的传递才能实现。任何一种文化的富有生命力的延续都要通过教育才能实现。学前儿童语言教育是其中的主要渠道。比如，儿童文学作品中常常充满着对儿童进行知识启蒙、智力启蒙和思想教育的内容，教师在运用文学作品对儿童进行教育时，往往会自觉、不自觉地传递社会文化中有关真、善、美的价值观念。这是文化传递的一种重要方式。因此，学前儿童语言教育不仅可以培养学前儿童的听说读写能力，而且对他们日后提高文化修养，培养高尚情操，弘扬民族精神，继承人类文化也有着重要的影响。可见，我们不能忽视学前儿童语言教育在人类文化延续与发展方面的重要意义。

第二节　学前儿童语言教育的研究任务和方法

一、学前儿童语言教育的研究任务

作为学前教育的一个重要领域，学前儿童语言教育的研究任务主要包括以下三个方面。

(一)揭示学前儿童语言发展与教育规律

充分描述学前儿童语言的发展过程是科学的基础，但不是科学的目的，科学的重要目的之一是要揭示规律；也只有在描述的基础上总结出规律，研究才具有科学上的意义。如果说儿童语言的发展过程是“自然意义上的是什么”的问题，那么，揭示儿童语言的发展规律才是“科学意义上的是什么”的问题。

当前学术界已经揭示了一些儿童语言的发展与教育的规律。例如，前置的语法形式比后置的语法形式先掌握；无标记成分比有标记成分先掌握；肯定句比否定句先掌握；儿童先理解“感觉比喻”后来才能理解“关系比喻”等。因此，学前儿童语言教育中要针对这些特点开展教育与训练。许多教育工作者在实际教学中也摸索出了丰富的经验，揭示了儿童语言教育的一般规律，而且在实际应用中也取得了一定的成效。但是，上述探索所揭示的规律还是很有限，而且许多规律是在有限的材料的基础上概括出来的，是否具有普遍性，也还有待于事实的检验。

(二)解释学前儿童语言发展过程及各种现象

就某种意义而言，科学的力量在于解释，解释是科学研究的最高层次的追求。儿童语言发展的过程尤其是儿童语言习得的过程，无论他们出生的地点、出生后所接触的语言如何，也无论他们开始掌握语言的时间早晚、智力发展的水平高低如何，儿童掌握母语的过程都惊人地相似。

儿童似乎并不费力便能习得十分复杂的语言系统，这使心理学家感到十分惊奇并表现出极大的兴趣。为了解释这种现象，他们提出了各种理论，如古典行为主义者的模仿理论，乔姆斯基的先天语言习得机制，勒纳伯格的自然成熟理论和关键期学说，皮亚杰(J. Piaget)的认知说，等等。这些解释有些已经被证明有严重的缺陷，有些只是目前还无法证明的假说。值得注意的是，这些理论学家有关儿童语言发展的观点往往是一些推论，带有一定的片面性。目前，任何一派学说都无法全面、客观地对儿童语言发展的过程做出令人满意的解释。所以，解释还是儿童语言学界长期奋斗的理论任务。

(三)研究学前儿童语言教育实践应用的理论和方法

应用体现着科学的价值，也是验证科研成果真伪的一个方面，甚至是一个不可或缺的方面。因此，把科研成果付诸应用，是任何一门成熟的学科都责无旁贷的社会使命。当然，作为应用学科的学前儿童语言教育，既要解决应用的具体实践问题，又要进行理论和方法的相互对应和转换的探讨，这是一个不容忽视的重要领域。在实际的教育教学工作中，学前教育理论工作者的研究往往和第一线教师的实践相脱节，致使学前儿童语言领域的教研和科研的总体水平不高，其应用潜力尚未得到充分发挥，重要的原因就是，目前人们对于儿童语言教育的研究成果的应用基本上还是持“拿来主义”的态度，看样学样，生搬硬套，根本不认真考虑所在的幼儿园、托儿所儿童的语言发展现状和具体特点，缺乏冷静的应用理论和应用方法的思考与研究。

研究学前儿童语言教育实践应用的理论和方法，从一般意义上说，就是探明学前儿童语言教育“有什么价值”和“怎样实现它的价值”的问题。当然，这一问题也是学前教育相关的应用学科领域所关心的问题。

二、学前儿童语言教育的研究方法

学前儿童语言教育主要是研究学前儿童语言获得、语言学习和语言教育的过程。只有经过系统的自然观察、对现实的调查研究和对实践的行动研究，才能判明其方法是否有效。因此，学前儿童语言教育的研究方法为：根据学前儿童的生理学、心理学基本原理和人类语言学的发展规律，运用自然观察法、调查研究法、科学实验法和教育行动研究法等理论与实践相结合的综合方法。

(一)自然观察法

自然观察法是指研究者用自己的感官和辅助工具在自然条件下有目的、有计划地对自然发生的现象或行为进行考察、记录和分析，从而获取事实材料的一种研究方法。观察一般利用眼睛、耳朵等感觉器官去感知观察对象。由于人的感觉器官具有一定的局限性，研究者往往要借助各种现代化的仪器和手段，如照相机、录音机、显微录像机等来辅助观察，以备反复观察和分析之用。

自然观察法是最古老也是最基本的观察法，简单易行，而且获得的材料比较真实，比较适用于对儿童发展和教育的研究。例如，有些自然产生的行为，如幼儿童的自言自语、咿呀学语，是很难任意操纵的，只好在它出现时便立即进行观察；而有些行为一经操纵，就会受到影响，乃至失真，如儿童自言自语时发现成人的观察，则会立即停止这种自言自语，转而观察成人，观察自然就会失败。再如在实验室里的电话通话和日常的电话显然不会相同，如果我们要观察的是后者，那就只好在正常的情况下进行观察。但同时自然观察法也存在着局限性，这种方法缺少了操纵这个部分，也就是不能严格控制条件，各种因素均听其自然，不加控制，即各种因素交错在一起，使人不易对观察的材料做出比较精确的量化分析和判断。

(二)调查研究法

调查研究法是通过考察、了解客观情况直接获取有关材料，并对这些材料进行分析的研究方法。调查是指用一定的方法和手段去收集事实、资料；研究是指对所收集来的资料进行统计分析或理论分析(定性与定量相结合的分析)。调查研究法是科学研究中常用的方法之一，能搜集到难以从直接观察中获得的资料，应用不受时间、空间的限制，还能在较短的时间里获得大量资料，具有效率较高的特点。

根据课题性质和研究目的的不同，学前儿童语言发展与教育领域的调查研究，一般可分为以下四种类型。

1. 现状调查

现状调查旨在研究学前儿童语言发展中的某些特征、方面的发展现状。例如，“大班幼儿语言交往能力的调查”，“3～6 岁幼儿语言掌握情况的调查”，“某地区幼儿教师语言素质的调查”，以及“家庭对幼儿掌握普通话影响因素的调查”等。通过现状调查，可使我们掌握幼儿园或家庭的基本情况，以便有针对性地实施教育，或作进一步实验研究；也有助于发现问题，为确定今后的工作，改进语言教育，促进学前儿童语言发展提供依据。

2. 关系调查

关系调查是通过调查两个变量的情况，以考察其相互联系的性质和程度的调查研究。例如，“家长的语言教养态度对幼儿语言发展的影响”“早期阅读与幼儿文学语言掌握的关系的调查”等。

3. 发展变化调查

发展变化调查，主要是调查儿童的某种特征如何随着年龄的增长而发展变化。例如，“学前儿童辨别声音细微差别的能力是如何随着年龄的增长而不断提高的？”“儿童语言能力发展的最迅速时期是何年龄阶段？”等。它可采用纵向追踪研究，即在不同年龄阶段对同一组被测的同一特征进行测量，分析其平均水平或发展趋势；也可采用横向研究，即同时对不同年龄组儿童进行测定，求出平均数，进行比较，或画出发展曲线。纵向研究和横向研究均有利弊，研究者应根据条件和目的选择采用。如能采用两者相结合的方式，先用横向法，再用纵向法研究，如结果一致则可增强结论的说服力。

4. 原因调查

原因调查是调查并分析具有某一特征的儿童或教育现象形成的可能原因。严格地说，仅用调查法是不足以说明因果关系的。但在有些情况下，研究者很难或不可能通过展开一项实验研究去决定某特征或现象的原因，这时可从对具有某一特征的一组对象和不具有该特征的另一组对象的比较中，探讨其可能的形成原因，即通过了解这两组对象在其他方面的情况，并加以比较，把这两组对象之间显著不同的方面找出来，作为某特征的可能原因。采用这种调查方法找出可能原因之后，有利于我们有针对性、有方向地从事假设验证的实验研究，以确定因果关系。

(三)科学实验法

科学实验法是根据一定的科学研究目的，利用科学仪器设备，在人为控制或模拟的特定条件下排除各种干扰，对研究对象进行观察的方法。科学实验法通过一种有控制的观察，不仅能为科学研究获取新的、第一手资料，而且还是检验理论、假说正确性的唯一标准。

任何一种行为都是多种因素作用的结果，为了弄清楚这些因素的不同的作用，我们往往需要把其他各个因素控制起来，而专门操纵某一因素，使它发生系统的改变，从而观察其作用。例如，影响儿童语言教育的成败因素是很多的，有教材、教法、教具、教师、儿童等多方面的问题。如果我们想观察其中的一个因素，了解儿童的年龄究竟对语言学习有无影响，就要把教材、教法、教具、教师等因素控制起来使他(它)们稳定不变。对年龄这个因素则应加以操纵：把儿童分为若干不同的年龄组，每组的教材、教法、教具、教师等方面的情况应大致相同。这样，语言学习的成败就极可能是与儿童的年龄有关。科学实验有五个步骤：①考虑研究可行性及推广价值等因素，确定研究方向；②查阅资料，确定具体研究课题；③设计实验方案，控制单一变量；④按照科学实验要求，真实记录数据进行实验；⑤分析、整理数据，得出结论，并反思实验过程中的不足以及可继续探索之处。

(四)教育行动研究法

教育行动研究法是指在自然、真实的教育环境中，教育研究者按照一定的操作程序，综合运用多种研究方法与技术，以解决教育实际问题为首要目标的一种研究方法。教育行动研究法是一种适用小范围内教育改革的探索性的研究方法，其目的不在于建立理论、归纳规律，而是针对教育活动和教育实践中的问题，在行动研究中不断地探索、改进和解决教育实际问题。行动研究将改革行动与研究工作相结合，与教育实践的具体改革行动紧密相连。

研究人员和一线教师可针对实际的教育活动或教育实践中的问题，不断提出改进教育的方案或计划，用于指导工作实践。同时又可依据研究计划实施进程中不断出现的新问题，进一步充实、修正、完善计划，不断提出新的目标。具体表现在五个方面：①课堂教学研究将改革措施实施于教学过程；②对课程进行中小规模的改革研究；③通过教师职业技能训练，提供新的技术和方法；④学校管理评价；⑤对已确诊的问题所施行的改革措施，如困难学生的教育措施，不良心理行为的矫正，环境因素的变革等。

第三节 学前儿童语言教育的基本观念

学前儿童语言教育的基本观念是指教育观念，即如何看待学前儿童语言教育。它直接影响着学前儿童语言教育的效果，对语言教育效果起着决定性作用。理解学前儿童语言教育的基本观念，可从学前儿童语言教育的整合观、完整观及活动观三个方面着手。这些基本观念既是学前儿童教育总的指导思想在学前儿童语言教育中的具体表现，也是当代儿童发展与教育研究成果在学前儿童语言教育实践中具体运用的必然结果。

一、整合的语言教育观念

整合，即综合，是把不同类型、不同性质的事物组合在一起，使它们成为一个整体。整合的语言教育观念是把儿童的语言学习看成一个整合的系统，充分意识到儿童语言发展与其他方面的发展是整合一体的关系。[①] 在儿童语言发展的过程中，儿童的语言发展离不开其认知、情感等方面的发展，同时儿童对每一个新词、每一种句式的习得，都是整个学习系统调整、吸收和发展的结果。整合的语言教育观包括语言教育目标的整合、语言教育内容的整合、语言教育形式的整合，具体表现为以下几个方面。

(一)语言教育目标的整合

整合的语言教育目标是指既要促进儿童的情感、能力和知识的发展，还要促进语言在相关其他领域的发展。语言教育目标的整合要求教师在制定学前儿童语言教育目标时，既要满足学前儿童在倾听、表述、文学欣赏和早期阅读等多方面的要求，注重语言各成分的认知、情感和能力三个层面的培养，同时还需要考虑语言教育目标在其他领域教育中得以实现，使语言教育目标成为以促进儿童语言发展为主线，同时促进儿童其他方面发展的整合目标体系。只有树立了整合的语言目标意识，才能实现语言教育内容和方式的整合。

【案例 1-1】 小班文学欣赏活动“亲亲长颈鹿”的活动目标

认知目标：在游戏情境中理解故事内容，加深对长颈鹿的认识。

情感目标：体验友爱互助给大家带来的快乐。

能力目标：积极参与故事情节的讨论，愿意在集体面前大胆地表达自己的想法。

【案例 1-2】 大班早期阅读活动“一颗超级顽固的牙齿”的活动目标

认知目标：理解故事内容，知道“超级顽固”在故事中的含义。

情感目标：体会换牙是成长必经的过程，勇敢克服对换牙的恐惧。

能力目标：自主阅读故事画面，学习用连贯的语句大胆讨论与换牙相关的趣事。

案例 1-1 中的活动目标，既体现了文学欣赏与表达的要求，又兼顾了认知、情感与能力

---

① 资料来源：朱海琳. 学前儿童语言教育[M]. 北京：科学出版社，2009：49.

的目标。案例 1-2 中的活动目标不仅是对认知、情感、能力目标的整合，更是对倾听、表述、文学欣赏、早期阅读能力的整合；既体现了语言教育的目标，也融合了健康、科学领域的目标，是整合的语言教育理念的充分体现。

(二)语言教育内容的整合

语言教育内容的整合是指渗透在教育各个方面的语言学习机会的整合。卡洛-乌尔福克和伦奇在他们的语言学习整合观模式中指出，儿童语言发展有赖于社会知识、认知知识和语言知识的整合。因此，学前儿童语言教育工作者在选择教学内容时，应立足于儿童的发展，充分考虑社会知识、认知知识和语言知识三个方面的有效结合。

语言教育内容的整合是以目标的整合为前提的。首先，语言内容整合体现为语言领域不同方面内容的整合，如倾听、表述、文学欣赏、早期阅读的整合。尽管这些内容存在一定的独立性，但一般情况下，语言活动中既可以有倾听的内容，也可以有表述的内容或是早期阅读的内容。其次，应体现为健康、语言、社会、科学领域内容的有机渗透与联系。领域之间的整合存在两个领域或多个领域之间的整合，要避免单纯的以语言训练为目的的教学内容，如机械地让儿童反复练习语音、词汇、语法。总之，教师应注重对渗透在教育整体各个方面的语言学习机会的整合，引导儿童积极地参与，从而获得大量的、丰富的语言经验，如在小班健康活动“刷牙”中，儿童根据教师讲解和图片提示，尝试自己刷牙，感受、体验着学习刷牙的快乐。在操作过程中儿童学会了观察图片，彼此交流等，尤其是在倾听、观看刷牙图片的过程中，儿童对其中的文字和图形符号的认知，体现了早期阅读能力的要求。

(三)语言教育方式的整合

目标与内容的整合，意味着语言教育方式的整合走向。整合的语言教育方式是以活动的组织形式来建构语言教育内容，其中包括专门的语言活动和与其他活动相结合的语言活动。在教育实践中，教师要充分考虑活动内容和活动方式的相互适应。活动组织的形式取决于活动内容的类型，活动的组织形式既可以是集体形式，也可以是小组形式或个别形式。

在语言教育活动过程中，不同的活动内容可以选择相同的活动方式，同一个活动内容也可以选择不同的活动方式。例如，故事、诗歌图片和情景讲述，都可以采用表演的活动方式；而同一个故事既可以采用欣赏的方式，也可以采用表演的方式。此外，全语言的研究者吸取了维果茨基的观点，认为任何符号系统学习的原理都是相通的，因而建议将不同的符号系统交叉运用到儿童的学习过程中来。例如，在语言学习中运用艺术、戏剧、音乐、舞蹈等手段。这种打破学科界限的学习，不仅有利于儿童的语言学习，而且有利于儿童对其他相关领域内容的学习。因此，学前儿童的语言教育可以用各种方式的活动来组织语言教育内容，激发多种因素促进儿童与外界多变环境和刺激的相互作用，在主动探索中满足儿童运用语言与人、事、物交往的需要，在整合的语言教育环境中获得语言和其他方面的共同发展。

二、完整的语言教育观念

完整的语言教育观念是指在儿童语言发展的关键期内，有必要给他们提供完整语言学习的机会，即强调学前儿童语言教育目标是完整的，学前儿童语言教育内容是全面的、完整的，学前儿童语言教育活动过程是真实的、形式多样的。完整的语言教育观念强调自然、完整的语言学习；强调语言的交际意义、真实的语言情境；强调语言不是独立系统，而是和认知、情绪、经验、学习欲望等密切相连。

(一)语言教育目标的完整

完整的语言教育目标是指把听、说、读、写等方面的认知、情感和能力的发展作为儿童语言教育的目标，即培训学前儿童听、说能力，良好的听、说行为习惯以及早期阅读和书写的技能。

语言教育主要是为了培养儿童听、说、读、写的能力，语言形式包括口头语言和书面语言。口头语言的输入是“听”，口头语言的输出是“说”；书面语言的输入是“读”，书面语言的输出是“写”。在所有的目标中，培养儿童的语言运用能力，特别是提高学前儿童的语言核心操作能力应当成为语言教育的重点，为他们进入小学进行正规的读写训练做前期准备。

(二)语言教育内容的完整

完整的语言教育内容是指学前教育机构传授给儿童的语言形式、语言内容、语言运用的总和，是教给儿童一套特定的语言符号系统，并指导他们学习运用这套符号系统进行交际。

完整的语言教育内容是丰富多彩的，学前教育工作者在学前儿童语言教育中，既要引导学前儿童学习口头语言，包括理解性口语和表达性口语，又要引导学前儿童学习书面语言，包括阅读和书写；既要让学前儿童理解和运用日常交往语言，又要引导学前儿童学习文学语言。也就是说，把学前儿童语言教育中的“语”和“文”融为一个完整的不可分割的整体。因此，在选择和编排语言教育内容时，要把语言视为一个整体，而不是在教学中将各个技能分割后再让儿童学习。例如，针对儿童文学语言的学习，教师可为儿童选择全面而优秀的文学作品，内容包括故事、诗歌、散文等，其中故事可以选择童话故事、神话故事、科幻故事、寓言故事、民间传说故事等，诗歌可以选择儿歌、儿童诗、古诗等，散文可以选择以人抒情、以事抒情以及以景抒情等各类适合儿童年龄特点的散文。

(三)语言教育形式的完整

完整的语言教育形式强调以教师和儿童共同参与的活动作为语言教育的基本形式，同时倡导语言教育活动的过程应着眼于创设真实的双向交流情境，以成为教师与幼儿共同建设的、积极互动的过程。

语言表达有多种形式，如通过肢体动作、声音、绘画等，每一种形式都是在特定情境下与别人的交流、沟通。学前儿童语言需要在教师和儿童共同参与的多种活动中才能更好地发展。我国教育家陶行知主张要发展儿童的创造性，就必须要解放儿童的脑、眼、口、手，以及时间和空间。因此，教师要为儿童提供动脑、动口、动手的生活环境和学习材料，促使他们成为主动的学习者。在专门的语言教育活动中，教师可以选择形式多样的活动，如文学教育活动、谈话活动、讲述活动、早期阅读活动和听说游戏活动。在日常语言教育活动中，教师可以随时随地开展语言教育活动，展现给儿童一个完整的、真实的语言学习环境。

三、活动的语言教育观念

活动的语言教育观念是指以活动的形式设计组织学前儿童语言教育过程，帮助学前儿童在活动中学习语言、运用语言、掌握语言。这种教育观念强调把教师和儿童共同参与的活动作为语言教育的基本形式，在生动活泼、丰富多彩的操作实践中引导儿童积极参与、主动探求，成为语言的学习者。具体体现在教师应更多地给儿童提供充分操作语言的机会、鼓励儿童以多种方式操作语言以及发挥儿童在操作语言过程中的主动性等几个方面。

(一)提供操作语言的机会

儿童语言的发展是通过儿童个体与外界环境中各种语言和非语言材料交互作用得以实现的。学前儿童正处于动作思维向具体形象思维发展的阶段，对客观事物的认识主要依赖于其自身的各种操作活动，通过动手、动脑和手脑并用的操作来产生与环境的交互作用。因此，学前儿童语言教育应为儿童提供充分操作语言的机会，使儿童想说、敢说、有机会说，体会到语言交流的乐趣，学会互助、合作和分享。与此同时，教师应借力于儿童对操作语言的探索，激发儿童学习的兴趣和动机，让儿童在亲身体验中增强学习的积极性，变被动学习为主动学习，真正实现以操作语言的形式促进儿童语言的发展。

(二)丰富操作语言的形式

儿童发展需要外界环境中的人、事、物的各种信息，但这些信息不是由成人灌输强迫儿童接受的，而是在没有压力、非强迫的状态下，儿童通过其自身积极与之相互作用而主动获得的。学前儿童语言教育便是引导儿童积极地与语言及其相关信息进行相互作用的过程，让儿童积极主动地在活动中学习语言。近年来，幼儿园的语言教育活动采用了谈话活动、讲述活动、听说游戏活动、文学活动和早期阅读活动等多种形式，为儿童语言学习创设了丰富的环境。这样情境丰富的语言教学活动充分调动了儿童的积极性，发展了儿童的语言能力。

(三)发挥活动中师幼的作用

活动的语言教育观念认为，儿童是学习、活动、发展的主体，教师是活动设计者、组织者和引导者，扮演着促进儿童积极参与、良性发展的角色，发挥着主导作用。学前儿童在语言活动中的主体地位表现为：教师在活动设计和组织语言教育活动时，要充分考虑到目标、内容与形式是否适应儿童的发展需要，让儿童始终有着积极的动机、浓厚的兴趣和主动参与的态度，所设计组织的活动要为每一个儿童提供适合他们语言发展需要的环境条件。教师在语言活动中的主导作用主要表现为：在活动之前，要积极创设语言教育环境，准备充足的活动材料；活动开始时，要激发幼儿参与活动的积极性；活动过程中，要灵活运用各种教学方法，因材施教，根据儿童语言发展的需要恰当地把握参与活动的时机、方式以及施加教育影响的程度；活动结束时，教师应及时地总结学习成果，同时也要根据实际情况和儿童的最近发展区提出更新、更高的目标，要为后面的语言教育打下基础。

拓展阅读

维果茨基生平简介

维果茨基(Lev Vygotsky，1896—1934)，苏联心理学家，“文化-历史”理论的创始人。与皮亚杰是同时期的人物，其理论强调文化、社会对儿童认知发展的影响。此外，维果茨基在心理的种系发展和个体发展上都做了研究，特别是对关于人类心理的社会起源学说，关于儿童心理发展对教育、教学的依赖关系学说，作了较深入的探讨。另写有多篇论文阐述教学与发展的关系，提出了“最近发展区”“教学必须走在发展的前面”等观点。

维果茨基的思想体系是当今建构主义发展的重要基石。研究者提出了不少教学模式，其中值得注意的是支架式教学。这种教学方式的要点：首先，强调在教师指导的情况下学生的发现活动；其次，教师指导成分将逐渐减少，最终要使学生达到独立发现的水平，将监控学习和探索的责任由教师向学生转移。维果茨基的理论对合作学习、情境学习等也有一定的指导性。此外，维果茨基的思想也强烈影响到建构主义者对教学和学习的看法。教学不只局限于对教学结果和外部因素的强调，开始注重影响教学有效性的各种内在因素，如一些背景性和过程性因素。

本章小结

本章主要讲述了学前儿童语言教育的研究对象、意义、任务、方法和基本观点。

学前儿童语言教育是研究儿童语言发生发展的现象、规律及其训练和教育的一门科学，有广义和狭义之分。广义的学前儿童语言教育把0～6岁儿童的所有语言获得和学习现象、规律以及训练与教育作为主要研究的对象；狭义的学前儿童语言教育只把3～6岁儿童掌握母语口语的过程，特别是把3～6岁儿童早期掌握母语的听说训练和教育作为研究的主要对象，对3～6岁儿童加强口语听说训练。

对学前儿童进行语言教育在儿童个体发展、社会发展以及文化发展等方面都有着重要的意义。具体表现在：既能促进学前儿童语言的发展，还能促进其认知、情感能力等方面的发展；为学前儿童能够适应未来社会发展的需要，成为语言能力全面发展的人打好基础；有利于学前儿童日后提高文化修养，培养高尚情操，弘扬民族精神，继承人类文化。

作为学前教育的一个重要领域，学前儿童语言教育的研究任务主要包括以下三个方面：揭示学前儿童语言发展与教育规律；解释学前儿童语言发展过程及各种现象；研究学前儿童语言教育实践应用的理论和方法。

学前儿童语言教育主要是研究学前儿童语言获得、语言学习和语言教育的过程。只有经过系统的自然观察、对现实的调查研究和对实践的行动研究，才能判明其方法是否有效。因此，学前儿童语言教育的研究方法为：根据学前儿童的生理、心理学基本原理和人类语言学的发展规律，运用自然观察法、调查研究法、科学实验法和教育行动研究法等理论与实践相结合的综合方法。

学前儿童语言教育的基本观念是指教育观念，即如何看待学前儿童语言教育。它直接影响着学前儿童语言教育的效果，对语言教育效果起着决定性作用。理解学前儿童语言教育的基本观念，可从学前儿童语言教育的整合观、完整观及活动观三个方面着手。这些基本观念既是学前儿童教育总的指导思想在学前儿童语言教育中的具体表现，也是当代儿童发展与教育研究成果在学前儿童语言教育实践中具体运用的必然结果。

【推荐阅读】

[1] 张加蓉，卢伟. 学前儿童语言教育活动指导[M]. 上海：复旦大学出版社，2013.

[2] 舒阳花，李振江. 幼儿语言活动指导[M]. 北京：北京师范大学出版社，2013.

[3] 王佩佳，徐杰. 学前儿童语言教育[M]. 镇江：江苏大学出版社，2013.

[4] 教育部基础教育司. 幼儿园教育指导纲要(试行解读)[M]. 南京：江苏教育出版社，2002.

[5] 张明红. 给幼儿教师的101条建议·语言教育[M]. 南京：南京师范大学出版社，2007.

思考与练习

一、名词解释

学前儿童语言教育

二、简答题

1. 学前儿童语言教育的意义有哪些？
2. 学前儿童语言教育的研究任务有哪些？
3. 学前儿童语言教育的研究方法有哪些？

三、论述题

请结合实际阐述如何树立正确的学前儿童语言教育观念。

【实践课堂】

分析下面案例中幼儿晨晨不再去触碰饮水机上的热水按钮的原因，并进一步探讨幼儿语言发展与认知发展的关系。

宝贝，你知道烫吗？①

3岁的晨晨最近总喜欢按饮水机上的热水按钮，妈妈一看到他按，就会立马阻止他，告诉他按这个按钮，热水会流出来，会烫到手。但不管妈妈怎样苦口婆心地跟晨晨讲，晨晨仍然执着地去按按钮。有一天，妈妈实在是不想再去管他，一边准备着药膏，一边做好了孩子挨烫的心理准备。这时，晨晨一按那个红红的按钮，顿时哇哇大哭。妈妈这时就跟晨晨说了一个字“烫”。从此，晨晨再也不去触碰那个按钮。

---

① 资料来源：舒阳花，李振江. 幼儿语言活动指导[M]. 北京：北京师范大学出版社，2013.

人之所以为人者，言也。人而不能言，何以为人。

——《春秋谷梁传》

第二章　学前儿童语言的基础知识

本章学习目标

- 掌握学前儿童语言的本质。
- 掌握学前儿童语言的发生理论、获得理论。
- 了解学前儿童语言学习的特点及影响因素。

核心概念

语言(language)　语言发生(language generation)　语言获得(language acquisition)

引导案例

关于棍子的故事①

在一次户外活动中，佳佳和阳阳为了一根棍子产生了争执，阳阳抢了佳佳的棍子，佳佳反复说："阳阳，快把棍子给我，这是我的。"阳阳执意不给。佳佳无奈，只有在一边哭泣。这时候，奕奕向阳阳走了过来，对阳阳说："阳阳，只要你把棍子还给佳佳，我就给你叠纸飞机。"阳阳说："纸飞机有什么了不起，我还有很多纸飞机。"奕奕接着说："那我送给你玩具吧。"阳阳似乎有点心动了。这时候，老师向佳佳走过去，说道："佳佳，棍子是你的，你有权利把它要回来。奕奕，你能够想办法帮助佳佳解决问题，老师要抱抱你，你很勇敢。"

① 资料来源：唐思群，屠荣生．师生沟通艺术[M]．北京：教育科学出版社，2001．

案例分析

从以上的案例看出，奕奕是一个社会性发展和语言发展比较好的孩子，他懂得用语言、用协商的方式来解决同伴之间的冲突，并且能够理解同伴话语的含意，做出正确的应答。而佳佳的语言水平较弱，只能用比较单一的语言和哭泣来解决问题。在这个过程中，老师鼓励幼儿积极地表达自己的想法，用协商的方式解决生活中的冲突。在自由游戏中，语言是儿童与同伴进行交往、合作、分享的工具，也成为指导和调节自己选择游戏内容、游戏伙伴和游戏材料等行为的工具。

学习指导

本章的重点是学前儿童语言的本质，学前儿童语言的发生理论、获得理论，以及学前儿童语言学习的特点及影响因素。在学习的过程中首先要仔细阅读教材，掌握相关的概念及理论。其次要结合自己的学习，理解学前儿童语言的发生理论、获得理论。最后要根据教学实践活动，掌握学前儿童语言学习的特点及影响因素。

第一节　学前儿童语言的本质

语言是什么？这是语言学的核心问题之一，也是学前儿童语言教育首先要回答的一个问题。由于语言与其使用者、语言存在的环境(社会)以及诸多学科的研究对象之间存在着千丝万缕的联系，人们从不同的角度、用不同的方法观察和解释语言，对语言的理解也往往不同。从语言的结构角度看，语言是符号系统；从语言的功能角度看，语言是人类最重要且独有的交际工具和思维工具；从语言的产生角度看，语言是一种社会现象，具有社会属性。下面从这三方面对学前儿童语言的本质作具体说明。

拓展阅读

语言是什么？①

语言是什么？这是语言研究的首要问题。然而，时至今日，关于语言的定义还是各国语言学家们争论不休的一大问题。下面我们通过国外一些权威工具书对语言的解释，来了解他们认识的语言是什么。

《语言与语言学词典》：“语言是人类交际最重要的工具。语言是语言学研究的主要对象，语言学家在什么是语言的问题上观点各不相同(文国按：以下举萨王尔、索绪尔、乔姆斯基为例)……除了语言学家的贡献之外，其他学科也有所建树，如人类学家认为语言是文化行为的形式；社会学家认为语言是社会集团的成员之间的互相作用；文学家认为语言

① 资料来源：潘文国. 语言的定义[J]. 华东师范大学学报(哲学社会科学版)，2000(1).

是艺术媒介；哲学家认为语言是解释人类经验的工具；语言教师则认为语言是一套技能。”(Hartmenn & Stork，1972: 123-124)

《哥伦比亚百科全书》：“语言：声音符号的交际系统，是人类具有的普遍特点。”(NE 1975: 1527)

法国《拉鲁斯百科大辞典》：“语言(language): 1. 人类具有的普遍能力，先用声音符号系统，后来又用文字系统，来表达思想、进行交际；2. 用声音符号实现交际功能的结构体系。”(EL 1984: 6119)“语言(language): 各个社团内部用来表达思想和进行交际的声音符号系统及后来的文字系统。”(EL 1984: 6124)

《牛津英语大词典》：“语言：一个国家、一个民族或‘种族’使用的全部词及词的组合方式。”(OED 1989 Vol. VIII: 634)

德国《路德里奇语言与语言学词典》：“语言：表达或交换思想、概念、知识与信息的工具，也是凝固与传递经验与知识的工具。”(Bussmann，1996: 253)

《美国百科全书》：“语言：正常人类所具有而为其他物种所不具备的能力，能通过口头或书面方式，来表达精神现象或事件。其根本点是在语音与思想、概念、头脑中的形象之间建立联想关系，并能用重复方式发出和理解这些语音。语言的主要功能是进行人际交往。”(EA 1996: 727)

《大英百科全书》：“语言：人类作为社会集团的成员及其文化的参与者，所用来交际的约定俗成的说话和书写系统。” (EB 1997: 147)

《剑桥语言百科全书》：“语言：1. 人类社会用来交际或自我表现的、约定俗成的声音、手势或文字系统。2. 一种特别设计的信号系统，以为计算机进行编程与进行人机对话。3. 动物用来交际的手段。4. 语音学(常包括音系学)以外的语言符号。”(Crystal，1997: 430)

看了以上材料，恐怕谁都会大吃一惊：想不到这么一个貌似简单的问题，竟会有这么多不同的回答。更值得注意的是这些定义的分歧之多、之大。

(资料来源：潘文国. 语言的定义[J]. 华东师范大学学报(哲学社会科学版)，2000(1).)

一、语言是一种符号系统

从语言的结构角度看，语言是符号系统。语音是语言符号的形式，语义是语言符号的意义。因此，任何语言都包括语音、语义两个结构要素，这两个要素构成语言的语音系统和语义系统。此外，语言中所有的词和固定短语构成语言的词汇系统，语言中所有的语法规则构成语言的语法系统。因此，语言是由语音、语义、词汇、语法四个要素构成的复杂系统。四个要素彼此相互联系，相互制约，并且各结构要素又包括各自的大大小小的单位，构成四个子系统。

(一)语音

语音是由人的发音器官发出来的、代表一定意义的声音。不是由人的发音器官发出来的以及虽然由人发出来但不代表某种特定意义的声音都不是语音。语音系统是语言系统的形式部分，包括音素、音位、音节等语音单位。音素是人类语音从音质角度划分出来的最小的语音单位，包括元音和辅音两大类型；音位是某种语言或方言中能够区别意义的最小语音类型单位；音节是人的听觉能够分辨出来的最小语音单位，也是语音结构的最小单位。一种语言的语音系统特点主要体现于语音单位以及相互关系的异同，如普通话的语音系统包括 10 个元音音位、22 个辅音音位和 4 个声调音位，音位和音位的组合构成普通话的音节。

(二)语义

语音是用来表意的，语音所表达出来的意义就是语义。每种语言的语义看起来纷繁复杂，又自成系统。语义系统是语言系统的内容部分，按照一种语言系统中既有读音又有意义的单位看，包括语义、词义、句义；按照语义单位之间的关系看，语义包括义素、义项等。义素是通过比较确定下来的词义构成的最小单位，具有共同义素的词可以形成一个类，如“教师”与“学生”共同构成教育关系，“学士”“硕士”“博士”都用于表示学位等级等。义项是对词的意义的分项说明，有些词只有一个义项，有些词可以具有两个或两个以上相互之间有联系的义项；义项和义项的组合可以构成更大的意义单位，如句义。

(三)词汇

词汇系统由一种语言中所有的词和固定短语构成，包括语素、词和固定短语。语素是语言中最小的语音和语义的结合体，如“天、学、习、高、兴”等；词是由语素构成的、能独立运用的语音和语义的结合体，如“天、学习、高兴”等；固定短语是由词构成的结构凝固化、有特定意义的语音和语义的结合体，如“出类拔萃、走后门、开小差”等。由于词汇单位都是音义结合体，彼此之间因语音或语义上的联系可以形成不同的聚合，如根据语音上的联系有同音词——读音完全相同但意义上没有联系的一组词；根据意义上的联系可以有同义词——意义相同或相近的一组词，反义词——意义相对或相反的一组词等。

(四)语法

语法是语言系统内部小的音义结合体组合成大的音义结合体的规则，包括语素组合成词的规则、词组合成短语的规则以及词和短语构成句子的规则等。语法单位包括语素、词、短语和句子，都是音和义的结合体。语法规则存在于语法单位的相互关系之中，语法单位之间有两种最基本的关系，一种是相互之间的组合关系，即哪些单位与哪些单位可以组合、以什么样的方式组合，哪些单位之间不能组合，如汉语中“电”与“脑”可以构成“电脑”。另一种是语法单位相互之间的替换关系，即在某种结构中的某个单位能否被其他单位替换，这种关系称为聚合规则，如“看书”中的“书”可用“小说、电影”等替换。

二、语言是一种交际和思维的工具

从语言的功能角度看，语言是以交际工具和抽象思维工具的身份为人类社会服务的，语言是人类最重要且独有的交际工具和思维工具。

(一)语言是交际工具

交际是不同成员相互之间交流信息的过程。生活在社会中的每个成员既需要表达自己的思想，也需要理解他人的思想。因此，交际是每一个社会成员的基本活动。信息的传递需要借助某种手段或工具，这种手段或工具主要有两类：一类是语言以外的事物或现象，另一类是语言。其中语言是人类最重要的交际工具，也是人类独有的交际工具。

1．语言交际

语言是传递信息的代码。语言交际就是一个通过语言表达意义以及通过语言理解意义的过程。运用语言进行交际，就是说话人通过语言发送信息，听话人通过语言接收信息，达到交流思想，互相了解的目的。具体地说，运用语言进行交际的过程，就是信息的编码、发送、传递、接收和解码的过程。

(1) 编码。为了传递某种信息，交际者需要在语言中寻找恰当的词语，并按照语法规则和语义规则把这些词语编排起来，组成一定的句子。这就是把特定的语义内容编成一定的代码形式。交际者应该力求编码清晰、明确，避免失误，否则会妨碍语义内容的表达。

(2) 发送。编码完成后通过某种方式将编码好的语句表达出来；或通过发音器官说出来，即通常所说的口头形式；或通过文字写出来，即通常所说的书面形式。编码阶段属于内部语言的形式，别人无法直接感知；发送阶段属于外部语言的形式，能被别人所感知。

(3) 传递。语言形式一旦输出，语义内容随即附着于语言形式进行传递。通过某种媒介，将所要表达的思想传递给交际的对方。如果采用口头形式，则由发音器官发出语音借助于空气的传播传递给对方；如果采用书面形式，则使用书写工具及承载材料传递给对方。

(4) 接收。交际的对方通过听觉器官或视觉器官感受传递过来的语音或文字材料。

(5) 解码。信息接收方通过接收到的语音或文字材料理解说话人所要传达的信息。解码过程中一方面要利用相关的语言知识，如词语的读音和意义、词语之间的组合关系等；另一方面还要结合相应的语境因素。交际过程中准确地编码、正确地解码才能保证交际顺利进行。

在这五个阶段中编码、发送属于信息发送者，接收和解码属于信息接收者，从编码到解码是一个单向的信息交流过程。其实在现实交际中，交际双方会不断变换编码者和解码者的身份，形成双向交流。

2．语言是人类最重要的交际工具

人类除了语言还有其他的交际工具，而在所有交际工具中语言是最重要的。人们交流思想传递信息，除语言以外还有文字、旗语、红绿灯、电报代码、数学符号、化学公式以及手势、表情等辅助交际工具，它们在交际中各自发挥着一定的作用。

文字是记录语言的书写符号系统，它的产生克服了有声语言交际中所受到的时间、空间的限制，在社会生活中起着重大的作用。但是，文字在交际中的重要性还远不能跟语言相比。文字是辅助性的，处于从属地位。一个社会可以没有文字，但是不能没有语言；没有语言，社会就不能生存和发展。文字必须在语言的基础上才能产生，而且要随着语言的演变而演变，始终伴随着语言。所以跟语言相比，文字只是一种辅助性的交际工具。

建立在语言或文字基础上的交际手段还有旗语、电报代码、红绿灯等。它们显然没有资格同语言相提并论，因为离开语言和文字，它们就无法存在。就服务领域而言，语言的活动范围非常广阔。服务领域几乎是无限的，而旗语、电报代码等交际工具均在特定领域内为社会服务，使用的范围相当狭窄。客观地说，旗语、电报代码等只是适用于某些特殊领域的辅助性交际工具，是一种副语言形式。

日常生活中还有体态语，如脸部的表情、手的动作乃至整个躯体的姿势等，有时可以脱离语言而独立完成特定的交际任务。例如，印度人用点头表示“否定”，用摇头表示“肯定”，而中国人则相反。有些体态语适用于特定的交际范围或特定的对象，其中最有代表性的就是交通警察指挥交通时的手势，聋哑人使用的手语等。但是体态语是一种人工的而非自然形成的交际手段，是在语言或文字约定的基础上建立起来的，只是一种作用很有限的辅助性的交际工具。

总之，只有语言才是人类社会一天也不能缺少的，与人类社会生活的各个方面关系最深，最能充分交流思想、传递信息的交际工具。没有任何一个社会可以完全凭借非语言的交际手段来完成复杂的交际。

3. 语言是人类独有的交际工具

俗话说：“人有人言，兽有兽语。”这句话有两层意义，一是社会或群体中的成员相互之间的交流、沟通、联系不是人独有的行为，其他动物同样需要；二是不但人有语言，动物也有语言。其实，有关动物语言的报道和研究很多，如人们发现长臂猿等可以用不同的叫喊声来表示暴怒、惊恐、警告或遇到危险等信息，蜜蜂可以用不同的舞蹈动作来传递有关花源的方向、距离等信息，等等。但是，只要将动物传递信息的方式与人类的语言交际比较一下便可发现，人的语言与动物表达不同意思时的叫喊声有着本质的区别。

人和动物都能通过声音来表达意义，但人类的语言具有任意性，声音与其所表达的意义之间没有必然联系，而是决定于约定俗成的社会习惯。人们可以利用语言表达各种丰富复杂的意义和感情，可以自由地运用语言谈古论今，展望未来。而动物的叫喊往往是在感官受到外界刺激的情况下发出的，这些叫声与外界的刺激存在着必然的联系，无外乎表示高兴、恐惧、危险等与它们的生活密切相关的现象，动物无法通过叫喊声来表示过去经历的事情，或预测将来要发生的事情。

人类的语言是由语音、语义、词汇和语法构成的系统，能划分出明晰的大大小小的单位，如音素、音节、语素、词、句子等，不同单位可以相互组合，这种组合具有内在的规律性。而动物的叫喊声无法分解出明晰的单位，往往是囫囵一团，更谈不上单位的组合。

动物的叫喊声是与生俱来的本能反应，而人类的语言虽然具有先天的生物学基础，但语言的掌握离不开后天的社会环境，人的语言潜能必须通过后天的学习才能转化为掌握某种具体语言的技能，如果没有现实的语言环境，人也无法学会和使用语言。人的语言离不开后天的习得，而动物的叫喊是先天具备的。

可见，能使用语言进行交际是人和动物的本质区别，动物只能模仿人类发出极为有限的几句类似人类语言的声音，但永远不会真正自由地使用人类的语言。

(二)语言是思维工具

语言和思维是人类反映现实的意识形态中两个互相联系的方面，它们的统一构成人类所特有的语言思维形式。思维是人脑的机能，是人类特有的一种高级心理活动，是对作用于人脑的客观事物进行分析、综合、比较、分类、抽象、概括等非常复杂的心理过程。而语言则是思维本身的要素，是实现思维、巩固和传达思维成果即思想的工具。

1. 思维的种类

思维可以从不同的角度分为不同的类型，如聚合思维与发散思维，直觉思维与分析思维，经验思维与理论思维，常规思维与创新思维等。根据思维的凭借工具，可将思维分为直觉动作思维、具体形象思维和抽象逻辑思维三种类型。直觉动作思维是凭借直观感知，以实际动作为支柱解决问题的思维。具体形象思维是凭借具体形象或头脑中的表象解决问题的思维。抽象逻辑思维是以语词为基础，利用概念、判断和推理的形式来进行的思维。

这里的“思维”主要指抽象逻辑思维，也就是以语言为工具，运用概念、判断、推理等逻辑形式来进行的思维，这类思维以概念、判断、推理等形式来反映现实过程。概念用词来表达，判断、推理用句子来表达，因此这种思维往往是借助于语言这一工具来进行的。

由此可见，思维是人们认识现实世界时动脑筋的过程，同时也是动脑筋进行比较、分析、综合以认识现实的能力。思维必须借助于某种工具来进行，如直观动作、表象或语言。人类的思维是高度复杂的，往往同时并存着几种不同形态的思维，因此将思维分为上述三类也是相对的。

2. 语言是实现思维过程的工具

语言是人们在社会劳动过程中，适应交流意识、传递信息的需要而产生的。语言一经产生，又成为思维活动的必要条件。思维活动，尤其是抽象思维活动，是不能离开语言而独立存在的。人们对于客观事物任何一种较为完整的认识，都得经历一定的思维过程。这样的过程又必须借助于概念、句子才能明确地展开和完成。因为只有在句子中，概念和概念才可以相互比较、联系，形成判断和推理。同时，科学研究的实验表明，人在思维的时候总要运用一种语言，并且头脑中的思维活动是凭借简化的内部言语进行的。例如，平时我们感觉不到使用语言来动脑筋的过程，但是一些复杂的问题，会让我们有一个默默自语的过程，而且动脑筋时所用的语言与日常说话时使用语言是一致的。

除此之外，按照巴甫洛夫高级神经活动生理学的原理，人不仅有第一信号系统，它的刺激物是具体的事物，而且还有第二信号系统，它的刺激物是语言的词。语言的词是在对客观事物抽象概括的基础上形成的。如果人脑中掌管言语活动的区域遭受损害，那么人就不能进行抽象思维。没有语言，没有句子，概念也就无所依托，推理进程难以进行，间接的概括的抽象思维活动就不能正常进行。思维活动不能进行，思维也就不存在了。正如在利用电子计算机模拟人类思维的过程中，人工语言符号系统是不可或缺的，人工语言在现代科学思维研究中扮演着越来越重要的角色。

由此可见，语言是思维过程得以实现的工具，是思维存在的形式，也是思维表达的形式。

3. 语言是传达思维结果的工具

思维活动的结果是思想。语言的职能是参与思维并把思维活动的结果(思想)用词语和句子记载下来，使思想成为可以理解可以感知的东西。

马克思说“语言是思想的直接实现”，“思想是不能脱离语言而存在的”。人对事物的认识，人关于事物的思想体现在语言形式(词语、句子)之中，而概念是以词为标志的，判断和推理是以代表这一关系的句子或句群来表示的。当思想的结果固定在词或句子中时，既可以储存，也可以交流。离开语言的这种概括和巩固作用，人们对客观事物的抽象概括就难以捉摸、无法理解。比如，我们想到一本书，我们就用“书”这个词表达出来，如果我们在此基础上做出判断，我们就以句子的形式表达出来：“这是一本有价值的书”。如果我们对此做出推理，我们就以复句或句群的形式表达出来：“这是一本有价值的书，而有价值的书是值得保存的，所以这本书值得保存下来”。

所以，正是由于语言的记录和固定，思想才得以保存，否则思想就将是一种不可捉摸的东西，转瞬即逝。也就是说，语言能够把人们思维活动、认识活动的结果用词和句子的形式记载和巩固下来，使交际和交流思想成为可能。

4. 语言的民族性和思维的一致性

人类虽然依靠语言进行抽象思维，但语言不是思维。思维是人脑的特殊机能，是人脑反映客观世界的过程，是全人类共同的，而语言作为思维的工具则具有明显的民族性。

思维的全人类性指的是只要是大脑发育健全的人，不分国籍、种族、性别、职业都遵循着共同的思维规律，都通过从感性到理性，从具体到抽象的过程认识事物。同时，客观世界的一致性也决定了人类思维的一致性。因为认识的对象相同，思维的内容也就相同。

语言的民族性指的是不同民族有着不同的语言系统，有着不同的语音、语义、词汇、语法规则。因为语言是一定的社会集体为了满足自己的需要而创造出来的，不同民族所处的自然环境、生活习性、社会制度、文化背景等方面的差异，都可能导致语言的差异。

可见，正是思维的一致性保证了使用不同语言的民族可以互相交流思想，各种语言也可以互译。如果没有人类思维的同一性，没有共同的逻辑基础，那么这种交流就是不可能的。但是，从根本上说，语言和思维是两样不同的东西，我们不能因为语言和思维关系密切而把它们混为一谈。

拓展阅读

维果茨基的心理发展观[①]

维果茨基是苏联心理学家，他主要研究儿童心理和教育心理，着重探讨思维与言语，教学与发展的关系问题。在发展心理学史上，维果茨基的思想，独树一帜，不仅被前苏联，而且被西方心理学界所推崇。

首先，他创立了“文化-历史发展理论”，用于解释人类心理本质上与动物不同的那些高级的心理机能。维果茨基认为，由于工具的使用，引起人的新的适应方式，即物质生产的间接的方式，而不像动物一样是以身体的直接方式来适应自然。在人的工具生产中凝结着人类的间接经验，即社会文化知识经验，这就使人类的心理发展规律不再受生物进化规律制约，而受社会历史发展的规律制约。

其次，他探讨了“发展”的实质，提出其文化-历史的发展观。维果茨基认为在心理学家看来，发展是指心理的发展。所谓心理的发展就是指：一个人的心理(从出生到成年)，是在环境与教育影响下，在低级的心理机能的基础上，逐渐向高级的心理机能转化的过程。

再次，他提出了教学与发展，特别是教学与智力发展的关系的思想。在教学与发展的

① 资料来源：林崇德. 发展心理学[M]. 北京：人民教育出版社，2008.

关系上，维果茨基提出了三个重要的问题：一是“最近发展区”思想；二是教学应当走在发展的前面；三是关于学习的最佳期限问题。

维果茨基提出“教学应当走在发展的前面”。这是他对教学与发展关系问题的最主要的理论。也就是说，教学“可以定义为人为的发展”，教学决定着智力的发展，这种决定作用既表现在智力发展的内容、水平和智力活动的特点上，也表现在智力发展的速度上。

关于怎样发挥教学的最大作用，维果茨基强调了“学习的最佳期限”。如果脱离了学习某一技能的最佳年龄，从发展的观点来看都是不利的，它会造成儿童智力发展的障碍。因此，开始某一种教学，必须以成熟与发育为前提，但更重要的是教学必须首先建立在正在开始形成的心理机能的基础上，走在心理机能形成的前面。

最后，他分析了智力形成的过程，提出了“内化”学说。

在儿童思维发生学的研究中，国际不少心理学家提出了外部动作“内化”为智力活动的理论。维果茨基是“内化”学说最早的提出人之一。他指出，教学的最重要的特征便是教学创造着最近发展区这一事实，也就是教学激起与推动学生一系列内部的发展过程，从而使学生通过教学而掌握的全人类的经验内化为儿童自身的内部财富。维果茨基的内化学说的基础是他的工具理论。

三、语言是社会现象

大千世界，现象复杂多样，但概括起来不外乎两种：一种是自然现象，另一种是社会现象。斯大林说：“语言是属于社会现象之列的，从有社会存在的时候就有语言存在。”语言是一种社会现象，它是随着人类社会的产生而产生，随着人类社会的发展而发展，并且将随着人类社会的消亡而消亡。

(一)语言产生于社会

自然界发展到一定阶段产生人类社会。人类从开始生存的第一天起，就采用集体劳动的方式改造自然，创造和生产工具，获取生活资料。这种共同的社会劳动是运用语言来调协的，所以语言是为了调协人与人之间迫切的交际需要而产生的一种社会现象。恩格斯曾在《劳动在从猿到人转变过程中的作用》中提出了著名的推断：“语言是在劳动中并和劳动一起产生的。”

可见，语言的产生完全是为了适应社会生活的需要，语言的存在完全依赖于社会的存在，某一具体语言的存在依赖于某一具体社会的存在。当今世界上这么多的语种，其实也是语言受不同的具体社会集团制约而产生的结果。如果某个社会集团消失了，那么这个集团所运用的语言也会随之消失。早在公元前 3800 年就有文字记载的古巴比伦语，自公元前 6 世纪起受到亚拉姆语的排挤(公元前 539 年古巴比伦被波斯王所灭)，到了公元前 3 世纪古巴比伦语被完全排挤出社会而消亡。我国南北朝时，鲜卑族曾入主中原，建立北魏政权，统治中国北部时间长达一百多年。鲜卑语也曾一度作为国语而颇有影响。自从北魏孝文帝(471—499)下令“断诸北语，一从正音”之后，鲜卑语逐渐退出中国社会而消亡。总之，语言一旦脱离社会，不再为人们所使用，就失去了存在的基础而无法生存。语言存在的本身就是受社会制约的。

(二)语言发展于社会

从语言整体存在形式的发展来看，语言受社会的制约是极其明显的，如语言的形成、语言的分化、语言的统一和语言的消亡等。随着人类社会集团的日益扩大，语言的服务对象和语言运用的范围也日益扩大。由于社会集团的聚合和离散，语言也就随之统一和分化；而各社会集团之间的彼此接触又会引起语言之间的相互影响，如中国历史上的契丹语、西夏语等古代语言都是由于社会的消亡而消亡的。社会的消亡导致语言的消亡，而语言的消亡却不一定以社会的消亡为前提，或者说与社会的消亡有必然的联系。比如，我国满族语的基本消亡，并不是因为社会的消亡，而是其他原因，如语言原来的使用者放弃了对这种语言的使用而改用另外的语言等。

从语言系统内部结构要素的发展来看，语言是伴随着人类社会的发展而发展的，如词汇、语义和语法的发展。人类社会制度的变革，思想意识的变化，生产力的发展，科学文化水平的提高，都会促使语言不断发展变化。语言系统内部各结构要素的变化比起其他上层建筑的发展是缓慢的、渐进性的，这也是由语言和社会的关系所决定的。如果语言发生突变，就会失去社会的“约定俗成”性，就会使交际发生困难。各语言要素的发展速度是不均等的，其中以词汇的发展最为迅速，但无论怎样变化，语言中的基本词汇还是很稳定的，许多新词汇都属于一般词汇，是由基本词汇和其他一些词汇组合而成的。与词汇的发展速度相比，语法的发展比较缓慢，语音的发展变化速度也比词汇慢。从方言的语音、古诗词的韵脚与当代普通话语音的比较中可以发现，语音也是不断发展的。

(三)社会依赖于语言

社会离不开语言，语言是社会发展不可缺少的因素。客观上也不存在没有语言的社会，因为社会要靠语言来维系，语言的消失必然会导致社会的崩溃。正如斯大林所说的：“没有全社会都懂得的语言，没有一切成员共同的语言，社会就会停止生产，就会崩溃，就会无法作为社会而存在下去。”

社会依赖于语言，语言的发展推动着社会的发展。因为语言的发展促进了思维的发展，语言的发展也加速了语言使用的发展。一般来说，语言的发展总是落后于社会的发展，因为语言对社会的反映主要是间接的反映，社会的发展永远是第一性的，社会发展的需要促进了语言的修订、改进和更新，语言只能在一定的条件下对社会起到推动和促进的作用。

第二节　学前儿童语言的发生理论

语言发生是一个过程，它包括某些或某种语言现象的产生和产生之后的发展演进过程。语言发生是儿童心理学的重要研究领域，也是儿童语言教育的热门课题。本节将从学前儿童语言发生的生物基础论、心理基础论和社会基础论三个方面进行详细论述。

一、语言发生的概念

语言发生这一概念比较复杂，在不同的研究领域其内涵是不一样的。

在探讨人类种系语言的起源和发展时，语言发生指的是人类语言的起源，如“摹声说”“手势说”“劳动起源说”“进化说”等，就是关于人类种系语言起源的一些学说。

在探讨某一具体语言的起源时，语言发生指的是某种具体语言的起源，如汉语的起源、英语的起源、法语的起源等。

在语言学或心理语言学中讨论一般言语交际时，语言发生指的是说话人如何制订语言规划，或者是指语言的编码和输出的综合心理语言过程。

在儿童语言学领域中，语言发生指的是儿童从不会说话到学会说话的过程，或者是指儿童对某一或某些语言现象从不会使用到学会使用的过程。

这里是从学前儿童语言学领域研究语言发生问题的。

二、语言发生的生物基础论

现代脑科学研究及神经心理研究成果表明，人类语言的发生需要一定的生物基础。发音器官、听觉器官和大脑神经中枢的成熟，是人的言语活动的先决条件。儿童语言的发生依赖其发音器官、语音听觉系统和大脑神经中枢的成熟。其中任何部位发育不完善或受到损伤都会直接影响到人的言语能力。例加，声带受到损伤，人的外部言语就无从表现；当听觉减弱或完全丧失时，人的言语就不会清晰或完全失去言语能力。

(一)发音器官的成熟

发音器官的成熟是儿童语言发生的重要生理前提。据研究，灵长类动物(猴、猩猩)的幼崽和人类婴儿的发音器官形状相似，却不能发出人类所发出的语音。

1. 发音器官的构成

人的发音器官主要包括三大部分：呼吸器官，喉头和声带，口腔、鼻腔和咽腔。

1) 呼吸器官

人的呼吸器官包括从口腔、鼻腔，通过咽喉、气管和支气管到达肺脏的一连串管道。人类发音的动力区是肺和气管，发音的原动力是呼吸时所产生的气流，肺是呼吸气流的活动风扇，呼吸的气流是语音的动力。肺部呼出的气流，通过支气管到达喉头，作用于声带、咽腔、口腔、鼻腔等发音器官。胸腔扩大时，气流吸入；胸腔缩小时，气流呼出。当气流呼出或吸入时，它都会在通过的管道上(如鼻腔、口腔、咽腔、支气管和气管等)的某些部位发生冲击或摩擦，造成声音；语音一般都是在气流呼出时发生的。

2) 喉头和声带

人类发音的声源区是喉头和声带。喉头是由四块软骨组成的一个圆筒形的筋肉小室。声带位于喉头的中间，是两片富有弹性的带状薄膜，左右各一、对称。两片声带之间的空隙叫声门，肌肉的收缩，杓状软骨活动起来可使声带放松或收紧，使声门打开或关闭，从肺中出来的气流通过声门使声音振动发出声音。故声带的长短、松紧和声门的大小，均能发出高低不同的声音来。例如，幼儿的声带比成人的短，所以幼儿的声音比成人的高。成年男子声带长而宽，成年女子声带短而狭，所以女子比男子声调高。此外，从极轻微的声嘶到完全失声，多为声带病变或其他病因使声带的正常运动发生障碍所致。

儿童的喉头和声带是处在不断地成熟、发展过程之中的。新生儿只能发出声音，不能学会说话，是因为新生儿的喉头是由很薄的软骨组成的，位置比成年人高大约 3cm，软骨和膈的位置都比较高，膈的肌肉部分也非常不发达，也就是说，其发音器官还没有发育到能够说话的水平。1 岁左右，婴儿喉头向下移动 3cm，喉中的空间较多，声带就可以发出许多不同的声音。幼儿一般需要协调三十多条肌肉，才能发出一个可以辨认的声音。

3) 口腔、鼻腔和咽腔

口腔、鼻腔和咽腔是人类发音的调音区，也是音色的三个共鸣器。口腔(包括唇、齿和舌头)后面是咽腔，咽头上通口腔、鼻腔，下接喉头。口腔和鼻腔靠软腭和小舌分开。鼻腔的形式是固定的，而口腔有形式上的变化，口腔中的舌、小舌、软腭等部位可以自由活动，使共鸣器的容积和形状发生种种变化，这使声音产生各种不同的语音音色。故声音节奏的快慢和清晰度会受到口腔中的舌、小舌、软腭等部位活动程度的制约。如果婴儿的这些部位发育不健全，就会影响其正确发音。

婴幼儿要完全发清语音，需要在社会环境中，经过三年至四年的成熟过程。婴儿在出生后头半年内，发音技能得到相当快的发展，在不断的发音练习中，逐渐使各部分肌肉趋于协调，发音趋向正常。

总而言之，人的发音器官发出声音主要通过如下程序：空气在一定压力下由肺部发出，通过声带间的狭缝时使声带振动，产生声音。而声带的长短、松紧和声门的大小，都能影响声音的高低。同时，由于共鸣器的共鸣作用，大大增加了声音的响度，又由于口腔容积以及舌、小舌、软腭、唇、齿的相对位置的变化，形成种种各具风格的语音音色。

2. 发音器官的保护

学前儿童的发音器官正处在生长发育时期，尚未发育成熟。在儿童语言学习和教育过程中，一定要注意保护好他们的发音器官。

1) 培养儿童良好的卫生习惯

培养良好的卫生习惯有助于保护发音器官的清洁卫生、减少疾病的发生，从而促进发音器官的生长发育。保护好儿童的发音器官，首先要帮助儿童保持口腔、鼻腔和咽腔的卫生，如教育儿童不要用手乱挖鼻孔，以免损伤鼻腔稚嫩的黏膜；饭后要漱口、刷牙，保持口腔清洁卫生。其次要引导儿童多锻炼身体，增强体质，预防感冒、咳嗽等疾病的发生等，以保证发音器官的正常发育，确保儿童发音的准确度。

2) 养成儿童正确的发音方式

正确的发音方式有助于保护儿童稚嫩的声带。保护好儿童的声带，首先应帮助儿童选择适合其声域特点的朗读材料和歌曲，过高或过低的声调都容易使儿童声带疲劳；其次应引导儿童用美好的声音说话、唱歌，不要大喊大叫，以免拉伤声带形成喊叫结节；最后应保证教室、房间拥有流通的新鲜空气和适宜的潮湿度，新鲜空气里病菌较少且含有充足的氧气，有利于并促进人体的新陈代谢，可以增强儿童对外界气候变化的适应能力，而相对湿度保持在 40%～60%，非常利于保护儿童的声带。

拓展阅读

儿童时期不注意用嗓易引发咽喉炎[①]

对于“急慢性咽喉炎”这个名词，可能大家还会理所当然地认为这是“成人”的专利病，与儿童没有太大联系。可是，医院门诊的统计结果显示，有越来越多儿童深受其害。9岁的小朋(化名)是个很活泼开朗的孩子，整天就像小喇叭广播似的，在家里他的大嗓门无处不在，也正是因为小朋的爱说爱笑，邻居都很喜欢他。可在日前，“小喇叭”不那么响亮了，说起话来嗓子也沙哑了许多，爸爸凭经验判断小朋肯定又是上火了，应该吃些消炎去火的“良药”，可是药也吃了，哑嗓子还不见好，这可让爸爸没了辙。

最后去医院就医，医生确诊为慢性咽喉炎病症。通过了解，小朋嗓子反复哑的症状已经持续了近两年，由于家长的疏忽大意，一直以为是上火发炎造成的，最终导致小朋由急性咽喉炎逐渐发展为慢性咽喉炎，耽误了最佳治疗期。

医生告诉家长们，儿童时期不注重用嗓特别容易引发急慢性咽喉炎，他们患病多是由感冒咳嗽后过度用嗓，或是平时总大声喊叫等因素造成的，同时与遭遇病毒感冒和气候多变有关。

为此有必要提醒家长，患感冒和咳嗽等病症之后，一定要注意让声带充分休息，如果诊断为急慢性咽喉炎，则更要注意噤声休息。同时也要注意说话的声音大小，告诉孩子说话时尽量不要喊叫，饮食方面应以清淡为宜，忌食辛辣、过甜和过咸的食物，如果病情严重，还需到医院及时治疗。

(二)听觉系统的成熟

儿童在开口说话之前，首先能听懂人类的语言，所以就儿童的语言学习和发展而言，倾听是必不可少的一种能力，听觉系统的成熟与儿童语言发展关系密切。

1. 听觉系统的构成

听觉系统由听觉器官和各级听觉神经中枢及其连接网络组成。听觉器官通称为耳朵，其结构主要包括外耳、中耳和内耳。声波作用于听觉器官，使其感受细胞兴奋并引起听神经的冲动发送传入信息，经各级听觉神经中枢分析后便产生听觉。

外耳由耳郭和外耳道组成。中耳包括鼓膜、鼓室、听骨链、中耳小肌和咽鼓管等主要结构，其中鼓膜、听骨链和内耳前庭窗之间的关系，构成了声音由外耳传向耳蜗的最有效通路。内耳包括前庭、半规管和耳蜗三部分，由结构复杂的弯曲管道组成，所以又叫迷路。声波通过外耳道、鼓膜和听小骨传到内耳，使内耳的感音器官发生兴奋，将声能转变为神经冲动，再经过听神经传入中枢，产生听觉。

学前儿童耳朵的构造跟成人有许多不同之处。外耳道比较狭窄，鼓膜较厚。5 岁时外耳道壁未完全骨化和愈合，这个过程一直到 10 岁才能完成。儿童的咽鼓管较成人粗短，近水平位。因此，当鼻咽腔受到感染时，会引发中耳炎，同时鼓室内的脓液也容易流到鼻咽腔

---

① 资料来源：http://news.sina.com.cn/c/h/2007-04-10/091512742012.shtml.

去。内耳的耳蜗是听觉的重要部分。儿童时期基膜纤维的感受能力较成人强，所以儿童的听觉较成人敏锐。

2. 听觉系统的发育

在个体发育过程中，听觉系统的发育较早。最新研究表明，妊娠20周的胎儿就已经具备了听觉能力，6个月以上的胎儿对母亲的语言已经能产生反应，8个月的胎儿会对不同的乐曲有不同的反应。例如，法国心理学博士贝尔纳就曾做过一个有趣的实验，他从孕妇妊娠第八个月起定期让胎儿听俄罗斯作曲家普罗科菲耶夫的作品《彼得和狼》和巴松管的录音(声源放在母腹上方2.5cm处)，这时胎儿会用力蹬腿，显然这是对乐曲的反应；随后当婴儿出生后，一听到这些乐曲，就会停止叫喊和哭闹，大有“似曾相识”之感。此项研究发现为胎儿实施音乐胎教、语言胎教提供了理论依据。另有研究发现，出生后1～4个月的婴儿，就对人类的语言产生了特殊的敏感，喜欢听人类的语言，尤其是熟悉人的语言，如对母亲声音的偏爱。这种对嗓音的敏感性以及已经发育的听觉器官，为婴儿和成人的早期咿呀对话提供了条件。这种“对话”从出生第一、第二个月就可以开始在母婴之间进行，一直可以延续到1岁以后。这些研究发现说明，婴儿对语言信号频率特征的分析是非常精细的；幼儿在发清某些音之前，已能正确辨别这些音。

随着年龄的增长，特别是在母语环境的作用下，儿童的听觉系统不断发育、成熟。首先，随着年龄的增长，儿童辨别声音细微差别的能力不断提高。1个月的婴儿能鉴别200～500Hz纯音之间的差异(Cunningham and Cox，2003)，5～8个月的婴儿在1000～3000Hz范围内能觉察出声频2%的变化(成人是1%)，在4000～8000Hz内的差别阈限与成人水平相同(Fischer and Hartnegg，2004；He等，2007)。其次，儿童听觉的感受性不断增长，听觉较成人敏锐。苏联学者阿尔金的研究指出，5～6岁儿童平均能在55～65cm距离处听到表的摆动声，而6～8岁儿童则在100～110cm距离处就可听到，这说明儿童的听觉感受性是不断增长的。美国心理学家鲍厄(1977)提出，婴儿的耳朵较成人小。由于耳朵的大小不同以及婴儿耳内基膜纤维较短的缘故，使婴儿接收振动频率的范围大，因此成人不能听到的某些尖细的声音或高音哨声，婴儿都能听到。而听觉能力在成年期开始逐渐降低，20岁以后，每增加10年，听觉能力都有所下降。到老年期，高频率部分的听力基本丧失。

学前儿童听觉器官的发育，说明他们已具备了语言发展的条件。这一点对学前儿童早期的语言发生具有十分重要的意义。

3. 听觉器官的保护

儿童语音听觉系统的不断成熟与发展，为儿童倾听能力的培养提供了生理和物质基础。因此，在儿童语言学习和教育过程中，一定要注意保护好他们的听觉器官——耳朵，有效减少听力残疾的发生。

1) 预防耳内进水，防止外耳道发炎

我们的外耳道深达2.5～3cm，而且还不直，外耳道皮肤还有许多纤细的绒毛。耳内进水，水不容易出来，会诱发急性外耳道炎，如果治疗不及时还容易导致中耳炎，严重的会引起听力下降甚至会出现渐进性听力损害。因此，给婴幼儿洗澡、洗头时注意不要让水流入耳道内，以免引起炎症。

2) 注意用耳卫生，防止耳朵受伤

婴幼儿耳道发育不成熟，多呈扁平缝隙状，皮肤娇嫩，一旦受到伤害极易导致感染，甚至造成听力损伤。因此，最好不要随便给婴幼儿挖耳垢，少量耳垢可保护耳膜。如果发现婴幼儿耳垢过多，应去医院取出。另外，婴幼儿睡觉侧卧时，要当心不使其耳郭扭卷受压。

3) 慎重用药，防止药物性耳聋

听觉的产生和耳内有一个叫耳蜗的结构密切相关，耳蜗结构中有一种毛细胞，起到了将声波转化为电信号的作用，婴幼儿的毛细胞非常娇弱，许多药物对它们都会造成伤害。因此，气候变化的时节必须预防感冒，慎用耳毒性抗生素，如庆大霉素、链霉素等，以免引起药物中毒性耳聋。

4) 避开噪声，防止噪声性耳聋

婴幼儿的听觉器官发育不完善，外耳道短而窄，加之耳膜薄，不能耐受过强的声音刺激。尖锐噪声尤其会损伤婴幼儿柔嫩的听觉器官而削弱听觉，甚至引起噪声性耳聋。因此，不要带婴幼儿到噪声很大的地方去玩，对他们讲话声音不要太大，过节要离鞭炮远一点，尽可能帮助他们捂住耳朵。

拓展阅读

健康速递　宝宝护耳在行动①

(1) 有时候孩子耳内发痒，家长不能用发夹、火柴棒、小木棒或长手指甲等，在孩子的耳道内盲目地掏挖。耳屎太多可以挖，但必须小心谨慎。

(2) 鞭炮的爆炸声可引起听力下降。故当发现有人燃放鞭炮时，家长应叫孩子站得远一些，或用手捂住孩子的耳朵。

(3) 孩子游泳玩水时要加强对耳朵的保护，如用耳塞塞住耳朵。

(4) 当虫子进入孩子耳朵里时，可把香烟的烟吹进耳朵里或用电灯的亮光照射，从而诱使虫子出来。虫子不出来的时候，往耳朵里滴 1～2 滴橄榄油或食用油就能使虫子死掉，再用小镊子把它取出来或用弄湿的棉棒把它擦出来。

(5) 植物种子或豆类、小珠子等掉入耳中，可让孩子头侧向异物掉入的耳朵的一侧并单脚跳，把异物摇出来。要特别注意植物种子一定要及时取出，否则当有水或眼泪流入耳内时，耳朵内温湿度适宜，种子会膨胀甚至发芽，此时就更难取出。

(6) 避免眼睛、口腔等“左邻右舍”病变对耳朵的健康产生干扰，有了疾患应及时治疗。

(7) 不要戴耳环等饰品。

(8) 乘飞机时，可以让宝宝嚼口香糖，或者吃东西、喝饮料，从而减轻耳朵内部的压力。打哈欠或者捏鼻子吹气也会有所帮助。

(三)大脑神经中枢的成熟

现代解剖学告诉我们，大脑是人体的神经中枢，它能感受到人身体上任何一个部位发

① 资料来源：周英. 宝宝护耳在行动[J]. 早期教育(家教版)，2011(12).

出的信息。儿童语言的发生离不开大脑神经中枢的成熟。

1. 大脑的生长发育

脑的生长是指人脑的长大，可用相应的测量值来表示其量的变化；脑的发育是指脑细胞、组织的分化与功能成熟。生长是发育的物质基础，生长的量的变化可在一定程度上反映器官、系统的成熟状况。

新生儿刚出生时，脑的重量仅有350～400g，大约是成人脑重的25%。此时，虽说在外形上已具备了成人脑的形状，也具备了成人脑的基本结构，但在功能上还远远差于成人。所以，新生儿刚生下来时，不会说话、不会自主活动，这些能力需要在日后脑发育的基础上才能逐渐具备。到了1岁时，脑的重量达到出生时的两倍，达到成人脑重的50%，2岁时为成人脑重的75%，7岁时可达1280g，基本接近成人的脑重量(1400g)。从脑重量增长的速度可以看出，在最初的1～2年内脑发育是最快的，所以，婴儿出生后头1～2年是脑发育的关键期。所谓关键期，也就是说在这段时间内小儿最容易学习某种知识和经验，错过这个时期就不能获得或达到最好的水平。大家熟知的“狼孩”的故事就说明了关键期对儿童大脑发育的重要性。狼孩在大脑发育的关键期里，脱离了人类社会环境，处在狼的生活环境中，学习了狼的生活习性和狼的言语，因而就不能发展起人的智力，即使长大后被人发现带回人类社会环境中，因为错过了关键期也就很难达到正常人的智力水平了。

脑细胞是构成脑的多种细胞的通称。脑细胞主要包括神经元和神经胶质细胞。脑细胞增殖可分为三个高峰阶段：胎儿3～6个月是脑细胞增殖的第一个高峰，这个阶段胎儿的脑细胞以平均每分钟25万个的增长速度急剧增加，到出生时脑细胞生长发育好的优生儿会有1000亿个脑神经细胞。胎儿7个月到出生是脑细胞生长发育的第二阶段，这个阶段脑细胞持续增加，细胞体积增大，树突分枝增加，突触开始形成。孩子出生后1年内是脑细胞增殖的最后一个高峰。这个阶段脑神经细胞体持续增大，神经胶质细胞迅速分裂增殖，神经细胞组成整个身体传送信息的神经通道，就像传送电信号的电路一样。而1岁半以后，脑内细胞的大量增殖已基本结束。随后出现的脑生长主要表现为脑细胞体积的增加，轴突和树突的延长和分枝，神经纤维迅速形成髓鞘，使得神经传导的数量增多，速度加快，内在联系复杂化。也就是说，神经网络的复杂性不断增加，这是加工词语形成概念的物质基础。因为词概念的形成依赖于大脑能吸收和整合词所代表的事物或现象的全部信息，只有神经网络才能将这些信息相互沟通，进行同时性的加工，对词做出本质的、全面的理解。

相关研究表明，18～20个月以后儿童大脑加工语言信息的能力发展迅速，婴幼儿每个月所能说出的新的双词句以成倍的速度增长。21、22、23个月时，婴幼儿所能说出的双词句分别为50、100和250句，而到了24个月则可猛增到1000多句，这一增长速度在以后各个阶段都不再发生。与此同时，儿童的构词能力也在迅速提高，由单词句、双词句到短句、简单句和不完整的复句。由此看来，脑的生长发育与婴幼儿语言发展的进程基本上是同步的。

拓展阅读

国外语言学者研究发现婴幼儿在语言学习过程中，词汇量的增长存在一个飞速增长期，即18个月到24个月左右，他们把这种词汇迅速增长的现象叫作“词汇飞跃”。由于婴幼儿在这一时期将学会许多新单词，通常这些新单词都是物体的名字，因此他们又称之为“命名爆炸”(naming explosion)。可是，在国内某一对14个月到26个月的婴幼儿与母亲的对话语料进行分析后的研究结果显示，我国20个月到26个月的婴幼儿的词量是增长得最多的，达到43.1个，但平均每个月的词汇增长量为7.2个，比较于国外研究中“词汇飞跃”期每周可能增加10个到20个新单词这一观点，还有不小的差距，最后推论此研究语料中的20个月到26个月的婴幼儿平均而言没有出现明显的“词汇飞跃”现象。但是，婴幼儿的名词量和动词量与婴幼儿的词汇量之间出现了极高的正相关，这间接证明了国内外学者的研究成果，即婴幼儿习得的快速增长的词汇中有大部分是动词和名词。①

2. 大脑的功能侧化

人类的大脑是所有器官中最复杂的，并且是所有神经系统的中枢。人类的大脑可区分为三部分：脑核(central core)、脑缘系统(limbic system)、大脑皮质(cerebral cortex)。其中大脑皮质可分为左大脑和右大脑，分别包含额叶脑(frontal lobe)、顶叶脑(parietal lobe)、枕叶脑(occipital lobe)、颞叶脑(temporal lobe)四个部分。侧化是大脑的一种生长发育过程，是指认知功能和感知功能位于大脑的某一半球上的过程。也就是说，大脑侧化在基因中已安排好，只是需要时间逐渐实现。所以，脑功能侧化(lateralization of brain function)是指左脑和右脑功能的非对称性或不完全对称性。

在科学实践基础上，人们对大脑功能侧化问题进行了研究，大量研究证实：左脑主要功能是语言，负责书写、分析、逻辑推理、数学运算、抽象思维等；右脑的主要功能有空间方位辨别、几何图形识别、形象思维、音乐、美术、舞蹈、情感、创造性及综合活动等。如果大脑左半球受损就会导致失语症，而右半球受损对语言似乎没有影响；如果大脑右半球受损就会导致患者完成空间操作任务(如拼图、搭积木等)的成绩较差，而且还可能丧失音乐能力。因此，有人将左脑称为理性脑，将右脑称为感性脑。虽然大脑的左右半球存在功能侧化，但是两者是各有所长，相互补充，相互协作，共同完成大脑的整体功能的。

3. 大脑语言功能的定位

由于科学技术的发展，人们对大脑语言功能定位的研究越来越精细了。最初发现大脑语言区定位的是加拿大神经外科医生彭菲尔德(Wilder Penfield，1891—1976)在神经外科手术时，运用电刺激来确定的。在20世纪90年代前对人脑语言区定位的研究主要借用于CT(计算机断层扫描)、MIR(核磁共振)等技术和尸体解剖检查手段，研究发现：左侧大脑半球为语言优势半球；额叶与运动性语言(说话和书写)有关，颞叶和顶叶与感觉性语言(听话和阅读)有关。近年来迅速发展起来的磁共振成像和正电子发射断层扫描术(PET)为在无损伤条件下语言区的定位提供了强有力的手段，研究清楚地表明：运动性语言中枢(说话中枢和书写中枢)，分别分布在额下回(布罗卡区)和额中回后部；感觉性运动中枢(听话中枢和阅读中枢)，分别分布在颞上回后部(韦尼克区)和顶叶—枕叶—颞叶交界处的角回区，如图2-1所示。通过磁共振成像和正电子发射断层扫描分别对人脑语言区的定位结果均说明：语言优势半球的颞叶、顶叶、额叶是语言区所在的主要位置。

① 资料来源：余舒，陈光玉. 汉语儿童“词汇飞跃”现象——基于CLAN软件的语料分析[J]. 当代学前教育，2010(03).

由于大脑两侧半球存在相同的脑区，那么右侧的类似区域在语言功能中起什么作用呢？ 现代脑科学和神经语言学的研究证明，右半球中与布罗卡区和韦尼克区相应的脑区的损伤会引起语调缺失症，即在口头表达上语调平淡，感情色彩弱化，甚至消失。看来，虽然左半球主导了语言的产生和理解，但是对于生动的语言表达，还需要右半球在内的其他脑区的参与。此外，美国著名神经心理学家斯佩里(R. W. Sperry，1913—1994)的裂脑人研究表明，虽然与左半球相比，右半球几乎没有说和写的能力(但能说出某些单音节词，如 cup)，但有一定的文字理解能力。新近的研究还发现，右侧颞叶损伤可引起典型的语言记忆丧失；右枕叶损伤会影响阅读速度；空间性阅读不能(病人能认识字母和词，但不能阅读)相当多见于右半球病变。

迄今为止的研究表明，语言的神经机制呈现出脑侧化的倾向，即左脑主要分管人的言语行为，而右脑则主要负责情感等非言语行为，同时对语言的加工尤其是言语理解方面的加工起到重要的辅助作用。

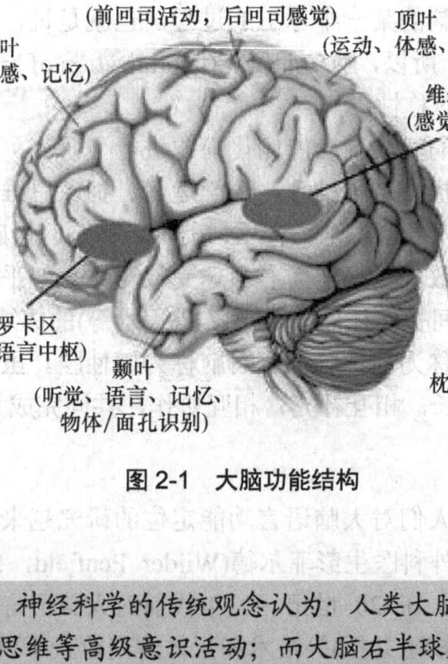

图 2-1 大脑功能结构

拓展阅读

20 世纪 60 年代初期，神经科学的传统观念认为：人类大脑左半球有语言能力，能进行说、写、读和计算、逻辑思维等高级意识活动；而大脑右半球无语言功能，只有空间形状、色彩等完形知觉，因而是低级的半球。斯佩里等人 20 年的“裂脑”研究，突破了大脑优势的传统观念，发现人类大脑右半球有语言功能、自我意识和社会意识，“左—右半球在认识上的差异是相当微细的”，大脑两半球都具有高级意识功能。并且通过研究发现，正常人的大脑两半球发挥整体效应，两半球协同活动不可分离，在认识过程中发挥着重要作用。因此，当今中小学校开设的任何学科都是使用大脑两半球而不是“只是使用左脑”。另外，认为“各国竞相探索右脑智力开发，并获惊人的成就”，也是不准确的。

(资料来源：李蔚，祖晶. 大脑两半球功能的传统观念与斯佩里观点[J]. 中国教育学刊，1999(1).)

4. 大脑语言中枢的成熟

大脑语言中枢的生长发育是缓慢的。有一项研究发现，6 个月的胎儿大脑两半球的结构就是不对称的，由此可见，解剖上的不对称在出生以前就存在了。另一项研究表明，在 0～2 岁期间儿童大脑两半球的功能几乎是等势的，在 10 岁前或在青春期以前，两侧大脑半球都有发展语言功能的潜能，不过由于脑机能逐渐成熟的结果，语言功能逐渐转向左半球，而使右半球的语言潜能受到抑制。但如果在此期间儿童的左脑受损，形成语言障碍，那么右脑却可以代偿左脑行使语言功能的司职。而且，受损时的年龄越小，右脑的补偿作用会越大，言语功能恢复的可能性也越大。有学者认为：缺乏单侧优势，特别是没有形成优势时候的儿童更容易出现口吃现象。也有学者说，语言功能的单侧化可以使各个中枢之间神经元的传导速度大大加快，它不仅与语言发展有关，还与一般认知能力的获得相关联。还有学者认为，儿童越聪明，两半球的不对称就越明显；而儿童的阅读迟缓则和两半球单侧化发展的不正常有关。

儿童大脑功能偏侧化的形成，即把语言中枢单侧化于左半球，通常发生在 2～12 岁，这是语音定型的年龄，也是语言发展的最佳期，说明侧化过程大脑的可塑性最大。

三、语言发生的心理基础论

生理成熟因素是语言发生的先决条件，然而，语言的发生是一个极其复杂的过程，所有生理正常发育的儿童都能在出生后未经任何正式训练，依然取得较好的语言发生。但事实上，儿童彼此间的语言发生是有差异性表现的，如有的儿童语言发生得早，而有的儿童语言发生得晚。这就需要我们关注到语言发生的复杂的心理过程和心理特点，心理因素对儿童语言发生的影响，早就受到人们的重视并得到较多的研究。

(一)认知基础理论

认知是指人对客观世界的认识，它包括感知觉、记忆、注意、思维、想象等心理过程。感知觉是最基本的认知过程，是高级认知活动的基础，儿童对客观世界的认知是从感知觉开始的，然后学会了语言，在此基础上才逐渐发展了高级的认知过程。

瑞士心理学家皮亚杰对儿童的认知发展过程进行了深入的研究，创造性地提出了儿童认知发展的四个阶段的理论，描述了从婴儿期到青春期的认知发展顺序。皮亚杰认为人的任何知识都来源于动作，动作是感知的源泉和思维的基础，0～2 岁的儿童的认知水平正处于感知运动的阶段，儿童通过感觉和动作来认识周围的一切。皮亚杰同时提出，语言是认知的符号系统，语言的发展必须有经验感觉动作的操作，当这些操作动作内在化时，才容易发展出语言这种象征性的符号行为。也就是说，认知是由于感觉动作行为的内在化，将认知的一种象征系统转化成为语言，所以必须要有足够的活动或游戏经验，由“行为”进入“认知”，促成象征性思考的产生与应用。相信一个人必先有某些基本的认知能力才能发展出语言。

其实，儿童在不会说话的时候经常通过动作来表达自己的情感和要求，手指的动作是最常见的。也就是说，儿童在学会用语言表达自己之前，他们通常会经历一个特殊的语言过渡阶段——手指语言，即用手指指东西。在这一阶段，他们虽不会用语言交流，可是你却会惊奇地发现，当人们向婴幼儿提问“宝宝，妈妈在哪里啊？”时，大部分宝宝都能很快地从人群中找到妈妈，并指向妈妈，似乎这就是在告诉你，“妈妈在那里”。当然，除了指认人物外，婴幼儿还可以指认出各种小动物、小物件，或是熟悉的生活物品等。婴幼儿的手指语言也充分表明，当他们对事物积累了相当水平的认知了解后，就能将其所熟知的事物与语言建立起准确的联系，增加词汇积累，促进语言的发生发展。

由此可见，儿童语言的发生要以认知的发展为基础，不能先于认知的发展。大量的研究证明，婴幼儿最主要的感知觉是触觉、听觉和视觉。在胎儿期，这些感知觉就已经形成并有所发展了。其中，触觉发展得最早，婴儿在早期通过口腔触觉和手的触觉来探索外部世界。对 5～12 周的婴儿的研究发现，这一时期的婴儿已经能够通过口腔触觉建立条件反射。他们往往对自己吸吮过的表面凹凸的奶嘴会注视更长的时间，说明他们已经发展了视、触觉协调的能力，有了视、触觉协调能力，婴儿就能够有意识地开展大量的动作和活动，如通过手眼协调来完成够物的动作，甚至可以抓住运动着的物体，于是，个体探索外部世界的活动就开始了。随着感知觉的发展，婴幼儿探索世界的动作和活动越来越丰富，动作的发展与协调不断提高，儿童的认知能力不断发展，逐渐产生高级的认知活动，导致语言的产生。

拓展阅读

宝宝的手指语言预示心情

有时候宝宝虽然还没学会说话，但是会用手指来表达自己的要求，父母只要仔细观察，就能轻松地领悟宝宝的手指语言。

小手张开、手指向前伸展：宝宝带着愉快的心情醒来时，小手通常是这样的动作，这是他在邀请身边的父母和自己一起玩。

小手的指头放松地弯着：这时宝宝已经不再东张西望，他的手臂也松软地耷拉下来，说明宝宝已经累了，想睡觉了。

小手捏着松松的拳头：宝宝在睡眠中会有这种手势，说明他正在做梦，他的眼球在眼皮下轻轻地转动，有时还会发出轻轻的鼾声。其实，梦中的宝宝睡得并不深，随时可能会醒来。

小手紧紧地握着拳头：宝宝紧张时通常会有这样的动作，这时或许宝宝是害怕某个陌生环境或人，也可能是他的小肚子有些不舒服。

手臂放松，小手轻轻地握着：这时的宝宝正心满意足地享受着美妙的时光，他愿意独自待着，而不需要外来的干扰。

（资料来源：http://yuer.pcbaby.com.cn/youer/huli/0808/316113.html.）

(二)个性品质影响

除了认知因素以外，儿童的其他心理因素也会影响儿童语言的发生和发展，比如个性品质。个性亦称“人格”，是指个人的精神面貌或心理面貌，是指个人的一些意识倾向和各种稳定而独特的心理特征的总和。

一般来说，性格外向、喜欢与人交往的儿童，其语言发展的速度较快，这是因为个性外向、自信、善于交际的儿童对周围人的言行比较注意，常常会自觉或不自觉地加以观察和模仿，敢于在各种场合表现自己，因此他们就能争取到许多语言学习和表现的机会。而个性内向的儿童往往缺乏自信、胆小怕羞，因而也就失去了许多语言学习和表现的机会，缺少成功与失败的体验，缺乏吸收语言信息的主动性和有效性。也有研究指出，女孩比男孩更乐于同成人交往，她们在干一件事情之前，往往要向成人请示。男孩和女孩这种心理差异及其所带来的行为上的差异，是导致女孩语言发展快于男孩的原因之一。

四、语言发生的社会基础论

除了生物基础和心理基础，学前儿童语言的发生还依赖于其生活的社会环境。后天成人的言语示范、成人的语言观念和教育观念对于学前儿童语言的发生有着重要的影响作用。

(一)成人的言语示范

儿童出生后，虽然都具有能说话的物质条件，但是如果他们从来没有听到过人类的语言，没有模仿的对象，也是永远不会说话的。因此，成人的言语示范，是儿童语言产生的关键。

儿童学习语言的基本方法是模仿，从发音、用词到掌握语法规则无不如此。因此，成人的言语质量在一定程度上决定着儿童言语的发展水平。成人的言语示范作用表现在以下方面：发音正确，坚持讲普通话；词汇丰富，用词准确；口语清楚明确，文理通顺，有文学修养，富于表现力；在表达方法上要适于儿童的接受水平；讲话的语调要使儿童感到亲切；讲话的速度和声音，以儿童能听清为准。总之，从内容到形式，成人的言语都应是儿童的榜样。

成人的言语要符合儿童的接受水平，应以儿童能理解或经解释能够理解为原则，但不能错误地认为要注意儿童的特点就去讲“小儿语”。有的小班儿童将汽车称为“嘀嘀”，将糖叫作“甜甜”，成人也随着叫就不合适了。成人的责任应是不断地扩充儿童的新词，告诉他们事物的正确名称，逐步培养他们能听懂成人的言语。

为了以正确的言语影响儿童，成人对自己的言语应十分注意，应多看些文学作品，多听广播中的朗诵、讲述。更重要的是自己多练，特别是方音较重或有语病的成人更是如此，以不断提高个人的言语修养。

(二)成人的语言观念

语言观念是指人们对于语言的认识、情感、审美情趣等有关语言的一系列态度和看法。成人的语言观念体现在对待口语和书面语的态度，民族共同语和方言的地位，对本民族语和外语的情感等。

在对待语言的态度上，汉族人有一个根深蒂固的传统语言观念：重视书面语，轻视口语。纵观古今的神童，大都是学习书面语的佼佼者，而鲜见学习口语的领先人物，这就是汉族传统语言观念的典型写照。例如，唐代著名诗人李白“五岁诵六甲”；宋代方仲永 5 岁能“指物作诗立就”；清末梁启超 4 岁精通四书。然而，西方有较早的“说话”传统。在古希腊时代由于民主政治的需要，演讲便受到重视。亚里士多德的《修辞学》就是专讲演讲艺术的。古罗马时代，有昆体良的《演说术原理》问世。到了中世纪，演说被列为“七艺”之一。18 世纪坎普贝尔的《演说学讲义》被作为许多国家说话训练的教材。这种语言观念使得西方比较重视儿童的口语发展。比如，英语世界两部最权威的词典之一《英语大词典》的编写者韦伯斯特，一降生就开始学习英语、法语、德语和北欧语，很小的时候就能流利地用四种语言对话。东西方对待口语的态度不同，导致了我国儿童和西方儿童在口语发展上出现一些差异。

(三)成人的教育观念

教育观念是指关于教育现象和问题的基本观念体系。成人的教育观念体现在对教育的本质、目的、功能、体制、内容、方法、教师和学生等每一方面的基本看法。成人不同的教育观念会影响儿童的语言发展。

吴凤岗在《中国家庭教育与儿童青少年的心理发展》一文中，报道了“沙袋儿”的情况。在我国河北和山东的惠民地区、衡水地区等，有一种沙袋育儿的习惯：把出生不久的孩子，放入盛满细沙的沙袋内喂养，以沙土代替尿布，一天换一次土。平时孩子仰卧在沙袋内，每天除喂奶外，既不抱他，也不管他，尽量减少对他的任何刺激和感官训练，也不许人们去跟他玩耍。经过一段时间，孩子变得不哭不闹，老实安静。沙袋喂养的时间可长达一年、一年半，甚至两年以上。将正常生长的儿童与在沙袋中生活两年半的儿童进行比较可发现：在沙袋中生活两年以上者，智商低 20 分左右。有一名在沙袋中生活了两年的“沙袋儿”，3 岁才会叫“妈妈”，5 岁才会走路，17 岁时还分不清“兄弟几个”和“有几个哥哥”这两句话的区别，语言和智力都相当落后。落后的沙袋育儿习俗，剥夺了儿童早期社会交往的机会，从而严重地影响了他们的语言学习和语言发展以及其他方面的发展，甚至人为地造成了一些弱智儿童。

由此可见，在儿童语言产生发展的过程中，父母的关爱和鼓励是至关重要的。那些得到父母爱和关怀的儿童，通常有较多的时间与父母交流，有较多的机会去体验各种事情，包括游戏和接触环境，这就刺激他们表达和交谈，从而丰富与积累语言经验。语言是需要在爱和关怀中发展起来的，父母给予儿童大量的爱和关怀，多与儿童沟通、交流、接触，有助于儿童的语言发展。

拓展阅读

皮肤饥渴症

你知道什么是“皮肤饥渴症”吗？皮肤饥渴症(skin hunger)学说的创立，源于 20 世纪 40 年代初纽约市一名儿科医生为了挽救濒死的早产儿，要求所有的医护人员每天都要搂搂襁褓中的宝宝，结果婴儿死亡率迅速下降趋近于零。现代科学也发现，在一块五分硬币大小的皮肤上，就有 25 米长的神经纤维和 1000 多个神经末梢，这为通过触觉传达信息奠定了生物学基础。美国迈阿密接触研究机构负责人菲尔德指出：人体的肌肤和胃一样需要进食以消除饥饿感，而进食的方式便是爱抚和触摸。但对于现代家庭而言，很多父母都是双职工，每天白天忙于工作，晚上还可能加班加点，对婴幼儿身体触摸的频率骤然下降，也使得越来越多的宝宝患了“皮肤饥渴症”。因而，建议家长父母，对孩子应经常拥抱和抚摸，并同时用温柔的眼神注视或者伴随轻柔的安抚的声音。一方面，这对建立孩子的安全感是非常有帮助的，而一个人只有具有了充分的安全感才有胆量去探索世界。另一方面，这种安全感和亲密关系的建立也有助于孩子发展其他的心理能力。

第三节 学前儿童语言的获得理论

语言获得是指儿童说话能力的发展和创造过程。语言获得理论(theory of language acquisition)，即语言发展理论，是解释儿童获得母语口头语言中说话和听话能力的一种理论。关于儿童为什么能在短短几年内掌握结构复杂而抽象的语言这一问题，心理学家和语言学家们做出了不同的解释，进而形成了各种关于语言获得的观点和理论。其中，影响最大的有先天决定论、后天环境论、先天与后天相互作用论。各种理论的分歧，主要表现在对语言规则系统获得的解释上。

一、先天决定论

先天决定论强调语言的获得是先天禀赋的作用，强调遗传因素对儿童语言发展的决定性作用，忽视乃至否定后天因素的影响。这方面较有影响的理论主要是先天语言能力说和自然成熟说。

(一)先天语言能力说

先天语言能力说又称“转换生成语法说”，是由美国语言学家艾弗拉姆·诺姆·乔姆斯基(Avram Noam Chomsky)于20世纪50年代在其《句法结构》(1957)一书中提出的一种儿童语言获得理论。其理论基础为结构主义语言学。

乔姆斯基认为，决定儿童说话的是先天遗传的语言能力，即先天的普遍语法知识，它规定了各种人类语言的句子的构造和对其的理解，因此不同种族、不同语言环境的儿童都能按基本上相同的方式和顺序掌握本族语言。

据此，乔姆斯基提出了自己的理论假设：儿童生来就具有一个语言学习装置(language acquisition device，LAD)，这个装置具有一套语法系统和语言分析能力。当儿童接触一定数量的成人语言之后，就会利用 LAD 对这些语言现象进行分析，这种装置能够使儿童尽快地选择词和句子，而不管这种词是以哪种语言听到、说出和理解的。这样儿童就学会了各种具体的语言。LAD 的工作程序说明，先天语言能力说把儿童的语言获得看作一个演绎的过程。这种学说并不完全否认后天语言环境的作用，但是对于后天语言环境的作用却看得非常小，后天语言环境只是起到触发 LAD 的作用。LAD 利用少量的后天接触到的具体语言材料，就可以像知识渊博的语言学家那样，从输入的语言素材中发现规律从而获得语言。

乔姆斯基的理论使我们认识到，儿童语言的获得，是儿童通过自己的 LAD 的活动实现的，即以生来就有的普遍语法为依据，对所接收的具体的原始语言素材进行处理，并逐步形成一种个别的语法能力。语言获得过程即由普遍语法向个别语法的发展。在此过程中，儿童能发现语言的深层结构(显示基本的句法关系，与语义相连决定句子的实质性意义)，以及将其转换为表层结构(用于交际中句子的形式，与语音、表达形式相连)的转换规则，因而能产生和理解无限多的新句子，创造性地使用语言。但是，他所说的 LAD 只是一种假设，人们还难以在大脑中找到它的踪迹。

先天语言能力说把儿童获得语言描绘为一个积极主动、充满创造性的过程，而不像后天环境论者，把儿童看作只会对刺激发生反应的被动模仿者。儿童获得的不是一句一句具体的语言，而是关于语言的一系列规则。这一系列具体的规则，能够使儿童听懂他从未听过的话，能够让儿童具有生成他从未听过的语言的能力。儿童在获得语言的过程中所使用的特有的句法现象，就是儿童创造性的最明显的体现。

LAD 的活动有一个临界期。过了这个临界期，LAD 就会退化。所以，成人学习语言的能力不如儿童；儿童能在较短的时期内获得语言，没有 LAD 是不可想象的。像狼孩、猪孩等一些特殊的儿童，在临界期前没能使 LAD 发挥作用，当他们被发现以后，尽管为他们提供了学习语言的机会，但是也不能够再顺利发展他们的语言了。

乔姆斯基认为，语言是由无限多个句子构成的，句子的无限性决定了儿童不可能对一个语言的所有句子都进行模仿，但是儿童却可以听懂或说出他从未听到过的句子。这就从根本上否定了儿童是通过模仿学习语言的这种经典性理论。乔姆斯基极力反对行为主义的模仿说，特别是斯金纳的强化说。

拓展阅读

艾弗拉姆·诺姆·乔姆斯基(Avram Noam Chomsky，1928—　)博士，美国哲学家，麻省理工学院语言学的荣誉退休教授。乔姆斯基的《句法结构》被认为是 20 世纪理论语言学研究上最伟大的贡献。他对伯尔赫斯·弗雷德里克·斯金纳所著《口语行为》的评论，也有助于发动心理学的认知革命，挑战 20 世纪 50 年代研究人类行为和语言方式中占主导地位的行为主义。他所采用的以自然为本来研究语言的方法也大大地影响了语言和心智的哲学研究。他的另一大成就是建立了乔姆斯基层级：根据文法生成力不同而对形式语言作的分类。乔姆斯基还因他对政治的热忱而著名，尤其是他对美国和其他国家政府的批评。从 1960 年评论越南战争以来，他的媒体和政治评论便越来越著名。一般认为他是活跃在美国政坛“左”派的主要知识分子。乔姆斯基把自己归为自由意志社会主义者，并且是无政府工团主义的同情者。据艺术和人文引文索引说，在 1980—1992 年，乔姆斯基是文献被引用数最多的健在学者，并且是有史以来被引用数第八多的学者。

《句法结构》是乔姆斯基介绍转换生成语法的《语言学理论的逻辑结构》一书的精华版。这一理论认为说话的方式(词序)遵循一定的句法，这种句法是以形式的语法为特征的，具体而言就是一种不受语境影响并带有转换生成规则的语法。儿童被假定为天生具有适用于所有人类语言的基本语法结构的知识。这种与生俱来的知识通常被称作普遍语法。

(资料来源：http://zh.wikipedia.org/wiki/%E5%96%AC%E5%A7%86%E6%96%AF%E5%9F%BA.)

(二)自然成熟说

自然成熟说是由美国心理学家勒纳伯格(Eric Heinz Lenneberg)于 20 世纪 60 年代在其《语言的生物学基础》(1967)一书中提出的一种儿童语言获得理论，是语言获得先天决定论的一种。其理论基础为生物学和神经生理学，否定环境和学习是语言获得的因素，强调先天禀赋的作用。

勒纳伯格认为，生物的遗传素质是人类语言获得的决定性因素，人类大脑具有其他动物没有的专管语言的区域，所以语言为人类所独有。语言是人类脑机能成熟的产物。当大脑机能的成熟达到一种语言准备状态时，只要受到适当外在条件的激活，就能使潜在的语言结构状态转变成现实的语言结构，语言能力就会显露，就被获得，即儿童的语言发展同生理的发育一样，是一个自然成熟的过程。比如，儿童生下来时不会走路，但已具有了走路的可能性，后天的生理发育一旦成熟，儿童就会自然地走路。儿童生下来时也已经具有了语言能力，这种能力在后天的逐渐发育中成熟。勒纳伯格的理论使我们看到了先天因素和生理因素对语言发展的影响，但是他只是揭示了语言发展的生物学基础，而仅靠此来解释儿童的语言发展，显然是不够的。

勒纳伯格认为，语言既是大脑功能成熟的产物，语言的获得必然有个关键期，从 2 岁左右开始到青春期(11、12 岁)为止。过了关键期，即使给予训练，也难以获得语言。同样地，大脑的单侧化也是在关键期内出现的。科学家们对语言发展关键期的大量研究，为语言发展存在关键期这一理论提供了证据。

具体脑损伤与语言恢复关系的研究证明了非外部原因导致大脑结构性损伤的人，过了青春期，语言学习的能力也丧失了。科学家比较了成年失语者与儿童失语者语言恢复的情况。结论是：成年失语者和儿童失语者无论在语言恢复的程度和语言恢复的速度上都存在很大的差异，即儿童较成年人语言恢复的程度要高，恢复的速度要快，儿童较成年人更有可能完全恢复。科学家还注意到，那些先天愚钝的儿童，在 14 岁之前接受语言训练，也会取得一定程度的语言进步，他们具有少量的词汇，能执行一定的口语指令，但 14 岁之后，再进行语言训练，却没有任何的进步。

此外，语言环境受到剥夺的儿童语言行为的研究较直接地为语言习得存在关键期提供了事实证据。20 世纪 70 年代初，美国曾发生了一起罕见的虐待儿童案件。一位叫吉妮的女孩，在其出生 20 个月后，被其暴虐的父亲囚禁在小屋中达 12 年之久。这期间，她既听不到声音，也看不到电视，而且只要她发出任何声音，便遭到父亲的毒打。她由盲人母亲定时喂饭，她的母亲由于惧怕丈夫，很少与吉妮交谈。吉妮直到 13 岁时才被人发现，这时她完全不能说话。后来语言专家对其进行了长达 7 年之久的认真细致的语言训练，但是她的语言表达远比同龄儿童差。她不会使用冠词、代名词、助动词、动词时态等，说出的句子仍是语法错误的句子。这一案例说明了错过语言习得的关键期会影响人类语言的掌握。

同样地，来自第二语言学习的研究证明了第二语言语法学习存在着一定的关键期，其中 8 岁之前学习第二语言的成绩最好，但过了一定的关键期，并不是语言的学习完全不可能，只是学习的效果不如关键期内学习的效果好，即学习第二语言的年龄越晚，学习者对第二语言语法的掌握程度越差，但成绩下降的趋势是平缓的。

二、后天环境论

后天环境论强调后天环境和学习对语言获得的决定性影响，忽视乃至否定儿童在语言获得中的主动性及其先天因素的影响。这方面较有影响的理论主要是模仿说、强化说和中介说。

(一)模仿说

语言发展模仿说，是以模仿解释儿童语言获得及发展的理论。其理论基础为行为主义学说，认为儿童是通过对成人语言的模仿而学会语言的，成人的语言是刺激，而儿童的模仿是反应。模仿说可分为早期的机械模仿说和后来的选择性模仿说。

1. 机械模仿说

早期的机械模仿说最早是由美国的心理学家阿尔伯特在1924年提出来的。机械模仿说认为儿童掌握语言是在后天环境中通过学习获得语言习惯，是一系列“刺激—反应”(stimulus-response，S-R)的结果，儿童学习语言是对成人的临摹，儿童的语言只是成人语言的简单翻版。

机械模仿说在20世纪20年代到50年代非常流行。但自乔姆斯基对行为主义的语言学习理论提出批评，并强调儿童在语言获得过程中的主动性和创造性以后，研究者指出机械模仿说把儿童的语言看成父母语言的翻版，忽略了儿童的主动性和创造性，并提出了不同意的证据。例如，儿童并不模仿与其现有语法结构水平距离太大的语法结构；经常在没有模仿范型的情况下产生和理解许多新句子。近年来，不少研究者虽不赞成机械模仿说，但并非根本否定模仿在语言获得过程中的作用。他们认为主要在于对语言模仿的性质应有正确理解。

2. 选择性模仿说

选择性模仿说最早是由怀特赫斯特和瓦斯特对传统的模仿概念加以改造在其《语言是通过模仿获得的吗？》(1975)一书中提出来的。选择性模仿说强调儿童对某种语言现象具有一定的接受能力(理解)时，会对这种语言进行选择性模仿，认为是对示范者语言结构的模仿，而不是对其具体内容的模仿，是把示范句的语法结构应用于新的情境以表达新的内容，或将模仿获得的结构重新组合成新的结构。有的研究者还设想，模仿过程本身可成为强化，导致儿童进一步模仿。模仿是一种灵活而常见的策略，通过它儿童能迅速学会复杂的语言行为。

和传统的模仿说相比，选择性模仿具有两个特点：第一，示范者的行为和模仿者的行为反应之间具有功能关系，即两者不仅在形式上，更重要的是在功能上相似。因此，模仿者对示范者的行为不必是一一对应的临摹。第二，选择性模仿不是在强化和训练的情况下发生的，而是在正常的自然情景中发生的语言获得模式。示范者行为和模仿者行为的关系，在时间上既不是即时的，在形式上又不是一对一的。选择性模仿说试图以此解决理解、模仿和新话语产生的关系，而且注意到儿童学习语言的主动性，为“模仿”增加了崭新的内容，对儿童语言的发展具有一定的解释力。

(二)强化说

语言发展强化说，是以刺激和反应的联结以及强化等行为主义学习理论的观点解释儿童语言获得与发展的理论。强化说强调“强化”在儿童语言学习中的作用，认为儿童是通过不断地强化学会语言的。其主要代表人物是美国心理学家，新行为主义学习理论的创始人伯尔赫斯·弗雷德里克·斯金纳(Burrhus Frederic Skinner)。

斯金纳在对学习问题进行了大量研究的基础上提出了强化理论，强调强化在学习中的重要性。强化就是通过强化物增强某种行为的过程，而强化物就是增加反应可能性的任何刺激。斯金纳把强化分成积极强化和消极强化两种。积极强化是获得强化物以加强某个反应，如鸽子啄键可得到食物。消极强化是去掉可厌的刺激物，是由于刺激的退出而加强了那个行为，如鸽子用啄键来去除电击伤害。这两种强化都增加了反应再发生的可能性。

斯金纳认为儿童的言语是通过操作性条件反射，特别是选择性强化而获得的。语言的操作性条件反射建立在由环境引起的、声音和声音联结的选择性强化的基础上。比如，儿童在牙牙学语时，会自发地、无目的地发出各种声音，一旦有些声音近似于成人的说话声，父母就这些声音加以强化，使这些声音逐渐巩固下来，在儿童的发声中占了优势。这里最重要的是“选择性强化”，即对接近于成人说话的声音给予正强化，反之则给予负强化，这样就学到了正确的发音。同时，儿童学习说话还必须学会适合各种语言反应的情境，使言语活动受到环境刺激的控制。比如，儿童最初说“爸爸”一词，不论其父亲是否在场都会得到强化。之后，儿童只有当父亲在场时叫“爸爸”才得到正强化，否则就得不到正强化或得到负强化。这样，儿童的言语逐渐获得了意义，逐渐变得有效。

斯金纳在其名著《言语行为》和《关于行为主义》(1974)中，广泛运用“强化”来解释各种言语行为，认为儿童通过自我强化和强化依随形成言语能力。自我强化是指儿童的模仿性发音会对儿童产生强化作用，即儿童听到别人的话之后，独立在别处发出同样的声音，就会自动地强化自己那个试探性的言语行为。强化依随是指强化刺激紧跟在言语行为之后。其特点有两个：一是最初被强化的是个体偶然发生的动作。反应和强化只是一种时间上的关系，并非有目的、有意志的行为，如婴儿偶然发出“m”声，母亲就笑着来抱他、抚摸他并答应他等。二是强化依随的程序是渐进的，如要儿童学习一个复杂句子，在儿童对示范句模仿得有些近似时，就给予强化，不必等待他碰巧说出这句话以后才给予强化，然后再强化更加接近该句的语言。通过这种逐步接近的强化方法，儿童最终学会非常复杂的句子。

强化学说强调环境因素，即当场受到的刺激和强化历程，对言语行为的形成和发展具有决定性影响，认为语言是一项后天获得的功能，语言发展并不需要特别的机制，只是更广泛的学习系统中的一部分。从巴甫洛夫的经典条件反射学说和两种信号系统学说到斯金纳的操作性条件反射学说，都认为儿童的言语发展同其他行为一样，是一系列刺激—反应的连锁和结合，是通过强化、外部环境的塑造形成的，是对外界刺激的习惯化反应体系。

强化在儿童语言的发展中，无疑是有相当作用的。怀特赫斯特等在《语言是通过模仿获得的吗？》一文中，曾经概述了强化在儿童语言发展中起作用的许多研究。但是，强化毕竟只是影响儿童语言发展的一种因素，用它来涵盖所有的儿童语言学习现象，必定是片面的。而且，强化说是建立在刺激—反应论和模仿说的基础之上的，也不可避免地会带上刺激—反应论和模仿说的缺陷。

拓展阅读

伯尔赫斯·弗雷德里克·斯金纳(Burrhus Frederic Skinner，1904—1990)是一位美国心理学家，行为学家，作家，发明家，社会学者，新行为主义的主要代表。

斯金纳发明了著名的斯金纳盒，引入了操作条件性刺激来解释这一现象。他改革了激进行为主义并且创立了自己的实验型研究心理学——实验型分析行为学。他在人类行为学上的作为在《言语行为》一书出版后达到顶峰。

在心理学研究中，斯金纳首先提出并改进了反应率这一概念作为因变量。他还发明了累积性记录作为测量反应率的工具，后者为他的著名行为学理念强化的提出奠定了基础。在2002年6月的一个调查中，斯金纳被认为是20世纪最有影响力的心理学家之一。

斯金纳引入了操作条件性刺激这个概念来与传统的条件性刺激相区别。最初由伊万·巴甫洛夫发现的传统的条件性刺激是对一个固定的刺激的反应。除一般的刺激(如饲料)外同时还有另一个完全不同的刺激(如铃声)，因此在条件性刺激成功地建立后只要铃声响就会有唾液流出。

操作条件性刺激与此不同的是在这里还增加了一个新的元素：行为后还有一个后果。尤其对实验动物好的后果的效果特别有效，如奖励饲料。但不好的后果也可以训练出来，如对猫或其他实验动物使用水枪进行惩罚。也就是说，传统的条件性刺激只是基于已存在的反应对它进行变化，而操作条件性刺激则产生了新的行为模式。训马早就采纳了斯金纳系统化的行为研究所获得的技术了。

(资料来源：http://zh.wikipedia.org/wiki/%E6%96%AF%E9%87%91%E7%BA%B3.)

(三)中介说

中介说又称传递说，是为解决传统的刺激-反应论的简单化缺陷而提出的一种改良主张。中介说在行为主义传统的“刺激-反应”的链条中，增加了“传递性刺激”和“传递性反应”的中介。其主要代表人物是美国加利福尼亚大学心理学教授，行为主义的代表人物之一的汤勒曼。1935 年汤勒曼提出了“中介变因”的概念，后来一批有影响的心理学家或心理语言学家，如莫勒、斯塔茨等人，把这一概念创造性地应用到儿童语言的研究中，形成“中介说”。

斯塔茨在探讨一个人的语言如何形成时说，一个词或一句话都可以具有刺激的性质，可以诱发出条件反应。比如，听到“他病了”，就会联想到“他躺在床上”“他去看医生”或“他打针吃药”以及猜想他生病的原因等。这种隐含的反应又可成为刺激，引起新的反应等。在外显的刺激和反应中间，有一系列因联想而引起的隐含的刺激和隐含的反应所构成的中介体系。这种中介体系说明了刺激和反应的传递性。

莫勒曾指出，在“Tom is a thief”(汤姆是个小偷)这个句子中，“小偷”(thief)这个词，能引起关于小偷性质的联想，而这种联想，又会引起看管好自己的钱包之类的反应；并且关于“小偷”这个词所引起的反应，会传递给汤姆(Tom)，即当人们听到汤姆这个名字时，就会引起类似于听到“小偷”时的各种反应。

中介说在刺激与反应之间加上了传递性刺激和传递性反应的中介，以此来解释客观环境怎样通过语言作用于人，语言怎样表现当时当地的事物，新的语言怎样创造出来并被理解等，都是传统的刺激-反应论不能解释的问题；并利用它进而解释儿童是怎样通过一系列的刺激-反应链条学会语言的，这是一大进步。但是，由于中介说不愿意放弃刺激-反应的基本模式，还是有许多不能自圆其说的地方。正如当代美国的心理语言学家福多尔所批评的那样：传递性反应不一定是在刺激的作用下直接产生的。很多人在没有看见过小偷之前，就能从间接经验中获知小偷是什么角色。

传递性反应也不一定能够成为隐含的刺激，引起新的反应。比如，如果人们不相信“Tom is a thief”说的是事实，就不会对这句话或是对汤姆这个名字产生中介说所说的那种反应。

在“Tom is a thief”这句话中，为什么对于小偷的反应会传到汤姆身上，中介说没有从句子的本质上给予解释。

在行为主义者看来，儿童掌握语言的过程，是其在后天环境中通过学习获得语言习惯的过程。一般认为，行为主义框架下的后天环境论，是一种过时的陈旧理论。但是从以上的讨论中可以看到，这些理论中也包含许多合理的成分，对它们一概否定并不是科学的态度。而且这一类的理论也在自己的研究和他人的批评中，不断修正和发展，由机械模仿说到选择性模仿说和强化说，再到中介说，都增加了一些新内容，为这一传统的学说灌注了新的活力；一些新形成的学说，也从中汲取了许多营养。

三、先天与后天相互作用论

先天与后天相互作用论是在对遗传和环境都是语言获得的不可缺少的因素的普遍认识基础上，进一步分析了二者的相互关系所提出的遗传和环境相互作用的观点，强调遗传和环境这两种因素是相互依存、相互转化和渗透的关系。这方面较有影响的理论主要是认知说、规则学习说和社会交往说。

(一)皮亚杰的认知说

皮亚杰在其认知发展理论中提出了语言获得认知基础理论，亦称“语言获得认知相互作用理论”。认为语言是儿童的一种符号表征功能，是认知能力发展的一个方面及标志。语言能力的形成与发展与其他认知结构一样，是主体与客体相互作用的结果。主张从认知结构的发展来说明语言发展，认为儿童的语言能力仅仅是大脑一般认知能力的一个方面。在主客体相互作用过程中，动作的发展与协调，产生逻辑，导致语言产生，即语言发展与认知能力发展一样，也是儿童在向环境学习过程中通过同化和顺应功能来实现的。

儿童用熟悉的语言形式去理解不熟悉的话语，运用熟悉的语言结构去创造新的用法；遇到不能用现成结构去同化的语言时，在环境影响下就会发生顺应功能，改变语言形式，以适应环境的要求。皮亚杰认为，儿童不是通过被动模仿来掌握遣词造句的规则，他们在造句中不仅有概括性的同化作用，而且还具有创造性。儿童语言获得还需要有模仿的情境，有练习的机会，并在人际交谈中有转换语法结构、灵活运用语言的条件。

语言是儿童许多符号功能中的一种，符号功能是指儿童应用一种象征或符号来代表某种事物的能力。语言同延迟模仿、象征性游戏、心理表象等符号功能一样，都出现在感知运动阶段的末尾，即一岁半到两岁之间。儿童在开始发出语音时，是把一个事物的“名称”当作它不可分割的一个部分来对待的。随后发展到能用语词陈述那些当时不在眼前的事物，能把作为符号的语词和被标志的事物加以区分，再把它当作事物不可分割的一部分，就开始有了语言。

儿童语言的发展要以认知能力的发展为基础，语言结构随着认知结构的发展而发展，不能先于认知能力的发展，如儿童的认知能力还没有发展到用被动语态来表达复杂思想时，就无法接受被动语态结构。儿童个体言语的发展是从自我中心言语向社会化言语发展的过程。这种发展出现在幼儿晚期和学龄初期，此前(前运算阶段)自我中心言语居主导地位，此后(运算阶段，不管是具体运算阶段，还是形式运算阶段)社会化言语逐渐发展起来。由于儿童的认知结构发展顺序具有普遍性，相应地儿童的语法结构发展顺序也具有普遍性。

个体的认知结构和认识能力是不断发展的，它来源于主客体之间的相互作用。知识在主体作用于客体的活动中形成，动作是一切知识的源泉。皮亚杰学派认为人的活动最初来源于一些本能动作(如婴儿的吮吸和抓握等动作)，这些单个动作逐渐协调起来就构成动作的结构。婴儿一旦产生动作格式，马上就会利用这个工具去改造周围的事物，如把吃奶的动作加以推广，出现了吃手指、脚趾，咬衣角、被角，甚至咬妈妈的奶头等，他们吃一切能被他们抓到的东西。皮亚杰认为这就是同化。

皮亚杰学派从主客体之间的相互作用来说明儿童认知能力和语言能力的发展，有其合理的地方，但在他们过分强调认知发展是语法发展的基础时，必然要遇到认知发展和语言发展的关系是否直接的和单向的等难题。

认知说虽然是当前儿童语言学中较有影响力的理论，但是，这种学说由于不是专门为解决儿童语言获得提出的，因此尽管有斯洛宾等人的创造性的应用和发展，但是要真正弄清儿童认知水平的发展与语言结构的发展之间的关系，还需要做大量的工作。而且这两种发展是否平行，也还缺乏足够的证据。语言发展受诸多因素的影响，过分强调认知这一个因素，也未免太片面。因此，认知说只强调认知发展对语言发展的影响，而忽视乃至否定语言发展对认知发展的影响，这种“单向”影响的看法，也已经受到越来越多的批评。

(二)规则学习说

规则学习说是在乔姆斯基和行为主义的双重影响下形成的一种儿童语言发展理论。

规则学习说强调语言具有一定的结构，遵循一定的规则，语言获得在很大程度上是语言规则的获得。其主要代表人物是布朗、弗拉瑟、伯科等学者。

规则学习说认为儿童学习母语是一个归纳的过程，而不是一个演绎的过程。儿童使用先天的语言处理机制，通过对语言输入的处理，归纳出母语的普遍特征和个别特点。对规则的归纳，凭借的是工具性的条件反射，是刺激—概括的学习过程，是先天因素与后天因素的相互补充和相互影响。

规则学习说同行为主义的最大不同，是它强调儿童的语言学习有先天能力的存在。它与乔姆斯基学说的最大不同，是认为在儿童学习语言的先天能力中，不包括语言的普遍特征；语言学习是一种在先天能力参与下的条件反射，对语言的学习是归纳的而不是演绎的。

规则学习说虽然强调了先天与后天因素的相互作用，但是过于刻板地强调对于一种规则的概括，忽略了社会环境对于儿童语言发展的影响。因此，规则学习说的系统性还不够，还需要进一步地完善和发展。

(三)社会交往说

社会交往说是言语发展理论，强调社会交往对语言获得与发展的作用，认为儿童和成人的语言交流是语言获得的决定性因素。其主要代表人物是布鲁纳、贝茨等学者。

20 世纪 70 年代后，国外一些心理学家特别重视儿童和成人的交往在儿童语言获得中的作用，认为若从小剥夺儿童和成人的语言交流，儿童就不可能学会说话。这种观点赞同语言学观点和认知相互作用观点，认为语言具有结构，遵循一定的规则，语言发展很大程度上是语法规则的获得，语言获得要以一定的生理成熟和认知发展为基础；强调环境，特别是社会相互作用系统在获得语言结构中的作用，认为这种结构产生于语言的社会交往功能，只有在交往中发挥实际功能，这种结构才能获得。持这种观点的人强调语言环境对儿童的语言输入的作用。比如，有一对聋哑夫妇，他们的孩子各方面都很正常，但因身体原因不能让孩子到户外活动，只能让孩子对着电视学习语言，不过，这种单向的非交流式的学习最终还是失败了。这孩子跟着父母学会了聋哑手指语，而没有学会自然语言。因此，这一学说特别重视儿童与成人交往的实践，并认为儿童和成人语言交际的互动实践活动，对儿童的语言发展起着决定性作用。

社会交往说还认为，社会交往几乎可以看作儿童的一种天性。儿童在会说话之前，就已经能用体态与成人交际，并听懂一些成人的话语；在单词句和双词句阶段，儿童以语言、体态或者是体态语言相结合的方式作为交际手段，最后过渡到可以完全用语言进行交际。

社会交往说通过对儿童语言的研究发现，成人同儿童交谈所使用的言语同成人之间的交谈很不一样，这种“儿向言语”与儿童的语言发展具有极为密切的关系；母亲和其他成人使用特殊的语言形式向不同年龄的儿童提供适合于儿童水平的语言材料，能促进儿童语言的发展；儿童的反馈又决定成人对儿童说话的复杂程度。儿童和其语言环境是一个密切相关的动态系统，是一个统一整体。儿童在这个整体系统中不是一个接收者，而是一个主动者。在某种意义上，语言获得的进展速度取决于儿童本身。

规则学习说和社会交往说是比较有前途的理论。但是，由于这两方面的研究工作还没有全面展开，所积累的材料有限，所以其学说的系统性还不够，还需要进一步地发展和完善。

四、对三大语言获得理论的评价

上述三种语言获得理论均有不同程度的可取之处，但又都有其各自的局限性和片面性，都未能对儿童语言获得做出完满解释。总体来说，语言是具有一定遗传素质的个体在社会环境的相互作用中，特别是在和人们的语言交流中，以及认知发展的基础上发展起来的。儿童语言富有创造性，但模仿与学习在语言获得中仍起着极为重要的作用。选择性模仿可能是语言获得的重要途径之一。强化理论不能解释语言获得的全部事实，尤其不能完满地解释语言的创造性。乔姆斯基的先天能力和先天语言获得装置假设则更是缺乏事实依据的理论观点。皮亚杰学派从主客体之间的相互作用来说明儿童认知能力和语言能力的发展，但过分强调认知这一因素，形成了“单向”影响的看法，未免过于片面。因此，各种有关儿童语言获得理论的纷争势必还要持续下去。

第四节　学前儿童的语言学习

美国教育心理学家、信息加工心理学的代表人物加涅(1965)把学习定义为：“学习是人的倾向或能力的变化，这种变化能够保持且不能单纯归因于生长过程。”这一定义中有三个要点：一是主体必须产生某种变化，才能做出学习已经发生的推论，也就是说，光有练习不一定产生学习。二是这种变化能相对持久地保持。主体的某些变化，如适应、疲劳，不能称作学习，因为这种变化是暂时的，条件改变就会消失。三是主体的变化是由他与环境的相互作用而产生的，即后天习得的，排除由成熟或先天反应所导致的变化。

用这个学习的概念，我们可以得出：语言学习指个体学会使用语言进行交际的过程，它包括对一系列声音或符号及其约定俗成意义的识别、再认和重现，对语法规则的理解，以及对使用语言所必需的动作技能(如发音、书写等)的掌握。学前儿童语言学习，是指个体通过有目的的教学活动而掌握某种语言的过程。换言之，也是掌握语言符号并使用语言符号与它所代表的事物建立联系的过程。儿童语言学习的一般程式，是指在一定的语言学习环境之中，由语言输入、内化、语言输出、反馈四个环节构成的连锁过程。儿童的语言学习不完全是一个即时的过程，它是由一个个即时过程所沉淀起来的历时现象。它所关心的是儿童怎样在交际中“内化”出语言能力，而不是一般的知识或信息的获得；所考察的是各种因素和各个环节对语言能力内化的影响，而不是或不只是对交际过程的影响。最终是要发现儿童如何在学习过程中一点点地发展语言能力，并经由一个又一个的发展阶段，不断地向目标语言逼近，最后达到目标语言的水平。

一、学前儿童语言学习的特点

(一)语言学习是儿童语言主动建构的过程

儿童学习各种语言符号及其结构组织方式的过程是主动建构的过程，不是完全被动的。

首先，儿童在与成人交往和运用语言的过程中，成人为其不仅提供了语言环境，而且还提供了种种语言范型，但是只有那些他们能理解、能模仿的语言范型才会被注意，并有意识地被选择，被不断地加以模仿和练习。

其次，儿童在直接模仿成人语言的同时，会将语言范型稍加改动，增添、减少或变换个别语言单位，作为自己的语言表达出来。这种根据自己的需要进行的创造性、变通式的模仿正是儿童主动参与语言建构的过程。

再次，语言是人们交际的一种工具，当儿童有交往需要时，他们才会主动地搜集和挑选最适用的词汇和句子进行表述。当因为词汇贫乏或语法错误不能使对方理解时，儿童才会感到学习新词的紧迫性，才会有意识地向成人学习，主动模仿新词新句。幼儿在理解句子时经常采用词序策略，就是根据句子中词的前后顺序去理解它们之间的关系和句子的意思，如把“小明被老师批评了”理解为“小明批评了老师”，当幼儿发现这样的理解总与现实情况有出入时，他可能就会慢慢地去进行调整。

最后，成人在与儿童交流时，一定程度上考虑到了儿童对语言的接受和模仿能力，成人所提供的语言范型也会受到儿童自身特点的影响。这就是儿童对语言环境的反作用力。

由此可见，儿童只有在大量的语言交际实践中，才能逐渐掌握语言这个交际工具。

(二)语言学习是儿童语言个性化的过程

儿童语言学习是一个个性化的过程。语言的学习会受到儿童所依托的语言环境、家庭教育以及儿童自身个性等各方面的影响，从而显现出一定的语言个性。

首先，在语言模仿过程中，每个儿童的选择和变通都是不同的。每个儿童都在依据已有的经验和已积累的语言与周围人交往，并从他人的语言中学习新的语言成分。即便为儿童提供完全相同的语言范型，来自不同家庭的儿童其模仿的结果也大相径庭，有的同语重复，有的缩减词汇和句子，有的扩展词汇和句子。在日常生活中，我们几乎很少见到两个说话完全相同的人，即使是同一情境、同一话题。从每个人的语言表达情况看，常常表现出跨情境的一致性，即经常表现出特定的语言习惯，包括口头禅、习惯性的音调等。

其次，教育的差异也能导致儿童语言的个性化。周兢教授在对汉语儿童语用发展的研究中发现，由于高教育背景和低教育背景家庭父母的语言输入方式不同，导致在相似母子互动情境中，儿童在语言倾向、言语行动和语言变通语用发展的三种水平的一般评价指标上均存在差异。

最后，从语言所反映的事物来看，人们喜欢谈论的主题与内容往往因人而异。儿童比较喜欢谈论他们感兴趣的事物，而儿童对事物的喜好和兴趣又极具个性化。这使儿童对语言表达的兴趣充满了个性色彩。有的儿童喜欢各式各样的车，也喜欢学习各种车的名称和专用术语，于是在这些儿童所掌握的词汇中，有大量反映“车”的词汇和句子，甚至远远超过成人的就不足为奇了。

总之，不同的儿童在语言学习中表现出不同的特点，不论是语言表达的内容，还是语言表达的方式，他们都表现出明显的个体差异。因此，对儿童个体语言发展的特征应当给予充分关注。

(三)语言学习是儿童语言综合化的过程

首先，儿童语言学习的过程就是他们认识事物的过程。语言是音义结合的符号系统。儿童学习语言时，必然要弄懂语言的含义，也就是要理解语音和语义所代表的具体事物或抽象内涵。所以，只有当他们真正对某一事物的特征有所认识时，他们才有可能真正理解代表这一事物的语音和词语的含义。例如，只有当儿童对西红柿的各方面的特征都有所认识，并知道它属于蔬菜时，才有可能真正理解“西红柿”这个词的含义。

其次，儿童语言的学习和他们在其他领域的学习是紧密联系的。儿童通过日常交往和各种教育活动获得大量语言，这些语言内容涉及儿童生活的各个方面，从儿童自己的身体特征到心理感受，从儿童家庭到幼儿园再到周围社区，从各种自然物或自然现象到人际交往和社会常识等，可以说语言领域的学习与其他领域的学习是紧密联系在一起的。

以科学教育为例，学前儿童往往是在教师的语言指导下进行各种科学探索活动的。他们在科学探索过程中不断与同伴和老师就有关的科学知识和科学方法展开讨论。当他们发现某种科学知识或取得某种探索结果之后，他们又会用语言把自己的发现表达出来，和同伴互相交流……在此过程中，儿童既获得了有关的科学概念、科学术语，在与老师及同伴的对话交流中，用完整连贯的语言报告自己的探索过程和结果，又提供了儿童语言学习的机会，从而提高儿童语言表达的能力。可以说，这种科学探索活动为儿童提供了很好的语言教育机会，使他们获得了多种语言经验。在此意义上，我们很难说这种活动究竟是科学教育，还是语言教育，它表现出极为明显的综合化的特点。

(四)语言学习是儿童语言循序渐进的过程

语言学习是一个循序渐进、日积月累的过程。儿童学习和掌握语音、词汇、语法并将其运用成熟，都需要一个从无到有、积少成多、逐步形成、逐步完善的过程。儿童对语音的掌握、词义的理解、语法的运用常常会出现理解错误和表达错误的情况，这是儿童语言发展过程的年龄特点。

这个时期教师和家长在与儿童交谈时，要照顾到儿童的年龄特征，多用短句，多作描述，语速比较慢，语音比较清晰，耐心地解释和补充会比不耐烦地打断和质疑更加有助于儿童提高说话的积极性。这个时期教师应当为儿童多提供语言范例，多向儿童介绍各种各样的文学作品，丰富儿童的语言经验。

儿童对语言的学习带有明显的倾向和选择性，往往他们感兴趣的就容易积极主动地投入学习，反之，则效果较差。教师往往要反复多次才能让儿童理解和领会一篇文学作品的内容。教师不能指望一教就会，今天教给儿童一个新词或一个故事，明天儿童就会用这个词，会讲这个故事。儿童语言的学习在很大程度上要靠日积月累，要充分了解儿童语言学习发展的规律和特点，以此为指导提出相应的教学目标和教学计划，帮助儿童在语言学习领域达到更高的水平。

二、学前儿童语言学习的影响因素

从前面的学习讨论中可以看到，关于学前儿童语言发生发展的理论多种多样，各种理论对于影响儿童语言获得的一些因素的看法，存在着严重的分歧，甚至针锋相对。如何看待这些因素，是各种语言获得理论的分水岭。影响学前儿童的语言学习的因素，大致可分为三个方面：生理因素、心理因素和社会因素。

(一)生理因素

儿童语言学习深受生理因素的影响。生理因素为语言学习和发展提供了一种可能性和规定性。先天的这种潜在可能性和规定性要在后天得以实现，自然要受到后天因素的制约与影响。

生理因素包括三个方面：一是整套健全的发音系统，包括声带、喉头、气管、肺、口腔、鼻腔、咽腔等，这是发音所必需的发音器官、动力部分和共鸣系统；二是健全的大脑神经系统，这涉及儿童接收信息、分析信息、传递信息的能力；三是完善的感知觉系统，包括眼——视觉、耳——听觉、皮肤——触觉、口——味觉、鼻——嗅觉等。

儿童接触事物，先从五官开始，这些感觉器官将外界信息通过神经系统传递给大脑，大脑记录、储存、分析信息，再借助发音系统运用到口语上。例如，儿童认识“苹果”这个词语，借助视觉观察外形和颜色，借助触觉体验不同质感，借助味觉和嗅觉分辨味道，借助听觉辨识“苹果”这一音节，综合这些途径儿童能完整地理解“苹果”一词的所指。他们可以将其特征描述出来，可以从多种水果中指出“苹果”，这些都基于儿童生理上感知觉系统的完善。这也就解释了为什么视觉和听觉有障碍的儿童会在语言学习上倍感困难，因为他们不能依靠这两个途径感受外界信息。

除了上述成熟完善的语言器官和感知觉系统影响儿童的语言学习外，当然还有人类大脑的神经系统，人类才能完成语言的任务。健全的大脑神经系统是语言学习与发展最重要的生理基础。在漫长的历史进程中，人类的大脑有了极大的发展。经研究，现代人类的大脑可以分为多个功能区，分别起着调节人类各种行为的作用。其中，语言中枢分布在大脑左半球，控制着人类的语言发生系统。通过不断的遗传作用，人类具备了学习语言的可能性。

心理学研究表明，儿童在 1 岁以前已经可以发出多种声音，4 岁左右就已基本掌握母语的音位系统。可见，儿童习得语言的过程是快速而且成功的。这是因为儿童在发展初期的生理进程是呈加速度态势的。儿童成长至两三岁时，已经开始能够初步地独立行动，能理解和运用最简单的言语。这时儿童的神经系统的结构和功能都比乳儿期有了进一步的发展。在脑的结构上，不但细胞体增大，神经纤维在加长，而且神经纤维髓鞘化过程也在迅速进行。大脑皮质机能因此有所发展，兴奋过程变得比以前集中了。到了学前时期，大脑的结构大大发展并趋于成熟，大脑机能也随之有了进一步发展的可能。因此，儿童有可能形成更复杂、更细致的暂时联系，从而能更好地分析、综合外界事物，同时有可能更好地控制、调节自己的行为。儿童不仅可以通过直接的感知来认识周围的事物，而且能通过词的描述、讲解来认识更多的不能直接感知的事物。

此外，儿童的运动技能对语言学习也有很大影响。运动技能发展得好，儿童便有条件去进行各种游戏，增加与环境接触的机会，从而丰富生活经验，在活动中增长见识。知识和语言学习起着相辅相成的作用：知识丰富了语言的内容，语言也促进了知识的掌握。

(二)心理因素

心理因素对儿童语言学习的影响，早就受到人们的重视并得到较多的研究。心理因素包括三个方面：一是知识经验的积累；二是认知能力的发展；三是心理素质的差异。其中最为重要的是大脑的认知能力方面。

语言能力无论是印入性的(听和阅读)还是表达性的(说和写)，都是基于对语言内容的理解形成的。也就是说，语言能力是受一般认知能力制约但又有自己特殊性的认知能力。例如，儿童通过感觉器官能够分辨物体的外形，能够理解空间概念，能够听辨乐音和噪声，能够借触觉感知不同触感，能够品尝不同味道，能够嗅出不同气味，能够知道不同的动作。当儿童通过感觉器官对环境中事物的属性有了感性认识，一旦他掌握到相应的词汇，就可以用语言交流了。如果儿童对语言描述的事物完全没有感性认识，又不能理解词义，成人与之交流时说出的具体事物名称或抽象概念就会让他茫然无措，就更不用提模仿和表达了。因此，儿童如果缺乏认知能力和概念知识，在与人交流时就容易产生错误的理解或者表达障碍。中央教育科学研究所的史慧中在《3～6 岁儿童语言发展与教育》的调查报告中，得出“学前儿童的表达层次是零乱的，篇章意识是缺乏的，思维的逻辑水平是薄弱的、低下的”的结论。该文在进一步的分析中指出：“结构杂乱、层次不清的讲述，在学前期最主要的表现及原因在于：第一，不理解讲述的对象，不但讲述无重点、主次混杂，而且条理不清；第二，讲述前缺乏观察和思考，边看、边想、边说，以致语无伦次；第三，思维过于具体，以致事无巨细，均作具体琐碎的描述，讲述必然轻重倒置；第四，自我中心的思维特点，使其在讲述时沉醉于对事物所见所闻的过程中，表达因而随心所欲，缺乏条理；第五，缺乏概括与综合能力，对丰富的内容不知归类叙述，因而，内容越多，讲述越杂乱无章。”这个结论与分析，较好地说明了认知发展对于儿童语言学习的制约。

此外，儿童的心理素质也会影响儿童的语言学习和发展。比如，个性外向的儿童的语言发展速度也会比个性内向的儿童要快，因为个性外向、善于交际、有表达欲望的儿童往往会主动观察和模仿周围人的言行动作，敢于在各种场合表现自己，因此争取到更多的语言学习和表现的机会。女孩和男孩相比，女孩更乐意与成人交往，导致女孩语言发展快于男孩。父母和社会对于男女儿童的角色要求不同，对男孩、女孩的谈话也有不少差异。一般来说，父母对男孩的谈话较粗放，斥责、威胁的语句较多，而对女孩的谈话较温和，常用商量、开导的语气。这无疑会对男女儿童的语言学习产生不同的影响。

(三)社会因素

语言是反映客观世界和人类社会生活的一种符号系统。在特定的社会环境中，儿童语言学习受制于各种社会因素。社会的传统和规则、文化习惯、民族心理、家庭文化和地域文化都不同程度地制约着儿童语言的学习，其中最重要的影响因素是家庭文化和地域文化。

家庭文化在儿童语言学习过程中发挥着重大的作用。家庭成员的教育水平、价值观念、语言水平等方面必然对儿童语言学习产生重要的影响。通常认为，父母接受教育的程度越高，越有利于儿童语言学习和发展。因为受过高等教育的父母，比较重视孩子的语言思维和语言认知能力的培养，在跟孩子进行言语交际时，重视语言的规范化、礼貌化。孩子在小时候对父母有一种崇拜心理，父母使用的语言，在孩子看来，也是有威望的，是值得自己学习和模仿的，父母语言的语气、腔调、内容以及说话的动作都会对孩子产生很大的影响。父母对孩子或父母之间说话的语气比较平和，那么孩子以后说话的方式也会这样，父母对孩子说话的语气若经常比较粗暴，就会导致孩子养成这样的说话方式。

由于气候、饮食、文化等习俗的不同，也就形成了不同的地域文化，不同的地域文化对儿童语言学习和发展也有一定的影响。我国南方和北方的气候和饮食不同，南方气候潮湿，以爱吃“辣”而闻名，北方气候稍显干燥，虽然也有一部分人喜欢吃“辣”，但是对于南方的儿童来说，可能对“辣”这个概念的掌握比北方儿童稍早一些。此外，父母使用的方言可能也会对儿童的语言学习和发展产生一定的影响，如果父母来自两个不同的方言区，那么孩子也会比其他的孩子更早接触到这两个方言区的方言，这两个方言区的方言在孩子的语言发展方面肯定会产生不同程度的影响。例如，父亲是四川人，母亲是安徽人，父母和孩子生活在北京，那么父母在家里和孩子进行交流用的是普通话，而孩子若跟爷爷奶奶生活一段时间，可能也会受到四川话的影响，或者孩子跟姥姥姥爷生活一段时间，也有可能受到安徽话的影响，所以孩子在成长环境中，可能会受到这三种交流方式的影响，进而影响其自身的语言学习和发展。

拓展阅读

加涅的学习理论体系

罗伯特·米尔斯·加涅(Robert Mills Gagne，1916—2002)，是美国教育心理学家。加涅原是经过严格的行为主义心理学训练的心理学家。在其学术生涯的后期，他吸收了信息加工心理学的思想和建构主义认知学习心理学的思想，形成了既有理论支持也有技术操作支持的学习理论。这一理论解释了大部分课堂学习，并提出了切实可行的教学操作步骤。

加涅认为，学习对于人类来说是极为重要的。人类的发展是成长(生长)与学习这一对因素以及它们之间的相互作用的结果。但它们之间又存在着重要的差别。“影响成长(生长)的因素在很大的程度上是由发生学决定的，而影响学习的因素则主要是由个人生活环境的事件决定的。”加涅的学习理论体系由以下四部分组成：学习的概念、要素和条件；学习层次；学习结果；学习过程。

加涅认为，人类的学习活动由四个要素构成：学习者、刺激情境、记忆内容、动作。

人类的学习活动受内部的和外部的两大类条件制约。内部条件是指以前习得的知识技能、动机和学习能力等。外部条件是指输入刺激的结构和形式，不同的学习才能和学习内容需要不同的外部条件。加涅认为，教育是学习的一种外部条件，其成功与否在于是否有效地适合和利用内部条件。学习的每个阶段都有其各自的内部心理过程和影响它的外部事件。教学就是遵循学习者学习过程的这些特点，安排适当的外部学习条件。教师既是教学设计者和管理者，也是学生学习的评价者，他担负发动、激发、维持和提高学生的学习活动的教学任务。加涅的学习条件论提醒教师，提高教学质量要重视学习者的外部条件，并应创造良好的教学环境和条件。

加涅认为，人类的学习是复杂多样的，是有层次性的，总是由简单的低级学习向复杂的高级学习发展，构成了一个依次递进的层次与水平。而简单的低级学习是复杂高级学习的基础。1968 年，他把人类的学习分为八个层次：信号学习、刺激—反应学习、连锁学习、言语联结学习、辨别学习、概念学习、原理(规则)学习、解决问题学习。加涅把前四类作为学习的基础形式，总称联想学习。在联想学习的基础上，出现了五种学习结果，即言语信息、智力技能、认知策略、动作技能、态度。在对学习层次进行更深入的研究之后，加涅于 1971 年又把学习的八个层次压缩为六个层次，即连锁学习、辨别学习、具体概念学习、意义概念学习、规则学习、高级规则学习。1977 年后，他又把学习层次提炼为五个层次，即联结与连锁学习、辨别学习、概念学习、规则学习、高级规则学习。

加涅认为，人类的学习有五类结果，表现为五种不同的能力，即言语信息、智力技能、认知策略、动作技能和态度。后来加涅又进一步把这五种技能作了归类，认为学习者习得的性能包括认知、态度和动作技能，并可以通过心理测量的成绩表现出来。知识即言语信息，也就是信息加工心理学中的陈述性知识。技能分为三类：智力技能，运用概念和规则对外办事的能力，是程序性知识；认知策略，是一种特殊的智力技能；动作技能，是概念和规则对人的行为控制，属于程序性知识。

加涅认为，学习是个体的一整套内部加工过程。在这个过程中，个体把环境中的刺激转化为能进入长时间记忆状态的信息。这些信息(即学习的结果)能给个体提供完成各种操作的能量。根据学习层次理论，每一类学习中都蕴藏着前一类的学习。在加涅看来，任何一个学习过程也是有层次性的，都是由一个个具体的学习阶段构成的。他把学习过程依次分为八个阶段：动机阶段、领会阶段、获得阶段、保持阶段、回忆阶段、概括阶段、操作阶段、反馈阶段。加涅强调指出，学生的整个学习过程一直受到外部条件的强烈影响。对于教师来说，了解和研究学习过程的目的就是为学习过程提供支持，使外部条件在学习过程中始终能与学习者的内部活动进行必要的、恰当的和正确的联系，从而给学习者以积极的影响，获得满意的学习结果。

本章小结

从语言的结构角度看，语言是符号系统。从语言的功能角度看，语言是人类最重要且独有的交际工具和思维工具。语言是一种社会现象，它随着人类社会的产生而产生，随着人类社会的发展而发展，并且将随着人类社会的消亡而消亡。

在儿童语言学领域中，语言发生指的是儿童从不会说话到学会说话的过程，或者是指儿童对某一或某些语言现象从不会使用到学会使用的过程。人类语言的发生需要一定的生物基础、心理基础和社会环境基础。

语言获得是指儿童说话能力的发展和创造过程。语言获得理论即语言发展理论，是解释儿童获得母语口头语言中说话和听话能力的一种理论。影响最大的有先天决定论、后天环境论、先天与后天相互作用论。

先天决定论强调语言的获得是先天禀赋的作用，强调遗传因素对儿童语言发展的决定性作用，忽视乃至否定后天因素的影响。这方面较有影响力的理论主要是先天语言能力说和自然成熟说。后天环境论强调后天环境和学习对语言获得的决定性影响，忽视乃至否定儿童在语言获得中的主动性及其先天因素的影响。这方面较有影响力的理论主要是模仿说、强化说和中介说。先天与后天相互作用论是在对遗传和环境都是语言获得的不可缺少的因素的普遍认识基础上，进一步分析了二者的相互关系所提出的遗传和环境相互作用的观点。强调遗传和环境这两种因素是相互依存、相互转化和渗透的关系。这方面较有影响力的理论主要是认知说、规则学习说和社会交往说。

学前儿童语言学习，是指个体通过有目的的教学活动而掌握某种语言的过程。学前儿童语言学习具有主动建构、个性化、综合化、循序渐进等特点。影响学前儿童语言学习的因素，大致可分为三个方面：生理因素、心理因素和社会因素。

【推荐阅读】

[1] Neil Smith. 乔姆斯基[M]. 田启林，马军军，蔡激浪，译. 北京：中国人民大学出版社，2015.

[2] Jeanne M. Machado. 幼儿语言教育[M]. 王懿颖，译. 北京：北京师范大学出版社，2012.

[3] 夏燕群，邹群霞. 学前儿童语言教育[M]. 北京：高等教育出版社，2013.

[4] 张亚军. 语言学概论[M]. 上海：华东师范大学出版社，2013.

[5] 张明红. 学前儿童语言教育活动与指导[M]. 3 版. 上海：华东师范大学出版社，2014.

思考与练习

一、名词解释

语言　语言发生　语言获得

二、简答题

1. 简述发音器官成熟与语言发展的关系。
2. 简述听觉系统成熟与语言发展的关系。
3. 简述大脑神经中枢成熟与语言发展的关系。
4. 简述学前儿童语言学习的特点。

三、论述题

试述不同派别有关学前儿童语言获得的理论。

【实践课堂】

结合实例谈谈影响儿童语言发展的因素

在幼儿园里对幼儿进行观察，挑选语言发展较好和较弱的幼儿各一名作为个案，通过调查幼儿的家庭环境、幼儿的个性特征、教师的教育行为等来分析影响幼儿语言发展的因素。

如果你懂得了孩子的语言，他们会与你更接近。

——蒙台梭利

第三章　不同阶段学前儿童语言发展与教育

本章学习目标

- 了解学前儿童语言发展的不同阶段。
- 掌握不同阶段学前儿童语言发展的特点。
- 掌握不同阶段学前儿童语言教育的策略。

核心概念

语言发展(language development)　语言沉默期(the silent period)　词语爆炸(word explosion)　外部言语(external speech)　内部言语(inner speech)

引导案例

一个大约有 14 个月的孩子被成人抱着时，着急地往柜子的方向挣扎，嘴里叫“ta，ta”(音)。成人先给他拿出奶糕粉，他又摇头又摆手，说“xi，xi”。成人于是给他拿糖罐，问：“是这个吗？”他就尽力喊“xi，xi”。成人拿一块糖放在他嘴里，他脸上露出了笑容。

案例分析

此案例中的儿童言语发展处于单词句阶段，特点是表达不够明确，语音不够清晰，必须辅以表情和动作。老师和家长在教育过程中不能笑话儿童，应该耐心地教儿童正确的发音和完整的语句。

学习指导

学前儿童语言的发展是指 0~6 岁儿童对母语口语的理解和表达能力的发展。母语是人们掌握的第一语言。在学前期，除了有严重的语言学习障碍外，一般儿童均能成功地学会母语口语。儿童掌握语言是一个连续发展的从量变到质变的过程。本章主要讲述不同年龄阶段学前儿童语言发展的特点及其相应的教育策略。对于幼儿教育工作者，应重点掌握 3~6 岁儿童在语音、词汇、语法及口语表达方面发展的特点，并能根据不同年龄班和不同儿童的实际情况，开展形式多样的语言教育活动。

第一节　0~1 岁学前儿童语言发展与教育

一、0～1 岁学前儿童语言发展的特点

在 0～1 岁这一前语言阶段，儿童语言习得的最重要成就之一就是通过大量的发声练习掌握语音系统。许多研究结果表明，在 0～1 岁的前语言阶段，儿童为了做好说话的准备，经过了大量的发音练习。根据儿童发音的多少和复杂程度以及与母语的接近程度可以把发音的准备过程大致分为三个阶段，即简单音节阶段、连续音节阶段和学话萌芽阶段。

(一)简单音节阶段的语言发展特点(0～3 个月的婴儿)

1．听觉比较敏锐，对语音较敏感，具有一定的辨音水平

婴儿很早就表现出对人类语音的敏感和兴趣。正常的婴儿首先能运用他们具备的听觉器官去捕捉周围的各种信息，并且迅速学会了捕捉话语声音的方法，听觉已经相当敏锐。研究表明，婴儿首先需要学会区分人的语音和其他声音。出生 12 天的婴儿能以目光凝视或转移、停止吮吸或继续吮吸、停止蹬腿或继续蹬腿等身体行为，对说话声音和敲击物体的声音的刺激做出不同反应。婴儿还获得了辨别不同话语声音的感知能力。出生 24 天之后的婴儿能够区分男人和女人的声音，抚养者和不熟悉的人的声音。不同的人说话声音的差别主要表现在说话时的音高、音量和音色方面。每个人说话时具备由特定的音高、音量和音色综合而成的语音轮廓。婴儿感知语言时能够较早地辨别这种轮廓性的差异。总之，婴儿很早就表现出一定的语音偏好：与其他声音相比，婴儿更偏好语音；与其他人的声音相比，婴儿更喜欢母亲的声音；与其他言语相比，婴儿更偏好“妈妈语”。

2．当父母和婴儿进行面对面的“交谈”时能对父母的声音做出反应

一周至一个月的婴儿，已经能够用不同的哭声表达他们不同的需要，吸引成人的注意。在这个月内，婴儿学会了调节哭中声的音长、音调和音高，能用几种不同的哭叫声来表示他们不舒服、叫人来或要吃奶等不同要求。大约两个月时，婴儿会在生理需要得到满足后，或用微笑回报成人的逗弄和语言刺激，或用声音和身体动作反应给予应答，好像在与成人“交谈”。成人对他说话时，他会以微笑、踢腿和挥动手臂来表达喜悦；号啕大哭时，听

到妈妈温柔安慰的声音，多半就会安静下来；也可能因妈妈生气的语调而显露不安；听到新奇的声音时，会转头注视。

3．发出一些简单的音节，多为单音节

哭是婴儿最初的发音，也是为以后学话做准备的最初的发音练习。出生后第一个月内，在婴儿的哭声中，特别是当他的哭稍停一下的时候，我们有时听到他发 ei、ou 的声音。在第二个月的哭声中，听到发 m-ma 的声音。在不哭的时候，我们有时也听到宝宝发音，特别是在父母逗他时。在婴儿睡醒之后或吃饱、穿暖后躺着时，都会发出愉快的自言自语的声音。两个月的宝宝大多数有这样一些发音：a、ai、e、ei、hai、ou、ai-i、hai-i、u-e。此时，婴儿发音中较多是韵母，声母还很少，主要是“h”音，有时是“m”音。他有时还会改变音调和音高，节奏像唱歌一样。

两三个月以后的婴儿的单音节发音就已经能与情境发生关系了。婴儿在 3 个月左右能用连续的“a”和“ai”来招呼别人，吸引别人的注意。这说明这些音节已经具备了信号功能，比上一阶段的哭声更加分化。但是，这些音节还远远不是词的信号，而是将来词的信号出现的前奏。

(二)连续音节阶段的语言发展特点(4～8 个月的婴儿)

1．经常发出连续的音节

大概从 4 个月起，婴儿的发音出现了明显的变化，发音增加了很多重复的、连续的音节。这一时期婴儿发音较多的是对成人的社会性刺激做出的反应，发音内容大多是以辅音和元音相结合的音节为主，并且有一个从单音节发声过渡到重叠音节发声的过程。4～8 个月时，婴儿的发音大多都是单音节，6 个月之后则会出现重叠性双音节现象。某些由辅音和元音相结合的音节在一个确定的形态下重复。可以说，这是婴儿对发音结构更高级的控制性的反映。6 个月之后，婴儿开始有近似词的发音，有的音开始具有某种意义。当他独自玩的时候，或对成人的逗弄做出反应的时候，都会操练起那些更接近说话的声音，如 ma-ma、na-na 等。这些与言语多音节组合非常相似的发声，是婴儿从表示愉快舒适的单音节发声向表示具体意义的词语发声的转换过渡。

2．懂得简单的词、手势和命令，理解具有情境性

这一阶段的婴儿已经能够听懂成人日常生活中的很多语言，会指认一些日常用品、辨别照料者的不同称谓。此时，婴儿的理解具有很大的情境性。7～8 个月的婴儿对听到的语音产生动作反应，主要是语调和整个情境引起的，并不是他真正听懂了成人说话的意义。如果改变了语调，反应就不再发生了。如果语调不变而改变词汇，反应仍然会发生。

3．在交往中出现学习交际“规则”的雏形

4 个月左右的婴儿，在与成人的交往中似乎在学习基本的交际“规则”：对成人的话语逗弄给予语音应答，仿佛开始说话交谈；出现与成人轮流“说”的倾向，即成人说一句，婴儿发几个音；当一段对话结束后，婴儿会用发一个或几个音来主动引起另一段“对话”，来使交流继续下去；在 4～8 个月时，婴儿会逐渐学会使用不同的语调，并伴以一定的动作和表情来表达自己的态度。此时，婴儿的交际已经具有明显的社会性成分。

4．能辨别一些语调、语气和音色的变化

这个时期的婴儿对于区别语意的汉语字、词、声调并不敏感，只是对父母或其他成人说话时表现情感态度的语调十分注意，能从不同语调的话语中判断出成人的态度。4 个月的婴儿能区分愉悦和冷淡的语调；大约 6 个月后，婴儿能够同时感知愉悦的、冷淡的和愤怒的三种语调，能用微笑和平淡的态度对前两种语调做出反应，而愤怒的语调则会引起婴儿的紧张或害怕的情绪。对熟悉的声音婴儿会报以微笑；对陌生的声音，则会瞪大眼睛表示出好奇心。总之，婴儿在整体感知语音时能分辨出不同的语调、语气和音色，这说明婴儿的“理解”水平又提高了一步。

5．出现“小儿语”，会用语音来吸引别人的注意

6 个月的宝宝由发出不同的声音转向咿呀学语阶段，能发出不同的音组。他们似乎在通过发音来表达愿望、发出命令和提出问题，但是具体是什么谁也听不懂。当把同龄婴儿放在一起时，就会发现他们用这些成人难懂的“小儿语”交谈得很愉快。其实，这是婴儿语言产生之前的准备性练习。在婴儿独自玩耍的时候，成人还会注意到他在试图把嘴部运动和某种语音联系起来练习发音，甚至用语音来吸引人的注意。

(三)学话萌芽阶段的语言发展特点(9～12 个月的婴儿)

1．近似词的发音增加，出现了第一个有意义的词

这一阶段婴儿的发音除更丰富外，重复连续音节又有了新的特点：不只像上一阶段那样大多是同一音节的重复，10 个月左右的婴儿明显地增加了不同音节的连接发音。从前那种单调的声音已变得抑扬顿挫，形成了语调。近似词的发音增多，如 jie-jie、mao-mao 等。同时，婴儿开始模仿发音了。这标志着儿童学话已经开始萌芽了。大约到 1 岁时，大部分婴儿都能说出第一个真正的词，也就是说，他说出了自己能够理解、使用时具有目的的词，而不是随意发出的语音。这是婴儿进入口语期的标志，是婴儿语言发展过程中最重要的里程碑。然而，婴儿一般较早掌握的是具体的名词，而且最初掌握的词语都与某一特定的对象相联系，具有专指的性质。如“猫猫”就是专指他的玩具猫。由于遗传环境等因素的影响，每个孩子在开口说话的时间上有很大的个体差异。一般而言，婴儿在 10～12 个月说出第一个有意义的词，但如略有延迟也是正常现象。

2．真正理解成人的语言，语言交际功能开始扩展

成长于正常语言环境中的 9 个月大的婴儿就能开始真正理解成人的语言。虽然还不会说话，但是他们能够使用语音、动作和表情的组合对成人的话语做出反应。婴儿理解成人的语言的一个重要表现就是能执行成人简单的指令，并建立起动作联系。比如，成人说：“跟妈妈再见。”婴儿就会挥挥自己的小手。或者问：“电话在哪里呢？”他就会把头转向电话。这一阶段的婴儿也开始能用一定的声音来表示一定的意思了。这时，声音对于这一阶段的婴儿来说，已经具有初步的交际作用了。他用手指一辆运动的小汽车，嘴里发出“嘟嘟”的声音，来告诉成人这是一辆汽车。由于这一阶段的婴儿还没有真正掌握词，虽然能用一定的语音与实物相联系，但缺少概括性，因此这种交际作用也还处于一种萌芽状态。

二、0～1 岁学前儿童的语言教育

(一)提供丰富的语言环境刺激，训练婴儿的听力

婴儿感受语言的最初能力是听力，听音是学习语言的前提，“十聋九哑”的现象就是最好的佐证。因此，成人应该创设适当的语音感知环境，以丰富婴儿的语言刺激。例如，在孩子周围挂一些彩色的发声玩具，引起其对声音的注意；每天让孩子听一段悦耳的音乐、小故事或儿童歌曲，让其听不同的声音，提高其听觉的敏感性；成人用亲切、爱抚的言语逗引孩子，以发展他们的言语听觉和方位听觉。婴儿正是通过反复地听母亲或其他人说话，不断刺激自己的听觉，形成脑神经通路，为开始说话做准备。研究表明，如果婴儿的家庭语言环境较好，那么他们开始说话的时间要比一般婴儿早，语言能力强。如果成人能在给婴儿物品时，告诉他们这是什么，每次和孩子在一起时都告诉他们正在做什么，玩什么，当孩子自己游戏时，成人都给他们提供适当的语言环境，根据婴儿直观感知的特点，创设条件，丰富生活内容，在实践中认识世界，发展婴儿的语言，那么婴儿的语言将会发展得更快、更好。

(二)多进行身体接触和面对面的交流，鼓励婴儿发音

通过抚摸、拥抱、亲吻这些亲密的身体接触，会使父母和婴儿之间产生相互依恋的情感，促使婴儿安全感的产生，对其最初的健康成长非常重要。研究表明，拥抱和抚摸婴儿，能使他们对外界事物充满好奇并迅速对各种行为做出正确的反应，其中包括对成人的语言做出各种反应。而面对面的语言交流可以帮助婴儿将语音和动作建立同步的反应，提高婴儿在前言语阶段用伴随的表情或动作去代替语言与人进行交往的能力。

成人还需要积极支持并诱导婴儿的发音。发音是学习说话的基础。按语言发展的规律，声音的训练有听音和发音两方面。1 岁前孩子听音、发声练习是最重要的。因为，这是婴儿接收和传递信息的重要条件之一。研究表明，频繁的语言刺激可以增加婴儿的发音率。婴儿的非自控性发音往往都是在成人的逗弄下产生的。当婴儿发音时，如果成人报以微笑、爱抚的话，就会鼓励婴儿进行语音的发声练习，这些语音将会成为婴儿建构的第一批语词的材料。例如，当婴儿发出“啊”“噢呜”“嗯咕”等语音时，家长积极地给予爱抚并加以重复，这样最能引起婴儿的共鸣与反应。当婴儿情绪好时，这是很好的反复强化的发音练习。

(三)遵循婴儿的语言发展规律，经常和婴儿“对话”

儿童语言发展的规律是：先学会听，再学会说，语言的理解先于语言的产生。因此，多与婴儿说话，虽然婴儿当时并不能听懂这些话的意思，但却可以增加语言信息，有利于促进其语言发展。如果能为婴儿提供良好的外部语言环境刺激的话，7～8 个月的婴儿就能听懂很多成人的话语。经常与婴儿对话，不仅能促进婴儿语言的发展，而且还能帮助他们学习与人交往。父母是与婴儿接触最为频繁的人，如果能注意用丰富的面部表情、富于变化的语调与孩子对话，让孩子看成人说话的口型和嘴的动作，使言语视觉和言语听觉协调起来，就会刺激婴儿调动各种感官感知并积极模仿父母的语言，逐渐将话语与具体意义联

系起来。例如，在婴儿情绪好时，家长可从不同的方向叫孩子的名字，开始可让孩子看到成人，慢慢过渡到只用声音逗引他，使他学会跟踪声音。还可以结合家庭的日常生活，讲述穿衣的过程，要求幼儿配合成人的动作，如“伸出手”“抬起脚”等。即使他们一时听不懂也没关系，幼儿在多次接触统一动作的基础上便能把动作和词义联系起来。

(四)开展早期阅读启蒙，初步激发婴儿阅读的兴趣

早期阅读的范围很宽泛，婴幼儿凭借色彩、图像、成人的言语以及文字等来理解以图为主的儿童读物的所有活动都属于早期阅读。目前的研究表明，婴儿在满月以后，在成人引导下会出现早期阅读的萌芽。成人可以选择一些背景简化、色彩对比强烈的图片(如图形、脸谱等)挂在婴儿床的周围，引起他们的注意，并适时进行适合的语言交流，如“宝宝看这朵花多美呀”“这个小姐姐在对你笑呢”。婴儿会在某个图片上连续注视几秒钟，这就是早期阅读的萌芽。

通常在婴儿 4 个月以后头部可以稳定地竖立时，就可以进行“平行式”阅读，成人抱着他(她)在同一方向一起看一些色彩鲜明、线条清晰、每页只有一两幅图案的画册。最好边看边用清晰、正规的语言说出图案的名称，同时让宝宝的手指去触摸图案，不要在意孩子是否听得懂，只要多次重复即可。图案的内容最好是宝宝经常看到的，如香蕉、苹果、皮球等，这样容易获得更深刻的印象。而且，每天都应该有一个相对固定的时间抱着孩子一起阅读，让孩子养成阅读的习惯。时间可以从最初的二三分钟逐渐延长到 10 分钟、20 分钟。

8 个月后的婴儿开始想去翻动书页，也喜欢把书放在嘴里咬，用手去抓、拍、推、撕书，因此这时应该买一些撕不破的，并且图案不同、质地也不同的书，以便孩子在看书时可以去触摸、感受质地的变化。这个时期家长带宝宝看书时还可以“自问自答”，如问：“小猫在哪儿？”然后指着小猫的图像说：“小猫在这儿！”也可以带孩子一边看图，一边读一些相配的儿歌。

10 个月大的婴儿可以伸出食指指认东西了，这时带宝宝读书要“你问他指”，如问：“小狗在哪儿？”鼓励宝宝用手指出。这种阅读训练往往要持续到 1 岁多。

第二节　1～2 岁学前儿童语言发展与教育

一、1～2 岁学前儿童语言发展的特点

经过了近一年的言语准备阶段，婴幼儿开始进入学习口语的全盛时期，我们把 1～2 岁称为语言发生阶段。这一年中，婴幼儿从理解性的语言强于表达性的语言发展到习得词汇量猛增，经历“词语爆炸”；从咿呀学语发展到开始能清楚地说出词语，从单词句到双词句，直到开始说一些复合句。总体来说，1～2 岁是婴幼儿表达性语言发展的重要时期。根据婴幼儿语言发展的基本规律，可以把这一个婴幼儿语言的发展分为四个阶段：语言沉默阶段(13～15 个月)、词义“错误”阶段(16～18 个月)、词语爆炸阶段(19～21 个月)和双词句阶段(22～24 个月)。

(一)语言沉默阶段(13～15 个月)

1．发音进入沉默期

1 岁以后，婴幼儿似乎突然没有了以前咿呀儿语的热情，就连以前已经学会的几个简单的词，如“爸爸”“妈妈”“打打”“拿拿”等，很多时候也不再说了。其实，这是婴幼儿出现了发音紧缩现象。在前言语阶段能发出的母语中有的或没有的音节，这一阶段都不能发出，无意义的连续音节大大减少。他们往往只用手势和动作来进行表达，独处时也停止了那种自发的发音活动，出现了一个短暂的相对沉默期。

2．理解语言迅速发展

这一阶段，婴幼儿所能理解的语言大量增加，但是会说出的词语相对很少，换句话说，也就是他们能听懂的话比他们能说出的话要多得多。这一阶段的婴幼儿所能理解的名词和动词很多。名词主要是婴幼儿周围生活中的、所熟悉的家用物品、动物的名称和特征较明显的身体器官名称等。能理解的动词主要是表示身体动作的动词，其次是表示事件和活动的能愿动词和判断动词等。该阶段婴幼儿主要能够理解的句子是呼应句。呼应句是发生在本阶段的且功能频率较高的功能句。

3．喜欢听成人重复地说话

这一阶段的婴幼儿说得少，反而更愿意听成人说话。他们对语言学习突然有一种特殊的热情，非常喜欢听成人说话或听别人聊天，甚至会要求成人说相同的话，而且喜欢听好几遍，不厌其烦。

拓展阅读

语言沉默期

“沉默期”主要指语言习得者没有足够的能力讲话的那段时间，短至几个小时，长达几个月。根据语言学家克拉申(Krashen)的语言输入假说理论，这是人类语言学习过程中的一个规律，是由语言发展本身的规律决定的，每个人的语言学习都要经过相似阶段。克拉申认为儿童在习得母语时，总会经历一个为期大约一年的“听”的过程，然后才开口说出第一个词，这种“沉默期”是使习得者建立语言能力的一个非常必要的时期。在此期间，婴幼儿通过听，即通过对可理解性语言输入进行加工、整理，经过这段沉默期后，婴幼儿似乎下意识地习得了输入的语言。沉默期很可能是儿童在接触和理解语言时的吸收和消化的过程。还有学者认为，婴幼儿的大脑中的动作中枢和语言中枢的发展不对称，13～15 个月是婴幼儿粗大动作迅速发展阶段，婴幼儿的语言中枢的成熟变得缓慢，被抑制了，从而导致沉默期现象的出现。通过观察婴幼儿的语言发展过程可以发现，沉默期对语言的发展是非常必要的。经过这段时间，婴幼儿通过大量的“听”来提高语言能力。经过一定的“听”的积累，婴幼儿语言学习才会达到一个质的飞跃。另外，“听”是婴幼儿语言习得的重要形式，通过“听”婴幼儿可以积累、记忆大量的语言材料并能从这些材料中总结出该语言的基本规则。

(二)词义“错误”阶段(16～18个月)

1. 理解更多的句子

相比13～15个月的婴幼儿而言，这一阶段的婴幼儿能理解更多的句子，主要有述事句和述意句两种。

(1) 述事句。所谓述事句就是指婴幼儿对自己发现的事情的述说。例如，大人问“宝宝，你的球呢？”这一阶段的婴幼儿会说“没”，表示他没有看见球，不知道球在哪里。

(2) 述意句。所谓述意句是指婴幼儿述说自己意愿的句子。婴幼儿所表述的意愿大多是表示否定的，主要发生在本阶段的后期。例如，成人让婴幼儿赶快收拾玩具来吃饭，婴幼儿可能会说“不”，表示不愿意。

2. 以声音代物，词性不确定

以声音代物是1岁半以前的孩子说话的一个明显的特点。对于能发出声音的物体，婴幼儿总是首先抓住该物体的声音特征，并模仿该物体的声音，将物体的声音作为该物体的名称，如“嘟嘟”表示汽车，“汪汪”表示小狗，等等。这是因为声音是物体或活动的鲜明特征，容易记住。

虽然婴幼儿可以用声音来代表某一物体，事实上，该声音在不同的情境下，往往作为不同的词性，包含着更多的意义，如“喵喵”可以当作名词称呼猫，或者表示猫的叫声，还可以当作动词表示猫正在叫。因此，这个阶段的婴幼儿还没有句法结构和语义范畴的知识，只能用简单的词来对整个情境进行笼统的描述。

3. 词义使用“错误”

儿童对大量早期词的理解和使用上，都与成人有很大程度的差异，表现为词义泛化、词义窄化和词义特化。

(1) 词义泛化，又称词语扩充，是指儿童最初使用一个词来指代更为广泛范围内的物体、动作或事件的倾向。例如，“猫”这个词，不仅被用来指一只猫，还用于指代四条腿的小动物，或所有会活动的小动物等。

(2) 词义窄化，是指婴幼儿用一般化的单词指代较小范围内的物体、动作或事件的倾向。词义往往有缩小、窄化的特点，具有专指性。例如，只将“车”指代自己用的婴儿车，而不是所有的交通和运输工具。随着年龄的增长和经验的增加，儿童从具体到抽象地逐步掌握了词义，这种“用词不当”的现象就会消失。

(3) 词义特化，是指婴幼儿词语指称对象完全与目标语言不同。例如，婴幼儿在马路上看到人们拿着小红旗为马拉松运动员助威，听到“加油，加油！”的喊声，以后再看到红旗就叫“加油”。

4. 发音中常用重叠音、替代音和省略音等一些特殊的发音策略

这一阶段的婴幼儿会使用一些特殊的发音策略来简化他们难发或者还不会说出的语音。这些策略如下。

(1) 重叠音。这是儿童早期语言发展中一种普遍存在的最重要的现象，如“妈妈”“爸爸”“拿拿”“饭饭”等，到2岁达到重叠音使用的高峰期，不仅数量多，而且遍及名词、

动词、形容词、量词等多种词类。有时同一个重叠音可以代表不同的词性。其中，名词的叠音现象最多，延续时间最长。

(2) 替代音。用浊辅音替代清辅音，如 ge ge(哥哥)说成 de de(得得)；用擦音替代塞擦音，如 cha(茶)说成 ta(他)。

(3) 省略音。省略词尾或词首的辅音，如 niu(牛)说成 you(油)，xing xing(星星)说成 xi xi(嘻嘻)。

(三)词语爆炸阶段(19～21 个月)

1. 能理解和掌握的词汇数量与日俱增，出现了“词语爆炸”现象

这一阶段，婴幼儿掌握新词的速度突然加快，词汇量急剧增多，平均每月说出 25 个新词。18 个月的婴幼儿经常挂在嘴边的单词有 20 个左右，到 20 个月时能说出的单词就有 100 个左右，到 24 个月能说出 300 多个。这种掌握新词速度猛然加快的现象是以后各阶段不再有的，我们称之为词语爆炸。在婴幼儿所掌握的词汇当中，近 70%的词仍然是名词，其他各类词，如动词、形容词、数词、代词、副词、感叹词等，虽占比例很小，但是都开始出现在婴幼儿的话语当中，这是一个可喜的现象。词汇量的迅速增长使婴儿具备了进一步发展口语的能力。

2. 语言理解逐渐摆脱具体情境的制约，词语理解能力不断提高

此时的婴幼儿进入了真正理解词语的阶段。它的标志就是婴幼儿已经可以脱离具体情境，准确地把词与物体或动作联系起来。例如，命令婴幼儿把玩具狗拿过来，他们就能把玩具狗从一堆玩具中挑出来，而不会再把毛茸茸的东西都误以为是玩具狗。达到这种水平，就说明词的称谓功能开始形成。随着婴幼儿对词义理解的加深，词的概括性也逐渐形成。例如，婴幼儿已经由认识穿红衣服的娃娃，过渡到把穿不同颜色衣服的娃娃都叫娃娃。“娃娃”一词就由具体变成概括了。婴幼儿词语理解不再受物体的非本质特性干扰，变得更为准确、概括。

词语对婴幼儿心理活动和行为的调节作用也日益明显，逐渐能按照成人的言语指示去支配和调节自己的行动。例如，可以指令婴幼儿到什么地方去把什么东西拿来，什么东西不能动以及要求婴幼儿动作快点或慢点等。

3. 会自创新词

这一阶段的婴幼儿，由于其词汇量不足，且尚未习得某些人、事、物的名称，而又需要表达其意，有时候会应用有限的词量，或是将其所知道的词汇加以组合，创造出新词汇或是有趣的语言用法。例如，有位家长记录的：早上窗户玻璃上有水蒸气，妈妈对宝宝说“这是哈气”，宝宝学得很快，每次见到就指着玻璃说“哈哈气”。这位宝宝没有完全学习妈妈所说的词汇，而是自己新创了一个“哈哈气”。又如这位家长记录的：喂宝宝饭时，劝宝宝嘴张大些，说“啊……张开宝宝的老虎嘴”，宝宝很配合，还学说“宝宝的老虎嘴”。过了一会儿，宝宝自言自语道“大象嘴，宝宝的大象嘴”。也许，在宝宝的心目中，体积硕大的大象应该是嘴也大吧。

(四)双词句阶段(22～24 个月)

1. 喜欢提问，语言上出现“反抗行为”

这一阶段，婴幼儿喜欢不断地向成人提问，他们开始学会使用疑问句“这是什么？”“那是什么？”要求成人告知他们各种事物的有关信息，如名称、特征、用途、构造等，这是求知的需要，同时也是婴幼儿语言学习的一个途径。

2 岁左右，婴幼儿开始真正进入人生的第一个“反抗期”——关于自我的独立意识，表现为语言上的自主性和反抗性。他们学会使用否定词表示反抗，常把“不”挂在嘴边。这是婴幼儿否定句发展的第一个阶段。当孩子说“不”的时候，有时是表示拒绝，有时则是他自己练习使用否定词的游戏。例如，妈妈说“宝宝，快来洗手，洗完手吃果果！”孩子可能嘴上说着“不”，却跑到妈妈身边让妈妈帮着洗手。

2. 双词句为主，且增长速度加快

双词句是由两个单词组成的句子，如“妈妈抱抱”“看狗狗”“果果没了”等。这些话听起来就像我们发电报时所采用的省略句，因此又被称为“电报句”。在这一阶段初期，单词句仍然占主要地位。从 20 个月开始，婴幼儿开始说出双词句。到这一阶段末期又出现了复合句。所以，从 1 岁半到 2 岁的婴幼儿说话是多种方式并存的阶段，其中双词句占一半以上。

双词句是婴幼儿自己创造语言的最典型样品，一部分双词句是通过模仿或省略模仿造成的，而多数双词句是婴幼儿在没有任何“语言样本”的情况下独创的。双词句一般是实词组合，主要是名词和动词的组合。从 20 个月开始，婴幼儿双词句的数量逐月成倍增长，如 21 个月时婴幼儿的双词句是 50 个，22 个月是 100 个左右，23 个月是 250～300 个，到两周岁则可猛增到近 1000 个。

3. 出现代词“我”的使用

成人若问 18 个月以前的孩子“你今天听话没？”孩子不能理解“你”和“我”在指代上的差异，只会模仿着回答“你听话”。伴随着婴幼儿自我意识的出现，他们理解了“我”这个词是指自己，于是开始学会用代词“我”来称呼自己。说话由“宝宝吃”“宝宝拿”慢慢变成“我吃”“我拿”等。

二、1～2 岁学前儿童的语言教育

(一)利用一切机会对婴幼儿说话

这一阶段婴幼儿语言发展特点是：理解性语言多，表达性语言少，即婴幼儿在日常生活中语言的习得是听得多说得少。成人要抓住一切机会对婴幼儿说话，而且尽量用简单易懂的词语和句子。特别是当婴幼儿处于语言“沉默期”时，家长不必因孩子不开口而惊慌，应清楚地意识到这是孩子语言习得过程的一个必经阶段，在这一时期更应对孩子不断地说话，这不仅能帮助他们积累大量词汇，习得相应的语言规则，促进婴幼儿的语言发展，而且可以促进成人与婴幼儿之间的情感缔结，让成人与婴幼儿之间心心相印、亲密无间，从而使婴幼儿形成情绪稳定、通情达理的性格品质。

(二)为婴幼儿提供良好的语言榜样和语言示范

研究表明，婴幼儿所掌握的新词中，约有 2/3 是通过父母与孩子日常有意无意的交谈而获得的。喜欢而且善于与孩子交谈的父母，其子女的语言能力明显高于那些少言寡语的父母所带的孩子。最新的语言心理学理论认为，婴幼儿最初所掌握的语言主要是通过在周围语言环境中模仿而获得的。父母和教师语言的规范性、内容的丰富性，都给婴幼儿提供了模仿的榜样。

与婴幼儿交谈时，应注意提供正确的词语，不重复孩子错误的语言；要符合婴幼儿的语言水平，少用“儿语”；说话时句子要尽量完整，如“宝宝要玩小飞机”“宝宝和妈妈一起玩”，让婴幼儿模仿完整的句子；多用普通话与孩子交流，从而为孩子提供良好的语言榜样和语言示范。许多事实证明，在标准的普通话环境里长大的孩子，他们所使用的语词较准确，诉说的句子较完整，其口语和思维能力都较强。另外，成人应注意用丰富的面部表情、富有变化的语调、丰富而又准确的用词造句，为婴幼儿提供良好的语言榜样和语言示范。说话时成人还应注意口型的变化，以便孩子模仿，也可让孩子对着镜子观察自己说话的情形，以提高其学习的兴趣。同时，当孩子问话时，成人要立即回答，让婴幼儿逐步养成有问有答的交流习惯。

(三)丰富婴幼儿的生活，在生活中学习词句

1～2 岁婴幼儿的思维是具体直观和形象的，只能在视、听、触摸客观事物的基础上去认识事物、学习词汇。因此，成人在日常生活中要多为其提供活动的、形象的、有声音的物品和设备，如图片、图书、彩色挂图、玩具、音乐播放器、小乐器、运动器械等，让他们通过多种感官或动作来摆弄这些物品，获得相关知识。例如，家长可以用婴幼儿易看懂的图片玩看图学词的游戏：把图片放进小盒子或小袋里，孩子摸出一张说出其名称和图片内容；再如用家里的各种物品和孩子玩买卖游戏，在一定范围内可以集中地教孩子学习更多的词句。

成人还可以经常带孩子出去看一看、听一听，多认识一些新鲜的事物。新鲜的事物留下的深刻印象可以促使婴幼儿情不自禁地讲述自己的见闻，增加其使用语言的机会；新鲜的事物还可以激发孩子的好奇心，使其提出各种各样的问题，从成人的回答中，他又学到了一些新词。

(四)帮助婴幼儿掌握新词，扩大词汇量

这一阶段后期，婴幼儿学习语言的主要任务就是学习新词，扩大词汇量。让婴幼儿掌握新词汇要尽量使用简短的话语，不要让大量多余的语言淹没了所要教的新词，可以变换句子中的其他成分，但一定要突出所教的词。例如，名词“球”，成人可以带孩子到海洋球馆去玩，并告诉他“这是球，海洋球馆里到处是球，有红色的球，白色的球，蓝色的球……宝宝，快接住这个球！……”在说“球”这个单词时，要加重语气，予以强调。这种频繁、夸张的刺激，可以使孩子较快地掌握这个单词。如果婴幼儿开始发的这个单词音不准确，不要批评或是打断他，也不要让婴幼儿一遍一遍跟着念，以免降低婴幼儿学说话的兴趣，可以反复地说这个词，为他们下一次模仿做准备。对于他们的每一次尝试，无论正确与否，

都要予以鼓励。

(五)耐心倾听，积极回应，鼓励婴幼儿多开口

研究表明，婴幼儿经常开口好处多，因为婴幼儿开口说话时，需要神经指挥，“说话”会给大脑皮层以刺激，使大脑血液量增加，改善大脑的供氧，从而产生益智健脑的功效。成人要主动提问或创设情境诱导婴幼儿开口说话。例如，当孩子用手指着玩具架，用乞求的目光看着你，不要立即就把玩具拿给孩子，而是问他：我不知道你要玩哪一个，告诉我你要什么。这样就为孩子提供了说话的机会。对于婴幼儿那些难以听懂或者啰唆的话语，成人要耐心地倾听。在婴幼儿词不达意或表述欠准确时，要及时地、巧妙地予以纠正，以使婴幼儿的口语日趋完善，能说出更为完整、更为动听的话语来。

与“沉默期”不同，2 岁左右的婴幼儿好像成了一个“勤学好问”的人，他们常常不断地提问，不断地讲述，仿佛想了解大千世界里的一切问题。虽然有时婴幼儿的提问仅仅是为了练习使用“疑问句”，并不是真的想得到某个答案，但成人仍要认真地面对婴幼儿的提问，做到及时回应，耐心回答，这样既能保护婴幼儿的好奇心，满足他们的求知欲，又有助于保护婴幼儿言语表达的积极性。有时候，成人也不要坐等婴幼儿提问，可以主动地告诉婴幼儿他们周围的一切，把他们感兴趣的东西不厌其烦地说出来(当然要适当地考虑婴幼儿的理解和接受能力)，可以结合图片、图书、电视、电影、浏览等活动来进行。

(六)充分利用多媒体，倾听文学作品，观看动画片

每天在固定的时间(如睡前，上午、下午的空闲时间)让婴幼儿倾听些优美动听、主题鲜明、短小精悍的故事、儿歌等，这是婴幼儿学习文学语言的绝好时机。婴幼儿比较喜欢反复地听同一个故事，成人可以依据具体情况让婴幼儿复述故事的大致内容，以此提高他们的学习兴趣。

成人还可以利用电视、电脑、iPad 等多媒体，选择一些轻松活泼、画面优美的儿童美术片或动画片与婴幼儿一同观看。这样既可以从更广阔的角度增强婴幼儿的信息量，扩展婴幼儿的知识面，又可以模仿学习“电视语言”，如人物的对白、旁白、广告语等。成人还可以和婴幼儿一起回忆动画片，讨论其中的具体情节，从而培养婴幼儿对动态艺术的观察能力、符号转译能力、故事图式理解能力、追踪活动画面的艺术想象能力。

第三节　2～3 岁学前儿童语言发展与教育

2 岁以后，一直到进入幼儿园之前，是婴幼儿基本掌握口语阶段。他们在掌握语音、词汇、语法和口语表达能力方面都较前一阶段有明显的进步，他们开始逐步用语言来表达自己的需要和情感，用语言来调节自己的动作和行为，基本上能用语言与人交往。语言成为这一阶段婴幼儿社会交往和思维的一种工具。这一时期婴幼儿语言发展大致可划分为四个阶段：简单句阶段(25～27 个月)；疑问句产生阶段(28～30 个月)；疑问句高峰阶段(31～33 个月)；多词句与复合句阶段(34～36 个月)。

一、2～3 岁学前儿童语言发展的特点

(一)简单句阶段(25～27 个月)

1. 基本上能理解成人所用的句子

这一阶段的婴幼儿词汇量继续快速增长，对语言的理解能力也迅速提高。婴幼儿能理解的词汇达到 900 多个，同时词的泛化、词的窄化、词的特化现象明显减少，对词义的理解也日益接近成人用词的含义。词的概括性程度进一步提高，对有些词(如树、花等)已能理解为代表一类事物的词，除了能叫出自己家附近的树和花以外，在外面已能主动说出他们熟悉的树和花的名字。语言对于心理活动和行为的调节作用也明显增强，对于成人的语言指示都能做出相应的正确反应。

2. 语音逐渐稳定和规范，发不出的语音逐渐减少

婴幼儿发音器官逐渐成熟，在发音方面的困难日渐减少。唇音已基本没有困难，但凡是需要舌头参与的音(舌尖、舌面、舌根等音)还存在不同程度的困难，尤其以舌尖音最为突出，如“zh、ch、sh、r”等，少数极个别的婴幼儿发“g、k、h、u、e”等音也有困难。

3. 语言常常使用接尾策略

接尾策略是婴幼儿使用语言中常用的一种策略，即不管实际情况如何，只选用问句末尾的一些词语作答，主要发生在 1 岁半到 2 岁半的时候，3 岁左右消失。例如，成人问“吃了没有？”即使刚吃完饭，婴幼儿也会回答“没有”，若再接着问“吃没吃饱？”他们会回答“吃饱”。这种答话与情境的不符以及前后回答的矛盾，就是婴幼儿的接尾策略在起作用。

4. 已经能注意到语法要素

在婴幼儿还只能说出一个一个字的阶段，他们就能注意 5～6 个字的句子；当他们进步到能说两个词和简单句子的时候，他们的基本的语法能力虽然尚未表现在他们所说的语言中，但却已经有很大的进步了。美国有学者专门研究婴幼儿对语法中冠词的理解①，他们为了测试婴幼儿是否注意到冠词的存在，准备了四张图片：“狗”“椅子”“书”“卡车”，设计了四个问题：“Find the dog for me”“Find bub dog for me”“Find was dog for me”“Find dog for me”，这四句话中，只有第一句是正常句子。当婴幼儿看完这四张图片后，研究人员会对婴幼儿说这四句话，要求婴幼儿把图片给自己。研究人员发现，正常的句子指认的正确率是最高的，其次是第四句，婴幼儿似乎注意到第四句少了一个“the”，但他们并不在意。

---

① 资料来源：Roberta Michnick Golinkoff, Kathy Hirsh-Pasek. 小小孩，学说话[M]. 黄淑俐，译. 台北：信谊基金出版社，2009.

(二)疑问句产生阶段(28～30 个月)

1. 能运用多种简单句型，复合句也初步发展

在婴幼儿所使用的句子中，简单句占大多数，约 90%，复合句约占 10%。简单句的句型较多，主要有主谓结构和主谓补结构两种类型。婴幼儿使用的复合句大多是不完全复合句，是省略连词的简单句的组合。句子的含词量也在不断增多。婴幼儿在 25～27 个月开始出现三词句，28～30 个月出现四词句，有个别的婴幼儿还出现了五词句、六词句。这个阶段的婴幼儿虽然在使用句子方面有明显的进步，但表达水平仍是不高的，尚处在情境语言阶段，说话时多用些不连贯的短句，辅以手势、动作和面部表情。这种情境性语言，对于不熟悉情况的人，往往是难以理解的。

2. 疑问句逐渐增多

2 岁左右是婴幼儿疑问句产生的阶段，2 岁 4 个月以后则是婴幼儿疑问句的急速发展期。2 岁出现反复问句(吗，呢，吧，什么等)：Who(谁，2 岁出现)，How(如何，怎么，2 岁 2 个月出现)，Where(什么地点，哪里，2 岁 3 个月出现)，What(什么，2 岁 3 个月出现)，When(什么时候，2 岁 4 个月出现)，Why(为什么，2 岁 4 个月出现)。这 6 个“W”是婴幼儿疑问句的主要表现形式。

疑问句在儿童发育成长的社会化过程中具有十分重要的作用。提问是儿童与社会信息进行交换的主要途径。儿童利用提问获取各种必需的信息；成人通过儿童对问题的回答来把握他们认知和语言的发展水平。从某种意义而言，儿童能够提出什么样的问题和用什么样的方式提出问题，能够理解什么样的问题和理解用什么样的方式提出的问题，这些都标志着儿童的认知和语言发展到了何种水平。疑问句的出现可以逐渐提高儿童理解话语、搜索和重组知识经验、表述自我的思想感情等诸多方面的能力。

3. 喜欢自言自语，游戏时常常一个人讲话

婴幼儿在语言发展的这个阶段，就是喜欢自言自语，嘴里常常嘟嘟囔囔。很多时候成人都不能听清婴幼儿到底在说些什么，有时会让成人感觉莫名其妙，如婴幼儿一边玩，一边嘟囔，似乎与目前的情境没有什么关系。有时成人能清晰地听到婴幼儿在说什么，特别是在婴幼儿大声地说自己想要做什么的时候或者把自己的玩具想象成对话对象时，如婴幼儿对着自己的玩具说话，会说：“宝宝吃饭啦！”“宝宝是不是生病了？”“宝宝想睡觉觉啦！”成人不必为婴幼儿的这种状态担心，这是婴幼儿语言发展过程中的正常表现，是婴幼儿语言概括和调节功能的发展过程。随着婴幼儿知识、经验的丰富，思维能力不断发展，语言的概括能力逐渐增加，自言自语、嘟嘟囔囔的现象就会逐渐减少，直到完全消失。

(三)疑问句高峰阶段(31～33 个月)

1. 说话不流畅，表达常有“破句现象”

这一阶段婴幼儿经常会出现说话不流畅的现象，有时结结巴巴；有时一句话“破句现象”严重，显得气喘吁吁，往往在不应该换气的地方换气，使人担心他是否口吃。实际上，婴幼儿在这个阶段说话不流畅不一定是他们语言上的缺陷。他们虽然学到了很多新词，但

要把这些词有条理地组织成句子说出来，仍有一定的困难。因为他们的思维的速度往往超过他们说话的速度，说话跟不上思想，想说的东西太多，一下子选不到恰当的词，但又很心急地想要把它说出来，于是就变得说话不连贯，表现得犹豫不决或经常重复同一个单词或语句。这种情形看起来好像口吃，但对3岁的儿童来说，说话不流畅、重复都是正常的、自然的现象。要是对此处理不当，反而会引起他们语言发展上的危机，语言发展的缺陷也就会在这个时期出现。

2. 能抽象句子规则，常表现出系统整合的语言内化能力

所谓系统整合就是当一种新的语言现象出现后，婴幼儿总是力图把它纳入原有的框架之中，尽力用原有的规则去解释它、同化它，用已知去把握未知，是婴幼儿一种重要的认知惯性。例如，老师对婴幼儿说："布娃娃脸上有五官，有两只眼睛，两只耳朵……"老师话音未落，婴幼儿就接上去说："两只鼻子，两只嘴巴"，显然孩子的回答是凭自己已有的经验进行归纳。这种认知惯性有时是成功的，有时则是失效的。究其失败的主要原因是原有的规则不能同化新的语言现象，出现了一个特例，即"一个鼻子，一张嘴巴"。而这些特例往往就是成人重点要解释的地方，它将会对原有的系统构成冲击，使原有的系统失去同化能力，打破原有的平衡。成人应从特例中概括出一些新的规则，并把新规则进行整合，以达到新的平衡，建构出一个新的系统。

3. 语言调节能力增强，自言自语现象逐渐减少

这一时期婴幼儿语言的自我调节功能开始逐步发展起来。其实，当婴幼儿能以自己的语言调节自己的行为时，他们的心理活动也随之迈上了一个新台阶。思维语言一般可以理解为"内语言"与"外语言"。成人在思考时，通常使用的是"内语言"，这种不出声音的内语言让我们更加集中注意力去厘清思维，从而做出决定。而婴幼儿则更多地用的是"外语言"，表达自己内心的思考过程，这就是前面讲到的"自言自语"。当"外语言"发展到一定程度时，婴幼儿就会产生"内语言"能力。可以说婴幼儿嘟嘟囔囔、自言自语的时期是婴幼儿的"外语言"向"内语言"转化的时期。一旦婴幼儿开始使用"内语言"来思考，婴幼儿的自言自语也会逐渐减少直至消失。

4. 进入词语爆发期

婴幼儿2～3岁的时期，在使用词语能力上有戏剧性的改变，通过强有力的语言工具，他们能够表达许多心中的想法和意图。到了3岁左右，母语里的每一项规则他们都已经能运用自如。这一阶段我们可以称之为"词语爆炸期"。2岁的时候，婴幼儿开始把他们会的字组合在一起；27～30个月时，他们已经可以说3～4个字的句子了；等到31～33个月这阶段，他们平均句子长度可以达到5～6个字，还有很多较为复杂的句型；等到3岁时，当婴幼儿开始说出6个字及以上的句子时，我们还可以发现婴幼儿可以说出"附属句子"了。

(四)多词句与复合句阶段(34～36个月)

1. 词汇量迅速增加，对新词感兴趣

婴幼儿到了3岁左右，随着其好奇心、求知欲的发展，变得好问，对新词句表现出较大的兴趣。他们总喜欢问"这是什么？""为什么？"这类的问题，从成人的答案中学到很多的新词。在3周岁的时候，儿童使用的词汇量是2周岁时的3倍。也就是说，这一阶段仍然是婴幼儿新词涌现和不断作用的阶段。

3岁的婴幼儿开始更多地使用代名词，其中最常用的是“我”和“我的”这两个代词，从而知道他们仍然是以自我为中心的。

婴幼儿逐渐喜欢听故事和能理解故事的简单情节，对文学语言也非常感兴趣，并且愿意模仿。一个故事往往可以不厌其烦地听数遍。喜欢朗诵短小的儿歌。婴幼儿这些新的兴趣和喜好，为他们学习知识，练习清楚地说话，都提供了极为有利的条件。

2. 能说出完整的句子，出现了多词句和复合句

这一阶段的婴幼儿，不仅词汇丰富了，而且句子也完整了。他们能从成人所说的词语中推断出语言的规则，掌握语法和句子结构的基本要点。到了3周岁的时候，儿童说话的方式基本上和成人差不多，初步奠定了他日后说话的基础。在口语表达方面，开始能用完整的句子与人交往，表达个人的要求和愿望，句子的含词量已达到5～6个单词。当婴幼儿能够说出比较完整的简单句时，就开始尝试着说复合句了。但这么大的婴幼儿，还不会把复合句用连接词恰当地连接起来。婴幼儿复合句的运用能力，是与简单句的运用能力平行发展起来的，在不断完善简单句的同时，复合句的运用能力也在不断得到发展。他们所使用的句子中，陈述句占绝大多数，经常出现的复合句已占总数的1/3以上，其中联合复句在2岁半到3岁阶段占绝对优势，约占60%～90%；偏正复合句约占10%～30%。联合复句中并列复句占第一位(要……还要……，有……还有……等)，但随着年龄的增长而逐渐下降。其次是连贯复句(……和……，……也……等)、递进复句(不但……而且……，先……再……然后……等)和选择复句(或者……或者……等)。从总体上看，婴幼儿对联合复句的理解优于偏正复句。在偏正复句中，常见的是因果复句(反正、其实、原来、因为……所以……等)、转折复句(只好、那么、非要、偏要等)和条件复句(要是……就……)。目前，对婴幼儿的偏正复句使用的研究还较少，婴幼儿偏正复合句的发展如何，还需要进一步的研究。

3. 语言功能呈现出越来越丰富、准确的趋势，口语表达能力增强

这一阶段婴幼儿言语已经具有回答、提问、问候、告知、争执、命令、请示等语言功能，呈现出功能越来越丰富、准确的趋势。婴幼儿对于某些语言功能常常会有阶段性的特点，表现出在某一阶段其某一功能比较突出。3岁前婴幼儿的语言表达基本上是对话形式(即或回答父母的问题，或向父母提出问题，获得解答，自己创造性的语言独白少之又少)，这一方面是与婴幼儿词汇相对贫乏有关，另一方面也与婴幼儿语言运用能力有关，但更重要的是婴幼儿刚刚开始独立活动，还没有自己积累起经验、体会、印象。也就是说，婴幼儿还缺乏对世界的认识。3岁以后随着婴幼儿独立性的发展，对世界认识能力的提高，独立表达自己意愿的需求开始出现并日益强烈，婴幼儿语言独白的能力也就随之不断提高了。

4. 开始会说“附属句子”

这里所谓的“附属句子”，并不是指复句，而是一种比简单句更复杂的句型，如“我看见你坐下”或“看我烤蛋糕”或“我觉得他不乖”等。这些句子里的受词本身就是一个句子，“我看到”是一个句子，看到的事情“你坐下”又是另一个句子，并且是动词看到的受词。婴幼儿正在学习将两个句子合成一个，这对他们来说是向前跨了一大步，因为这

意味着他们可以造出更长的句子，包含更多的意思在里面。

二、2～3 岁学前儿童的语言教育

(一)提供丰富的语言学习环境，丰富婴幼儿的语言经验

儿童语言获得是在一定的语言学习环境中进行的。语言学习环境一般可以分为四类：人文背景、学习情境、学习者的条件、教学条件。而婴幼儿语言学习环境最大的特点是“自主性”和“和谐性”。成人应当为他们创设一定的言语交际环境和机会，实际上言语交际是在一定的语言环境中进行的听说的双方的互动行为。婴幼儿对语言的理解需要对言语交际的语言环境有一定的认识，也就是婴幼儿言语交际和语言学习对语言环境有一定的信赖性，对于语言环境的信赖程度我们称之为“语境信赖度”。例如，“我们走”，走到哪里去？别人无法知道，可是交际双方之间的共知较多，就很容易明白我们一起到哪里去。婴幼儿的言语同成人相比，对语境信赖度明显要高。因此，婴幼儿语言的发展和训练，要在一定的语言环境中进行。

(二)通过多种感觉通道，积累语言素材和经验

多看：要有计划地带领婴幼儿直接观察，直接接触外界物体，积累感性经验，在掌握语言后，渐渐地才有可能间接地去认识世界，还可以让婴幼儿看图片、看图书、看电视等获得现实的知识。只有有了丰富的生活内容和知识，婴幼儿才会拥有丰富多彩的语言。

多听：培养婴幼儿注意倾听，是发展他们口语的先决条件。婴幼儿学习语言，首先要学会听，能够听得准确，听得懂，才有条件正确地模仿——说。可以让婴幼儿听录音故事，听成人讲故事，邀请同伴进行简单交谈，互相倾听，听各种声音：乐器的声音，自然界的声音(风声、雷声、雨声……)，动物的叫声，生活中的声音(起油锅的声音、打桩的声音、各种交通工具的鸣笛声……)，听后让婴幼儿模仿、想象。

多闻：嗅觉是最原始的感觉。生活中，成人可以用动作示范要用鼻子“闻”，所有的气味都可以有意识地引导婴幼儿多关注。对于这个年龄段的婴幼儿，最好把气味和具体的事物联系起来，如花开的季节，可以带孩子到大自然中，在丁香等芳香浓郁的鲜花前让孩子闻一闻，并用语言引导：“宝宝闻闻香不香？”买了榴梿也可以跟孩子说：“这个榴梿闻起来臭臭的，不过吃起来却是香香甜甜的。”

多尝：吃东西的时候也是引导孩子积累感觉经验和语言素材的良好机会。糖是甜的，药是苦的，山楂是酸的，辣椒是辣的，酱油是咸的等，都可以通过经验的积累成为婴幼儿语言表达的素材。

多触：婴幼儿的触觉主要表现在口腔触觉和手的触觉两个方面。触觉体验最早表现在口腔触觉上，如吸吮反射。而且婴幼儿的探索活动最初也是通过口腔触觉进行的，所以才会有拿起东西就往嘴里送的现象。手部的主动触觉探索活动大概发生在 7 个月，他们会用手去摆弄物体，而且动作都有视觉的伴随。成人可以在婴幼儿吃东西的时候，用语言提示他去感觉食物是软的还是硬的，热不热，凉不凉，脆不脆等。在陪婴幼儿游戏的时候，成人可以示范表达触觉感受，如“水真凉呀”“小兔子(毛绒玩具)的身体真柔软”。

(三)鼓励婴幼儿同伴之间的自发模仿和相互交谈

2 岁以后的婴幼儿常常会出现同伴相互间的语言模仿。1 岁半的婴幼儿进早教中心时，除了哭叫以外，基本没有什么说话声音。而 2 岁以后的婴幼儿则不同，他们午睡起床后会叽叽喳喳讲个不停。有的相互模仿，有的呼唤同伴，有的小声念儿歌，有的要求老师帮助，也有的向同伴或老师讲述某个问题，表现出在集体活动和自由活动中说话的基本态度。教师应该提倡和鼓励婴幼儿这种积极地说话的态度。同伴间的自发模仿和相互交谈，会带给孩子许多乐趣，提供相互间语言交往和学习的机会。因为练习说话和练习其他技能一样，需要有许多自由实践的机会。

(四)随时随地帮助婴幼儿正确使用语言

日常生活是婴幼儿学习语言的基本环境。在这个环境中，丰富词汇、发展口语有很多得天独厚的条件。在日常生活中，婴幼儿接触到的词句都是与具体的事物、动作同时出现的，即物与动作——词与句，总是同时作用于婴幼儿的视觉和动觉。对婴幼儿来说凡是形象具体的事物，都比较便于建立音和义之间的联系，易于理解和掌握。

日常生活中的语言多是常用的、反复出现的，这样易于加深婴幼儿的印象和理解。因为所有的词、句都不是听一听、讲一讲就能掌握的，而是经过反复出现、多次运用之后，才能真正理解词义，做到正确使用。成人应善于抓住时机对婴幼儿进行语言培养。例如，在穿衣时，教婴幼儿说出各种衣服的名称；在盥洗时，教婴幼儿说出盥洗用具、五官和身体各部分的名称；在散步时，主动向婴幼儿介绍所见到的婴幼儿能理解的事物，同时丰富有关词句。

在日常生活中，成人最容易发现婴幼儿说话中的问题，如发音不准、用词不当、口吃或语病等。发现以上任何问题，都要通过示范及时纠正，否则养成不良习惯再纠正，就会事倍功半了。当婴幼儿的句子过于压缩时，成人可以扩充他们的句子。当婴幼儿表述不准确、不清楚时，成人一方面应耐心猜测他们所要表达的意思，另一方面也要用恰当的语词来解释其行为，用正确、清楚的词句示范讲述。

(五)欣赏文学作品

文学作品是促进婴幼儿语言发展的重要手段。它可以让婴幼儿学习文学语言，丰富婴幼儿的词汇，提高婴幼儿的倾听能力。儿歌、故事一类儿童文学作品，用的都是经过作家提炼加工的文学语言，具有生动、形象、富有节奏感等特点，易于被孩子理解和接受。文学语言的早期输入，对提高婴幼儿对艺术的兴趣和敏感性，激发早期的“创作欲”，萌发艺术思维都具有积极的作用。

需要注意的是，在这一阶段对文学作品的欣赏应注重反复感受语言的美。俄国儿童文学奠基人别林斯基曾经说过：“儿童文学下面的直接的影响，都应当集中于儿童的感性，而不应当集中于他们的理性。”也就是说要反复地让婴幼儿欣赏感受儿童文学作品中美的语言、美的情节、美好的主题、美好的生活。婴幼儿往往很喜欢反复听同一个故事，百听不厌，正基于此。

第四节　3～6 岁学前儿童语言发展与教育

儿童在幼儿前期已经发展了初步的言语交往能力。在与成人不断交往的过程中，在实践活动日益复杂化的基础上，儿童的语言能力迅速发展起来。幼儿期是儿童言语不断丰富的时期，是熟练掌握口头言语的关键时期，也是从外部言语逐步向内部言语过渡并初步掌握书面语言的时期。

一、3～6 岁学前儿童语言发展的特点

(一)学前儿童外部言语的发展

1. 学前儿童口头言语的发展

学前儿童口头言语的发展，主要表现为掌握语音、词汇、语法以及口语表达能力的发展。

1)　语音的发展

3 岁前儿童在语言发展方面已经取得了巨大成绩，完成了从感知语言(或理解语言)到说出语言的过渡。

儿童完成从感知语言向说出语言过渡经历了这样的过程：儿童在周围环境的影响下，特别是在成人的反复教育下，所发出的声音逐渐与某一特定的具体事物联系起来，以后只要听到这个词的声音就能引起相应的反应。例如，成人说出“袜袜呢”，儿童就看袜袜(这是一种定向反应)，此时儿童还只是对词的声音做出反应。约在婴儿末期，在词的声音和物体或动作相联系的基础上，儿童才逐渐对词的内容发生反应，开始“理解”词的意义。但这时，儿童能听懂的词是十分有限的，成人所说的词要伴随相应的动作(如一边说“拍手”，一边做拍手的动作)，儿童才能听懂。

在婴儿期语音发展的基础上，2～3 岁幼儿的言语发展有了明显的进展。一般认为，在这个阶段，儿童言语发展分为两个子阶段：从 1 岁末到 1 岁半是理解言语阶段，儿童对成人所说语言的理解有了进一步发展；从 1 岁半到 3 岁，是儿童的积极言语发展阶段；到 3 岁末时，他们已经完成了从感知语言到说出语言的过渡，为 3 岁以后语言的发展奠定了基础。

2)　词汇的发展

(1)　词汇数量逐渐增加。国内外有关研究材料表明，幼儿期是人一生中词汇增加量最快的时期，3～4 岁幼儿词汇的年增长率最高。3～6 岁幼儿的词汇量是以逐年大幅度增长的趋势发展着的，词汇的增长率呈逐年递减趋势。一般估计，3 岁幼儿的词汇量为 800～1100 个，4 岁为 1600～2000 个，5 岁为 2200～3000 个，6 岁可以达到 3000～4000 个。

幼儿对同类词的掌握表现出一定的顺序。决定幼儿获得新词及其意义的顺序有两个因素。一是意义的复杂程度，即意义越复杂，幼儿掌握得越晚。例如，在表示维度的词中，幼儿最先掌握的是“大”和“小”，而对“深”的掌握就比较晚。二是幼儿所依靠的非语言策略，这种策略是根据儿童关于事物类别的概念结构形成的，如田学红、方格(2001)等人的研究表明，幼儿对简单方位介词(前后、上下、之间、里外)的掌握，在 4 岁已经达到，从

易到难的顺序是里外、上下、之间、左右。幼儿对空间方位介词的掌握受到空间复杂程度的制约，在关系复杂的条件下，幼儿对“里”的掌握甚至迟于对“上”“下”“外”“之间”的掌握。例如，当给出的空间方位图形有镶套的空间关系时，幼儿对“里”的掌握要难于对只有一层空间关系的“里”。而对比较复杂的方位介词“左”“右”的理解与左右方位的参照物有关，以自身为参照物时的成绩比以客体为参照物时的成绩好。

(2) 词类范围不断扩大。随着词汇数量的增加，幼儿掌握的词类范围也在不断扩大，这主要体现在词的类型和词的内容两方面。幼儿一般首先掌握名词，如周围人的名称(爸爸、妈妈、爷爷、奶奶等)、运输工具(汽车、火车等)、食品(巧克力、牛奶、饼干等)、身体器官(手、眼、耳、鼻等)、衣服用品(鞋、裤、袜、裙等)，因为这些名词具有具体形象的支持，幼儿较易掌握。其次是动词，大多是描绘人和动物动作的动词。再次是形容词和其他实词。最后掌握虚词，即意义比较抽象的词，一般不能单独作为句子成分，包括介词、连词、助词、叹词等。幼儿掌握虚词不仅时间较晚，而且比例也很小，只占词汇总量的10%～20%(见表3-1)。

表3-1　3～6岁儿童各类词统计

序　号	词　类	词　型	词型比例(%)	词　频	词型使用频率
1	助词	16	0.26	2452	153.25
2	代词	72	1.18	7655	106.32
3	语气词	32	0.53	3218	100.56
4	叹词	36	0.59	983	27.31
5	数词	54	0.89	1222	22.63
6	介词	58	0.95	1152	19.86
7	副词	311	5.11	6072	19.52
8	量词	176	2.89	2289	13.01
9	连词	69	1.13	718	10.41
10	动词	1496	24.59	11696	7.82
11	形容词	348	5.72	2352	6.76
12	名词	3398	55.86	11993	3.53
13	拟声词	17	0.28	26	1.53
合计		6083	100	51828	

随着年龄的增长，幼儿掌握同一类词的内容也在不断地扩大。他们先掌握与日常生活直接相关的词，再过渡到与日常生活距离稍远的词，词的抽象性和概括性也进一步提高。以名词的发展为例：幼儿使用频率最高和掌握最多的名词，都是与他们日常生活内容密切相关的词汇，如“日常生活环境类”“日常生活用品类”“人称类”“动物类”等，而像“政治、军事类”“社交、个性类”等与日常生活距离较远的抽象词汇随着年龄的增长才逐渐发展起来。

(3) 对词义的理解逐渐加深。幼儿期随着生活经验的丰富与思维的发展、词汇量的不断增加，幼儿对所掌握的每一个单词本身的含义理解也逐渐加深。

幼儿最初对词义的理解是混沌、未分化的。因为幼儿理解力弱，还不能理解界定一个概念的核心特征，而且缺乏相应的词汇。例如，幼儿最初使用一个词时，容易倾向于过分扩张词义，无意中使其包含了比成人更多的含义。他们可能用“狗狗”一词称一只猫或是一只兔子，称一切全身长毛、四脚、有尾巴的动物。这种过度扩张的倾向在1～2岁时最为明显，到了3～4岁时逐渐有所减弱。如果幼儿不知道单词“西瓜”，则可能仅仅是为了达到谈论“西瓜”的目的，而使用某种相似物体的名称(如“球球”)。在词义理解扩张的同时，幼儿还有词义理解缩小的倾向，即把他初步掌握的词仅仅理解为最初与词结合的那个具体事物。例如，“桌子”一词仅仅指他家里的某张桌子。随着年龄的增长，幼儿对词的概括性联系系统逐渐发展，对词义的理解趋向于丰富和深刻化。

此外，幼儿使用词语的积极性在增加，既理解又会运用的积极性词汇在增多，仅理解不会正确使用的消极性词汇也在增多，于是出现乱用或乱造词的现象。例如，把“一个人”说成“一只人”，把“一条裤子”说成“一件裤子”等。

幼儿的词汇虽然有以上三方面的发展，但总体来说对词汇的掌握还是不够丰富和深刻的。对于多义词，幼儿通常不能掌握它的全部意义，只能掌握其最基本和最常用的意义，对词汇的概括性也比较低，在理解和使用上也常常发生错误。因此，还应该重视丰富和发展幼儿的词汇，帮助他们正确理解词义、正确运用词汇。

3) 语法的发展

人类所有的言语都具有复杂的语法结构。幼儿要学会某种语言就必须掌握该语言的语法结构，否则就很难理解别人的言语，也不能很好地表达自己的思想。幼儿在与环境的不断交往中，自然掌握了一些语法结构和句型，这表现在以下几个方面。

(1) 句子从简单到复杂，从不完整到完整。幼儿在句子的习得过程中，最初出现的是单词句，如“狗狗”，可能指的是所有的四脚动物。后发展为双词句(电报句)，如“妈妈，饭饭”，可能表示“饭是妈妈的”，也可能是指“妈妈在吃饭”。而后又发展到简单句，如“我叫小明，我爱画画”。最后出现结构完整、层次分明的复合句，如希望被评价时，会说“我是个好孩子，是吧，妈妈”。

幼儿最初的句子不仅简单，而且常常不完整，漏缺句子成分或者句子排列不当。原因可能与幼儿思维中的自我中心有关，他们误以为自己明白的事别人也明白。而且幼儿说话时带有很强烈的感情色彩，往往把容易激起兴趣和情绪的事物当作重点，急于抢先表达出来，因而在说话时往往把宾语提前了。例如，幼儿可能向家长这样转述他所看到的某一情景：“摔了一跤，在滑梯上，她哭了”，目的是告诉父母有个小朋友在滑梯上摔倒了，哭了。一般到6岁左右，幼儿的句子才会比较完整，如说因果复合句时，能说出关联词“因为”等(见表3-2)。

表3-2 幼儿简单句和复合句的比例

年龄/岁	简单句(%)	复合句(%)
3	96.2	3.8
4	88.5	11.5
5	87.6	12.3
6	80.9	19.1

(2) 句子从无修饰语到有修饰语，长度由短到长。随着幼儿词汇量的增加，使用修饰语能力的增强，幼儿句子的长度也在增长。华东师范大学的研究人员分析了2～6岁幼儿简单陈述句平均长度的发展，发现2岁时幼儿句子的平均长度为2.9个词，3.5岁时为5.2个词，6岁时增长到了8.4个词。句子长度的增长表明了幼儿言语表达能力的进一步提高。

(3) 句子从混沌一体到逐步分化。幼儿早期语言的功能中表达情感(如表示“高兴”与“不高兴”)、意动(语言和动作结合表示愿望)和指物(叫出某一物体的名称)三方面是紧密结合、没有分化的，表现为同一句话在不同场合可以表达不同的内容。例如，儿童说出单词句“糖糖”，既可能是指物的功能，表达出“这是糖糖”“我看到了糖”的意思；也可能是意动的功能，表达出“我要吃糖”“给我糖”的含意；还可能是情感的功能，表达出“我看见糖很高兴”的意思等。3岁以后，这种不分化的现象就会越来越少。幼儿语句功能的逐步分化还表现在词性和句子结构的逐步分化上。幼儿早期的词语不分词性，往往把名词和动词混用，还把名词词组当作一个词来使用，如“嘭嘭嘭”，既可表示名词“枪”，也可表示动词“开枪”。他们最初使用没有主谓之分的单词句，以后才发展到使用层次分明的复合句。幼儿这种句子功能混沌不分的现象反映了其认知水平的低下。

4) 口语表达能力的发展

随着语音的发展、词汇的丰富和语法结构的逐渐掌握，学前儿童的口语表达能力也逐渐发展起来。

(1) 对话言语的发展和独白言语的出现。口语可分为对话式和独白式两种形式。对话是在两人(或多人)之间交互进行的谈话；独白则是一个人独自向听者讲述。

儿童的语言最初是对话式的，只有在和成人的相互交往中才能进行。3岁以前，儿童基本上都是在成人的陪伴或帮助下进行活动的，儿童与成人的言语交际也正是在这样一种协同活动中进行的。因此，儿童的言语基本上都是采取对话的形式，他们往往只是回答成人提出的问题，或向成人提出一些问题和要求。

进入幼儿期，随着独立性的发展，儿童的活动范围得到了很大的扩展，从而获得较多的经验、体会和印象。为了和周围人进行交流，就要讲述自己的知识经验，表达自己的思想情感。于是，独白言语就发展起来了。当然，幼儿的独白言语刚刚开始形成，发展水平还很低，尤其是在幼儿初期，3～4岁幼儿虽然已能主动地对别人讲述自己生活中的事情，但由于词汇不够丰富，表达不够流畅，常常带一些口头语，如“这个……这个”“嗯……嗯”“后来……后来”等。还有少数幼儿甚至显得口吃。4～5岁儿童能够独立地讲故事或各种事情。在良好的教育条件下，随着认知能力的发展，5～6岁儿童不但能够系统、清楚地讲述，而且能够大胆、自然且富有感情地进行讲述，如有的幼儿能够把故事讲得有声有色、活灵活现。

(2) 从情境性言语到连贯性言语的发展。情境性言语只有在结合具体情境时，才能使听者理解说话人所要表达的思想内容，而且往往还需要说话人运用一定的表情和手势作为自己言语活动的辅助手段。连贯性言语的特点是句子完整，前后连贯，逻辑性强，听者仅仅从言语本身就能完全理解讲话人所要表达的思想内容，不必事先熟悉所谈及的具体情境。

3岁以前儿童的语言主要是情境性语言，单词句和电报句都不能离开具体情境。儿童只能进行对话，不能独白，这也决定了他们的语言基本上都是情境性语言。3～4岁幼儿的语言仍然带有情境性。他们说话断断续续的，表达中常运用一些不连贯的、没头没尾的短句，并辅以各种手势和面部表情，对自己所讲的事丝毫不作解释，似乎谈话对方已完全了解他所讲的一切。如果别人听不懂他的意思，要求他作解释，他就会反感或显得很困惑。4～5岁儿童的表达常常还是断断续续的，只能说出一些片段，还不能说明事物现象、行为动作之间的联系。6～7岁儿童能够比较完整地、连贯地表达，开始从叙述外部联系发展到叙述内部联系。大班儿童无论是在讲述自己经历过的事情，还是在看图讲述时，或者是复述故事时，情境性语言的成分都比较少，这说明大班幼儿连贯性语言的发展已经比较稳定。连贯性言语的发展使幼儿能够独立清楚地表达自己的思想，同时独白言语也发展起来了。教师应抓住这一时机，促进情境性言语向连贯性言语的过渡，促进幼儿连贯性言语的发展。

家长和老师要创设适宜的环境并组织幼儿参与多种活动，加强教育和训练，发展幼儿的连贯性言语，使幼儿能够不离题地完整地表述自己的思想，学会通过自己的语言调节自己的行动，发展幼儿的口语表达能力，为进入小学做好准备。

2. 幼儿书面言语的发展

书面言语产生的基础是口头言语。在学前阶段，幼儿正处于口头语言发展的关键时期。幼儿在进入小学之前，已掌握了95%的口头言语。口头言语的迅速发展，为书面言语的学习做了充分的准备。到了幼儿晚期，幼儿往往主动要求识字、读书。幼儿书面言语的发展包括：初步的识字能力和早期阅读能力。

1) 初步的识字能力

识字是学习书面言语的一种内容和方式。初步的识字能力并不仅是指能识一定数量的字，而是要让幼儿了解一些有关书面言语的信息，提高学习书面言语的兴趣。通过识字，让幼儿能够理解文字的作用，知道文字有具体的意义，可以念出声来；还可以把文字与日常说的口语对应起来；又能习得一定的识字规律。教师可以通过一些识字活动设计来培养幼儿初步的识字能力，如“送字宝宝回家”。这样的活动可以让孩子们感受到识字活动的乐趣，找出相同字的同时又复习这些字词，能不断提高孩子的识字能力。

2) 早期阅读能力

早期阅读是指幼儿凭借图像、符号、色彩、文学和已有的口语表达能力，有时也借助成人的朗读、讲解来理解读物的活动。早期阅读是幼儿开始接触书面语言的途径。通过早期阅读，幼儿可以认识更多的伙伴，接触到更为丰富和规范的语言句式、形象化的语言表达方式和不同的语言风格，扩大词汇量，自我获取语言材料的能力也会得到提高。这些宝贵的经验积累，可以为他们日后读写奠定良好的基础。

教师和家长要根据幼儿的年龄特点，为幼儿识字和早期阅读能力的发展创设适宜的环境，培养幼儿的阅读兴趣，使幼儿养成良好的阅读习惯。

(二)学前儿童内部言语的发展

从外部言语到内部言语，学前儿童口语表达能力的发展体现了一个从外到内的过程，即从对话言语发展到独白言语，后又从独白言语经过渡言语产生内部言语。

所谓内部言语是指只有发音动作，而不说出声音的言语活动。内部言语不是用来跟别人“交际”的，而是对自己发出的。内部言语是言语发展的高级形式，与外部言语比较起来，它具有以下特点：发音隐蔽，是无声的默语；句子压缩、简略；具有自觉的分析综合机能和自我调节机能。

学前儿童的内部言语是在外部言语发展到一定阶段的基础上逐步产生的。在婴儿期是没有内部言语的，婴儿还不能不出声地思考问题，他们往往是边想、边说、边做。只有到幼儿期在外部言语充分发展的基础上，内部言语才有可能产生，但这时的内部言语水平还是很低的。4 岁左右，幼儿开始出现一种介于有声的外部言语和不出声的内部言语之间的过渡形态，即出声的自言自语。这种自言自语既有外部言语的交际功能，又有内部言语的自我调节功能。这种自言自语有两种形式，即“游戏言语”和“问题言语”。

1. 游戏言语

游戏言语是指在游戏和活动中出现的言语，其特点是一边做动作，一边说话，用言语补充和丰富自己的行动。例如，幼儿在玩玩具时边玩边说“飞机飞上天了”，“小狗狗饿了，想吃骨头了”；幼儿一边搭积木，一边发出声音：“这个放上边，这个放下边，这个是大桥，轰，塌了……”这种言语通常比较完整、详细，有丰富的表现力。

2. 问题言语

问题言语是指在活动进行中碰到困难或产生问题时产生的言语，常用来表示对问题的困惑、怀疑或惊奇及解决问题所采用的方法。这种言语一般比较简单、零碎，由一些压缩的词句组成。例如，幼儿在搭积木时，边看着盒子里的积木，边自言自语：“这个放哪儿？放这儿？……不对！那放这儿？……哎呀，也不行！对了，放这儿，好了，哈，大象。”

对于不同年龄的幼儿，这两种言语所占的比例是不同的。一般来讲，3～5 岁幼儿“游戏言语”占多数，5～7 岁幼儿则“问题言语”增多。随着儿童年龄的增长和认知水平的提高，自言自语的自我调节功能逐渐被内部言语所代替。所以，从个体发生学上看，内部言语是外部言语内化的结果。

二、3～6 岁学前儿童言语的培养策略

在幼儿期，学前儿童言语发展方面的成绩是巨大的。他们已能掌握本民族的全部语音，词汇量迅速增加，使用的句型增多且语句完整；能连贯地表达自己的思想，并且随着内部言语的产生，言语的自我调节功能也得以发展。总之，3～6 岁是人生语言发展的一个重要时期。因此，无论是教师还是家长都应重视这一阶段学前儿童言语的培养和训练，努力发展儿童潜在的言语能力。

(一)重视发音技能的培养，提高幼儿语音准确度

1. 示范正确发音，讲解发音方法

学前儿童主要是通过模仿成人学习发音的，因此，成人正确的示范是教育儿童掌握语音的重要方法。因此，与学前儿童接触的成人应努力做到发音清楚、正确，为学前儿童提供模仿的榜样。为了提高示范的效果，还应该配合讲解，使儿童掌握发音部位和发音方法，感知语音的细微差别。

由于发音的部位不同，发音的难度也不同，如唇音主要是上下唇的活动，比较简单，容易被学前儿童模仿与掌握。而更多的音，需要舌头参与活动，不易被学前儿童观察到，

而且动作又比较精细、复杂，所以舌音是学前儿童掌握较慢、不易发准的音。对这一类语音的发音方法，成人应该进行详细的讲解，什么音使用发音器官的什么部位，如“g”用舌根，“d”用舌尖，“zh、ch、sh”要翘舌，讲解时要注意把发音原理具体化、形象化。示范之后，应让儿童经常练习，反复体验，以帮助其较快地掌握发音的要领。

2. 通过各种方式指导儿童进行发音练习

练习对儿童掌握语音是十分重要的，因为儿童每学习一个新词，不仅要分辨词音，理解词义，而且还要正确地说出来，这种复杂的条件联系需要儿童的听觉器官和发音器官协调运动，必须经过多次的重复才能巩固。所以，儿童学习到新的词音后，要及时让他们进行练习，以增强他们发音器官的协调性和听觉器官的灵敏性，从而尽快掌握正确的发音。

应该注意的是，练习的方式应该适合学前儿童的特点，能激发儿童练习的积极性。因此，练习的方式要多样化、游戏化、趣味化，如通过听故事、复述故事、唱儿歌、说绕口令、做游戏等，特别是要在日常生活中自然、随机地进行。

3. 以积极的态度、科学的方法纠正儿童的错误发音

当成人发现儿童发音错误时，应及时纠正。纠正儿童的错误发音时，要有耐心，不可急于求成，更不能斥责儿童，以免挫伤儿童的自信心和积极性。同时，又要以积极的态度鼓励儿童坚持练习，让儿童愿意纠正自己的错误。特别要注意的是，切忌重复儿童的错误发音。

儿童发音不正确的原因是多方面的，但主要有两大因素：一是发音器官存在缺陷，这样就必须及时进行治疗；二是习惯上的问题，这就必须加强个别辅导。如果五六岁的儿童还有较大的发音不准的问题，就应该注意检查儿童的发音器官是否有问题，以便及早采取措施。

4. 结合年龄特点进行语音教育

在幼儿园，语音教育要结合不同年龄儿童的特点来进行。小班是语音教育的关键期，教会学前儿童正确发音是小班语言教育的重点任务。首先，教师要了解本班儿童发音的基本情况，以及每个儿童语音掌握的具体特点，要了解哪个儿童哪些音发不清，是什么原因造成的。然后针对学前儿童的语音现状制订相应的教育计划和措施。小班儿童的语音训练主要是通过听力和发音练习进行的。练习方式要多种多样，内容要丰富多彩、生动活泼，要尽量在日常生活和游戏中进行。时间不宜太长，每次10分钟左右即可。

中、大班儿童的发音器官已发育成熟，已经具备正确发出全部音节的生理条件，特别是语音意识的发生，使学前儿童已经能意识到自己和别人语音中出现的问题，并自觉地调整和修补自己语音中的“错误”。因此，学前儿童本身也希望自己能够正确清楚地发音。中、大班儿童在发音方面存在的问题，主要是少数学前儿童对个别容易混淆的音发不准，如“g”音和“d”音、“n”音和“l”音常常混淆，对齿音“z”“c”“s”和翘舌音“zh”“ch”“sh”发音不清。这就需要教师根据本班儿童掌握语音的情况，进行集体或个别的练习。对发音不准的孩子要有耐心，以消除他的紧张感；对具有发音障碍的幼儿要予以鼓励，以提高他的积极性。此外，培养和训练幼儿的发音技能不能只局限于个别发音的训练，还应注意幼儿发音的程度、语调以及对音的强弱控制能力。只有全面训练才能真正提高幼儿语音的准确度。要将正音工作渗透到教育活动和日常生活的各个环节，同时还要与家长积极沟通，取得家长的支持与配合。

(二)提供丰富的语言发展环境，促进词汇的理解和掌握

1. 丰富学前儿童的词汇

学前儿童主要通过两个途径学习新词，一是在日常生活中，通过与成人、同伴的交往自然获得的，这些词都是日常生活中迫切需要的，也是比较浅显的，因而容易被儿童理解和掌握；二是成人有意识地对儿童进行词汇教育，如对学前儿童进行有指导的观察，开展教学游戏，组织教学活动，通过这种途径可以大大丰富学前儿童的词汇量。

丰富学前儿童词汇，必须遵循儿童心理的发展规律，适合儿童的发展水平。对于不同年龄的幼儿，词汇教育的内容应有不同的侧重和要求。总体原则是由浅入深、由近及远、循序渐进，先教儿童代表具体概念的词，再教他们掌握代表抽象概念的词。

对于小班幼儿来说，应该丰富常见常用、容易理解的词，即教幼儿掌握表示周围常见物体和各种活动的名词和动词。这是由该年龄阶段幼儿思维的直觉行动性所决定的。因为名词代表具体的事物，动词是与具体动作相联系的，所以容易被幼儿理解和掌握。例如，名词方面，主要教他们如桌子、杯子、汽车、小狗等具体的家具、餐具、交通工具和动物的名称。动词方面，主要教他们吃饭、穿衣、上课、游戏等活动名称。形容词方面，主要教他们一些容易理解的、能直接感知的词，包括表示物体形状的词，如大、小、方、圆等；表示基本颜色的词，如红、黄、绿、黑、白等；表示味道的词，如酸、甜、苦、辣、咸等；反映肌体感觉的词，如疼、饿、渴、困等。到了小班后期，还应教他们掌握表示物体质量和说明人的言行好坏的形容词。教他们学会使用我、你、他等人称代词。还要在日常生活中，结合实物教幼儿掌握 10 以内的基数词和常用量词，如个、只、双、辆等。

对于中班儿童来说，需要掌握的词汇量要大幅度增加，质量上也要有明显提高。例如，名词方面，要在幼儿掌握了对物体的整体认识和名称的基础上，转入对事物各部分的认识，并掌握各部分的名称，如衣服的领子、袖子、扣子等。动词方面，在教幼儿正确运用表示日常活动的各种动词的同时，还要教他们掌握一些意义相近的动词，如驾飞机、开汽车，读书、看报等。形容词方面，要教他们学习运用意义更为丰富且比较抽象的词，如美丽的、软软的、硬邦邦、热腾腾、冷冰冰等。数量词方面，在教幼儿掌握更多基数词的同时，还要教他们学习掌握序数词(第一，第二……)，并教他们掌握更多的日常生活中的常用量词，如条、头、件、支、把等。另外，还要教幼儿掌握常用的副词和连接词。对这些词的学习的掌握，标志着儿童已从掌握代表具体意义的词——实词，过渡到掌握代表抽象意义的词——虚词。这已不是简单的词汇数量的增加，而是词类的扩大，是学前儿童学习词汇过程中的飞跃。

对于大班儿童来说，在巩固以往所掌握词汇的基础上，要大量增加实词的数量，并提高其质量。例如，名词方面，应该逐步教儿童掌握一些概括性较强的名词，如家具、餐具、交通工具、动物等。形容词方面，要教儿童学会用描述不同程度的形容词，以提高其语言的准确性，如用深蓝、浅绿等表示颜色的细微差别；学会使用一些代表抽象意义的词，如盼望、满意、感激等。同时，还要教大班儿童掌握并能运用一些同义词和反义词，使语言

生动活泼，提高其口语表达的丰富性。另外，还要教儿童学习一些常用的虚词，如在、向、从等介词，因为、所以、如果、而且等连接词。这是因为大班儿童的抽象思维开始萌芽，他们开始注意到事物之间的联系，如因果关系等。并且他们生活经验更为丰富，在与他人的交往中，会越来越多地运用复合句。因此，教他们学习运用复合句中的常用虚词、连词，不仅是可行的，也是他们迫切需要的。

3～6 岁是儿童词汇量迅速增加的阶段，成人词汇的多样性也会直接影响到幼儿言语的发展。比如，用到“看”这个动作的时候，成人可以用“看”“盯”“望”“瞅”“瞧”等多个词来表达，成人如果只用“看”这一个词来表达，就在一定程度上造成了幼儿使用词汇的单一。再比如，不要仅说“绿色的草地”，而要尽可能地说“青青的草地”“绿油油的草地”等。所以，成人在和幼儿交流的时候，可以根据情境尽可能使用多样性的词汇，这将在一定程度上丰富幼儿的词汇。

2. 指导学前儿童正确理解词义

学前儿童只有理解了词义，才能真正掌握这个词。指导学前儿童正确理解词义，必须考虑学前儿童的认知水平，适合学前儿童具体形象的思维特点，将词和具体的事物或现象联系起来，才能取得理想的效果。对于小班儿童来说，主要是在认识各种事物，形成概念和观念的过程中，掌握相应的语词。随着语言理解能力的增强，对中、大班儿童来说，就可以结合其已有的知识经验，用简单的语言解释新词的意义。例如，用“好听的”解释“动听的”，用“好看的”解释“美丽的”。

学前儿童对词义的理解有一个逐步深化和确切化的过程。因为掌握词义的过程，就是掌握概念的过程，是一个复杂的思维过程。随着儿童认知水平的提高和知识经验的积累，才能不断加深对词义的理解。所以，教给学前儿童一个新词后，还要通过各种教育活动和日常生活中的多次运用，才能使其确切地掌握该词的意义。而且，要根据儿童的年龄提出不同的要求，遵循从具体到抽象的原则。最初只要求儿童理解其浅显的含义，逐渐地让儿童认识到该词的抽象意义。

3. 指导学前儿童正确运用词汇

语言的生命在于运用，学前儿童在掌握了一定数量的词汇之后，在理解的基础上，必须经过多次练习，反复运用，才能真正实现语言作为交流工具的作用。在儿童练习语词用法的过程中，成人的指导是十分重要的。成人应有意识地为儿童创造运用词汇的机会。比如，带孩子外出游玩，观赏景色的同时，可引导幼儿用相应的词语进行描述，如“嫩绿的小草”“盛开的桃花”“美丽的金鱼”等。在看到各种颜色的鲜花时，应不失时机地教给他们“五颜六色”这个词，儿童理解这个词后，就会很快地运用，如“广场上有五颜六色的彩旗”。

学前儿童用词错误时，应及时反馈，并要讲究反馈的艺术性。如果直接指出儿童的错误，往往会挫伤儿童说话的积极性。因此，当学前儿童出现用词错误时，教师要注意保护儿童的积极性，切忌批评指责，应讲究反馈的艺术，运用暗示、启发等委婉的方式纠正儿童的用词不当。

(三)培养完整连贯的表达习惯，掌握母语语法结构

学前儿童对语法结构的掌握，主要是在日常生活的交往中，通过模仿成人的语言而获得的。从理论上学习语法规律，对学前儿童来说，既无必要，也不可行。这个阶段语法教育的主要任务是使儿童能够完整连贯地表达，养成良好的语言习惯。

1. 在日常生活中积极引导学前儿童说完整句

学前儿童说话时，常有次序颠倒、成分不全、结构不完整的现象。成人要对儿童说出的不完整句、顺序颠倒的句子给予纠正。例如，儿童要喝水时会说："妈妈，水。"这个时候，成人要帮他说完整，教孩子说："妈妈，我要喝水。"让孩子再重复一遍。要让孩子知道，必须用完整的语句表达自己的需要和想法。再如，孩子注意到爸爸在看球赛，可能会说："球赛，爸爸。"这时有必要帮他纠正为"爸爸正在看球赛"。但应该注意的是，在帮助孩子纠正时，一定不能指责批评，以免给儿童带来心理压力。同时，成人要随时随地引导学前儿童说完整句。如带孩子外出散步时，教孩子用完整的句子把看到的景物表达出来："路上有人也有车""路边有高楼，还有大树""小草绿了，花也开了"，等等。

2. 通过口头造句指导学前儿童说完整句

指导学前儿童说完整句可以从口头造句开始，要注意引导儿童用一个完整的语句表达自己的思想。例如，请儿童用"喜欢"造句，儿童可以说："我喜欢看动画片""小猫喜欢吃鱼""爸爸喜欢踢球"等。当儿童说"喜欢动画片""喜欢吃鱼""喜欢踢球"等不完整句时，成人要注意及时纠正。经过反复的训练和修正，学前儿童就能逐渐明白什么是完整的语句，怎样说才能说得完整。随着儿童年龄的增长和认知能力的发展，还可以利用多字口头造句，即给儿童两个或两个以上的字词，让儿童把这几个字词组成有意义的语句。研究表明，多字口头造句训练不仅可以培养儿童学习语言的自觉性和语言表达的完整性，还能够培养儿童的语言分析能力和组织能力。长期坚持训练的儿童，词汇量更丰富，表达更清楚，口头语言能力也更强。

3. 通过多种活动方式提高学前儿童说完整句的积极性

在学前儿童已经能把一句话说完整的基础上，可以进一步要求儿童复述故事、描述图片以及讲述自己的生活经历。为了提高儿童讲述的兴趣，可以通过组词成句的游戏或故事大王比赛等活动形式进行。要注意引导儿童把一件事情的开始如何，后来怎样，最后如何的整个过程讲清楚、讲完整。成人可以设计一些问题，提供一定的线索，这样儿童在讲述时，就可以减少内容前后颠倒、重复、遗漏等情况。当儿童的讲述不完整时，不要急于纠正，以免打断儿童的思路，当儿童说完后，成人可以适当地补充。

(四)创设良好的语言环境，培养学前儿童的口语表达能力

1. 创设宽松和谐的支持性语言环境

宽松和谐、充满关爱和尊重的支持性语言环境是儿童学习和发展的基本前提，是调动儿童有话敢说的内部动机的必要条件。

首先，教师要以关怀、尊重、接纳的态度对待每一个儿童。师生之间的关系应该是平

等的、开放的，不是一种上对下的关系。教师要乐于充当学前儿童的支持者和平等的交流者，要努力营造一种相互分享和协作的氛围。允许儿童选择自己感兴趣的话题，在相关的讨论中，儿童可以畅所欲言。教师以平等的身份参与、支持，在平等的师生互动中，让学前儿童体验到教师的关爱和自己的价值，从而使儿童想说、敢说、爱说。

其次，要保护学前儿童语言表达的积极性，允许和接纳儿童语言表达中的错误。教师要为儿童提供自由交谈的机会，并注意倾听他们的想法和感受，给予积极应答。当儿童词不达意或语不成句时，不要急于或刻意纠正，以免给儿童造成心理压力。应当允许儿童暂时说得不对、不完整；鼓励学前儿童大胆表达，提倡“敢说先于正确”，要相信儿童的表达会日趋准确和完整。无论儿童的表达水平如何，教师都应抱着积极、鼓励的态度。

2. 创设适宜的、自由的语言交往情境

创设富有生活气息的各种语言交流的情境，是幼儿语言教育活动的重要步骤之一，适宜的语言环境对幼儿语言的发展具有关键性的作用，有利于教师和幼儿进行积极的交流与互动。

幼儿园可以在充分考虑幼儿的兴趣、年龄发展特点的前提下，设计有利于幼儿身心全面发展的、可自由选择游戏方式的区域活动。在创设区域环境时，也可有意将个别区域用竹帘、纱幔进行遮挡，使环境具有私密性，这种半封闭式的区域环境使幼儿情绪平稳、愉快，不受约束，也更有利于他们进行积极的语言交流与学习。

幼儿在真实的情境中才能有话可说。因此，教师要创设可进行语言交流的环境，调动幼儿的内部动机，让幼儿有话想说、敢说。例如，教师与幼儿在谈论某一主题时，可先从幼儿已有的经验或实践参观开始谈论，逐渐将新的感受与经验渗透到谈话中，使幼儿在身临其境的体验中获得语言能力的发展。教师可以利用可利用的场所，让幼儿潜移默化地接收书面语言的相关知识信息。例如，布置教室活动区时，教师可在区域中适当位置配以相应的文字，如“娃娃家、科学区、美工区”等标志性文字，也可布置与主题活动相关的简单图片文字，让幼儿在欣赏作品的同时，就相关内容发表自己的想法，这在一定程度上为发展幼儿的语言表达能力提供了一定的物质条件，也有利于幼儿思维能力以及语言能力的提升。

拓展阅读

为幼儿创设情境交流语言①

为给幼儿提供一个语言表达的机会，我园尝试以“每月一话题”的形式为幼儿创设了一个群体语言交流的情境，取得了较好的效果。

一、根据幼儿特点，确定大主题

我们根据幼儿园小、中、大三个班次幼儿的不同特点，每月制定一个大话题，各班次话题的内容和要求有所不同，原则上是选择与幼儿生活密切相关的话题，选择幼儿感兴趣的话题，选择幼儿对其已有生活经验并很容易进行迁移的话题。主要可归纳为以下四方面。

① 资料来源：刘新军，宋少红. 为幼儿创设情境交流语言[J]. 宁夏教育，1999(7-8).

1. 有关幼儿园日常生活用词的话题

这类话题适用于小班进行，因为小班幼儿入园前在家与父母的交往中即使说半截子话、句子成分残缺的话或自己生造出来的话，家长只要能听懂也就很少去刻意纠正幼儿不规范的语言。例如，许多小班幼儿把“小便”说成“嘘嘘”；想添饭或要汤时说“老师吃完还吃”“老师喝汤”。幼儿园是幼儿个体与群体交往的开始，幼儿一入园就要开始学习运用规范语言在集体中进行日常交往活动，所以幼儿园生活用语的使用是小班首选的话题。例如，我们为小班第一学期制定了四个大话题：“介绍你班上的几位老师”“你认识小朋友吗？”“请求帮助用词”和“礼貌用语”。

2. 有关描述季节和节日的话题

这类话题适用于中班和大班，幼儿经过在园一年至两年的语言基础训练，口语表达能力有了一定的发展，掌握了一定量的词汇，特别是形容词比较丰富，大多数幼儿能够抓住事情的主要特征按照一定的逻辑规律组织一段话。例如，我们在 3 月份为中班、大班幼儿设计了“我爱妈妈”，在 5 月份设计了“美丽的春天”，在 6 月份设计了“我们多幸福”，在 9 月份和 10 月份设计了“丰收的秋季”等大话题。

3. 有关情感内容的话题

这类话题如“我爱我家”“我心爱的小动物”“谁来帮助他”等，在小班、中班、大班都可以进行。因为幼儿对这类能自由流露自己真实情感的话题有着浓厚的兴趣。

4. 有关近期发生的大事和随机教育的话题

这类话题很适合大班幼儿，因为大班幼儿已经对外界发生的事情比较关心，并且已具有一定的辨别能力。例如，我们为大班幼儿设计了“香港知多少”“解放军叔叔抗洪事迹你知道吗”“这样做对不对”等话题。

二、围绕大话题，精心设计小话题

因为大话题范围广、内容多、概括性强，往往使幼儿不知从何说起。所以，我们将每月的大话题分解成几个具体明确的小话题，使幼儿能围绕一个单一的小话题进行交谈。例如，我们把小班的大话题“认识小朋友”分解成“他叫什么名字”“某某小朋友长得真可爱”“某某小朋友的衣服干净又漂亮”“谁是你的好朋友”四个小话题，每周选用其中一个谈论 2～3 次。我们把“秋季”这一大话题分解为“秋天的落叶”“秋天的水果”“秋天的蔬菜”“秋天的庄稼”四个小话题，教师有目的地指导幼儿观察。丰富幼儿的词汇和感性认识是组织幼儿进行“每月一话题”活动的前提和基础。幼儿只有具备了有关话题的丰富的知识和词汇，他们才能在谈话中有话可说。例如，9 月和 10 月正是金秋季节，在大自然中处处都能感受到秋的气息，于是我们组织大班幼儿进行秋游活动。孩子们到果园看果树，到田里捡玉米、拾稻穗，在树下收集落叶，这时教师不失时机地在讲解中说出“金灿灿的玉米”“沉甸甸的稻穗笑弯了腰”“大红枣像一颗颗红宝石”“树叶落下来，飘啊飘啊，像蝴蝶在飞”等优美的词句。幼儿在教师的指导下观察才会更仔细，对教师说出的优美词句才会感兴趣，注意听了，才容易记住。有了以上的感性认识及教师的语言提示，幼儿聊起来才会语言生动。例如，在小话题“秋天的落叶”中，幼儿说出了“秋天到了，树叶慢慢变黄了，被风轻轻一吹，像小黄鱼一样在空中游来游去”；“秋天的树叶像小虫子一样从树枝上掉下来慢慢死去了”；“秋天来了，秋风吹呀吹呀，树叶干了，像雪花一样飘了下来”等语句。在小话题“秋天的水果”中，幼儿说出了“我最喜欢秋天的橘子，它的皮是橘黄色的。剥开皮，里面的橘肉还是橘黄色的，一瓣一瓣像朵朵小花，闻起来一股清香，吃起来又甜又酸，馋得让人流口水”这样的语句。又如，在进行大话题“我们真幸福”之前，教师带领幼儿在大型玩具场游戏，这时教师边组织幼儿玩，边因势利导，启发幼儿注意感受在玩不同玩具时自己的心情，并发问：“你从高高的滑梯上滑下来有什么感觉？”“坐上旋转飞机，有什么感受？”“荡船惊险吗？”此后，在进行小话题“有趣的玩具场”时，幼儿说出了“我最喜欢玩幼儿园玩具场的滑梯，从高高的滑梯上滑下来，就像瀑布从高山上流下来一样”；“飞机一旋转起来，我感觉就像去旅游，转遍全世界”等充满想象力和童趣的语言。在“每月一话题”活动中，教师要注意和幼儿保持一种亲切、自然、平等的关系，突出聊天的轻松气氛，不要给幼儿施加压力并注意调动全班幼儿参与的积极性。

3. 加强同伴间的互动交流

语言本身就是在交往中产生和发展的，幼儿语言的学习过程是获得相应经验的过程，新经验的获得是建立在已有生活经验的基础上的。幼儿的生活经验比较相似，语言发展水平也比较接近，因此，同伴之间更容易激发语言交流的愿望，体验语言交流的乐趣。幼儿彼此间的交流与交谈，不仅是幼儿间聊天、玩耍，交换观点，也是提升幼儿口语表达能力的一种体现，在幼儿与同伴交流时，会将彼此的观点想法转化成词语、词句，这也是幼儿进行语言知识建构的过程，幼儿间顺畅自然地交流，更有利于同伴间语言的有效学习。所以，加强同伴间的交流成为幼儿语言能力发展的重要途径。教师要为幼儿创设自由、宽松的语言交往空间，激发幼儿自发、自信地参与语言交流的愿望，如每日为幼儿增设一个自由说话的时间，既保证幼儿有与自己朋友交谈、与老师交往的自主性，也有随意安排谈话内容的自由度。幼儿与同伴交谈过程中，教师可以从旁关注他们交流的内容，也可以同伴的身份加入谈话。当交流出现问题时，教师要适时切入，及时正确引导，帮助幼儿重组语言。例如，苗苗正在建构区和几个小朋友玩“医院”的游戏。她们用积木搭了注射床，用插塑插了听诊器和针筒，几个人忙前忙后，却不见相互间有交流。教师及时进行引导：“医院里谁是医生，谁是病人？”苗苗忙把另几个人叫来商量，在 3 个大夫为 2 位病人看过病、打过针后，苗苗又主动提出交换角色，“医院”的秩序变得有序起来，幼儿间的语言交流也因为教师的适时引导而更加丰富。

4. 将语言教育渗透到其他领域的教育活动中

幼儿园的教育内容是全面的、启蒙的。语言、健康、社会、科学、艺术五大领域的内容是相互渗透、相互贯通的。学前儿童语言的发展与其情感、经验、思维、社会交往能力等其他方面的发展密切相关。因此，除了在语言领域中进行语言教育外，还要将语言教育渗透到其他领域的教育活动中。例如，在艺术领域的美术教育活动中，儿童完成作品后，教师不要急于评价，而是先让学前儿童互相观察、交流，说说自己是怎么想的，怎么画的，为什么会产生这幅作品等，儿童就会像讲故事一样说出自己的构想。这样就为儿童提供了语言表达的机会。又如，在音乐教育活动中，根据那一串串音符、节奏以及旋律的变化，儿童都会编出不同的故事。凭着儿童对音乐的特别情感和特殊领悟力，可以在音乐教育活动中加入听音乐学语言的内容，以激发儿童的学习兴趣，提高其语言表达能力。

5. 拓展生活空间，丰富儿童语言素材

生活是语言的源泉，没有丰富的生活，就不可能有丰富的语言。幼儿生活范围狭小，生活内容单调，语言发展就迟缓，语言也就贫乏。因此，丰富幼儿生活经验，扩大生活环境，以幼儿的感性认识为切入点，丰富幼儿的语言素材，是发展幼儿语言表达能力的有效策略。例如，带幼儿走进大自然、走进社区、走进博物馆、走进科技馆等，使活动空间不断延伸，并创设丰富的活动内容，拓宽人际交流的空间。随着活动范围的不断扩大，幼儿的阅历丰富了，词汇、句式也不断得到积累，句子表述逐渐完整，语言的理解能力也不断提高，语言也不断丰富。幼儿的语言学习不仅是在幼儿园有目的的教育活动中进行的，也是在家庭生活中潜移默化地实现的，家园携手才能让幼儿的语言发展达到最佳效果。

拓展阅读

家庭中的语言教育[①]

家长 A：我们家对小孩进行语言教育时，会根据小孩当前的发展情况选择灵活的教育方式。记得有一次是这样的，孩子在幼儿园的科学活动课上学习了自制绿豆芽，之后产生了强烈的兴趣，要求我们在家里也自己来体验一下制作过程，我们当然非常愿意配合孩子的学习与动手能力，就专门上网搜集了相关信息，和孩子一起完成这个简单有趣的科学小实验。小小的绿豆芽发出来之后，孩子的喜悦之情全都写在脸上。当时我就想，是不是借这个机会在无意中锻炼一下孩子语言的表达能力呢，然后找到了关于小豆芽的绕口令“小豆芽，歪歪嘴，胖嘟嘟儿没长腿。没长腿，不走路，蹲在水里打呼噜”。孩子听到我读给他听的时候，开心得又蹦又跳，一定要我给他读到他记住才行。我觉得在这个过程中，不仅孩子对语言的兴趣得到了进一步的发展，而且他感受语言美的能力和记忆能力在无形中都得到了极大的提高。所以，我觉得在家庭中对幼儿进行语言教育并不仅仅局限于书本的阅读，只要用心发现，总会有很多机会让孩子在快乐的玩耍中得到语言能力的提高。

家长 B：我家闺女性格比较内向，所以在幼儿园也不爱和小朋友们交流，为了改变她的这一点，只要是她和我在一起的时候，我都会带她出去玩，有时候到公园或广场上，鼓励她主动参加到别的小朋友的游戏当中去，哪怕在游戏中她只说了两次话，我觉得也是进步。有时候我也会故意给她一些零钱请她帮忙去买小东西，这个时候她就要想办法和大人交流了，只有沟通成功了，才会买对东西。每次我都会站在稍远的地方看着她，看着她一点一点地进步，我也为她感到骄傲。

(五)培养“前读写”兴趣，开展早期阅读活动

3～6 岁儿童在书面语言方面处于准备期。在为读写做准备中，应以培养前读写兴趣为重点，对读写要求不要过于严格，要多鼓励幼儿，提高他们学习的积极性，肯定他们的学习态度和成绩，提高他们的识字兴趣和识字能力水平。

教师和家长要共同协作，帮助幼儿进行阅读准备，培养幼儿的初步阅读能力。例如，在幼儿园设立专门的图书角，投放适宜的幼儿读物；组织早期阅读活动，引导幼儿分享读

---

① 资料来源：袁会晴. 大班幼儿家庭语言教育研究[D]. 陕西师范大学，2015.

书收获；及时提醒和督促幼儿纠正不正确的阅读方式，养成良好的阅读习惯，等等。

拓展阅读

早期阅读(大班)：蜘蛛先生要搬家(绘本)

设计意图：

《蜘蛛先生要搬家》是一本非常符合儿童心理的图画书。幼儿有一颗好奇的心，总是喜欢问个不停，于是从儿童的心理特点出发，《蜘蛛先生要搬家》用问和答的方式构成了一个故事。它从“你说谁呀”开始，围绕着蜘蛛先生搬家的事件，讲述了蜘蛛先生为什么要搬家，搬家的时间、方式、过程、结果等。可以说，这种特别的故事叙述方式突破了我们惯常的思维模式，以读者为中心来构建故事情境，非常适合大班幼儿的阅读需要和阅读特点。而且，画家塑造的蜘蛛先生具有儿童画的拙趣和漫画式的幽默，幼儿一定会非常喜欢。伴随情节的发展，蜘蛛先生的表情在不断变化，从开心到忧虑，接着坚定、果断地搬家，最终在忙碌之后获得了成功的喜悦，使幼儿在阅读的过程中体验丰富的情感变化。

活动目标：

1. 观察画面，从有趣的图画中感受到快乐。
2. 感知故事中的问答式结构，尝试用自己的语言讲述故事情节。
3. 乐于与同伴共同阅读和分享阅读经验。

活动准备：

1. 知识经验：幼儿已初步了解蜘蛛的外形特征和生活习性。
2. 特质材料：《蜘蛛先生要搬家》PPT，幼儿用书。

活动过程：

1. 观察封面，萌发阅读兴趣

指导语：你搬过家吗？你为什么要搬家？有一只蜘蛛先生也要搬家了，看看它是什么样子的。

2. 围绕主题，自由提问

(1) 自由发问。

指导语：关于蜘蛛先生要搬家这件事，你有什么想知道的吗？

(2) 梳理提问的内容：它为什么要搬家？什么时候搬？怎么搬？它能找到盖房子的地方吗？它使用什么盖房子呢？它会成功吗？

3. 明确要求，带着问题有目的地两两合作阅读

指导语：看看书中是怎么说“搬家”这件事的。俩人合看一本书，有不懂的地方可以商量一下。

(1) 幼儿两两结伴阅读图书，边看边轻声交流自己的想法。教师观察幼儿的阅读过程，发现幼儿有困难或者有争议时，可以用提问的方式参与。

(2) 阅读后交流：把你看懂的内容或者没有看懂的地方讲给大家听。

指导语：鼓励幼儿表达自己阅读后对故事的理解，描述图画的细节；集中阅读幼儿提出的那些看不懂的图片，进行观察讲述。

4. 以问答的形式集体阅读大书

指导语：故事说的是谁呀？蜘蛛先生怎么啦？为什么要搬家？什么时候搬家？(如“你说谁呀？”“我说蜘蛛先生啊！”“蜘蛛先生怎么了？”“蜘蛛先生要搬家。”“蜘蛛先生为什么要搬家？”“蜘蛛先生的家和扫把小姐的裙子绕在一起了。”“蜘蛛先生什么时候搬家？”“太阳一出来就要搬家了”。)

5. 俩人一组，尝试以问答形式讲述图书故事

教师引导幼儿自由结伴或者运用指偶等教具讲述故事，巩固幼儿对作品的理解。

本章小结

儿童的语言发展既是一个连续的、有顺序的、有规律的过程，也是一个不断从量变到质变的过程。儿童语言的发展可以划分为以下四个阶段：前语言阶段；言语的发生阶段；基本掌握口语阶段；口语不断丰富和完善的阶段。

0～1 岁是婴儿言语发生的准备阶段。这一阶段婴儿言语发展的主要特点是发声和发音。儿童的语言教育主要以声音训练为主。这一阶段的语言教育策略包括：提供丰富的语言环境刺激，训练婴儿的听力；多进行身体接触和面对面的交流，鼓励婴儿发音；遵循婴儿的语言发展规律，经常和婴儿“对话”；开展早期阅读启蒙，初步激发婴儿阅读的兴趣。

1～2 岁是言语的发生阶段。在这个阶段，婴儿能够说出第一批具有概括性的、能够被真正理解的词。这是婴幼儿表达性语言发展的重要时期。可以把这一个婴幼儿语言的发展分为四个阶段：语言沉默阶段(13～15 个月)、词义“错误”阶段(16～18 个月)、词语爆炸阶段(19～21 个月)和双词语阶段(22～24 个月)。这一阶段的语言教育策略包括：利用一切机会对婴幼儿说话；为婴幼儿提供良好的语言榜样和语言示范；丰富婴幼儿的生活，在生活中学习词句；帮助婴幼儿掌握新词，扩大词汇量；耐心倾听，积极回应，鼓励婴幼儿多开口；充分利用多媒体，倾听文学作品，观看动画片。

2～3 岁是婴幼儿基本掌握口语阶段。这一时期婴幼儿语言发展大致可划分为四个阶段：简单句阶段(25～27 个月)；疑问句产生阶段(28～30 个月)；疑问句高峰阶段(31～33 个月)；多词句与复合句阶段(34～36 个月)。这一阶段的语言教育策略包括：提供丰富的语言学习环境，丰富婴幼儿的语言经验；通过多种感觉通道，积累语言素材和经验；鼓励婴幼儿同伴之间的自发模仿和相互交谈；随时随地帮助婴幼儿正确使用语言；欣赏文学作品。

3～6 岁是儿童言语不断丰富的时期，是熟练掌握口头言语的关键时期，也是从外部言语逐步向内部言语过渡并初步掌握书面语言的时期。这一阶段的语言教育策略包括：重视发音技能的培养，提高幼儿语音准确度；提供丰富的语言发展环境，促进词汇的理解和掌握；培养完整连贯的表达习惯，掌握母语语法结构；创设良好的语言环境，培养学前儿童的口语表达能力；培养“前读写”兴趣，开展早期阅读活动。

这四个阶段既有质的差异，又相互关联，而且时有交叉，每个阶段都可以根据它新的质的特点划分出若干子阶段。对于不同儿童个体来说，每个阶段发展的早晚既有普遍性又有差异性，因此在实施语言教育时要注意因材施教。

【推荐阅读】

[1] 李国祥，夏明娟，项慧娟等. 幼儿心理学[M]. 北京：人民邮电出版社，2015.
[2] 张明红. 0～3 岁儿童语言发展与教育[M]. 上海：华东师范大学出版社，2013.
[3] 夏燕勤，邹群霞. 学前儿童语言教育[M]. 北京：高等教育出版社，2013.
[4] 朱海琳. 学前儿童语言教育[M]. 北京：科学出版社，2009.

思考与练习

一、名词解释

语言沉默期　词语爆炸

二、简答题

1. 儿童语言发展的沉默期有哪些表现？家长应如何应对？
2. 1～2 岁儿童语言发展主要有哪些特点？应如何进行语言教育？
3. 3～6 岁儿童语言发展的特点是什么？应如何进行语言教育？

三、论述题

1. 结合所学知识谈一谈学前儿童的语言教育应从什么时候开始，为什么？
2. 结合学前儿童语言发展特点谈一谈家长应如何对待孩子的“十万个为什么”。

【实践课堂】

请结合学前儿童语言发展的相关知识，对以下案例进行分析。

小皓是个 4 岁的孩子，喜欢变形金刚。妈妈发现他最近玩的时候经常自言自语：“变成车，去打仗……不对，这样……这样就变成车了”“你别乱动，听我的命令……出发！”妈妈说玩具又不会说话，这孩子怎么还跟玩具说话呢？

教育技巧的全部奥秘也就在于如何爱护儿童。

——苏霍姆林斯基

第四章　学前儿童语言教育的目标与内容

本章学习目标

- 明确学前儿童语言教育各层次目标，树立正确的目标意识。
- 能够对学前儿童语言教育活动中所制定的目标进行初步评析。
- 掌握幼儿园语言教育内容的结构和选择依据。

核心概念

学前儿童语言教育的总目标(general goal of language education for preschool children)　学前儿童语言教育的年龄阶段目标(age stage target of language education for preschool children)　专门的语言教育内容(special contents of language education)

引导案例

太阳帽的故事

在一个炎热的夏天，一个小姑娘戴着一顶漂亮的太阳帽去游泳，突然，“呼呼呼，呼呼……”一阵大风吹来了，头上的太阳帽不见了。

丁丁捡到了太阳帽，把它变成了一个飞盘。飞盘飞呀飞，一阵大风吹来，飞盘不见了。

小猴捡到了太阳帽，把它变成了一个秋千。秋千荡呀荡，一阵大风吹来，秋千不见了。

蜗牛捡到了太阳帽，把它变成了一个摇篮。摇篮摇啊摇，一阵大风吹来，摇篮不见了。

……

小朋友们，小姑娘的太阳帽又飞到哪里去了呢？

案例分析

这虽然是一个学前儿童生活经验故事，但比较有趣，颇具艺术的想象力。它通过丁丁、小猴、蜗牛捡到太阳帽，玩太阳帽，被风刮走等情境，给学前儿童展示了一个充满童趣和想象的世界。本故事适合续编和创编活动，教师在制定活动目标时应充分考虑幼儿实际的语言发展水平，引导幼儿通过开展各种动脑、动手活动，活跃思维，让孩子展开想象的翅膀去大胆创作。

学习指导

本章的重点是学前儿童语言教育的总目标、年龄阶段目标、具体活动目标以及语言教育内容选择的依据。在学习的过程中要按照新《纲要》的规定，熟悉学前儿童语言教育目标制定的依据，结合幼儿实际特点，掌握学前儿童语言教育内容的选择。

第一节　学前儿童语言教育目标的制定

学前儿童语言教育的目标是对学前儿童语言教育的目的和要求的归纳，是实施语言教育的方向和准则。《幼儿园工作规程》总则第三条指出：“幼儿园的任务是实行保育和教育相结合的原则，对幼儿实施体、智、德、美诸方面全面发展的教育，促进其身心和谐发展。”具体到幼儿语言教育领域，教育者必须明确：通过学前阶段的学习，幼儿的语言应获得什么样的发展、达到怎样的水平。这一预期的发展成果便是幼儿语言教育的终期目标。为了使活动适应不同年龄班的幼儿，还必须针对各年龄阶段幼儿的特点确立相应的年龄阶段目标。确定了年龄阶段教育目标后，还必须制定语言教育活动的具体目标。只有明确了目标，才能在语言教育过程中有的放矢地选择适合于幼儿的语言教育内容，采取适当的活动组织方式，并恰当地评价语言教育的效果。

一、学前儿童语言教育目标制定的依据

1. 根据我国社会发展的需要

首先，在我国社会经济发展的现阶段，语言既是学前儿童全面发展不可缺少的重要组成部分，也是体现儿童发展水平提高的一种重要标志；同时，中华民族几千年的优秀传统文化也需要通过幼儿教育特别是语言教育传承下去。其次，语言教育目标要适应我国生产力发展水平对人才培养的要求。在我国科学技术迅猛发展的今天，语言作为交际工具、思维工具和学习工具，其作用越来越重要，并成为高素质人才不可缺少的基本能力。最后，学前儿童语言教育目标的制定还需要有一定的前瞻性，因为今天的幼儿是祖国未来的栋梁之材。所以，教育要为幼儿终身发展打下良好的基础。

2. 根据幼儿身心发展的特点

幼儿语言教育是以促进幼儿身心发展为根本目的的，因而必须尊重幼儿身心发展的规律。尊重幼儿身心发展的特点，意味着我们在制定教育目标时，必须注意幼儿的语言发展特点和需求，根据他们身心发展的客观进程来实施教育。有关儿童身心发展的研究，特别是语言发展的研究成果已经为我们提供了各种信息，能够帮助我们理解不同时期儿童身心发展特点及其需要、幼儿的行为表现及其原因、幼儿的兴趣以及幼儿发展的普遍性特征和

个体差异。了解和掌握有关幼儿语言发展的进程、特点和机制等，使我们在制定学前儿童语言教育目标时，可以根据幼儿的实际情况来确定促进他们语言发展的方向。

3. 根据语言的学科特性和幼儿语言学习的特点

语言作为一门学科或幼儿教育课程中的一个方面，有其独特的教育功能和逻辑结构，幼儿语言学习也有其特殊性。因此，在制定学前儿童语言教育目标时必须充分考虑语言的学科性质及其对幼儿的教育功能和价值，尊重幼儿语言学习的心理顺序和学习特点，制定符合幼儿语言学习特点的恰当的教育目标。

目前，我国学前儿童语言教育的实践已经证明，只有根据社会需要、幼儿身心发展的规律以及语言的学科性质和幼儿语言学习的特点等制定教育目标，才能使这种教育真正成为有的放矢、有价值的教育。

二、学前儿童语言教育目标的发展

2001 年我国教育部颁布了《幼儿园教育指导纲要(试行)》(以下简称《纲要》)，对幼儿语言教育提出了一些新的要求，在一定程度上吸纳了国际儿童语言发展和语言教育研究的最新成果，反映了国际儿童语言教育的最新理论观念，也充分体现了我国幼儿语言教育近年来改革发展的趋势。2012 年我国教育部又正式下发了《3～6 岁儿童学习与发展指南》(以下简称《指南》)，《指南》的目标是“为幼儿后继学习和发展奠定良好素质基础”，其核心是“以促进幼儿在体、智、德、美各方面的全面协调发展”。这表明，我国的学前教育是以幼儿全面、协调发展和未来的持续、终身发展为出发点和落脚点的。《指南》在完善《纲要》的同时，对幼儿语言教育提出了更为科学的合理化建议，针对社会中普遍存在的幼儿教育小学化的现象，将语言教育的重点放在了“主动表达愿望”和“口语交流能力”上，同时加大了对家长教育观念的更新和引导的力度，支持幼儿园开展科学保教、自觉抑制违反儿童身心健康的错误观念和做法。

1. 强调儿童语言运用能力的培养

重视儿童语言运用能力的发展，是近年来国际儿童语言教育的一个共同的趋向。《纲要》对儿童语言交际的功能非常重视，要求让幼儿在使用语言的过程中学习语言，第一次明确地提出了重视儿童语言运用的要求。《纲要》强调了幼儿的“语言能力是在运用的过程中发展起来的”，因此，认为发展幼儿语言的关键不是让幼儿强记大量的词汇，而是要引导幼儿“乐意与人交谈，讲话礼貌；注意倾听对方讲话，能理解日常用语；能清楚地说出自己想做的事；喜欢听故事、看图书；能听懂和会说普通话”。《指南》中再次重申了“听与说”在幼儿期语言教育中的重要性，强调语言教育过程中重视语言交际的功能，强调学前儿童在使用语言的过程中学习语言，在充分尊重幼儿主体性的同时又不忘文明语言习惯的养成。

2. 重视学前儿童早期阅读能力的培养

在社会和经济迅速发展的今天，人的阅读能力极其重要，是具有很高价值的能力。近年来，我国幼教界也普遍关注幼儿的早期阅读问题。《纲要》第一次明确地把幼儿的早期阅读方面的要求纳入语言教育的目标体系，提出要“培养幼儿对生活中常见的简单标记和文字符号的兴趣；利用图书、绘画和其他多种方式，引发幼儿对书籍、阅读和书写的兴趣，培养前阅读和前书写技能”。但是，由于我们的理论研究滞后于实践的需要，有关早期阅读的各种问题，从概念界定到内容方法等，出现了比较混乱的现象，不少人还将“早期阅读”和“早期识字”等同起来，加上诸多商业运作的原因，出现了识字课本和识字读物满天飞的现象。这样的“早期阅读”将对幼儿发展产生比较严重的不利影响。针对这一现象，《指南》将阅读与书写的目标定为喜欢听故事、看图书；具有初步的阅读理解能力；具有书面表达的愿望和初步技能。这一提法更加突出阅读兴趣和阅读习惯的养成。早期阅读教育的关键是自主阅读能力，然而儿童不是天生就具备这个能力的，他们自主阅读能力的发展，有其形成过程与规律，这个成长的过程中，需要父母师长的正确引导与温暖陪伴。

3. 重视支持性语言教育环境的创设

在《纲要》中提出：“创造一个自由、宽松的语言交往环境，支持、鼓励、吸引幼儿与教师、同伴或其他人交谈，体验语言交流的乐趣，学习使用适当的礼貌的语言交往。”由此不难看出，创设支持性的语言教育环境成为实现学前儿童语言教育目标的重要途径。

1)　满足幼儿语言学习的个别需要

《纲要》强调了“幼儿的语言学习具有个别化的特点，教师与幼儿的个别交流，幼儿之间的自由交谈等，对幼儿语言发展具有特殊意义”。这说明儿童语言发展既有人类语言的一般规律，又有非常明显的个别差异，因而就要给每一个儿童提供符合其个别需要的教育机会。同时，《纲要》还指出“对有语言障碍的儿童要给予特别关注”。这给教师提出了更高的要求，要给予这些特殊儿童更多的关注和鼓励。

2)　创设幼儿开放而平等的语言学习环境

教师作为学前儿童的支持者、合作者和引导者，与幼儿交往是平等的。这样才有与幼儿一起分享和协作的学习过程，也只有在这样的过程中才能使幼儿的语言能力得到提高。

3)　鼓励幼儿在活动中扩展语言经验

《纲要》还关注了促使儿童语言发展的方法、途径问题，明确指出：“发展幼儿语言的重要途径是通过互相渗透的各领域的教育”，因而要求“在丰富多彩的活动中去扩展幼儿的经验，提供促进语言发展的条件”。重视幼儿语言运用能力的发展，重视幼儿的早期阅读，重视支持性语言教育环境的创设，不仅是当前我们贯彻《纲要》精神，也是进一步深化幼儿语言教育改革的几个关注点。

第二节　学前儿童语言教育目标的结构

学前儿童语言教育的目标是根据儿童身心发展规律、现代社会需求、语言学科性质与幼儿语言学习特点等几个方面的要求制定出来的，从纵向的层次结构来看，学前儿童语言教育目标一般可以分解为总目标、年龄阶段目标和具体活动目标三个不同的层次。

一、学前儿童语言教育的总目标

学前儿童语言教育的总目标，是学前儿童语言教育所期望的最终结果，是学前儿童语言教育总的任务要求。根据《纲要》的要求，学前儿童语言教育总目标的具体内容包括：

- 乐意与人交谈，讲话礼貌。
- 注意倾听对方讲话，能理解日常用语。
- 能清楚地说出自己想说的话。
- 喜欢听故事，看图书。
- 能听懂和会说普通话。

理解《纲要》的语言教育要求，教育工作者在工作中需要关注以下几个方面。

(1) 创设一个自由、宽松的语言交往环境，支持、鼓励、吸引幼儿与教师、同伴或者与其他人交谈，体验语言交流的乐趣。从教育环境的要求、教师的角色和作用、交流的范围及与不同团体交往的特点等方面思考，幼儿口头语言发展需要幼儿对语言交流感兴趣，真正理解交流的功能，培养幼儿积极主动和自然的交流的愿望、态度和能力。

(2) 养成幼儿注意倾听的习惯，发展他们的语言理解能力。倾听是儿童感知和理解语言的行为表现。就幼儿语言学习和发展而言，倾听是不可缺少的一种行为能力。良好的倾听行为习惯的养成也是从学前期开始的。只有懂得倾听、乐于倾听并且善于倾听的人，才能真正理解语言的内容、语言的形式和语言运用的方式，掌握与人进行语言交流的技巧。因而在学前期，培养儿童倾听行为是十分重要的。

我国现有的幼儿园教育的研究表明，在以往的幼儿园实践中，有关倾听行为的培养尚未得到充分的重视。因此，有些儿童不善于倾听，这就影响了他们在人际交往时对语言的理解水平，同时也影响了他们的其他语言能力的发展。这一情况必须引起学前教育工作者的注意，并在语言教育目标的制定和实施过程中，将幼儿倾听行为的培养置于重要的位置。

(3) 鼓励幼儿清楚地表达自己的想法和感受，尝试说明、描述简单的事物或过程，发展他们的思维能力和语言表达能力。对幼儿来说，以一定的语言内容、语言形式以及语言运用方式表达和交流个人观点的行为，是幼儿语言学习和语言发展的主要表现之一。只有懂得表述的作用、愿意向别人表达自己的见解，并且具备表述能力的人，才能真正地与人进行语言交流。表述行为培养是幼儿园语言教育目标的重要组成部分。幼儿需要学习在不同的情境或场合用语言表达自己的感受和认识，成为流畅的语言使用者。

(4) 引导幼儿接触优秀的儿童文学作品，使之感受语言的丰富和优美，并通过各种活动帮助幼儿加深对作品的体验和理解。这样的要求需要我们尽可能地给幼儿创造学习故事、儿童诗、儿童散文等各种文学作品的机会，引导他们想象文学作品创设的丰富的情境，感受、理解作品里各种人物的个性和情感特征，并且能够运用叙事性的语言进行表达。

(5) 培养幼儿对生活中常见的简单标记和文字符号的兴趣。利用图书、绘画和其他多种方式，引发幼儿对书籍阅读和书写的兴趣，培养前阅读和前书写技能。这种要求绝不等同于一般的认字和写字。幼儿教育工作者必须明确的是，不能将识字作为这个阶段早期阅读的终极目标。

早期阅读主要是帮助幼儿做好从口头语言向书面语言过渡的前期阅读和前期书写准备，其中包括知道图书和文字的重要性，愿意阅读图书和辨认汉字，掌握一定的阅读和书写的准备技能，等等。尽管在学前阶段，儿童尚不需要具备真正意义上的阅读和书写能力，但在口头语言向书面语言过渡的时期，他们有必要认识口语与文字的对应关系，有必要掌握看懂图画书的基本技能，有必要初步辨认诸如自己的名字等常见文字，有必要做好进入小学的书写姿势、书写技能的准备。

(6) 提供普通话的语言环境，帮助幼儿熟悉、听懂并学说普通话，少数民族地区还应帮助幼儿学习本民族的语言。普通话是中国各个不同方言区通用的语言，在早期语言发展关键期让幼儿学好普通话，对他们的一生都有很好的影响。特别是少数民族地区早期让幼儿在学习本民族语言的同时，从口语学习的角度接触普通话，对他们的终身学习和发展都有着重要的意义。

二、学前儿童语言教育的年龄阶段目标

第二个层次的语言教育目标是年龄阶段目标，即幼儿某一年龄(班)的教育目标。幼儿所要达到的语言培养总目标需要一步一步地落实到不同年龄幼儿的身上，所以总目标的内容，在不同年龄的幼儿身上应当有不同的体现，这样才能在教育实践中循序渐进地促进幼儿的语言发展。比如，幼儿倾听习惯的培养，着重点应放在对语音语调的感知和对语义内容的理解上，应当通过教育逐步帮助他们建立以下几种倾听技能：一是有意识倾听——能够集中注意力的倾听；二是辨析性倾听——能够分辨听到的不同内容；三是理解性倾听——能够掌握听到的主要内容，能够联结上下文的意思。在不同年龄段，其具体目标要求是有一定差异的。同样是倾听目标，小班强调的是有意识倾听，中班强调的是辨析性倾听，大班则是理解性倾听。

在教育过程中我们常常将学前儿童语言教育的年龄阶段目标用活动类型的方式进行分类表述，以便教育工作者在计划某一学期的教育工作时有参照指标。

将语言教育目标分解为不同的要求，形成对每一年龄阶段幼儿逐步提高要求的具体目标，这是年龄阶段目标的一个特点。年龄阶段目标的另一个特点是幼儿语言发展指标和相关学科知识的融合。这就促使我们将语言教育目标贯彻到幼儿所学的学科知识中去。换言之，语言教育目标为幼儿语言方面的发展规定了具体的发展方向，在每一年龄阶段的目标中，对幼儿掌握知识、获得能力提出了一定要求，期望通过这个阶段的学习，使他们语言方面在原有水平的基础上，再提升到一个新的高度。小班、中班、大班的语言教育目标分别如表 4-1、表 4-2、表 4-3 所示。其中第一列是举行的活动，第二列是希望达到的目标。

表 4-1　小班语言教育目标

谈话活动	1.学会安静地听同伴说话，不随便插嘴 2.喜欢与同伴交谈，愿意在集体面前讲话 3.能听懂并愿意说普通话 4.在教师的引导下，学习围绕主题谈话，能用短句表达自己的意思 5.初步学习常见的交往语言和礼貌用语
讲述活动	1.能有兴趣地运用各种感官，按照要求去感知讲述内容 2.理解内容简单、特征鲜明的实物、图片和情景 3.愿意在集体面前讲述 4.能正确地说出讲述内容的主要特征或主要事件 5.能安静地听老师或同伴讲述，并用眼睛注视讲述者

续表

听说游戏	1.乐于参加游戏活动，在游戏中大胆地说话 2.发准某些难发的音，初步掌握方位词、人称代词，学习正确运用动词 3.在游戏中尝试按照规则，运用简单句说话 4.养成在集体活动中倾听别人讲话的习惯，能听懂并理解较简单的语言游戏规则
文学活动	1.喜欢欣赏文学作品，愿意参加文学活动，对文学作品的语言感兴趣 2.能初步感受文学作品的语言美，知道故事、诗歌和散文是不同体裁的文学作品 3.学习理解文学作品的内容或画面情节，能用语言、动作、表情等方式表达自己对文学作品的理解 4.在文学作品原有基础上扩充想象，仿编诗歌、散文中的一句或续编故事结尾
早期阅读	1.喜欢看书，知道看书的基本方法，能初步看懂单幅儿童图画书的主要内容 2.能用口头语言将儿童图画书的主要内容说出来，开始感受语言和其他符号的转换关系 3.对汉字感兴趣，能在成人的启发下认读最简单的汉字 4.在活动中以描画图形的方式练习基本笔画

表 4-2　中班语言教育目标

谈话活动	1.能集中注意力，耐心地倾听别人谈话，不打断别人的话 2.乐意与同伴交谈，能大方地在集体面前说话 3.能用普通话较连贯地表达自己的意思 4.学会围绕一定的话题谈话，不跑题 5.学会用轮流的方式谈话，不抢着讲，不乱插嘴 6.继续学习交往语言，提高语言交往能力
讲述活动	1.养成先仔细观察、后讲述的习惯 2.逐步学会理解图片和情境中展示的时间顺序 3.能主动地在集体面前讲述，声音洪亮，句式完整 4.学习按照一定的顺序讲述实物、图片和情境的内容 5.能积极地倾听别人的讲述内容，发现异同，并从中学习好的讲述方法
听说游戏	1.在游戏中巩固、练习发音，正确运用代词、方位词、副词、动词、连词和介词等 2.能说简单而完整的合成句 3.能听懂并理解多重游戏规则 4.学习且较迅速地领悟游戏中的语言规则，并能及时做出相应的反应
文学活动	1.喜欢不同形式的文学作品，主动、积极地参加文学活动 2.知道文学作品语言与日常语言的不同，进一步感受文学作品的语言美 3.学习理解文学作品的人物形象，感受作品的情感基调，能运用较恰当的语言、动作、绘画等形式表现自己的理解 4.能根据文学作品提供的线索，扩展想象，仿编或续编一个情节或一个画面
早期阅读	1.能仔细观察图画书里的人物、情节，看懂单页多幅的儿童图画书的内容，提高预知故事情节发展和结局的能力 2.懂得爱护图书，知道图书的构成，有兴趣模仿制作图画书 3.在阅读过程中初步了解汉字的由来和简单的汉字认读的规律，并有主动探索汉字的愿望 4.喜欢描画图形，尝试用有趣的方式练习汉字的基本笔画

表 4-3 大班语言教育目标

谈话活动	1.能主动、积极、专注地倾听别人谈话，迅速掌握别人谈话的主要内容，并从中获取有用的信息 2.能主动地用普通话与同伴交流，态度自然大方 3.能围绕话题谈话，会用轮流的方式交谈，并能用恰当的语言，表达自己的情感，与同伴分享感受 4.逐步学会用修补的办法延续谈话，进一步提高语言交往水平
讲述活动	1.通过观察，理解图片、情境中蕴含的主要人物关系和思想情感倾向 2.能有重点地讲述实物、图片和情境，突出讲述的中心内容 3.在集体面前讲话态度自然、大方，能根据场合的需要调节自己讲述的音量和语速 4.讲话时语言表达流畅，不停顿，用词用句较为准确
听说游戏	1.在游戏中学习正确运用反义词、量词、连词等，并能说完整句 2.养成积极倾听的习惯，迅速把握和理解游戏中较复杂的多重指令 3.不断提高幼儿倾听的精确程度，准确掌握和传递有细微差别的信息 4.在游戏中按照规则，迅速调动个人已有语言经验编码，并进行迅速的语言表达
文学活动	1.乐意欣赏不同题材、不同风格的文学作品，在文学活动中积累文学语言，并尝试在适当场合运用 2.在理解文学作品人物、情节或画面情境的基础上，学习理解作品的主题或感受作品的情感脉络 3.初步感知文学作品语言和结构的艺术表现特点，开始接触文学作品的艺术语言构成方式 4.依据文学作品提供的想象线索，联系个人已有经验扩展想象，并创造性地进行表述
早期阅读	1.能与同伴合作制作图画书，进一步了解图画书的构成 2.知道图画书与文字的对应关系，开始有兴趣阅读图画书中简单的文字 3.积极学认常见的汉字，进一步了解汉字认读的规律，提高观察、模拟的能力，并能注意在生活中运用已获得的书面语言 4.掌握基本的书写姿势，在有趣的图形练习中做好写字的准备

三、学前儿童语言教育的具体活动目标

语言教育的总目标和年龄阶段目标一般由专门的机构制定。也有一些国家或地方以法律条文的形式制定了统一标准，一些科研部门和幼儿园也研究制定了自己的语言教育总目标和年龄阶段目标。但是，幼儿语言教育的具体活动目标一般由教师自己制定，它是指在某一具体的教育活动中，要达到的目的。有时候具体活动目标可能是一次活动中要完成的任务，但也有可能是一组相近的活动或一个主题系列活动的目标，它们是具体的教育内容紧密地联系在一起。无论哪一种活动都具有一定的要求，并通过教师的活动计划和教学实践得以体现。教师如何根据一定的语言教育目标体系来设计具体的教育活动目标呢？请看下面的例子。

以学习散文《秋天的雨》为例，这个教育活动内容适合于5～6岁的幼儿，因此，我们根据这个年龄阶段幼儿文学活动的目标，要求幼儿做到以下方面。

- 理解这篇散文的内容，感受语言的魅力；
- 调动个人经验进行丰富的想象，体会秋天丰收季节的愉悦情绪；
- 初步掌握散文的结构方式，用口语进行创造性地仿编散文的尝试。

具体活动目标与语言教育总目标、年龄阶段目标应该是一致的。应当说，具体活动目标是为年龄阶段目标、语言教育总目标服务的，是总目标和年龄阶段目标的最终分解和具体化，语言教育正是通过每一个具体活动落实到幼儿身上。因此，具体活动目标的积累构成了年龄阶段目标乃至语言教育总目标。每一次具体活动目标的实现，都向完成年龄阶段目标和语言教育总目标迈进了一步。

从目标的层次分析中，我们应当认识到，在幼儿园教育目标落实到每个幼儿的过程中，有几个关键问题是必须要注意的。

- 如何将一个高层次目标，准确地转化为多个低层次目标。
- 在教育实践过程中，教师如何把握各个层次教育目标的内涵以及相互间的关系。
- 教师如何根据目标来选择相应的教育内容，确定恰当的教育方法，从而确保目标的实现。

在以往的幼儿语言教育工作中，存在着不同层次教育目标相互脱节的问题，也曾经出现过忽略教育目标，而随意选择教学内容、教学方法的弊端，上述问题必须引起幼儿教育工作者的重视，我们有必要加深对教育目标的理解，从根本上解决存在的问题。

此外，从横向的分类结构来看，幼儿语言教育目标是通过倾听、理解，表达、交流，阅读、欣赏三部分来体现的，而每一部分又包括认知、情感、能力三个维度。以倾听为例，《纲要》中明确要求“注意倾听对方讲话，能理解日常用语，能听懂和会说普通话”。结合我国幼儿园教育的实际情况，又可以从认知、情感和态度、能力和技能三个维度对倾听总目标进行分解。认知目标——懂得别人和自己说话时要注意；情感和态度目标——乐意听，有礼貌地集中注意力地听；能力和技能目标——能听懂普通话，能分辨不同的语音语调，能理解并执行别人的指令。

第三节　学前儿童语言教育内容的选择

学前儿童语言教育的内容是比较广泛的，从微观角度讲，包括语音、词汇、句子、表达等基本知识；从宏观角度讲，既包括语言知识的传授，如语言的功能、语言交际规则等，也包括语言运用能力的实际训练，如语言运用的基本知识、基本态度和基本行为方式等。学前儿童语言教育的内容是实现学前儿童语言教育目标的重要手段。因此，内容充实丰富、新颖有趣，符合幼儿心理特点和语言发展规律，才会更有价值。

一、依据幼儿语言教育目标

幼儿语言教育目标就是培养幼儿的语言能力，也就是培养幼儿对语言的理解能力和表达能力。在日常语言教育活动中，无论是成人的语言教育还是儿童的语言学习都同时包含语言理解和语言表达两方面的活动，语言理解和语言表达在发展过程中是相辅相成、相互促进的。儿童语言发展的能力是在语言形式、语言内容以及语言运用的交互作用中逐步发展起来的，成人必须全面地分析语言教育的目标，科学地选取语言教育的内容，并在语言教育过程中把各种教育要素有机地融合起来。

比如，在听说游戏中，教师交代游戏规则，带领幼儿进行语言教育游戏活动，最后放手让幼儿自主进行游戏，并可由幼儿改编继续进行游戏。整个过程既能帮助幼儿进行口语表达练习，又能养成幼儿在集体中注意倾听的良好习惯，同时能帮助幼儿获得规则意识，养成按规则迅速行动的能力。当然，通过集体游戏获得快乐与归属感对幼儿身心发展也具有重要的意义。听说游戏的整个活动过程就可涉及语言学习的各种要素，包括语言形式(语音、词汇、语法)、语言内容(语言表征的认知、情感、态度等方面的意义)和语言运用(语言功能和语言情境)三方面交织在一起，协调发展。不过，具体活动不同，涉及的目标和内容也不相同，语言要素要根据具体情况而定，不能为了包含较全面的要素而不科学地进行语言教育活动。

根据语言教育目标确定教育内容，就是把教育目标中的各级、各类、各方面的要求转化为幼儿学习语言的内容，使幼儿通过多种途径的学习获得语言经验。这些内容有些是专门为幼儿学习语言设计的，有些是渗透在其他活动中的。语言教育目标和语言教育内容并不是完全对应的，一个目标要通过多种内容来达到，而一个活动内容可能同时贯彻几个目标的要求，这样就通过选择语言教育内容把语言教育目标综合起来，使各个部分在相互联系中落实到各类教育活动过程中，促进幼儿语言能力的充分发展。

二、依据幼儿语言发展的特点

儿童时期语言的发展要经历从非语言交际向口语交际转换、从口语交际向学习书面语转换的过程，这两个转换过程不是截然分开的，而是相互交叉的。因此，在选择语言教育内容时，既要考虑到这三个方面各自的特点，又要考虑到它们之间的交叉融合，努力做到既有交叉又有侧重。

在非语言交际向口语交际转换的过程中，儿童需要学习听说轮换、及时反馈；对词语的理解和应用；构词成句、表达意思三个方面的内容。我们可以通过选择谈话、讲述、听说游戏、早期阅读活动以及文学作品的学习与欣赏等活动，让幼儿进行这些内容的练习，使幼儿获得有关的语言经验，顺利完成重要的转换。听说转换、及时反馈是幼儿语言交际必须掌握的基本能力，早在非语言交际时期就已经出现。进入口语交际时期后，运用声音、动作、表情等体态语言的手段逐步让位于社会性的语言符号，完成听与说的转换。不过，实现这种转换一定是建立在幼儿对音、词、句的感知和理解的基础上的。对词语的感知和应用是幼儿在口语交际初期首先要学习的内容，正确地感知和理解每一个词就需要将它的音、调、意和实际生活的经验综合地联系起来。幼儿对词的学习是在潜移默化的过程中自然而然地获得的，但是要想让幼儿的词汇更丰富并能充分运用，就必须通过相应的教育活动来加以引导，使他们在学习活动、交往活动以及游戏活动中充分接触和理解词的含义，并且能够运用到具体情境当中。构词成句、表达意思是更高阶段的语言发展水平，可以渗透在认知活动、操作活动当中，也更需要设置专门的学习内容，如谈话和讲述活动。有时还需要提供专门的内容进行语音、词汇、句子的练习，帮助幼儿获得有关语言的经验，提高幼儿构词成句和表达意思的能力。在运用口语向书面语转换的过程中，幼儿需要学习口头语言与书面语言之间的关系以及识字两方面的内容。

三、依据不同活动领域的特点

幼儿通过接触日常生活的教养活动和各种各样的教育活动，不断进行学习，从而获得发展。幼儿教育领域主要包含健康、科学、艺术、社会和语言这五大块。这些领域的活动离不开语言的因素，无论是教师指导还是幼儿交往，都不会是无声地进行。教师需要运用不同的语言对幼儿进行各种活动的指导，幼儿需要根据不同的指导语进行活动。在活动过程中，幼儿进行的活动内容不一样，要实现的具体目标也不同，因此可以获得不同的语言经验。比如，同样一个“认识四季”的活动，如果设计为科学活动，活动的重点会倾向于带领幼儿联系自己的日常生活经验，回忆并学习春夏秋冬四季的不同特点和表现、四季的顺序，知道一年当中哪几个月是春天、哪几个月是夏天，目的是加强幼儿学习有关四季的科学知识，加强对四季的认识。如果设计为语言活动，活动的重点就会倾向于发展幼儿的语言表达能力，通过听说游戏这种形式，幼儿扮演春、夏、秋、冬这四个兄弟姐妹，根据一定的语言教育具体目标设计相应的内容，让幼儿获得语言能力的提高。所有的教育活动都不是孤立的，而是相互渗透、有机结合的，如果不能用全面的、发展的眼光来看待，孤立地开展语言教育活动，就会使幼儿获得的语言发展僵化、孤立，应用性不强，并且使幼儿学习起来更吃力，最终很有可能使幼儿丧失学习的兴趣。因此，一定要用辩证的眼光看待问题，打破学科领域的界限，深入研究各活动领域的特点，将语言领域的内容有机地渗透到其他学科领域，使幼儿潜移默化地获取语言经验，提高其语言能力。

第四节　学前儿童语言教育内容的结构

学前儿童语言教育的内容是我们为幼儿提供的语言形式、语言内容和语言运用的基本知识、基本态度和基本行为方式的总和，是幼儿学习语言、获得语言经验的载体。其内容既包括教师有目的、有计划地组织的专门活动内容，也包括渗透在幼儿一日生活各个环节之中以及其他领域活动中的语言教育内容。具体分为专门的语言教育内容、渗透的语言教育内容和整合课程中的语言教育内容三类。

一、专门的语言教育内容

专门的语言教育内容，是为幼儿提供运用语言进行充分互动的环境，使他们有机会对在日常生活中获得的零碎语言经验进行提炼和深化，达到对语言规则的理解和有意识地运用。主要包括学说普通话、谈话、讲述、早期阅读、听说游戏以及文学作品学习活动六方面。它们的存在主要是为幼儿集中进行语言学习提供机会。这类语言教育内容可以让幼儿熟悉并提炼在日常语言交际中获得的语言经验，帮助幼儿理解和掌握语言的规则，并且有意识地进行运用。

(一)专门的语言教育内容的范围

专门的语言教育内容分别蕴含在谈话活动、讲述活动、听说游戏、早期阅读、文学作品学习活动和学说普通话等形式的活动中。

1. 谈话活动

谈话是人们之间以问答或对话的形式进行的言语交往，包括个别交谈和集体交谈。幼儿运用语言与人进行交际主要的形式就是谈话，而谈话活动在培养幼儿语言交际意识、情感、能力方面有着特别重要的意义。幼儿园专门的谈话活动与日常谈话是有区别的。日常生活中进行的谈话具有自发性与随意性，内容上选择性不强，往往根据当时的具体情境而定，也没有特定的谈话目的。幼儿园的谈话活动是一种有目的、有计划地组织幼儿学习的语言教育活动。这种活动旨在创造一个良好的语言环境，帮助幼儿学习倾听别人的谈话，围绕一定的话题进行谈话，习得与别人交流的方式、规则，培养与人交往的能力。

个别交谈主要包含以下内容。

(1) 注意倾听别人对自己的谈话，针对别人的话能提出问题或做出积极的应答；

(2) 主动发起与别人的交谈，尽量清楚、完整地表述自己的意思；

(3) 懂得交谈中要听说轮换，耐心而有礼貌地把谈话延续下去。

集体交谈主要包含以下内容。

(1) 在集体活动中，能注意倾听并理解教师的提问，并做出相应的应答；

(2) 注意倾听同伴在集体中的发言，能根据谈话主题发表自己的意见；

(3) 在自由活动或游戏活动中，能积极参与两个人以上的交谈，并根据需要发表自己的意见。

2. 讲述活动

讲述是幼儿独白言语的形式之一，主要是指运用完整的句子、连贯的语言，围绕一个主题描述事物、表达思想。讲述在语言的内容、形式和思维的逻辑性方面都比对话要求高。所以，要使幼儿的语言能力有较大提高，必须根据幼儿的年龄特点，选择多种讲述内容。

(1) 实物讲述和图片讲述，即用几句话来描述实物的外形、性质、用途或使用方法等；讲述单幅或多幅图片中人物的外貌、姿态、动作等。

(2) 拼图讲述和情境讲述，即讲述拼出的图片、拼板或图形，讲述情境表演中的人物、事件、对话、动作、心理活动等。

(3) 经验讲述，即讲述自己亲身经历过或间接了解的人、事、物。

3. 听说游戏

听说游戏也称语言教学游戏，是一种由教师设计组织、以培养幼儿的倾听和表述能力为主要目标、用游戏的形式来实施的语言教育活动。听说游戏将游戏的形式和语言教育活动的内容以恰当的方式融为一体，符合幼儿的年龄特点和心理发展水平，是一种全新的语言教育活动。听说游戏具有许多其他形式的语言教育活动所不具有的独特优势，它可以在轻松、愉悦的氛围中有效地发挥语言教育的功能。它的内容主要如下。

(1) 让幼儿在游戏中巩固练习发音，正确运用各种类型的词。

(2) 养成倾听的习惯，正确理解游戏规则，学会按指令行事。

(3) 体验在集体游戏活动中的归属感。

4. 早期阅读

早期阅读是指幼儿对简单的文字、图画、标记等的阅读活动，其中包括知道图书和文字的重要性，愿意阅读图书和汉字，学习初步的阅读和书写的准备技能等。早期阅读是由口头语言向书面语言的过渡，通过早期阅读可以获得理解口语与文字之间关系的重要经验。

从语言发展角度看，图书是幼儿从理解图画符号到文字符号，从学习口头语言向书面语言过渡的有效工具。早期阅读的具体内容如下。

(1) 翻阅的基本技能；

(2) 注意看着画面听成人讲解，并回答提问；

(3) 成人朗读图书中的文字，幼儿边看边听；

(4) 能对画面进行讲述，并会根据画面内容进行适当的扩句或缩句；

(5) 养成喜欢阅读和爱护图书的良好习惯；

(6) 运用绘画或剪贴等手段编制图书，并能自编文字说明；

(7) 了解汉字的书写风格和基本笔画，能认识简单的独体字；

(8) 会认并书写自己的名字。

5. 文学作品学习活动

文学作品学习活动是以儿童文学作品为主要内容而设计组织的语言教育活动。儿童文学作品主要包括儿歌、儿童诗、寓言、神话、童话、散文、谜语等。优秀的儿童文学作品展示的丰富的、优美的艺术语言和生动有趣的情节都是幼儿语言教育的重要内容。

1) 聆听与感受文学作品

要求幼儿集中注意力去倾听成人朗读或有感情地讲述文学作品，感受文学作品的语言、情节、动作、人物对话等，感受作品的思想感情脉络和特殊的表现手法。

2) 朗诵与表演文学作品

可以要求幼儿跟随成人朗诵文学作品，并扮演一定的角色，运用道具、场景等材料，借助动作、表情、对话等来表演文学作品的内容，进一步理解文学作品。

3) 仿编与创编文学作品

在理解文学作品内容的基础上，可以要求幼儿仿编儿歌、儿童诗、散文、谜语等内容，并根据创设的条件创编文学作品。

6. 学说普通话

中国是一个方言众多、差异巨大的国家，如果都使用本地方言必然不利于交流，易产生隔阂。因此，须推广普通话，让普通话成为中华大地的通用语已成为我国的一项语言政策。普通话是以北京语言为标准语，以北方方言为基础方言，以现代典范的白话文著作为语法规范的。学前期是人的一生中掌握语言最迅速的时期，也是最关键的时期。实例证明，如果错过了这个关键期，将会给儿童语言发展带来巨大困难。因此，要为幼儿创设学说普通话的环境，使幼儿积极学说普通话，提高其普通话水平。具体内容如下。

(1) 以普通话语音为标准，对方言与普通话的发音和声调有差别的字词进行重点的辨音与发音训练；

(2) 区别普通话与方言相同内容的不同表述，学习规范的普通话；

(3) 独立运用普通话交谈，回答提问，朗诵诗歌、散文和讲述故事等。

专门的语言教育内容一般是通过教师设计一定的教育活动方案并付诸实践来实现的。教师在语言教育活动中，一定要明确幼儿是活动的主体，自己不能喧宾夺主；重视幼儿在活动中的动手操作、思考及语言的动脑操作、语言感知、练习和运用的动口操作等，使幼儿在积极的操作中习得和巩固语言。此外，教师还要学习和遵守自由与规范相统一、示范与练习相统一的原则。

(二)语言教育活动的设计和组织原则

语言教育活动是专门的语言教育内容呈现给幼儿的主要载体。设计和组织语言教育活动，包括制定活动应达到的目标、选择能实现目标的具体内容、考察与内容相适应的活动方式等。

1. 语言教育活动的设计原则

语言教育活动的设计原则具体如下。

1) 活动过程应综合体现教育目标、教育内容和教育方法

教育目标是活动过程展开的方向，是活动过程的灵魂，也是活动过程设计与实施的目的。没有目标的活动是盲目的活动，没有充分体现目标的活动也是不圆满的活动。教育内容是教育活动的核心，每一个具体活动过程都是围绕一个中心内容而展开的，教育内容也是通过活动过程的展开而促进幼儿发展的。教育方法是活动过程的骨架，活动过程的展开实际上就是用一定教育方法组合教育内容的过程，活动过程的变化性与丰富性，大多也都体现为方法的多样性。

2) 活动过程应体现各类语言教育活动结构的特点

活动结构是每一类教育活动的基本构成要素，以及这些要素先后展开的顺序的规范性表现。它实际上规定了各类教育活动的过程展开的基本环节。由于它体现了各类教育活动的基本规律，因此一种活动结构，一旦研究出来，便会产生普遍的指导作用。活动过程是教育活动展开的时间流程，要使每一个具体的时间流程符合教育规律，就必须以教育活动的结构为依据。不同类型的活动有不同类型的活动结构，由此类推不同类型的活动也有不同的活动过程，而活动结构的特点也决定了活动过程的特点。

3) 活动过程的设计要为活动过程的实施留有余地

教育是人类可以预见其结果的一种实践活动，但也是一种具有随机性、创造性的实践活动。教育活动设计的目的是使教育实践活动按照预定的轨道朝着预期的目标前进，但是这种设计千万不能成为具体实施的桎梏，而应该成为教师产生再创造的温床和土壤。由此看来，目前那种将教师如何提问，幼儿如何回答的详细内容全部设计出来的做法是不可取的。

2. 语言教育活动的组织原则

学前儿童语言教育活动的组织原则，是指教师在开展语言教育活动时，需要遵循的基本准则和基本要求。这是从有效地组织活动的规律中引申出来的，它们是使活动具有基本质量和必要效率的保障。语言教育活动的组织原则具体如下。

1) 让幼儿积极活动的原则

活动是幼儿主要的学习方式，这已经成为许多人的共识。幼儿处于人生的早期，由于他们的心理发展水平和认识客观事物的能力很低，不可能像成人那样，借助人类其他成员活动的结果来发展自己，必须通过自己的活动才能获得对外界的清晰印象，并将这些印象积累起来形成知识和能力。由此可以说，幼儿的发展是通过活动而实现的。要在语言教育活动中贯彻这一原则，教师必须做到以下几点。

(1) 要激发幼儿活动的动机。在幼儿园的教育环境中，幼儿的活动是在教师组织下进

行的一种有目的的学习活动。它的发生是由一定的动机引起的。如果教师在组织活动的过程中能够成功地激发幼儿的动机，那么就可以使活动产生良好的效果。不同的活动内容有不同的激发动机的方式。例如，在组织谈话活动时，教师可以通过引进有趣的话题来激发幼儿谈话的动机；在组织讲述活动时，教师可借助于一定的凭借物来激发幼儿讲述的动机。

(2) 明确活动的对象。无论是教师的活动还是幼儿的活动，都要指向一定的对象，活动对象的不同也导致了活动之间的差别。例如，讲述活动的对象是某种凭借物，谈话活动的对象是某个话题。因此，教师在组织语言教育活动时，一定要明确活动的对象，只有这样才能将这一活动与另一个活动区别开来。我们在实际教学中常常看到有的教师将语言教育中的谈话活动和科学活动混淆起来，就是因为教师没有明确这两类活动的对象：一个是话题，另一个是有关的知识。

(3) 重视幼儿在活动中的操作。幼儿的活动是通过一系列的动作实现的，而实现动作的方式就是操作。因此也可以说，没有操作就没有活动。但是在对操作的认识上，往往存在一种偏差，即认为幼儿动作技能的训练，或幼儿对某些物体进行摆弄才是操作，其他诸如思考、语言交流等不是操作。其实，操作包括动手操作、动脑操作和语言操作等。各类活动的对象不同，操作的方式也必然不同。显然，在语言教育活动中，幼儿操作的方式主要是指语言操作。因此，教师在组织语言教育活动中，要充分创造语言操作的条件，使幼儿在操作中习得和巩固语言。

2) 促进幼儿语言发展的原则

在传统的语言教育中，由于以教材为中心，以教师为中心，注重知识的灌输，如背诵一首儿歌、讲述一个故事，而忽视了幼儿的语言行为能力培养。因此，为了能够准确理解和具体把握这一原则，教师应注意以下几点。

(1) 要了解语言教育领域的目标。这里讲的发展是指教育学意义上的发展，是幼儿通过有计划、有目的、有组织的教育活动所获得的语言发展，而不是心理学意义上的自然成熟。要使幼儿通过有组织的教育活动获得语言发展，就要了解语言教育这一领域的目标，这样才能使幼儿的发展有明确的指向，也才能使幼儿的发展有一个可以测量的尺度。

(2) 语言教育活动的落脚点是幼儿的语言发展。从整个语言教育活动来看，它包括谈话、讲述、听说游戏、文学作品学习、早期阅读五种活动类型。从每一个类型的活动内容来看，涉及幼儿直接经验和间接经验的各种内容。从活动形式来看，有提问回答、自由交谈、分组活动、自主游戏、情境表演等多种多样的形式。但不论教师选择的内容有多么丰富，形式有多么活泼多样，在指导思想上都应明确，促进幼儿的语言发展是语言教育活动的落脚点，千万不能搞表面上热热闹闹，而幼儿的语言没有得到发展的活动。

(3) 按照幼儿语言发展的规律设计活动。贯彻促进幼儿语言发展的原则，还要求教师在设计教育活动时，遵循幼儿语言发展的规律，既不可任意超前，也不可盲目滞后。例如，在学前阶段儿童语言的发展、语义的发展、语法的发展以及应用技能的发展都有一定的规律，表现为一定的先后顺序。教师在设计教育活动时，就要参考幼儿语言发展的一般顺序来确定目标和选择内容。如果在幼儿还没有掌握不完整句的情况下，就教授完整句，这显然违背了幼儿语言发展的规律。

3) 自由与规范相统一的原则

幼儿教育作为个体社会化的过程，其目的就是让幼儿通过学习去掌握社会规范，而它本身又是一种规范。这样来说，教育就是让幼儿通过规范去学习规范。学前儿童语言教育活动本身是一种通过规范去学习语言规范的过程，这就要求幼儿在规范的情境中接受规范的语言，练习规范的语言，用规范的语言进行语言交际。但是，教育的目的之一，就是让幼儿的个性得到自由发展，在自由中去创造。因此，教师在组织语言教育活动时，应该注意将自由与规范有机地结合起来，为幼儿提供自由说话的氛围。

为幼儿提供自由说话的机会。在教育实践中往往有这么一种情况，教师刻板地按照事先设计的教案开展活动，教师的提问及其行为，幼儿的回答及其行为，都要按照事先规定的轨道进行。如果幼儿的回答及其行为稍有偏离，就要硬往这个预定的轨道上拉，这样做的结果是严重束缚了幼儿的自主性和创造性，致使实际的教育气氛死气沉沉。因此，在组织语言教育活动的过程中，教师应该创造幼儿可以自由说话的机会。

引导幼儿养成运用规范语言的习惯。语言教育的目的是使幼儿掌握规范的语言。因此，在提供幼儿自由运用语言的机会的同时，万万不可脱离规范的要求。我们知道幼儿在各种生活环境中都可以习得语言，但是由于环境的不同或者缺乏正式的语言情境，他们所习得的语言往往不太规范。如果任其自由发展下去，他们将来进入正式的语言交际场合或者接受正规的学校教育时，就会出现严重的不适应，甚至出现思维障碍。因此，教师在组织语言教育活动时，就要在语言形式、语言内容和语言运用方面对幼儿提出规范的要求。只有这样，幼儿才能逐渐养成使用规范语言的习惯。

4) 示范与练习相结合的原则

幼儿学习语言，尤其是学习规范的语言，往往是通过模仿而进行的。要使幼儿有模仿的对象，就要求教师给予语言方面的示范。示范是一种很重要的教育手段，从父母教孩子怎样系好鞋带到大学教授给大学生传授自然科学知识，都离不开示范。对幼儿园语言教育来说，教师的示范是幼儿进行语言模仿的基础。但是，要使教师示范的语言为幼儿所习得，并能为幼儿所牢固掌握和灵活运用，就要提供机会让幼儿反复练习。因此，教师在组织语言教育活动时，必须坚持教师示范与幼儿练习相结合的原则。要贯彻这一原则教师应注意以下几点。

(1) 教师的示范不要限制了幼儿的思维。在语言教育活动中，有许多类型的活动结构，且专门设置了教师示范这一步骤。例如，在讲述活动中就有通过教师示范引进新的讲述经验，在早期阅读活动中由教师向幼儿示范阅读方法。这些所有步骤的设置，其目的都是希望借助于教师的示范，使幼儿模仿并习得规范的语言。但在具体操作示范这一步骤的过程中，往往而限制了幼儿的想象和思维，阻碍幼儿调动已有的语言经验。因此，教师在实际运用示范这一方法时，应鼓励幼儿在模仿的基础上大胆创新，允许幼儿说出不同于教师的语句，千万不要使教师的示范限制了幼儿的思维。

(2) 注意运用隐性示范。在一般的教育过程中，教师的示范大都为显性示范，即教师明白地告诉模仿者应该怎样做，并要求模仿者仔细观察教师的语言和动作。这种显性示范对于某些年龄段的教育对象和某些科目的教育是十分必要的，效果也是比较好的，而且对教师示范的要求之一，就是让每个观察者都能看得清楚。但是，对幼儿园语言教育来说，单纯运用显性示范就显得太单调、太枯燥了。要求幼儿较长时间地集中注意力于教师的示范，也不符合幼儿的心理特点。因此，为了使整个活动过程活跃而不死板，就要更多地运用隐性示范。这就要求教师在活动过程中，以一个参与者的身份与幼儿平等地进行活动。

这时教师并不明确地要求幼儿观察教师的示范，而是通过主导活动的方向和进程，通过种种暗示来给予示范。

(3) 提供充分练习的机会。练习是幼儿学习语言的重要方法，通过练习幼儿可以加深理解语言教育中的有关内容，牢固掌握有关的语言知识，熟练运用语言技能。因此，当教师给予了幼儿某种必要的示范之后，就要提供充分的时间和空间，让幼儿反复练习。由于语言教育活动类型的不同，练习的方式和内容也不尽相同，如可以通过问答、游戏表演等进行练习。但不论怎样，教师都应该提供充分练习的机会，激发幼儿练习的兴趣，让幼儿在练习中理解、记忆、运用所习得的语言知识。尤其应注意的是，教师应利用练习来迁移新获得的语言经验，使幼儿在迁移性练习中领悟语言的特性。

二、渗透的语言教育内容

渗透的语言教育内容，就是充分利用幼儿的各种生活和学习经验，在真实的生活情境中为幼儿提供更加广泛的、多种多样的学习语言的机会，使幼儿可以更好地运用语言获得新的生活经验和其他方面的学习经验。渗透的语言教育内容既可以使幼儿更好地习得语言，也可以促进幼儿在日常生活游戏和其他学习活动中的语言交往。

(一)渗透的语言教育内容的价值

专门的语言教育内容是必要的，这是因为专门的语言教育活动和内容为幼儿提供了一种比较正式的语言交际环境，使幼儿在教师的直接指导和参与下，进行比较系统的语言学习，以获得满足其全面发展的最基本的语言知识、能力和情感态度。而渗透的语言教育内容的核心，是促进幼儿与教师、同伴之间的有效言语交流。所以，从某种意义上说，渗透的语言教育内容更加重要。具体表现为以下几点。

(1) 渗透的语言教育内容和活动只强调教师为幼儿提供一个宽松的语言学习情境，关注幼儿的语言学习过程，而较少强调幼儿语言学习的结果。没有统一的语言教育目标，允许幼儿有不同的学习结果，并按照自己的进度发展语言。因此，符合幼儿在自然交际环境中习得语言的特点。

(2) 渗透的语言教育内容往往与幼儿的生活或其他领域的内容同时存在于活动过程之中，幼儿使用语言的自由度更大，发展语言的条件更加宽松。这和幼儿语言的发展与其情感、经验、思维、社会交往能力等方面的发展密切相关的规律相吻合，所以能够更好地扩展幼儿的语言经验，提供促进幼儿语言发展的条件。

(3) 渗透的语言教育内容和活动，更能体现语言教育的个别化。渗透的语言教育内容和活动对幼儿语言学习没有过高的要求。因此，教师有机会开展个别指导活动，根据幼儿的兴趣和经验，让他们以自己独有的方式加工各种语言信息。然而，在现实的幼儿教育实践中，教师与幼儿之间的语言交流质量不高、幼儿之间相互交流机会少等问题普遍存在。因此，教师需要充分认识渗透的语言教育内容和活动对幼儿全面发展的重要性，在组织好专门的语言教育活动的同时，也需要向幼儿提供多种学习语言的机会。

在安排渗透的语言教育内容和活动时，教师需要特别注意以下几点。

(1) 在与幼儿交流的过程中，始终将自己看作他们中的一员，真正实现由权威地位向与幼儿平等交流、共同分享的地位的转化，这是使教师与幼儿之间的交流成为真正的双向互动的根本保障。

(2) 注意自身与幼儿之间的言语沟通技能的提高。例如，教师应当掌握善于抓住时机，发现幼儿共同关心或感兴趣的话题，将幼儿自然引入交谈之中的技能；掌握用恰当的言语热情接待和鼓励幼儿谈话，让幼儿产生言语交流的动机的技能；学会用幼儿能够理解的方式，向幼儿提供适宜的信息、问题，引导幼儿把已经开始的谈话延续下去的技能；学会适时地结束话题，让幼儿产生满足感的技能。

(3) 促进幼儿之间的有效言语互动，包括多选择幼儿共同感兴趣的话题，提供小组活动或游戏等机会，鼓励幼儿之间的相互交流，通过提供合作、分享、相互尊重的榜样供幼儿模仿；同时还应提供机会，让幼儿体验因争执而不能解决问题的失败感，或者体验因采取商量、对话等简单的策略而交流成功的喜悦感。

(二)渗透的语言教育内容的范围

1. 日常生活中的语言交往

语言是日常生活中建立良好人际关系的工具，可以起到指导和调节人际关系的作用。从幼儿语言学习的内容上来看，日常生活中的语言交往，可以帮助幼儿学习在不同场合运用恰当的语言形式进行表述和交流，同时又将社会文化习俗的学习与语言的学习结合在一起。具体而言，渗透在幼儿日常生活中的语言教育可以帮助幼儿获得以下的语言经验。

(1) 注意倾听，理解和执行生活常规以及成人的指令性语言。

(2) 学会运用礼貌用语与他人交往。

(3) 学习运用语言向他人表达自己的需要和要求，对他人提出的要求做出恰当的应答。

(4) 学习运用恰当的语言解决与同伴之间发生的冲突。

随机渗透在日常生活中的语言学习，主要是指教师充分利用各种生活环节给幼儿提供的自由宽松的环境，鼓励幼儿积极进行语言交流，增加练习听说和读的基本技能，养成对语言和文字的学习兴趣，得到语言和文学的熏陶。这种类型的语言学习通常包括以下几种形式。

(1) 在饭前饭后、午睡前后以及离园前等生活环节，让幼儿倾听优美的儿歌、散文、故事等文学作品。这样的文学作品通常是幼儿能够理解的或者是他们已经学过的。

(2) 在幼儿午睡起床或其他等待环节，让幼儿按照一定的规则进行语言操作游戏。幼儿边玩边说，能够充分体验游戏的乐趣，并在玩的过程中充分地练习巩固和扩展已经获得的语言经验。这类活动包括猜谜语、传话、组词、拍手游戏等多种形式。

(3) 利用一日生活中的各种等待或过渡环节，为幼儿提供表述的机会，让幼儿根据已有经验，大胆地讲述自己的想法，有时可以围绕一个主题，有时也可以没有主题。

(4) 利用幼儿离园前、自由游戏等时间，鼓励幼儿以集体、小组或个别的形式，自由阅读图书。这种活动的目的，在于帮助幼儿逐步养成喜欢阅读的良好习惯。

2. 自由游戏中的语言交往

在自由游戏中，语言既成为幼儿与同伴进行交往、合作、分享的工具，也成为指导和调节自己选择游戏内容、游戏伙伴和游戏材料等行为的工具。具体而言，渗透在自由游戏中的语言教育可以帮助幼儿获得以下语言经验。

(1) 学习运用玩具并结合动作自言自语，进行自我练习。

(2) 学习自主选择游戏的内容、伙伴、材料等。

(3) 学习通过协商等语言方式，解决与同伴在游戏内容、游戏材料的选择以及游戏规则的制定过程中出现的矛盾冲突。

3. 其他领域活动中的语言交往

在其他领域的活动中，语言也是幼儿学习的工具，发挥着重要的作用。在参与其他领域活动，如数学或者英语活动时，语言交往，有利于幼儿正确感知和理解学习的内容，增强对学习内容的认知和表达能力，增加学习的有意性和目的性。具体而言，渗透在其他领域活动中的语言教育可以帮助幼儿获得以下经验。

(1) 集中注意力倾听教师布置的活动任务。

(2) 学习运用语言指导观察和操作，并思考事物之间的相互关系，表达对所观察对象的感受和认识。

(3) 理解语言与其他活动内容之间的相互关系，学习运用语言促进相关领域知识的掌握和能力的提高，提高学习的效率。

三、整合课程中的语言教育内容

在《纲要》颁布之后，我国学前教育界对有关课程的研究掀起了又一个新的浪潮。从关注幼儿的整体和谐发展出发，幼儿园课程建设走整合的道路，成为一些幼儿教育工作者的共识。然而，什么是真正意义上的课程整合？在整合课程状态下幼儿园教育的方方面面，特别是原有领域的教育活动，会出现什么样的变化？这些问题都需要我们进行深入的研究。

(一)整合课程的含义

整合课程，顾名思义，就是一种将课程的各个部分要素有机地组织在一起，形成一个整体的课程。对中国幼儿教育工作者来说，我们要指出的是整合课程是在综合课程基础上的发展和进步。整合课程要求从培养身心和谐发展的“完整的人”的目标出发，把儿童需要学习的内容、需要获得的关键经验回归到儿童生活之中，按照生活的逻辑自然地展开课程。这样有机地组合的整合课程，不再是简单的领域内容的相加与拼合。

在设计与组织课程的时候，整合课程与以往任何其他课程的不同之处，主要体现在以下三个方面。

(1) 教育者需要将成人的预期心转化为儿童的童心，引导幼儿探索世界，使之获得有价值的学习。任何有经验的课程，研究者和实施者都知道，在课程设计时，我们都要对幼儿的成长抱有这样或者那样的预期心，这就是课程目标的来源。而我们对幼儿成长的预期心，往往来自这一时期我们对幼儿发展和教育的基本认识。整合课程的理论里有着对儿童观和知识观的一些新认识，任何一种课程，让幼儿学习探索的实际上是他们未知的，也可以说是成人的世界。但是在整合课程中，我们强烈建议的是课程设计时实现这样一种先行转换，用童心和童眼看世界来选择主题或者单元，将成人的预期心潜置于引导幼儿探索的过程之中。

(2) 教育者需要依据幼儿的兴趣、经验和思考点来安排、延伸与幼儿生活有关联意义的情境学习内容，使幼儿的探索成为有连续意义的情境连接过程。

这里所说的情境性学习，是有关脑和思维发展研究的成果给课程研究者们带来的信息。在课程设计和实施中，我们一方面需要让幼儿学习经验，并很实际地在现场表现出来；另一方面也要帮助他们将零散的经验延续以及统整成为对他们终身有益的知识、技能及态度。于是，情境和情境连接得如何，实际成为整个课程成败的关键问题。每一个课程单元是一个大情境。比如《幼儿园活动整合课程》小班的“车子啪啪啪”，其中内部由许多小情境相互连接构成，但与中班的“交通工具博览会”相呼应并区别概念定位，幼儿从中探索获得的认知、情感、能力是不一样的。

(3) 教育者需要将原有的教学“课”转化为融学习、生活、游戏为一体的活动，在整合课程设计实施中贯穿符合幼儿年龄特点的学习原则：操作性、探究性、成就感、重复与延续，帮助幼儿实现认知经验的构建。

有经验的教师都知道这一点，幼儿的学习是很难与生活、游戏划分开来的。当幼儿在“旋转国”的课程单元中探索生活中各种各样物体的时候，让他们动手动脑观察、玩弄各种不同的旋转物体的时候，当他们发现旋转的物体由不同的原因造成的时候，我们有可能把他们的学习和生活、游戏作一个界限的划分吗？实际上，幼儿的游戏就是他们的生活经验的反映，他们的生活就是他们的学习，他们的学习就是在游戏和生活中实现的。如果同意这样一个儿童学习的基本特征，那么就没有什么专门的生活化和游戏化的课程。以我们现有的认识来看，幼儿园应该给幼儿提供的是融生活、游戏和学习为一体的整合课程。

(二)从整合课程的角度看语言领域教育

理解了整合课程的含义，我们就可以继续讨论在整合的课程状态下，语言领域的教育会发生什么样的变化。20 世纪 90 年代，我们重视的幼儿园语言教育活动更多关注了领域范围内的整合问题，立足于借用其他领域的内容和形式来帮助幼儿学习语言。但从总体上看，那样的语言教育活动是相对于其他领域教育独立的活动，在课程层面上从目标到内容相互之间的情景都不是必须连接的。

目前，我国幼儿教育工作者面临的一个普遍问题，就是如何在整合的课程状态下进行领域教育的问题。就我们所观察的情况来看，已经出现了两种偏向，一种是套用一个“整合”的帽子将各个领域教育活动组织在一起，这是借整合之名行分科之实的课程现象；另一种是一经“整合”便将“领域”忘之脑后的现象，似乎给人们带来了整合课程不注重领域教育的错觉。因此，整合课程的建议给我国的幼儿教育领域教学研究者们带来了新的挑战。而实际上，整合课程不仅不是取消领域教育的代名词，而且也不是虚弱领域教育的信号。在培养完整的儿童基本理念指引下，整合课程要求为儿童全面发展提供融合的、多元的、开放的学习环境。这就提醒我们领域教育是整合课程不可缺失的组成部分。具体应注意以下两点。

(1) 从整合课程的角度看语言教育，在整合课程的目标系统设计中，必须包含儿童语言教育发展的系列核心概念，而这些体现领域系统特征的核心概念的发展，又需要与领域信息以及领域技能的获得密切结合。具体来说，整合课程的语言领域目标表述方式产生了变化，这些目标不再以独立系统的方式呈现，而是隐含在每个整合的主题单元教育要求内。

(2) 从课程单元整体内容的角度看语言教育，我们需要认识到语言教育的内容必须脱离原有的独立状态，与课程单元整体内容相互支撑而形成情境性的连接，以利于幼儿在延续性的学习过程中，建立具有关联意义的经验。

(三)从语言领域教育的角度看整合课程

幼儿园语言教育的研究曾经给我们这样的认识，语言教育的途径可以分为专门的语言教育和渗透的语言教育两个方面。儿童语言发展和语言教育的特点和规律告诉我们，学前阶段的儿童时期存在着两种不同性质的语言学习。一种是以语言为对象的学习。幼儿因为处于语言发展的关键期，需要学习语言，即在与人交往的互动中产生人类基本的语言内容和形式。另一种是以语言为工具的学习，即幼儿通过语言来学习其他方面的内容，在运用语言这种中介符号获得其他方面知识和能力的同时，也促使了自己的语言交流能力的发展。专门的语言教育侧重于提供幼儿以语言为对象的学习机会，而渗透的语言教育给幼儿提供运用语言工具进行交流的锻炼。这样两种性质的语言学习机会，应该在早期儿童发展中同时存在，对幼儿的语言能力发展同样重要。

从这样的角度分析整合课程中的语言领域教育，我们可以发现整合课程创造了许多渗透的语言教育情境。在以主题单元架构的课程学习过程中，幼儿有很多与老师、同伴讨论、商量、评述、表达的语言交往机会。如同《纲要》所明确要求的那样，整合的课程比较容易给幼儿“创设一个自由、宽松的语言交往环境，支持、鼓励、吸引幼儿与教师、同伴或其他人交谈，体验语言交流的乐趣……”教师的重要职责是帮助幼儿成为积极的语言运用者，在交往中逐渐学习理解和表达不同的意图倾向。

但是，我们仍然要强调的是，幼儿园的语言教育只重视渗透的一面还不够，还需要我们关注专门的语言教育。这里所说的专门的语言教育，是指按照符合语言教育规律组织的语言学习活动，是让幼儿把语言作为学习对象来学习的重要机会。在整合的课程中有没有专门的语言教育的存在？回答应当是肯定的。只是在整合的课程中，它的存在方式也出现了一些变化。无论什么样的整合课程，都不可避免地有一些以语言学习为主的活动，我们可以将之视为幼儿专门的语言教育机会。我们必须加以注意的是以下两点。

(1) 专门的语言教育活动的实质，是让幼儿学习在不同的语用情境里如何运用相应的语言交流方式来与人交往。在整合课程中，我们仍然对幼儿语言学习进行这样的要求，并将这些要求贯穿在具体的活动之中。在指导幼儿看图讲述的时候，我们要求小班幼儿学习讲出图片的中心内容；而对中班的幼儿则要求有顺序地讲出图片的基本内容。这样比较循序渐进的语言教育要求使得幼儿的讲述能力得到不断的提高。

(2) 我们在研究中获得的符合幼儿语言教育规律的方法策略，应当是用于整合课程中的专门语言教育。例如，幼儿的故事和诗歌学习，可以通过表演、仿编等不同方式，帮助幼儿更好地理解并学习创造性地运用语言。在幼儿园整合课程中，我们仍然用这样的方法和策略组织幼儿学习。可以认为，如果我们坚持按照符合幼儿语言教育规律的方式来指导幼儿学习语言，在整合的课程状态下，我们的语言教育不仅不会削弱，反而可能产生更好的教育效果。

拓展阅读

《幼儿园教育指导纲要(试行)》(节选)

第二部分　教育目标与内容要求

二、语言

(三)指导要点

1. 语言能力是在运用的过程中发展起来的，发展幼儿语言的关键是创设一个能使他们想说、敢说、喜欢说、有机会说并能得到积极应答的环境。

2. 幼儿语言的发展与其情感、经验、思维、社会交往能力等其他方面的发展密切相关，因此，发展幼儿语言的重要途径是通过互相渗透的各领域的教育，在丰富多彩的活动中去拓展幼儿的经验，提供促进语言发展的条件。

3. 幼儿的语言学习具有个别化的特点，教师与幼儿的个别交流、幼儿之间的自由交谈等，对幼儿语言发展具有特殊意义。

4. 对于有语言障碍的儿童要给予特别关注，要与家长和有关方面密切配合，积极地帮助他们提高语言能力。

本章小结

学前儿童语言教育的目标是对学前儿童语言教育的目的和要求的归纳，是实施语言教育的方向和准则。为了使活动适应不同年龄段的幼儿，必须针对各年龄阶段幼儿的特点确立相应的教育目标。

学前儿童语言教育的目标是根据儿童身心发展规律、现代社会需求、语言学科性质与幼儿语言学习特点等几个方面的要求制定出来的，从纵向的层次结构来看，学前儿童语言教育目标一般可以分解为总目标、年龄阶段目标和具体活动目标三个不同的层次。从横向的分类结构来看，学前儿童语言教育目标是通过倾听、理解，表达、交流，阅读、欣赏三部分来体现的，而每一部分又包括认知、情感、能力三个维度。

幼儿语言学习具有其特殊性。因此，在制定学前儿童语言教育目标时必须充分考虑语言的学科性质及其对幼儿的教育功能和价值，尊重幼儿语言学习的心理顺序和学习特点，制定符合幼儿语言学习特点的恰当的教育目标。

学前儿童语言教育的内容是比较广泛的，从微观角度讲，包括语音、词汇、句子、表达等基本知识；从宏观角度讲，既包括语言知识的传授，如语言的功能、语言交际规则等，也包括语言运用能力的实际训练，如语言运用的基本知识、基本态度和基本行为方式等。

学前儿童语言教育的内容是我们为幼儿提供的语言形式、语言内容和语言运用的基本知识、基本态度和基本行为方式的总和，是幼儿学习语言、获得语言经验的载体。具体分为专门的语言教育内容、渗透的语言教育内容和整合课程中的语言教育内容三类。

学前儿童语言教育的内容是实现学前儿童语言教育目标的重要手段，只有内容充实丰富、新颖有趣，符合幼儿心理特点和语言发展规律，将语言领域的内容有机地融入幼儿的日常生活中，才能使幼儿潜移默化地获取语言经验，从而提高其语言能力。

【推荐阅读】

[1] 姜晓燕，郭咏梅. 学前儿童语言教育[M]. 北京：高等教育出版社，2011.

[2] 杭梅. 幼儿语言教育与活动指导[M]. 北京：北京师范大学出版社，2012.

[3] 李敏. 了解孩子[M]. 天津：天津科学技术出版社，2008.

[4] 陈丽群. 蒙台梭利幼儿语言教育[M]. 上海：第二军医大学出版社，2004.

思考与练习

一、名词解释

1. 学前儿童语言教育的目标
2. 专门的语言教育内容
3. 渗透的语言教育内容

二、简答题

1. 幼儿园语言教育目标的主要内容是什么？
2. 幼儿园语言教育活动设计和组织的原则是什么？

三、论述题

1. 简述专门的语言教育内容与渗透的语言教育内容的不同特点。
2. 请结合《纲要》谈谈我国幼儿语言教育近年来改革发展的趋势。

【实践课堂】

请思考并列出幼儿园一日活动中的语言教育机会。

一日活动安排	专门的语言教育内容	渗透的语言教育内容
晨间活动		
上午教育活动		
点心与休息时间		
户外活动		
游戏与阅读		
午餐		
散步		
午睡		
下午教育活动		
游戏或阅读		
离园准备		

教育的艺术不在传授，而在鼓舞和唤醒。

——蔡元培

第五章　学前儿童语言教育的途径与方法

本章学习目标

- 了解学前儿童语言教育的主要途径。
- 掌握并有效运用学前儿童语言教育的主要方法。

核心概念

语言环境(language atmosphere)　语言范例(language paradigm)　示范法(method of demonstration)　讲解法(explanation method)　谈话法(conversation method)　游戏法(activity approach)　练习法(practice method)　表演法(performance method)

引导案例

小张老师的烦恼

幼儿园小张老师工作非常努力、敬业，有时为了教孩子学会一个词，会不厌其烦地说给他听。班里一个小朋友莫莫经常把喝水的“水(shui)”说成“匪(fei)”，每次小张老师都会纠正他不是“匪”，是“水”，后来莫莫一说喝“匪”，小朋友都笑话他。莫莫越来越不爱说话了，即使老师主动提问，他也常低头不语。小张老师更着急了，她觉得说话说不好就要多练习，可是莫莫越不说就越说不好呀！

你能帮小张老师想想办法吗？

案例分析

这个案例为我们提供了一个学前儿童语言教育的反面案例。在案例中，小张老师只考虑到练习在语言教育中的作用，却忽略了语言教育过程中心理氛围的创设，只有平等、宽松、支持性的环境，才有利于调动儿童参与语言活动的主动性、积极性。因此，建议小张老师不必急于纠正一字一词，鼓励儿童大胆表达，多赞赏多表扬，才能让儿童更有兴趣、更积极地参与到各种语言活动中。

学习指导

学前儿童语言教育是通过一定的途径，采用一定的方法进行的。

本章的重点是学前儿童语言教育的途径和方法。在学习的过程中，首先要仔细阅读教材，掌握相关的理论知识。其次要结合教学实践活动，掌握学前儿童语言教育方法如何应用。

第一节　学前儿童语言教育的途径

幼儿园语言教育可以通过很多种途径来进行。可以说，凡是有语言参与的活动都可以对儿童进行语言教育。概括来说，学前儿童语言教育的主要途径有创设支持性的语言环境，开展专门的语言教育活动，在其他领域的教育活动中进行随机的语言渗透教育，以及日常生活中的语言教育活动。

一、创设支持性的语言环境

儿童语言运用是儿童语言发展的动力和源泉。儿童的语言运用是指儿童在学习和获得语言的过程中不断操作和使用语言进行交流的现象。儿童在交往过程中成长起来的语言运用能力主要表现为：儿童如何运用恰当的语言形式来表达自己的交往倾向，如何运用恰当的策略展开与他人的交谈，如何根据不同的情境需要运用恰当的方法组织语言表达自己的想法。“创设一个自由宽松的语言交往环境，支持鼓励吸引幼儿与教师同伴或其他人交谈，体验语言交流的乐趣。”这样的支持性语言环境既是发展学前儿童语言的基本前提，也是促进学前儿童有话敢说、有话喜欢说的内部动机和必要条件。因此，幼儿园应该为儿童创设一个良好的心理环境和物质环境，给他们营造一个更为自由发展的空间，让他们在亲身体验和亲自操作的过程中获得相应的语言及其他认知。

(一)物质环境的创设

物质环境是指幼儿园的物质条件。比如，幼儿园的整体布局，园内的绿化和整洁程度，活动场地是否受到局限，室内空间的大小，环境的布置、美化，光线的强弱，玩具的数量和质量等，这些既能够直接影响儿童的情绪，也影响儿童语言的表达。

1. 结合主题内容，布置主题墙

主题活动是目前很多幼儿园普遍认可的课程模式之一。它具有较强的跨学科整合功能，能按儿童的生活经验灵活、合理地组织某主题中所蕴含的问题、现象、事件等，开展丰富多彩的活动，将儿童原本零碎的生活经验加以整合提升，从而使儿童获得新的经验。主题活动能为儿童提供良好的语言发展环境，促进儿童综合语言能力的提高。在主题活动开展的过程中，教师可以尝试挖掘主题活动所蕴含的丰富的教育环境资源，将儿童的学习活动、游戏活动和环境布置整合在一起，共同促进儿童语言的发展。例如，在大班主题活动“神奇的汽车”中，教师和儿童通过不同的渠道，收集了各种有关汽车的图片和照片，将主题墙共同打扮起来。又如，主题活动“恐龙”，教师将教室的主题墙布置成侏罗纪公园，将形形色色的恐龙置于其中。主题墙的创设有助于儿童在平时进行讨论与交谈，促进其口语能力的发展。例如，主题活动 “家”的主题墙以诗歌《家》的内容为呈现对象。在儿童学习诗歌《家》之后，教师把诗歌的内容用图文结合的方式在主题墙上进行展示。儿童只要看到这些图文，就能感受到诗歌表现出的意境美，这样的感受与体验有利于激发儿童的创作兴趣。

2. 阅读区的创设

创设阅读区，需要注意以下几点。

1) 创设一个有吸引力的阅读区，激发儿童的阅读兴趣

阅读区的采光要好，并且阅读区内的整体色调要有助于营造适合阅读的安静、舒适的气氛，可以选择粉色、浅蓝、浅黄等淡色系的颜色。还可以在阅读区适当地放一些绿色植物，消除视觉疲劳。在阅读区可以放些不同颜色、不同形状、不同材料、不同大小的沙发垫子、地毯、桌椅等。在这样宽松自在的环境中，儿童可以享受到阅读带来的快乐。阅读区充满童趣的装饰，特别是儿童熟悉的或者出现在故事中的场景，可以激发儿童的阅读兴趣。如果有新书推荐，教师可以用照片或自制海报的方式吸引儿童的注意，让阅读区充满童趣和吸引力。

2) 提供丰富的阅读材料

教师要在图书角中投入一定数量的适合本年龄段儿童阅读的阅读材料，并将阅读材料放在儿童伸手可及的地方。教师可以根据不同年龄段儿童的阅读兴趣提供阅读材料。小班儿童比较喜欢生活类阅读材料，如有关食品、玩具、衣服等的阅读材料，对新颖的和与他们的日常生活经验密切相关的直观材料较感兴趣；中班儿童比较偏好认知类阅读材料，如有关动植物、季节变化、自然现象的阅读材料，并且对动画类、卡通类、易于操作的以及易于理解的材料特别喜爱；大班儿童比较喜爱社会类、生成性的阅读材料，如广告、重大新闻等，他们特别喜欢有文字的阅读材料，如广告、图书、图片等。为了激发儿童的阅读兴趣，教师应定期更换图书，提供难易程度不同、不同类型的阅读材料，包括教师和儿童自制图书等。

3) 确定阅读区的规则

阅读区应该是安静的。为了更好地营造阅读气氛，可以通过一些图片标志来提示儿童阅读区的常规要求。例如，在地板上面贴上小脚印，提示儿童要脱鞋；在破损图书上贴上书宝宝哭泣的小图片，提示儿童要轻轻地翻书；为了帮助儿童养成安静阅读的习惯，可以在墙上贴放在嘴边的食指的图片；为了解儿童的阅读情况，教师还可以在阅读区放置图书阅读情况表。

4) 阅读区域相关的活动区的转换

转换性是指教师在考虑划分各个区域时，也考虑到儿童可能出现将一个活动区内的活

动延伸转换至其他活动区的需要。例如，读过绘本《约瑟夫的旧外套》后，儿童可能需要在美工区进行纸工设计。教师可考虑，将美工区安排在阅读区附近，并在美工区提供相应材料。

3. 语言区的创设

材料是户内环境的一个重要组成部分，玩具与游戏材料是儿童活动的物质支柱。与儿童的年龄特点、经验、能力和需要相应的材料，能引发儿童的活动欲望，促使儿童在对材料的直接感知和制作摆弄过程中，把所有的感官都投入活动中。创设良好、宽松、和谐的语言区，支持、鼓励并吸引儿童与教师、同伴或其他人交谈，体验语言交流的乐趣，都需要合适的语言区材料作为支撑。儿童通过与材料的互动，满足了他们语言发展的需要，还促进了他们认知、情感和社会性的发展。在语言区投放材料时应注意以下两点。

1) 投放多样化的材料

语言区投放的材料不仅要有吸引力，还要便于操作和讲述，同时还能让儿童在操作中提高听说读写的能力。材料可以是成品或半成品，或是废旧材料，如牛奶盒、牙膏盒、鞋盒、易拉罐；既可以是教师自制也可以是儿童参与制作的。在园区准备一些图片或剪切用具、旧的儿童画报，儿童可以边制作边讲述，或者进行排图讲述。另外，语言区在丰富儿童词汇方面也有着重要的作用。例如，好词音乐盒，请儿童选择相应的形容词，边操作材料，边丰富其形容词，如红彤彤、亮晶晶等。

2) 投放适合儿童年龄特点的材料

中、大班的语言区一般投放一些需要复述的或可以创编故事的图片或其他材料，如准备几个废旧的小盒子，每个盒子的六个面分别贴上相应的图案，显示故事发生的地点和人物。儿童可以随机投掷，然后将几个盒子朝上的一面出现的地点和人物联系起来创编故事。还可以投放前识字和前书写的材料，如识字图片和书写工具。而对于小班来说，儿童完整讲述故事或创编故事的难度较大，主要以学说短句为主，可以投放一些和儿童经验相关的照片、图片，如春游的照片，让儿童说说“我和谁在一起”“我们在干什么”。又如，在园区中投放动物形盒子和动物爱吃的食物卡片，让儿童开展“我来喂食”的游戏，通过边说边操作的活动，可真正实现有话可说的目的。

4. 其他区角的创设

除了语言区和阅读区，表演区和试听区等区角也可以促进儿童听说能力的发展。表演区是儿童用动作、表情、语言表演自己对文学作品的理解和再现文学作品的场所。表演区可以创设在教室里面和教室外面，如可以在过道或在走廊设计表演区，投放头饰、服装道具等材料，让儿童自由地表演。投放的材料可以根据本阶段儿童语言学习的内容进行添置或更换，如结合文学教育活动“萝卜回来了”，教师可以添置故事中角色的头饰及其他道具。

随着信息技术的发展，许多幼儿园的教室里添置了电视机、电脑、影碟机、投影仪等现代化电器设备，这也为儿童语言的发展提供了条件。教师应选择情节有趣、适合儿童欣赏的碟片或其他资料进行播放。

另外，幼儿园可创设图书屋或阅览室，陈列大量各种类型的图文并茂、形象生动的图书，培养儿童早期阅读的兴趣。各班级的公共区域也可为儿童语言的发展创设有实际意义的文字环境。例如，在走廊、楼梯展示与语言相关的图片、文字，使儿童处于良好的语言学习氛围中。又如，有的幼儿园有较大面积的公共空间，可以在儿童户外活动、来园和离园的必经之地设置故事墙，充分利用较长的走廊墙壁，将儿童喜欢的故事内容以粘贴或绘制的方式进行展示，如把故事书《一颗超级顽固的牙》的封面及内页一幅幅展现在走廊墙壁上，每次经过走廊的时候，孩子们都会不自觉地停下来仔细阅读，偶尔同伴之间还会互相讨论“你掉了几颗牙了？”“我拔牙的时候流了好多血呢”。儿童在与同伴的这些对话中找到了共鸣，了解了换牙的相关常识，可以缓解一些紧张的情绪。故事墙要经过加工处理，放大经典画面，这样有利于儿童对画面进行仔细的观察和发现，深入理解故事。还可以增加几张空白页，让儿童充分发挥想象力进行续编、仿编，并用绘画的形式自由地添加在空白页上。

(二)精神环境的创设

精神环境也称心理环境。幼儿园的心理环境是指幼儿园教师与幼儿体验到的幼儿园或班级人际关系的性质。它构成了影响幼儿园教师与幼儿在园活动的心理气氛，它可以影响和制约教师与幼儿参与幼儿园和班级活动的主动性和积极性。精神环境是一种隐性的教育因素，它潜移默化地影响着儿童。教师营造的自由轻松的语言交往环境在学前儿童语言教育中有着至关重要的作用。教师自身的高素质语言对儿童语言发展有着重要影响，同时教师更应有意识地营造一个有利于儿童听说的心理环境，即一种良好的心理氛围。

1. 教师提供良好的语言范例

以怀特斯特为代表的“选择性模仿说”认为，选择性模仿不是在强化和训练的情况下发生的，而是在正常的自然情境中发生的语言模式。因此，教师要加强自身的语言修养，成为儿童良好语言的榜样。教师在使用语言的时候应注意以下几点。

1) 示范性

儿童首先模仿的是教师的发音。教师要坚持讲普通话，发音准确清楚。词汇是语言“大厦”的基石，丰富的词汇有助于儿童语言表达。儿童模仿教师不仅是模仿教师课堂上使用的词汇，他们更多的是模仿教师在日常生活中经常使用的词汇。这就要求教师的词汇不仅要丰富，而且要正确。教师在语法上也应做到规范，符合逻辑，避免随意性，如“我要表扬表现最好的小朋友，他们是……”这显然存在逻辑错误。

2) 形象性

形象性是3～6岁儿童思维的主要特点。这一阶段的儿童在思维活动的同时，还常常需要有直接操作等感官运动的辅助。这一特点决定了他们更容易理解和接受直观、生动、具体的教育影响。因此，教师必须善于运用直观形象的语言描述，帮助儿童理解和感知各种抽象的事物。例如，在丰富儿童词汇的过程中，既可以借助于有关材料为其提供关于词汇的直观信息，如图片、照片等，也可以将词和词所反映的事物同时展现，还可以通过引导儿童回忆自己的已有经验来帮助他们理解词汇。

3) 简练性

儿童在大约2岁以后，会逐渐出现比较完整的句子，2岁以后出现的完整句主要以单句为主，到学前晚期，复合句的比例仍占 50%以下。同时，儿童使用的句子的长度以及含词量会随着年龄的增加逐渐增加。研究表明，3～4 岁的儿童以使用含 4～6 个词的句子为主，4～5 岁的儿童以使用含 7～10 个词的句子为主，5～6 岁的儿童使用的多数句子含有 7～10 个词，也出现了不少含 11～16 个词的句子。这要求教师在与儿童的对话中，大量使用表意清晰、直接的简单句，这更适合他们的接受水平。尤其是与小班的儿童对话时，句子不宜过长，复合句不宜过多。

4) 启发性

教师的语言要能诱发儿童思考，并让他们有所领悟。教师运用启发性的语言，可以调动儿童思考的积极性。启发性的语言既可以是有针对性的提问，也可以是适时的提示。提问应具有一定的开放性，提开放式问题的目的是要让儿童了解许多问题不只有一个答案。同时，开放的问题还可以引起更多的交谈，从而促进儿童的语言发展，如“你觉得怎么做会更好？”，给儿童留下思考和感受的空间。在启发的过程中还应注意激励儿童，如“我相信你肯定行！”“你再试试！加油！”在语气上应是充满期待，在节奏上也应注意快慢有致。

2. 营造良好的语言氛围

为了营造良好的语言氛围，需要注意以下两点。

1) 师幼间平等、宽松地对话

有研究者(王乃正，2002)对 1000 多名儿童进行一项调查，其中关于儿童喜欢什么样的教师，研究结果显示，100%的儿童喜欢的教师有：态度和蔼、能耐心说服的教师；经常鼓励、表扬自己的教师；与自己一起玩的教师等。说明孩子们需要真切的关怀，需要平等，需要被尊重。适应儿童语言发展的环境应该是祥和的，让儿童感到愉快、轻松的环境。在这样的环境中，儿童会从内心产生说话的需要，产生想说话的愿望。每个儿童都希望得到教师的表扬和鼓励。如果儿童回答问题时，语言表达完整连贯，并具有创造性等，教师应及时地给予奖励。相反地，如果儿童在活动中，问题回答得不是很好，语言不是很连贯或者偏离主题，教师不应该忽视儿童的这种情况，而应该多鼓励，引导他们用连贯的语言来正确地表达所阅读的内容。教师也不要为纠正一个发音、一个使用不当的词汇而生硬地或频繁地打断儿童的思路，以免挫伤儿童说话的积极性。

另外，教师还可以运用非语言策略，这有助于平等的师幼关系的建立，使儿童愿意与教师交流。这里的非语言策略是不以口头语言为载体传达信息的策略，包括体态语策略和表情策略，两者经常交织在一起使用。幼儿园教师常用的非语言策略有如表 5-1 所示的几种类型。

表 5-1 幼儿园教师常用的非语言策略

策略类别	教师的做法
亲情式策略	教师面带微笑，伴有与儿童的拥抱、抚摸等动作
平等式策略	与儿童交流时蹲下来，上身前倾、眼神注视、微笑
感染式策略	用积极的情绪、夸张的动作感染儿童
回应式策略	一般由儿童主动发起非言语互动，教师做出适当的体态或表情等非言语回应，如眼神、注视、微笑、点头等

续表

策略类别	教师的做法
示意式策略	教师在与儿童达到默契的情况下，使用师幼间无须解释、已习惯使用的非语言方式，如食指掩口、招手等来达到信息交流的目的
巡视式策略	用目光巡视活动中的每个儿童或在儿童间来回走动，表情或肯定或否定或动作辅助
鼓励式策略	当儿童取得某方面进步时，教师即时对儿童翘大拇指、微笑、点头、拍手等
仰视式策略	在与儿童交流时，教师让自己的面部略低于儿童的面部，呈现教师仰视儿童、儿童俯视的状态，这让儿童感受到教师注意自己，在乎自己

2) 激发儿童之间的言语互动

儿童彼此之间的交谈，不仅是他们交换意见的方法，也是他们语言能力增强的途径。儿童之间的交谈可以帮助他们将想法转化成词句，从而提升其运用语言的能力。教师应当在日常生活中鼓励儿童间的交谈，尽量避免自己一直成为儿童注意的焦点。

二、开展专门的语言教育活动

专门的语言教育活动是幼儿教师根据学前儿童语言教育目标，有目的、有计划地设计和组织幼儿系统学习语言的教育活动，是语言教育的基本组织形式。专门的语言教育活动会在语言教育的总目标和年龄阶段目标的基础上，根据本班儿童的实际情况制定具体而有可操作性的活动目标，由此选择恰当的活动内容、形式和方法展开活动，使学前儿童掌握规范的语言，形成良好的语言习惯和能力。专门的语言教育活动为幼儿提供与语言进行充分互动的环境，使幼儿有机会将日常生活中获得的零散的琐碎的不系统的语言经验进行提炼和深化，从而达到对语言规则的准确理解和有意识的运用。

(一)专门的语言教育活动的特点

专门的语言教育活动具有以下特点。

(1) 语言教育活动的目的性。专门的语言教育活动有明确的指向性，具体体现在各层各类目标中，通过各项目标的实现，使全体儿童的语言都能得到充分的发展。

(2) 语言教育活动的计划性。其他形式的语言学习没有专门的语言教育活动这么系统化和专门化，儿童从其他形式的语言学习中所吸取的语言信息也是零散的，对于儿童语言发展的影响是不全面的。专门的语言教育活动计划具有全面性、层次性、丰富性和针对性的特点。

(3) 语言教育活动的科学性。专门的语言教育活动是根据学前儿童年龄特点和发展规律以及语言教育的特点开展的活动。

(4) 语言教育活动的组织性。在教师的组织下进行的语言学习过程中，教师始终注意儿童已有的经验，并在此基础上，为儿童提供新的语言经验，儿童通过学习，再次将新语言经验转化为已有的语言经验。循序渐进，使儿童的语言得到不断发展。

(二)专门的语言教育活动的内容

专门的语言教育活动是实现语言教育目标的重要手段，是将教育目标转化为幼儿语言发展能力和水平的重要方法，也是语言教育活动设计和实施的主要依据。

1. 专门的语言教育活动内容选择的原则

选择专门的语言教育活动内容应遵循以下原则。

(1) 根据语言教育目标选择教育内容。幼儿园语言教育总目标和年龄阶段目标是选择教育内容的直接参照点，但二者并非一一对应的关系，常常是一项目标需要通过多个内容来实现，而一个活动内容也可能实现多个目标。

(2) 根据其他特征选择教育内容。根据学前儿童注意力稳定时间不长、情绪具有情境性、思维具有形象性、想象具有丰富性与创造性以及爱模仿等特点，应注意内容的趣味性、新颖性、生动性和内容表达的规范性。

2. 专门的语言教育活动内容的类型

一般来说，专门的语言教育活动包括文学教育活动、谈话活动、讲述活动、早期阅读活动和听说游戏活动。这五种专门的语言教育活动在发展儿童语言能力的目标上各有侧重，在组织形式上也不尽相同。

(三)专门的语言教育活动的设计

专门的语言教育活动的设计，简称教案。教案的设计有着相对较为固定的形式和步骤。教案又可分为简案和详案。简案的设计与内容书写比较简单，主要简略地、概要地写出活动过程各步骤的标题；详案则应具体到启发提问的时机和具体内容。

专门的语言教育活动的设计具体包括以下几个部分。

(1) 活动名称：又称课题，应写清楚教育活动的类型、名称，同时还应标明适用的年龄班，如幼儿复述故事活动《下雨的时候》(小班)。

(2) 活动背景：幼儿情况分析，简要概括本班幼儿当前的语言发展水平、教材特点及本次活动的意图。

(3) 活动目标：关于专门的语言教育活动目标，本书第四章第一节已详细阐述，这里不再赘述。

(4) 活动重点与难点：写清本次活动需要突出和突破的部分。

(5) 活动方法：将为实现活动目标而采用的方法分项列写清楚。

(6) 活动准备：将本次活动所需要的准备按物质准备、知识准备、语言准备逐一写清楚，并在下面的活动过程中体现出来。同时还需要注意五个方面问题：①认真核对语言教育内容与物质准备的一致性。例如，故事中说的是“小山羊”，课件画面上就应画成“小山羊”。②要根据语言教育内容做好知识方面的准备。例如，在讲《聪明的乌龟》时，只有让幼儿懂得乌龟能在陆地爬、水中游的生活习性，四肢和头都能缩进硬壳里的生理特征，幼儿才能真正明白乌龟是多么聪明。③活动准备要讲求实效，不应华而不实。④应在课前对设计制作的教具或课件进行演示练习，注意物品的牢固程度以及演示的顺序性和流畅性，防止出现“猪从树上蹦下来、鸟从天上掉进水里又飞上天”的笑话，避免出现所使用的电脑中没有下载需要使用的音频或视频播放器等情况。⑤活动准备的书写要明确具体地写清所准备物品的品名、材质、规格及数量，如“纸质小红花 3 朵”或“纸质小红花 3 枝”，二者区别在于“有无花茎”，而不应笼统地写“红花若干”。

(7) 活动过程：活动过程是活动目标的具体落实与体现，也是活动准备的实际运用，是为实现活动目标而制订的包括活动流程、内容、方法和手段在内的具体计划，是教案的主体。一般可以分为三个部分：开始部分、基本部分和结束部分。其中基本部分是活动的主要部分。在书写中应将本次活动过程中各步骤的活动内容及要求分写清楚，包括导入语、结束语及各步骤中需要提出哪些重点问题。具体而言，导入语又叫导语、开场白，应采用新颖活泼、富有悬念的形式介绍活动内容和活动类型，以激发幼儿参与活动的兴趣。结束语又叫结语、结课，应由教师用简短的语言对本次语言教育活动的内容、类型以及幼儿参与活动的情况进行总结，同时，还要用富有悬念的方式激发幼儿参与下次活动的兴趣。

(8) 活动延伸：设计出本次活动在课堂教学之外扩展和延伸的具体领域、方式和要求。

(9) 活动评价与反思：根据学前儿童语言教育评价标准和方法对本次活动情况和幼儿语言发展情况进行分析，总结成功的经验与不足之处。及时、科学的评价与反思，能够增强语言教育的科学性和有效性，有助于培养教师的科研意识，促进教师的专业成长。

(四)专门的语言教育活动的组织应遵循的原则

语言教育活动设计只是教育活动的方案，只有将方案付诸组织和实施，才能真正起到发展幼儿语言的作用，实现语言教育目标。因此，在活动组织中应遵循以下原则。

1. 幼儿是活动主体的原则

要遵循这一原则，教师在语言教育活动中应做到以下几点。

(1) 激发幼儿参与语言教育活动的动机。语言教育活动是在教师组织下进行的一种有目的、有计划的学习活动，如果动机过弱则会影响语言教育的效果；如果能够成功激发幼儿参与活动的动机，则会使活动产生良好的效果。“良好的开端是成功的一半”，如果在活动开始时的导语阶段，就能激发幼儿参与活动的动机，则会对活动的进行产生积极的影响；如果在活动进行过程中才意识到这个问题，那么此时幼儿出现注意力涣散，精力不集中等情况，再组织则比较困难。因此，设计新颖独特的、富有悬念的导课形式对于激发幼儿参与活动的动机有着至关重要的作用。在活动组织和实施过程中，还应该根据幼儿的表现插入富有感染力的话语以及反问、设问等提问，来引起幼儿参与活动的兴趣。

(2) 明确活动的对象。教师应明白不同的活动领域和活动类型都指向不同的活动对象，不同的活动对象决定了活动之间的差别。例如，讲述活动的对象是图片或情境等某种凭借物，而谈话活动则是某个具体的话题。再如，故事活动指向的是凭借口头语言记叙或描述的故事情节，在这里，图片是帮助幼儿理解故事的教具；而看图讲述指向的是凭借某一幅或几幅图片，图片既是教具，也是教材，还是幼儿学说话的依据。教师在组织语言教育活动时，一定要明确活动对象，这样才不会把看图讲述活动变成了教师看着图片给幼儿讲述故事。在实际的教育活动中，还会常常看到有的教师将语言教育中的谈话活动和科学教育活动混淆起来，是因为教师没有搞清楚这两类活动的对象，一个是话题，而另一个则是相关的知识。

(3) 重视幼儿在活动中的操作。操作可以分为摆弄物品的动手操作，思考及语言交流的动脑操作，语言感知、练习和运用的动口操作等多种形式。教师应充分创造具有科学性、丰富性、趣味性、创新性和艺术性的活动，使幼儿在语言操作中习得和巩固语言。

(4) 教师要摆正位置，不要喧宾夺主。幼儿是活动的主体，是“红花”，教师要做幼儿语言习得与巩固的引导者、支持者和帮助者，是“红花”的培育者。有的教师听到幼儿对自己提出的问题答得不准确，甚至完全不靠谱时，就直接将答案告诉幼儿。或是直接告诉幼儿新词的含义，或是直接替幼儿组好了词、造好了句，甚至把看图讲述中图片上的故事由自己讲述完，只需要让幼儿做语言的“应声虫”“传声筒”“复读机”，不断地跟读和重复自己思维的结果。幼儿没有积极思维的过程，只有机械的重复，这种语言操作的效果可想而知。

2. 自由与规范相统一的原则

学前儿童的学习本身就是让幼儿通过学习去掌握社会规范以促进个体社会化的过程，而教育本身就是一种规范，语言系统本身也具有规范。可以说，学前儿童语言教育活动本身就是一种通过教育规范去学习语言规范的过程。但是教育的目标之一是让幼儿的个性得到自由发展，在自由中得到发展。正如人民教育家陶行知先生所说的那样，要解放儿童的口、眼、手、脑、时间和空间，使儿童在自由的状态下主动地、积极地、快乐地学习。因此，教师在语言教育中应注意自由与规范相统一的原则。具体应注意以下两点。

(1) 创设宽松自由的氛围，让幼儿有自由表达的愿望和机会。《纲要》指出，要“创造一个自由宽松的语言交往环境，支持、鼓励、吸引幼儿与教师、同伴或其他人交谈，体验语言交流的乐趣”。而在具体的教育实践中往往有这样的现象，教师常常会刻板地按照事先计划的教案开展活动，不喜欢幼儿“打岔”“反问”“起高调”，如果幼儿稍有偏离，教师就会将其硬拉回预设的方案中。这种做法严重地束缚了幼儿学习的积极性、主动性和创造性，使教育气氛非常沉闷。所以，教师在组织语言教育活动时，既要依据教案组织活动，又不能完全拘泥于教案，应灵活运用教育机制，积极创设条件让幼儿有话想说、有话敢说，愿意运用已有的语言经验自由地交流，从而感受到更多语言学习的快乐。

(2) 运用恰当的方式引导幼儿养成运用规范语言交流的习惯。虽然教师应为幼儿提供自由说话的机会，但不可脱离规范的要求，因为语言教育的目的就是使幼儿掌握规范的语言。教师应在示范、讲解等各个环节为幼儿提供规范的示范，还要在幼儿学习和运用语言的过程中，采用既不打消其积极性又能让其快乐地掌握规范语言的方式，来帮助儿童在语言形式、语言内容和语言运用等方面按照规范的方式进行练习和运用，真正起到促进语言能力发展的作用。

3. 示范与练习相统一的原则

幼儿无论是学习语音还是掌握语法都会经历一个模仿、修正、反复、不断调整的过程，因此，成人提供正确的示范供幼儿模仿是语言学习重要的前提和基础。这是由于语言学习本身的特殊性，需要学习者不断通过练习来巩固、检验学习效果，调整学习的方向和内容。因此，教师需要创设条件让幼儿反复练习，做到示范与练习相统一。在贯彻这一原则时应注意以下两点。

(1) 教师的示范性应能够启发幼儿的积极思维。教师示范是为了让幼儿学习规范的语言，那种让幼儿硬套教师示范的模式和语句的现象，会影响幼儿运用已有知识经验的积极性。教师应指导幼儿在模仿过程中敢于发挥想象、大胆创新，允许幼儿说出不同于教师的语句及其他的叙述顺序。例如，在字词句活动中，让幼儿用“花”字组词时，可以先示范

“花朵”“花园”，当幼儿组的词都是“花”字在前时，教师应再示范启发幼儿组一些“花”字在后面的词语，如“开花”“鲜花”，还可以示范“花”字在中间的词，如“小花猫”“棉花糖”等。当儿童被示范限制时，教师应善于提出问题，启发儿童发散思维。例如，当儿童用“蹦蹦跳跳”造句时，总是围绕“小白兔”造句，教师可以提问“除了小白兔会蹦蹦跳跳，还有谁喜欢蹦蹦跳跳呢？”幼儿很快就会造出“小青蛙”“小袋鼠”“小朋友”等“蹦蹦跳跳”的句子。

(2) 提供充分练习的机会。练习是语言学习的重要方法。幼儿通过练习，学习语音、词汇和语法，掌握语言这一重要的思维与交际工具。因此，教师在示范之后，应提供充足的时间和空间，创造充分的条件，让幼儿进行练习。

三、其他领域教育活动中的语言教育

全语言的语言教育观要求学前儿童的语言教育应渗透到其他领域的教育活动中，如健康、科学、艺术(音乐和美术)领域。这些教育活动虽然不是以语言为主要内容，但其中部分活动包含着大量的语言教育因素，其对学前儿童语言发展的作用主要体现在以下三个方面：首先，其他领域的教育活动为儿童提供了语言活动的素材，丰富了儿童谈话和讲述的内容。其次，其他领域教育活动为儿童的语言表达和交流提供了机会。最后，其他领域教育活动中的各种符号学习可以帮助学前儿童理解语言的符号功能。儿童的语言学习就是要学习语言符号系统，并在语言符号与其代表的事物之间建立联系。生活中除了语言符号外，还有许多其他的符号，如音乐符号、数字符号、其他图形符号等。这些非语言符号既可激发儿童对符号的兴趣，也可加深他们对符号功能的理解。

在其他领域教育活动中渗透语言教育的途径具体体现在以下几个方面。

(一)在科学教育活动中随机渗透语言教育

科学教育活动中的语言信息交流主要包括描述和讨论两种方式。儿童在描述和讨论中既可以提出自己的观点与想法，又可以交流自己的探索、操作过程和操作方法。例如，大班科学主题活动“影子”中，要让儿童认识到影子在早、中、晚不同的变化，一方面必须让儿童直接感知，通过亲自测量，借助于具体的物(手、脚、自然物)的长短不同获得认识；另一方面也需要通过讨论发现问题，找出规律。

拓展阅读

科学活动：测量太阳下的影子(大班)

活动目标：

1. 儿童互相合作，在地上画出对方的影子，并且记录影子在不同时段的变化。
2. 体验与同伴合作的愉快感。

活动过程：

1. 由今天的天气状况，引出影子变化的问题，并组织儿童讨论。

(1) 今天早上你们发现自己的影子了吗？为什么今天有影子呢？

(2) 从太阳出来一直到太阳落山，影子会有变化吗？有什么样的变化？

2. 早上组织儿童到户外大操场进行第一次观察、测量、记录。

(1) 儿童两人一组，自由结伴，设法把一个人的影子用粉笔画在场地上。

(2) 用多种方法(手、脚或自然物)尝试进行测量，并把测量的结果记录下来。

(3) 回到活动室后，组织儿童讨论。

教师：在刚才画影子、测量影子的过程中，你们有没有发现什么问题？

3. 中午组织儿童到户外进行第二次观察、测量、记录。

同样两人一组，换一种颜色的粉笔，在同一个地方画出一个人的影子，看看影子有什么变化，用测量法把结果记录下来。

4. 用同样的方法记录傍晚的影子变化。

5. 引导儿童观察早上、中午、傍晚记录的影子方向、形状、长短的变化，讨论影子与太阳位置的关系。

通过上述拓展阅读资料我们可以看出，学前儿童语言教育的目标充分体现在科学活动当中。而其中的讨论既是活动持续下去的必要条件，也是渗透语言教育的重要途径。

(二)在健康教育活动中随机渗透语言教育

健康领域的活动包括体育活动及其他活动。以体育活动为例，在教师示范动作的时候，需要儿童认真倾听，有时还需要请儿童重复教师的语言，并讨论教师的动作要领及注意事项。教师还可以让儿童说说其他的玩法，或对自己、他人进行评价。动静结合的活动既锻炼了儿童的身体，又发展了儿童的语言能力。

(三)在社会教育活动中随机渗透语言教育

幼儿园社会教育是指以发展儿童的社会性为目标，以增进儿童的社会认知、激发儿童的社会情感、培养儿童的社会行为为主要内容的教育。幼儿园社会教育内容的实施可以通过设计正规性的社会教育活动和利用非正规性的社会教育活动来进行。非正规性的社会教育包括日常生活中的社会教育、各领域教育活动中的社会教育、角色游戏中的社会教育、交往活动中的社会教育、随机教育中的社会教育等。它们都蕴藏着丰富的社会教育资源。

在教育活动中语言发挥着极大的作用。例如，在随机教育中，教师往往抓住偶发事件，捕捉时机，对儿童进行社会教育。教师利用提问、谈话等方式，启发、暗示儿童应该如何去做，引导儿童对事件进行讨论，发表个人见解，以达到强化良好行为、削弱不良行为的目的。

拓展阅读

早上，户外活动。在大型玩具区，有些儿童在玩具上爬上滑下，玩得不亦乐乎。有些儿童则在旁边互相追赶，还有些儿童则在荡秋千处玩儿。教师看见云云正在对多多说些什么，多多则坐在高度最低的那个秋千上，显得很悠闲。教师走过去轻轻问道：“你们在干什么呢？”云云一边扭来扭去，一边说：“我想玩儿这个秋千，她不给我玩儿。”

这时，教师对云云说：“那你有没有告诉她，我等了很久了，很想玩呢？”云云摇摇头，教师继续对云云说：“那你去告诉她你的想法吧。”云云便去找多多了。云云对多多说：“姐姐，我等了很久，能给我玩一下吗？”就这样，多多当了一回姐姐，云云也开心地玩上了自己想玩的秋千。没有争执，多多也开心地玩儿别的玩具去了。

上述拓展阅读资料中的社会教育属于交往活动中的社会教育活动。同伴间的交往是个人社会化的起点，同伴之间的交往活动对儿童的社会化有着重要的影响。儿童在与同伴的交往中，认识自我，调节自己的行为，逐步摆脱以自我为中心的倾向，意识到了集体和社会的存在，意识到了自我在社会中的地位和责任，学会了与人相处。拓展资料中的教师注意观察，善于把握时机，既发展了儿童的语言能力，又引导儿童学会了交往的技能。

(四)在艺术教育活动中随机渗透语言教育

艺术领域的活动包括美术活动和音乐活动。在美术活动中，每一次的绘画作品都是儿童心灵感受的表达，他们头脑中蕴藏着各种各样的故事，因此教师应鼓励儿童在集体面前或小组里大胆地用语言讲述自己创造的作品。例如，有的儿童在美术活动中画的是超市里的情景，他对作品是这样描述的："超市这么大，东西这么多，我找也找不到，急得汗都出来了！"同样地，在手工制作中，他们常会自言自语或主动与同伴交流自己的手工作品，教师应鼓励这些行为表现。此外，教师也可以在绘画活动中进行故事创编，把美术活动与发展儿童的口语表达能力有机地结合起来。

音乐和语言有着非常密切的关系。学前儿童常常能根据旋律和节奏的变化，想象画面并创编成故事。在音乐欣赏活动中，儿童会用语言描述自己欣赏之后的感受。在歌唱活动中，歌词就是儿童诗的一种形式，歌词同样可以丰富儿童的词汇，如歌曲《大家跳舞真快乐》的歌词是：一个人跳舞多么寂寞，一个人跳舞多么寂寞，两个人跳舞真正快乐，我们真快乐。在歌曲学习过程中可以帮助儿童理解并掌握"寂寞"一词。

总之，有机地把语言教育与其他领域教育活动相融合，是促进儿童语言发展的一个重要手段。但要避免语言教育的"喧宾夺主"，以免影响其他领域教育目标的实现。只要教师在其他领域中一如既往地为儿童提供规范的言语示范，鼓励儿童积极表达，就能有效地增强儿童的语言表达能力。

四、日常生活中的语言教育

(一)日常随机教育

幼儿园日常生活活动包括晨间接待、早操、就餐、盥洗、散步、午睡、起床等。从到幼儿园见到教师说第一句话，儿童就进入了运用已有的语言经验建构新的语言经验的过程。教师可以充分利用一日生活的各个环节，随机进行听、说、读、写的训练，有意识地对儿童进行语音、词汇、语法等方面的教育。例如，午餐前后的故事讲述、猜谜、绕口令以及游戏等形式，既能让儿童稳定情绪、集中注意力，又能使儿童在轻松、有趣的氛围中提高语言能力。

儿歌是有韵律的文学作品，能生动形象地表现一定的内容，结构短小，便于记忆并能提高儿童练习发音的兴趣。教师可以根据儿童的语言特点来选择相关的儿歌，如针对部分儿童g、k、h 混淆的问题，有针对性地选择练习"g、k、h"的儿歌，如《小白鸽》："哥哥养只小白鸽，一天到晚爱唱歌。咕咕咕，咕咕咕，哥哥每天喂白鸽，白鸽、哥哥笑呵呵。"

绕口令也是儿歌的一种，它有意识地让儿童重复许多相同或近似的词音，有助于儿童对部分容易混淆的音在有趣的情境中加以区分，如《打醋买布》《天上七颗星》《学捏泥》《画凤凰》等。

(二)通过常规主题活动发展儿童的语言

这里所说的常规主题活动主要是指托儿所和幼儿园组织儿童定期参加的，围绕某个话题展开的语言活动。目前，各托幼机构经常进行的语言常规主题活动主要有以下几种形式。

1．天气预报员

每天早晨来园之后早操之前这段时间，请一名儿童向全班儿童预报当日的天气情况。天气预报员既可以由值日生轮流担任，也可以由教师指定。为提高儿童对此活动的兴趣，丰富儿童的语言内容，教师还可以启发儿童根据当日气温和特殊的天气状况，结合自己的生活经验进行讲述。小播报员还可以粘贴相关的天气情况的标志，并根据标志进行讲述。这一活动既可发展儿童对符号、标记的认知兴趣，也可提高儿童在集体面前大胆讲述的能力。

2．周末趣闻

这项内容通常安排在每周一，请儿童从双休日的经历中选出最有趣或最有意义的事进行讲述，既可以在集体中讲述，也可以让儿童与老师或同伴自由交谈。由于是儿童的直接经验，印象比较深刻，儿童非常感兴趣，参加的积极性较高。

3．小小广播站

由于该项活动综合性比较强，对儿童口语表达能力要求比较高，因此，多在幼儿园大班开展。但广播站的某些节目也可以在中班或小班组织收听。其内容主要有：报告午餐菜谱；表演文娱节目；介绍新闻；介绍涌现的好人好事；新书或玩具介绍；知识问答；文学作品欣赏等。

总之，教师要努力为儿童提供良好的交流机会，引导儿童积极、准确地表达自己的愿望和想法，真正让儿童成为语言的主动学习者、建构者。培养儿童语言能力的途径多种多样，教师应根据儿童的实际采用丰富多彩的活动形式以促进儿童语言的发展。

第二节　学前儿童语言教育的方法

学前儿童语言教育的方法是为了引导学前儿童发展语言并获得语言知识、技巧和能力而使用的方法，是教师教，儿童学的方法。学前儿童语言教育的一般方法有示范法、讲解法、谈话法、游戏法、练习法和表演法。

一、示范法

(一)示范法的含义

示范法就是教师为学前儿童提供语言和行为范例并引导其效仿的语言教育方法。幼儿是通过模仿学习语言的，教师的语言是幼儿直接学习的榜样，教师的语言质量直接决定着幼儿语言的发展水平，因此，教师应成为幼儿正确的模仿榜样。在语言教育活动中，除教师亲自示范外，还可以采用录音示范，甚至可以让语言发展水平高、理解能力强的幼儿来示范，这样更有说服力，也更能激起幼儿模仿学习的兴趣。例如，在生活经验的讲述活动中，由预约的幼儿做示范讲述会比教师更容易引起小朋友介绍自己生活经验的“谈兴”来。

教师在示范重点和难点时，可以明确要求儿童模仿，进行显性示范；而对于一般知识可以采用隐性示范，让幼儿在不知不觉中得到暗示。具体采用何种示范，应根据幼儿语言发展水平和教学活动的实际情况来确定。

(二)运用示范法时的注意事项

运用示范法时应注意以下事项。

1. 示范语言应标准

教师示范语言的基本标准是：发音准确，表意清晰，语汇丰富，用词恰当，语法规范，响度适中。而在文学作品活动、早期阅读活动、讲述活动以及语言游戏活动等各种类型的语言教育活动实施过程中，教师示范时还应做到：讲述生动形象，朗诵声情并茂，体态文明自然，表演传神逼真，书写规范优美，阅读方式恰当。

2. 示范应具体到位

教师的示范应具体可感，让幼儿明确知道该如何去做。对于语音有时甚至需要略带夸张地进行示范，让幼儿清晰地感知发音的微小差异并掌握发音要领。例如，在教小朋友发“猪”一词的语音时，要先侧面示范，把嘴巴张开，让幼儿看到舌头慢慢翘，然后再慢慢地把嘴巴噘起，这样示范是为了便于幼儿看到发音的过程。再如，教小班幼儿学习句型时，教师不仅要说明句型的结构和使用方法，还要造一个具体的句子让幼儿有感性认识。又如，教师在教“某人在某地做某事”的句型时，先解释为“谁在什么地方做什么”，一般用来表示正在进行的动作，然后一定要造个具体的句子，如“小白兔在草地上蹦蹦跳跳”或“老师在教室里上课”，最后启发小朋友运用这个句型造句。

3. 示范应与讲解相结合

在学前儿童语言教育过程中，示范常与讲解紧密相连。但对于不同年龄段儿童要有所侧重，对于小班儿童，应以示范为主，讲解为辅。配合示范的讲解应具体、简单、明了。对某些难发的音以及易被忽视或不易被幼儿看到的发音部位，需要采用示范和讲解相结合的方法。例如，有的托班甚至小班幼儿易把“苹果”的“苹”发成“晴”的音，可能是因为没听清成人的发音，也可能是因为没有看到成人双唇闭合爆破后发出这个音，所以一定要在给儿童示范的同时，配合使用浅显的语言讲解发音要领。可以这样边示范边讲解：“请小朋友们像老师这样：先把嘴闭上，再用力张开，‘呯——’，把小手打开放在嘴巴前面，感到有股热气冲到手心，那就发对了！”

4. 示范应适时、适量，面向全体幼儿

由于幼儿注意的时间短，记忆容量有限，教师的示范要分量适中。对于分量较多的内容，应根据情况采用分类示范、完整示范、重点示范。在示范时要时机恰当，针对幼儿难

以理解的内容，可以及时地进行反复示范、重点示范，让幼儿有意识地模仿。对于纠正性示范则要酌情处理，如果幼儿在讲述过程中发错了音，不要急于打断幼儿进行示范，以免打断幼儿的思路，影响其讲述的流畅性和完整性。

教师在示范时，要语音清晰，使每个幼儿都能听到。对于有些动词的动作示范、方位名词的示范，要根据需要做镜面示范、侧面示范、正面示范、背面示范以及定格巡回示范，以便于每个幼儿都能看到。

5. 教师应注意运用隐性的示范

如果教师在语言教育过程中总是单纯采用显性示范会使示范显得过于枯燥、单调和死板。关于变换角色，教师应更多地采用隐性示范。例如，在活动过程中，以一个参与者的身份与幼儿平等地进行活动。在生活经验讲述时，先谈谈自己的生活经验。这时教师并没有明确要求幼儿必须仔细观察教师的示范，而是主导活动方向和进程，通过暗示给予示范。

6. 要根据幼儿自身水平，适当运用纠正性示范

教师在活动中，一方面要善于发现和纠正幼儿的语言错误；另一方面也不要过于挑剔，频频进行纠正性示范，以免使幼儿得不到成功的体验，降低幼儿模仿和学习的积极性。教师应善于发现幼儿语言发展的差异，因材施教，适当运用纠正性示范，多采用鼓励性强化方式，让幼儿树立学好语言的信心。

二、讲解法

(一)讲解法的含义

讲解法，是教师用符合学前儿童年龄特征的方式分析、解释、解说活动或文学作品的语言教育方法。由于学前儿童年龄小，生活经验少，加之听音器官和发音器官的发育还不够完善，因此在语言教育活动中经常采用讲解法。语言教育活动中教师的讲解要求是：准确浅显，清晰透彻。

现在一提到讲解法，有些教师常常将其误解为是知识灌输的一种方法，似乎有了讲解法，就不是启发式教学，就是教师一个人在唱独角戏，把幼儿当成被动的知识容器，就不是素质教育，其实这是一种错误的认识。之所以会产生这种误解，通常是因为某些教师错误地使用了讲解法。语言作为交流的工具，无论是学前儿童的听说能力与听说习惯的培养，还是前阅读、前书写技能的学习，都需要讲解法。但是，教师要善于科学地运用讲解法。

(二)运用讲解法时的注意事项

运用讲解法时应注意以下事项。

1. 教师讲解要适量，不要影响幼儿学习的主体地位

教师是学前儿童学习的支持者、启发者、引导者和帮助者，在使用讲解法时一定要注意自己的角色，不要沉迷于自己滔滔不绝的讲解中，教师的讲解应是点拨和启发，而不是代替幼儿去学习。

2. 教师讲解时，要适度启发幼儿自己去理解

当幼儿对学习内容不理解时，教师不要急于讲解，而是先启发幼儿自己去理解，根据幼儿已有经验，适时点拨，适量讲解。例如，当幼儿明白“春眠不觉晓”中的“眠”和青蛙冬眠中的“眠”是同样的意思时，幼儿就理解了这个字的意思，就不需要教师再进行讲解了。

3. 教师的讲解要与示范相结合

如果没有示范，讲解就会空洞，幼儿就会感到很难理解，或是没有抓手。所以，讲解要根据情况与示范相结合，使学习内容具体可感，以便于幼儿对语言的理解和操作，提高语言使用的技能水平。

4. 教师的讲解应浅显准确

教师的讲解应根据幼儿的认知规律进行，语言应浅显易懂，避免术语过多或成人化。虽然学前儿童语言教育内容本身很浅显，但教师在解释时一定要注意讲解准确、表达确切，对于一些词语的解释，不能想当然，必要时要查字典，坚决避免知识性错误。例如，教师在讲解幼儿文学作品中经常出现的与手部动作有关的动词时，如“捏”“抓”“握”“捉”“拎”“拿”“挽”“挎”“把”时，应该用浅显的语言准确清楚地讲解这些动作发生在手的什么部位，究竟是“手指”“手掌”“手背”“手腕”，还是都参与，并且还要结合示范，让幼儿明确地知道动作发生的过程，而不是泛泛地解释，就是“用手拿着”或“用手抓着”。

三、谈话法

(一)谈话法的含义

谈话法是根据学前儿童已有知识，借助启发性问题，通过口头问答方式进行语言教育的方法。

(二)运用谈话法的注意事项

运用谈话法时应注意以下事项。

1. 提问应具有中心性

提问应围绕教育活动主题展开，与主题无关的问题应坚决舍弃。

例如，故事活动《下雨的时候》，主题是“通过小白兔在下雨的时候用大叶子帮助小鸡、小猫避雨的故事教育小朋友懂得互相帮助”，其中有个重要的物品，就是小白兔用来帮助其他小动物避雨的“大叶子”。为了引起小朋友对这个“大叶子”的关注，教师可以设计这样的提问——“小白兔正在草地上玩儿，忽然下起雨来，它是怎么避雨的？”这个提问一方面能引导幼儿回忆故事中“小白兔连忙摘了一片大叶子顶在头上当作伞”的情节，另一方面也能让幼儿感受到小白兔的聪明机智。但是如果再进一步地去追问“‘大叶子’是什么颜色的？是什么形状的？是树叶、草叶还是其他什么叶子？”就会偏离主题。

2. 提问应具有顺序性和灵活性

提问应按照语言教育内容的顺序和幼儿认知发展顺序展开，同时，还应根据具体情况灵活安排。

例如，诗歌活动《春雨》设计的提问应按照诗歌中“种子说”“梨树说”“麦苗说”“小朋友说”的顺序进行提问。幼儿认知发展顺序是由表及里、由浅入深、由低到高，所以提问时应先进行感知方面的提问，再进行思维方面的提问。

3. 提问应具有启发性

提问的启发性是指教师所提出的问题能引发幼儿积极的思维活动。

例如，在故事活动《下雨的时候》中，为使幼儿懂得“小朋友之间要互相帮助”，可以设计以下三种提问。

第一种提问设计：小朋友喜不喜欢故事里的小白兔？(绝大多数幼儿会回答“喜欢”)小朋友们以后要不要学习小白兔？(绝大多数幼儿会回答“要”)

第二种提问设计：故事里的小白兔很爱帮助人，小朋友喜不喜欢这只小白兔？(绝大多数幼儿会回答“喜欢”)小朋友们以后应该怎么做？(绝大多数幼儿会回答“像小白兔一样”“要帮助别人”)

第三种提问设计：小朋友们喜欢故事里的小白兔吗？(绝大多数幼儿会思考判断自己是否喜欢然后再回答“喜欢”)为什么喜欢它？(绝大多数幼儿开始思考喜欢的原因并回答“因为小白兔会摘大叶子挡雨，真聪明”“因为小白兔爱帮助人”“因为小白兔蹦蹦跳跳活泼可爱”)既然你们这么喜欢这个小白兔，而这个小白兔又这么喜欢帮助别人，那么以后小朋友们再看到别人需要帮助的时候应该怎么做？(绝大多数幼儿会思考后回答“也像小白兔一样”“也要帮助需要帮助的人”……)

以上三种提问设计，第一种提问设计，幼儿不需要太多思考，只需要在教师的思维结果中选择一种，这种包含答案在内的，只需要让幼儿机械回答是与否的提问，所包含的启发性较低，所以大多数时候应减少这种提问。在第二种提问设计中，如果在第一问后再追问喜欢的原因或喜欢哪里就更好了，第二问略显空泛，启发得不到位，幼儿可能回答“像小白兔一样活泼”“像小白兔一样聪明爱动脑筋”。相比较而言，第三种提问的设计则更具启发性，每个提问都需要幼儿积极思考作答，而不是做教师提问的“应声虫”“回音壁”。

具有启发性的提问应该具有以下特点：①具有激发性，能够给幼儿带来积极的思维，而不是简单地“跟从”；②具有开放性，而不是只需要幼儿从教师提问所包含的答案中去选择的封闭性问题；③具有针对性，提问应使幼儿有明确的思维方向，而不是空泛的问题。

4. 提问难度应具有适宜性

提问应浅显易懂，适合幼儿的思维能力和语言发展水平，提问设计的句子应简短，不同年龄班级提问的难度应有所区别。例如，小班应该是小问题一个一个地问；中班可以一次提 1～2 个问题；大班可以一次提一组问题。

四、游戏法

(一)游戏法的含义

幼儿时期的主导活动就是游戏，运用游戏法是学前儿童教育活动的显著特点。游戏法是指教师运用有规则的游戏发展学前儿童语言的一种教学方法，以其趣味性使幼儿在轻松愉快的氛围中，学会准确发音、丰富语汇、练习句型、学会描述以及形成早期阅读技能。

(二)运用游戏法的注意事项

运用游戏法时应注意以下事项。

1. 明确游戏的目的和内容

在专门的语言教育中，教师往往用游戏来激发儿童参与活动的兴趣。教师在编制游戏活动时，首先应明确游戏的目的是练习发音还是练习词汇的运用，或是其他的语言训练，然后根据目的确定游戏的内容。例如，早期阅读活动“弗洛格玩音乐椅游戏”，故事中弗洛格和小伙伴们要去野餐，他们准备了很多朋友们喜欢吃的食物。可是外面下起了雨，于是他们就在家里野餐了。但是他们在家的时候感觉没意思，就玩起音乐椅游戏来。儿童在欣赏完故事之后，教师也可以组织儿童玩故事中的音乐椅游戏，以此丰富儿童对故事的体验。

2. 准备充足的游戏材料，进行必要的游戏场景布置和角色化装

为了使幼儿更好地体验游戏的快乐，应准备充足的游戏材料，如字卡、图片和实物模型等。同时，还可以根据游戏的名称和玩法创设游戏情境，如玩“小小图片店”的名词游戏时要挂一个图片店的招牌，玩“我帮奶奶送南瓜”的发音游戏时要给奶奶准备围裙和眼镜。

3. 精心设计游戏的名称、玩法和规则，增强游戏的趣味性

既然是游戏，就应该让幼儿觉得好玩，对游戏的名称、玩法和规则应精心设计，吸引幼儿，让幼儿真正感受游戏的趣味、体验游戏的快乐，同时在不知不觉中又得到了语言的训练。

4. 恰当选择游戏的时机

教师可以根据教育活动的目的和幼儿的实际表现确定游戏的时机。可以在语言教育活动开始时、过程中或结束前进行游戏，不必拘泥于在活动即将结束时或巩固性练习时才进行游戏。

关于游戏法，本书将在第六章第四节“学前儿童听说游戏活动”中详细介绍。

五、练习法

(一)练习法的含义

学前儿童的语言是在实践中不断发展起来的。教师要引导幼儿反复实践，让他们逐渐掌握正确的发音、组词、用词组句及各项语言能力。练习法是指有意识地让幼儿多次使用同一个言语因素(如语音、词汇、句子等)或训练幼儿某方面言语技能技巧的一种方法。尤其是发音技能，幼儿是靠模仿来形成言语反应的，这种最初的反应，必须经过多次的反复才能巩固，最终幼儿才能获得并提高发音技能。对于小班幼儿来说，每学一个新词的发音，都要让他们反复练习，通过练习提高其听觉感受性，辨别语音的细小变化，区别正确和错误的语音，同时，又能训练幼儿发音器官的协调活动。通过练习，学前儿童可以加深理解语言教育中的有关内容，牢固掌握有关的语言知识，熟练运用语言技能。

(二)运用练习法的注意事项

运用练习法时应注意以下事项。

1. 练习方式要多样化

由于练习是不停地重复相同的内容，极易引起儿童的疲倦和厌烦，因此要采用多样化、富有趣味的方式进行练习。例如，朗诵诗歌，可以根据内容采用开拖拉机式的一人一句朗诵、拍手朗诵、男女生对练朗诵、表演朗诵等多种形式。

2. 练习分量要适当

由于学前儿童年龄小，练习的分量不可过大，如果引起幼儿对语言学习的反感，失去对语言学习和表达的乐趣，则得不偿失。尤其是早期阅读技能的练习，一定要根据幼儿年龄的发展阶段循序渐进，不可违背幼儿小肌肉运动的发展规律而盲目苦练。

3. 练习应尽量在理解的基础上进行，避免机械重复

如果幼儿理解了所要练习的内容，就会提高练习效率，同时也会增强练习的兴趣和表达交流的成就感。

4. 结合日常生活开展练习

幼儿语言活动的课时有限，单靠专门的语言教育活动是不能完成语言教育任务的。学前儿童的语言主要是在日常生活中与成人或同伴的交往过程中，在丰富多彩的生活实践中不断发展起来的，所以要鼓励幼儿在生活中开展练习。例如，在开餐前，让小朋友们一人一句顺次说出餐具的量词，用“我有一(把、双、个)××(餐具名称)”的句式说话。再如，在散步时，让小朋友们用方位名词造句，用“(上面、下面、前面、后面、左边、右边)有什么物或人”来说话。

六、表演法

(一)表演法的含义

表演法是指在教师的指导下，学前儿童扮演文学作品中的人物，根据作品情节的发展，通过对话、动作表情等再现文学作品，以提高口语表达能力的一种方法。观看表演与参与表演能使幼儿加深印象，体验到快乐的情绪，他们对这种方法具有浓厚的兴趣。

(二)运用表演法的注意事项

运用表演法时应注意以下事项。

1. 选择的内容应该有情节且适合表演

游戏和文学作品活动都适合使用表演法，但一定要注意所选择的内容应具有一定的情节，适合表演，这样幼儿才会感到表演的乐趣，才能在表演过程中发展儿童的语言能力。

2. 表演的目的要明确，应适当排练

表演是为了让儿童通过扮演角色，学习优美的语言，加深对作品的理解，感受表演的乐趣，所以教师要在表演前，先让幼儿集体练习角色语言，然后再分派角色，并分批让幼儿进行表演。例如，表演《鹅大哥出门》的故事时，要先让幼儿练习鹅大哥自夸的语言：“瞧，我多漂亮！红红的帽子，雪白的羽毛，谁也比不上！”这样幼儿表演才会更加流畅生动，在学会优美的语言的同时，也感受到了表演的乐趣。

3. 鼓励幼儿运用生动有趣的语言、表情和动作大胆表演

正如“有一千个读者，就有一千个哈姆雷特”一样，每个小朋友都带着自己对作品的理解进行表演。教师不应限定儿童非要死记硬背台词，只要他们不偏离主题，就可以大胆发挥想象，积极参与表演，真正体验到表演的快乐。

4. 认真布置表演场景，准备表演道具和化装用品

具有代表性的场景布置会让幼儿以最快的速度进入角色并喜欢和观看表演。例如，代表家庭的“全家福”照片，代表动物园的大门，代表游乐场的摩天轮等。为了使幼儿充分感受表演的乐趣，应准备充足的化装用品和道具，如头饰、爪饰、尾饰、围裙、帽子、皮包、卡纸、眼镜架(或眼镜盒)等物品。

本 章 小 结

学前儿童语言教育是通过一定的途径，采用一定的方法进行的。本章介绍了学前儿童语言教育的主要途径和主要方法。

学前儿童语言教育主要有四个途径：第一，创设支持性语言环境，包括物质环境的创设和精神环境的创设。第二，开展专门的语言教育活动。专门的语言教育活动具有目的性、计划性和科学性的特点，主要包括文学教育活动、谈话活动、讲述活动、早期阅读活动和听说游戏活动。组织专门的语言教育活动要遵循三个原则：幼儿是活动主体的原则、自由与规范相统一的原则、示范与练习相统一的原则。第三，其他领域教育活动中的语言教育，主要体现在科学教育活动、健康领域的活动、社会教育活动以及艺术活动中。第四，日常生活中的语言教育活动，包括日常随机教育和常规主题活动。

学前儿童语言教育的方法是为了引导学前儿童发展语言并获得语言知识、技巧和能力而使用的方法，是教师教，儿童学的方法。学前儿童语言教育的一般方法包括：示范法，即教师为学前儿童提供语言和行为范例并引导其效仿的语言教育方法；讲解法，即教师用符合学前儿童年龄特征的方式分析、解释、解说活动或文学作品的语言教育方法；谈话法，即根据学前儿童已有知识，借助启发性问题，通过口头问答方式进行语言教育的方法；游戏法，即教师运用有规则的游戏发展学前儿童语言的一种教学方法；练习法，即有意识地让幼儿多次使用同一个言语因素或训练幼儿某方面言语技能技巧的一种方法；表演法，即在教师的指导下，学前儿童扮演文学作品中的人物，根据作品情节的发展，通过对话、动作表情等再现文学作品，以提高其口语表达能力的一种方法。这些方法都要注意合理使用才能达到最佳效果。

【推荐阅读】

[1] 教育部. 幼儿园教育指导纲要(试行)[M]. 北京：北京师范大学出版社，2001.

[2] 姜晓燕，郭咏梅. 学前儿童语言教育[M]. 北京：高等教育出版社，2011.

[3] 何芙蓉，胡陵. 学前儿童语言教育[M]. 成都：西南交通大学出版社，2013.

[4] 欧阳新梅. 学前儿童语言教育[M]. 南京：东南大学出版社，2014.

思考与练习

一、名词解释

示范法　谈话法　表演法　游戏法

二、简答题

1. 学前儿童语言教育有哪些主要的实施途径？
2. 什么是专门的语言教育活动？它有哪些特点？
3. 怎样设计专门的语言教育活动？
4. 学前儿童语言教育的主要方法有哪些？

三、论述题

1. 试论述组织专门的语言教育活动应遵循的主要原则。
2. 在学前儿童语言教育的方法中任选两个，谈一谈在实践中应如何运用。

【实践课堂】

运用学过的方法组织一堂学前儿童语言教育活动。

要解放孩子的头脑、双手、脚、空间、时间，使他们充分得到自由的生活，从自由的生活中得到真正的教育。

——陶行知

第六章　学前儿童语言教育活动的设计与组织指导

本章学习目标

- 熟悉学前儿童语言教育活动的基本内涵。
- 掌握不同类型语言教育活动的概念及作用。
- 掌握不同语言教育活动的组织结构及指导方法。
- 能够设计和组织不同类型的语言教育活动。

核心概念

谈话活动(communicative activities)　讲述活动(telling activities)　听说游戏活动(listening and speaking games activities)　早期阅读活动(early reading activities)　文学作品活动(literary activities)

引导案例

幼儿园小班的张老师在带班的过程中发现，小班的孩子经常在日常生活中讨论自己的爸爸妈妈。于是，张老师选择了一个话题“我的爸爸妈妈”来开展谈话活动。在上课前，张老师做了许多准备，让每个幼儿事先准备好一张全家福照片，让他们提前了解自己爸爸妈妈的喜好。在上课时，张老师首先引导幼儿自由与他人交流自己爸爸妈妈的情况，然后集中幼儿让他们在集体面前说说爸爸妈妈对自己的关心和爱护。这时，有一个幼儿说到爸爸妈妈为自己过生日的事情，场面立刻热烈起来，大家都纷纷说道自己过生日的种种细节。面临话题有可能偏离的这种状况，张老师应该怎样引导幼儿把话题拉回来、继续拓展谈话内容呢?

案例分析

教师是谈话活动的设计组织者，但是在谈话活动中，教师的指导作用，以间接引导的方式出现，他们往往以参与者的身份参加谈话，给幼儿以平等的感觉。在谈话活动中教师的间接引导往往通过两种主要方式得以体现。一是教师用提问的方式引出话题或转移话题，引导幼儿谈话的思路，把握谈话活动的方式。二是教师用平行谈话的方式为幼儿做隐性示范。教师通过谈论自己的经验，如自己的爸爸妈妈，向幼儿暗示谈话的内容和方法，把握谈话内容不偏离主题。

学习指导

本章的重点是学前儿童语言教育活动的基本内涵、不同类型语言教育活动的概念及其作用。在学习的过程中运用理论能够设计和组织不同类型的语言教育活动，并做出相应的教育评价。

第一节 学前儿童语言教育活动

在家庭或幼儿园中，我们不难看到幼儿言语水平有明显的差异。有的5岁左右的幼儿，可以连贯地、生动地讲述故事，叙述一件事情的过程。在讲述过程中，有的幼儿还能表现出丰富的想象力和创造力。但有的幼儿则不行，常常问一句说一句，甚至有时问了也不说，即使说了，也是不完整、不连贯的，表达水平较低。怎样才能改善这样明显差异的现象呢？这也是家长和幼儿教师十分关心的问题。婴幼儿的言语若想获得良好发展，主要还需要依赖于科学合理地组织学前儿童语言教育活动。

一、学前儿童语言教育活动的概念

学前儿童语言教育活动是指以促进幼儿言语发展为目的的教育活动。本章主要研究的是专门的语言教育活动，包括谈话活动、讲述活动、听说游戏活动、早期阅读活动以及文学作品学习活动。它们的存在主要是为幼儿集中进行语言学习提供机会，让幼儿熟悉并提炼在日常语言交际中获得的语言经验，帮助幼儿理解和掌握语言的规则，并且有意识地进行运用。

二、学前儿童语言教育活动的特点

日常生活、游戏、娱乐活动、散步等虽然都能对幼儿的语言发展产生重要影响，但是集体教养机构如幼儿园，还需要有专门的方式方法，有目的、有计划地发展幼儿的语言，以促进幼儿掌握规范的普通话，不断提高幼儿口语表达的质量。与其他教育活动相比，学前儿童语言教育活动既有共性，又有个性。

(一)共性

学前儿童语言教育活动的共性表现为以下几点。

(1) 活动有明确的目标。每个主题或每次的教育活动，要根据目标来确定内容和活动方式。

(2) 活动的主体是幼儿。在活动过程中要创造条件，让幼儿充分动脑、动手、动口，使幼儿处于最佳的活动状态，充分发挥幼儿的主动性。

(3) 注重个体差异，因材施教。教育活动的形式应集体活动、分组活动、个人活动交替进行，以促进每个幼儿在不同水平上发展。

(4) 活动形式多样化。从教育目标出发，交替采用各种活动形式，把教育活动组织得丰富多彩，以利于幼儿在生动活泼的教育环境中健康成长。

(二)个性

学前儿童语言教育活动的个性表现为以下两点。

(1) 语言教育活动是让幼儿学习、操作一套语言符号系统，活动的内容及操作方式，均与数学、音乐、美术等活动有明显区别。

(2) 语言教育活动要与幼儿的认识活动相结合，就是由词的指物性与概括性的特点所决定的，因为只有认识了具体事物，才能掌握代表具体事物的符号——词；语言教育活动的最终目标是发展与不断提高幼儿口语表达能力，为入学学习书面语打好基础。

三、学前儿童语言教育活动的设计要求

学前儿童语言教育活动的设计要求具体如下。

1. 准确掌握幼儿语言发展的水平

教师在设计语言教育活动之前，不仅要熟悉不同年龄阶段幼儿语言发展的一般水平，而且要准确掌握本班幼儿语言发展的水平，以保证设计出的活动能有效地促进幼儿语言的发展。

2. 要有合理的负担强度

每次语言教育活动的目标和内容要和幼儿的技术水平相适应。这里所说的“相适应”不是让活动目标和内容在原有水平上重复，而是需要幼儿在原有知识和能力基础上，付出一定努力能达到的水平。

目标和内容都应有一定的难度，但这个难度是幼儿经过努力能够达到的。每次活动都要有新内容：内容过多过深，幼儿接受不了，容易引起疲劳，有损幼儿的健康；内容过少或过浅，或来回重复幼儿早已学会的内容，不需要幼儿进行任何比较概括，对幼儿的观察和记忆也无新要求，就不能引起幼儿的学习兴趣和积极性。

3. 要有教育性

语言教育活动的主要目标是发展和提高幼儿的语言水平，但它也是对幼儿进行全面发展教育的重要手段。在语言教育活动中，教师应充分利用观察社会生活的机会和儿童文学作品向幼儿进行品德教育；培养幼儿对知识的兴趣，使幼儿发展求知欲，养成良好的学习习惯；培养幼儿学习的目的性、纪律性，勇于克服困难等意志品质，通过诗歌等韵体作品感受语言的节奏感和优美的艺术语言，进行审美教育。

4. 活动的内容与活动的形式要相适应

在语言教育活动中，活动的内容与活动的形式没有必然的联系，不同的活动内容可以选择相同的活动形式，同一活动内容也可以选择不同的活动形式，但是活动形式的确定是否恰当，对活动内容的教育效果有直接影响。因此，教师在设计语言教育活动时，必须注意活动内容和活动形式相适应的问题。

5. 既要面向全体幼儿又要照顾幼儿的个别差异

本章讲述的语言教育活动，是指有目的、有计划地进行集体教育的活动，设计这类教育活动的出发点应是本班幼儿语言发展的一般水平，欲达到的语言发展目标是大多数幼儿力所能及的。教师在设计语言教育活动时，不仅要清楚本班幼儿语言发展的总体水平，而且要清楚每个幼儿语言发展的水平；在设计语言教育活动时，不仅要制定全班语言发展的总体目标、具体目标和内容、方法，而且还要制定个体发展目标，特别是语言发展较好和较差幼儿可能达到的目标，在设计具体的活动内容和形式时，既要注意为能力强的幼儿提供发挥他们能力的机会，也要为水平低的幼儿考虑适当的活动内容和形式。

第二节　学前儿童谈话活动

一、谈话活动的概念与作用

(一)谈话活动的概念

谈话是运用口头语言与他人进行交流的语言活动。在学前教育领域，谈话活动指的是教师有目的、有计划地组织幼儿围绕一定的话题，学习运用口头语言与他人进行交流的语言教育活动。

语言是人际交流的工具，幼儿的语言发展主要以口头语言的发展为主。在口头语言表达、交流中能说、会说、说好、说清楚，是对幼儿语言发展的基本要求。幼儿的谈话活动是完成这一发展任务的最好形式。幼儿园组织专门的谈话活动可以帮助幼儿学习如何与人进行言语的交流。谈话作为一种交往性的语言，需要谈话者有一定的关于口头语言表述的技能，要求谈话者依据一定的交谈规则进行交流，这就为幼儿语言教育提出了要求，即教师要指导帮助幼儿逐步学习谈话，发展社会性语言，让他们知道要注意倾听他人谈话，培养倾听的能力，并在此基础上围绕一定的话题进行表达，培养幼儿和他人进行轮流交谈的意识和能力。

《纲要》明确规定了语言领域的目标，其中“乐意与人交谈，讲话礼貌”“能清楚地说出自己想说的事”，是对幼儿谈话的明确要求，同时，《纲要》中提出的语言教育活动要“创造一个自由、宽松的语言交往环境，支持、鼓励、吸引幼儿与教师、同伴或其他人交谈，体验语言交流的乐趣”，则给谈话活动指明了方向。

(二)谈话活动的作用

谈话活动具有以下作用。

1. 提升幼儿的语言交际能力

谈话活动往往是两人或两人以上的交际过程。幼儿在谈话活动中，在教师指导和帮助下，能逐渐学会倾听他人所说，也能就一定的谈话主题发表自己的看法，在互相的交流中，幼儿的口头语言交际能力会获得提升。而且，谈话活动的组织往往是有目的、有计划地进行的，教师言语思路清晰，按照话题和谈话规则引导幼儿开展活动，在此过程中，教师的谈话水平对于幼儿的谈话能力有着积极的提升作用。

2. 促进信息的交流

幼儿在和他人交谈的过程中，不仅会有语言技能的提高，而且彼此之间会有信息的流动，能够从他人那里获得自己缺乏的知识信息或经验，从而促进幼儿的认识和经验的丰富性发展，开阔视野。另外，谈话活动还可以和科学活动、社会活动等其他领域的活动相结合，增进幼儿知识信息的积累。

3. 引导幼儿获得谈话的基本规则

人们进行言语交往会遵循一定的社会规则，谈话活动是习得这些交谈规则的最好途径。幼儿在谈话中会逐渐领悟、掌握交谈规则，促进社会交往能力的提高。例如，懂得不能在别人说话时随便插话、大喊大叫，不能随便打断别人，也不能总是自己一个人讲而不让别人插嘴，要听别人说，等别人讲完自己再说话等。

4. 提升同伴关系

谈话活动往往既有创设的情境、有趣的话题，还有教师的引导、同伴之间的交流，尤其是幼儿园集体的谈话活动，不仅注重师幼交谈，也注重幼儿之间的言语交流，所以需要幼儿双方的合作和相互尊重，懂得交谈的轮换规则等，以促进幼儿之间相互学习、交流的良好同伴关系的建立。

二、谈话活动的目标

谈话活动是幼儿语言教育的一个有机组成部分，其教育活动目标应该是语言教育总体目标的具体化，且要求具体到幼儿的每个年龄阶段，即语言教育的目标具有不同的年龄阶段特征。在每个年龄段幼儿的语言教育活动中，结合具体的活动形式，可以将语言教育目标转化为不同的具体要求。因此，具体的谈话活动就具有了针对每个年龄段幼儿的具体的语言发展的要求，同时体现出随年龄增大逐步提高要求的目标内容。

根据谈话活动的基本特点，从内容上看，谈话活动的目标主要包括听和说两大块。

(一)培养幼儿的倾听能力

在谈话活动中，学会听是最首要的条件。倾听是儿童感知和理解语言的行为表现。听是说的基础，只有懂得倾听、乐于倾听、善于倾听的人，才能真正理解语言的具体内容和形式，掌握与他人进行语言交流的技巧。有目的、有计划地组织的谈话活动能培养幼儿和他人进行言语交往的能力。学会倾听他人的谈话，从中捕捉对交流有益的语言信息，是幼儿谈话活动的一个重要目标。

1. 培养一般性的倾听能力

一般性的倾听指的是在交流中，幼儿集中注意力倾听教师或同伴的话语或提出的问题，这是语言能力中最基础的倾听技能。而其中首要的是要有意识地倾听，形成主动倾听别人谈话的愿望、态度和习惯，要认真、有礼貌地倾听。

同时，倾听能力还包括听懂对方的意思，即理解性地倾听，在倾听时掌握听到的主要内容，能结合对方所讲的前后言语意思进行理解。

2. 锻炼辨析性的倾听能力

辨析性地倾听就是在交谈过程中，幼儿能从倾听中分辨出不同的说话人和说话情境的特点。这就要求幼儿不但注意听别人的发言，还要把握主要信息，根据话题内容和他人的观点，分辨不同内容，能够及时从中捕捉有效的语言信息，适时地陈述自己的意见和观点，从而使谈话活动的话题和内容不断地深入下去。

倾听方面，对不同年龄阶段幼儿的要求应该不同，谈话活动要对幼儿提出听的意识、态度和技能不同方面的内容目标，而且要随着年龄的增长逐步提高要求。

《指南》对于倾听的目标要求是：认真听并能听懂常用语言。具体的年龄阶段目标要求如下。

3～4 岁：能注意倾听并做出回应。能听懂日常会话。

4～5 岁：在群体中能有意识地倾听与自己有关的信息。能结合情境感受到不同语气、语调所表达的不同意思。少数民族幼儿能基本听懂普通话。

5～6 岁：在集体中能注意倾听老师或其他人讲话。听不懂或有疑问时能主动提问。能结合情境理解一些表示因果、假设等相对复杂的句子。

(二)提升幼儿的言语交往水平

谈话活动要求幼儿学会和别人说，即培养并提升幼儿的言语交往水平。有关学前儿童语言的研究表明，3 岁后的幼儿已经习得了基本的语音、词汇和句型，而且语言发展速度较快，这为谈话活动的开展提供了基础。谈话活动，是指按照社会交往中约定俗成的方式来指导幼儿进行交流，培养其口头语言表达能力。其基本目标为围绕一定的话题，充分表达个人见解，进行言语交往。

1. 幼儿学习围绕一定的话题谈话，充分表达个人见解

3 岁以后的幼儿，自我中心语言逐渐减少，社会性语言逐步增加，但是他们仍然需要通过学习来围绕一定的话题进行交流。谈话者在中心话题的范围内交流，是谈话最基本的思路及方式，即有目的、有计划地组织的谈话活动可以避免交谈跑题、天马行空。

同时，谈话活动还可帮助幼儿围绕中心话题不断扩展谈话内容，层层深入地表达个人见解。学会围绕中心话题不断扩展谈话内容，幼儿才能在谈话中充分发表自己的意见，才能使谈话活动不断延续深入。有计划、有目的地组织的谈话活动，可以通过教师的引导逐步帮助幼儿形成谈话的意识，掌握谈话技能。

2. 帮助幼儿学会基本的交谈规则，提高交往水平

掌握交谈的基本语言交往规则，可以保证幼儿正确地运用语言与他人交流，从而促进其谈话水平不断提高。运用语言进行交谈的基本规则是人们在社会交往中约定俗成的方式，若有违背，会干扰正常的人际交往。谈话活动中，幼儿学习的交谈规则应适应幼儿的身心特点，适用于一般情况。

谈话中的规则主要有以下三个方面。

1) 用适合角色的语言谈话

谈话是多样性的交流，谈话活动中幼儿的角色不断地发生变化，所处的场合也会有所不同，同一个幼儿可能会在不同的场合与不同的人谈话，因此幼儿应当学会适应个人角色身份的变化采用不同的方式、适合的角色来交谈。例如，集体交谈的场合和个别自由交谈场合不同，和老师交谈与和小伙伴谈话时所扮演的角色也不同，幼儿在谈话活动中要据此调整自己的谈话方式，使用不同的语音语调、不同的音色、不同的说话口吻和方式与不同的人交谈，以符合当前说话语境的特点。这种角色和场合的变换有利于幼儿获得用适当的语言进行交谈的敏感性。

2) 懂得用轮流的方式交谈

谈话往往是两人以上的交谈，在一对一的交谈中，幼儿需要按照一定的顺序轮换着听和说；而在多人交谈中，幼儿要按潜在的顺序逐个说话。许多幼儿刚开始学习谈话时，有抢着讲、乱插嘴或光说不听的情况，教师应在谈话活动中有意识地培养幼儿轮流交谈的意识和习惯，让幼儿懂得不随便插话、抢话，发言时先示意。

3) 知道使用文明礼貌用语

在别人说话时要注意倾听他人发言，及时给予应答和反馈。在自己说话时，要注意使用礼貌用语，养成文明的语言习惯。

《指南》中语言领域目标 3 要求“具有文明的语言习惯”，具体要求如下。

3～4 岁：与别人讲话时知道眼睛要看着对方。说话自然，声音大小适中。能在成人的提醒下使用恰当的礼貌用语。

4～5 岁：别人对自己讲话时能回应。能根据场合调节自己说话声音的大小。能主动使用礼貌用语，不说脏话、粗话。

5～6 岁：别人讲话时能积极主动地回应。能根据谈话对象和需要，调整说话的语气。懂得按次序轮流讲话，不随意打断别人。能依据所处情境使用恰当的语言。例如，在别人悲伤时，会用恰当的语言表示安慰。

3. 帮助幼儿掌握运用谈话的基本策略

谈话是一个多向沟通交流的过程。交谈双方能否很好地发起并维持谈话，关系到谈话的展开和顺利进行的效果。因此，教师在谈话活动中要帮助幼儿学习掌握谈话的基本策略，使幼儿能够在话题发起后维持谈话，学会通过提问、追问、分享等方式将谈话持续并深入下去，也能运用修补等策略让他人明白自己的意思，使得交谈顺畅。

1) 初步发展并运用基本谈话策略

谈话中，发起谈话、维持谈话、辅助表达等策略是幼儿需要初步发展并运用的基本谈话策略。从幼儿谈话经验的发展来看，其谈话策略的发展通常会经历以下三个阶段。

(1) 初始阶段：随机或偶然参与到他人的谈话中，谈话主要由成人主导，幼儿主要是回答成人的问题；在谈话中，幼儿会借助于动作、表情等方式来辅助自己的表达，以便让他人更明白自己的意思，但目的性不强，缺乏主动维持谈话的意识。

(2) 稳定阶段：幼儿对他人的谈话发生兴趣，会主动与熟悉的人发起谈话，通过表达自己的想法和意见等方式参与他人的谈话，开始通过提问、提议等方式主动发起谈话；会有意识地运用动作、表情等方式辅助自己的表达；会在成人的提示或提问下通过提问、回答的方式维持谈话。

(3) 拓展阶段：幼儿会主动通过提议、提问的方式与同伴发起谈话，能大胆与陌生人交谈；会通过观察来关注对方的理解程度，采用追问、分享自己经验或想法的方式维持谈话；能熟练地运用动作、表情、语气、表演等方式辅助自己的表达。

2) 学会用修补的方法延续谈话

谈话不是瞬间结束的交流方式，参与者需要根据交流内容进行一定时间和内容长度的交谈。在谈话活动过程中，出现谈话中断、冷场或者理解错误等现象很正常，教师要帮助幼儿形成修补、延续谈话的意识和技能，以保证谈话信息传递的准确性和延续性。

幼儿在谈话时，发现别人没有理解自己的意思，就可以进行自我重复或自我确认，这是自我修补谈话的方法。可以对自己的谈话内容再组织、再重复，让别人能够正确理解。比如，一个幼儿说："我喜欢吃音乐糖。"他发现别人对他自认为很新奇的这种糖没什么反应，就重复说："一种音乐糖。"同时对自己的话语进行了重新组织："就是一吃就发出音乐的声音。""特别好玩的糖！"修补后的话语可以帮助别人了解自己的意思。他人修补谈话的方法相对于自我修补谈话，是采用重复信息或提出疑问的方式，对他人谈话的内容进行理解。例如，在"有趣的书"的谈话活动中，一个幼儿说要制造出"饼干书"，有的幼儿开始没有理解，后来其他幼儿就对"饼干书"的话题进行了修补谈话，一个说："饼干书就是饼干吗？"另一个说："饼干书是用饼干做的。"该幼儿解释说："饼干书就是既能看书，又可以把书当饼干吃掉。"在这种他人修补的过程中，谈话者之间的语言信息正确地传递开来。

三、谈话活动的基本特征

谈话活动和其他各种类型的语言教育活动相比，在形式、内容以及方法、途径等方面，具有别的语言教育方式所不能代替的作用和独特的促进幼儿语言发展的功能。谈话活动的基本特征主要体现在两大方面，即谈什么和怎么谈。首先，在语言表达中，谈话不是幼儿个人自言自语，而是和其他人对话的过程。谈话活动中谈什么是首先要明确的，即要有一个清楚而明确、有意思的话题。另外，幼儿谈话中要能交谈起来，有话可说、有话能说，还需要有谈话的素材。其次，怎么谈要清楚。谈话过程中怎么谈取决于是否有一个能让幼儿畅所欲言的氛围、多方交流的环境，当然也缺不了教师的合理引导。因此，在谈话主题确定后，怎么围绕话题进行谈话，是决定谈话活动成效的重要方面。具体来讲，谈话活动要有宽松的氛围、多方式的交互活动和教师的合理引导。教师在组织谈话活动的时候，要注意其基本特征，并据此进行谈话主题的选择、活动方式的确定以及活动的开展。

(一)谈话活动有新鲜有趣的谈话主题

教师有目的、有计划地组织幼儿进行谈话活动，必须首先明确一个谈话的中心话题。这个主题一定要清楚、简单、有趣，能让幼儿在这个话题范围内进行语言交流，而不会游离或跑题太远。也就是说，这个问题在一定程度上要能限定幼儿的交流范围，引导其交谈的方向，使得全体幼儿都关注并参与到谈话中来。

要达到这样的要求，教师就必须要考虑话题的基本性质，即什么样的话题是合适的。

1. 话题一定要有趣味性

谈话话题要能引发幼儿的兴趣，是幼儿喜闻乐见的。要在一个幼儿班里组织谈话活动，把幼儿的兴趣集中在一个话题上，让他们都能表达、交流是有相当难度的，所以可以选择一个让大多数幼儿都感到有意思的谈话主题，吸引他们的注意力，使他们产生谈话的兴趣。这样的话题往往和幼儿共同关心的事件或事物有关，如动画片中的喜羊羊、灰太狼，参观动物园等。教师要了解幼儿的生活范围和状态，据此来确定有趣的谈话主题，使幼儿产生交流和分享的愿望。

2. 话题一定要有新鲜感

人都有喜新求奇的心性，幼儿也不例外。话题有新鲜感，最好具有“新闻效应”，幼儿才会关注、才会有兴趣。比如，新近发生过的事情或正在发生的事情，不仅能吸引幼儿注意，还能引发他们表达的欲望。一次活动中突然下雨，幼儿纷纷跑到窗口去看，老师索性让幼儿自由观察、交谈，随后组织幼儿开展“下雨了”的谈话活动，描述下雨天的情景，真情实景使得所有幼儿都能生动地进行表达。但是，事情发生一段时间后再进行这样的话题交谈，或是一个话题翻来覆去谈，即使有趣的话题也会失去新鲜感。

3. 谈话主题必须是幼儿熟悉的

谈话活动重在引导幼儿“谈”，教师在话题选择和确定的时候必须要考虑：幼儿就这个话题是否能谈得起来？幼儿是否有话可谈、有话想谈、有话能谈？要实现这一点，谈话主题就一定要是幼儿熟悉的，以一定的生活经验为基础，在他们的生活视野中不是陌生的，不能超出其认知范围，即话题一定要符合幼儿的认知水平，在其“最近发展区”内。不能理解的、完全陌生的话题不可能使幼儿产生谈话的兴趣，也难以进行。

谈话主题示例：

我最喜欢的——人物、动物、玩具、图书、衣服、植物等；

我和周围的人——爸爸妈妈、爷爷奶奶、老师、小伙伴等；

我和节日——儿童节、国庆节、春节、圣诞节等；

我参加的活动——春游、参观、访问、旅游、探亲访友、玩水玩沙等；

我周围的环境——花草树木、建筑物、道路、居住环境等。

(二)谈话活动有丰富多样的谈话素材

有丰富的素材，谈话活动才能顺利进行。丰富的谈话素材来自于幼儿的生活积累和平常教育活动中的积累。

话题要以幼儿的生活经验和认知经验为基础，教师在话题选择和内容组织时要和幼儿的知识经验范围相契合，这样谈话的时候幼儿才会有话可说。谈话涉及的素材往往是幼儿在日常生活中的观察、游戏、游览等活动中获得的知识与经验。生活是语言的源泉，幼儿的生活越丰富，知识与经验的积累就越丰富，思想和感情就越丰富，而语言教育活动中谈话类活动的素材也就越丰富多样，活动开展起来就会更顺利，而幼儿在此基础上的语言发展也就更扎实、丰富。例如，关于四季变化和季节特征的谈话，幼儿往往都会有对季节的感受和认识，也会有对每个季节明显特征的丰富认识。但是，有一点很多教师可能没有考虑到：我们能明显体验到的只是现时的季节，如果谈话主题是四季，对其他季节的交流只有从以前感知的经验素材中去回想，效果就不一定好。因此，可以在不同的季节组织只谈一个当时季节的谈话活动，而且在季节特征最为明显的月份谈，如春天到来的时候谈春天的特征、炎热季节中谈夏季的变化等。这样的话，幼儿随时都可进行观察和感知，相对来说谈话素材就更为丰富些。

日常生活中，幼儿语言素材的形成有一定的随意性，幼儿园教师可引导幼儿多角度、多方面地进行观察和了解，形成对某些事或者物的丰富感知，以丰富、完善谈话素材。例如，春天到了，在这春暖花开的季节，幼儿只是在教师带领下在幼儿园的室外活动场地看到了小草、树木的发芽，就谈春天是什么样的，这样对春天的感知就会单调、粗浅，估计很多幼儿都不能说得详细生动。因此，教师要多带领幼儿观察，从不同角度体验春天，看树木新生的芽苞，看小草的发芽生长，观赏迎春花、玉兰花的绽放，享受阳光的温暖，倾听小鸟的啁啾，体会放飞风筝的快乐，在小山坡上爬爬滚滚，到花园里走走、看看、玩玩……幼儿在多次、不同角度的细致观察体验后，谈话素材丰富完整，思维也会活跃，愿意与教师和同伴交流他们的感受和见闻，自然就谈得生动、形象。再如，在观察、介绍、交流对事物的看法时，告诉幼儿从物体的外观、内部结构、质地、用处、味道等方面来谈，诸如颜色、大小、形状、内里的结构状态、闻起来的味道、尝起来的味道等方面来谈，如谈谈橘子是什么样的，幼儿的谈话内容就会比较完整，也能学会观察事物的方式和方法。

(三)谈话活动有宽松、自由的谈话氛围

在谈话活动中，教师要给幼儿创设宽松、自由的语境，使每个幼儿都能围绕中心话题畅所欲言，而不论其原有经验怎样、谈话方式如何。因幼儿本身所限，他们不可能在语言表达中做到规范标准，所以依据《纲要》目标要求能让他们体验到和教师或同伴交流的乐趣就可以了。这种宽松、自由的语境体现在以下两个方面。

1. 谈话活动不要求统一认识

谈话活动不要求有标准答案或统一的认识，因为要求谈话活动有标准答案或统一的认识既不可能也无必要。

围绕话题谈话，允许幼儿根据个人经验和感受自由地发表见解，不强求一致性的认识。在谈话活动的组织开展中，教师鼓励和引导幼儿针对谈话主题说出自己想说的话，表述自己的经验和感受，即使没有直接的经验，也可以将自己的想象和意愿表达出来，和其他人分享。例如，谈话活动“我一个人在家”，对绝大多数幼儿来说独自在家的经验是缺乏的，教师可以请有生活经验的幼儿谈谈自己的经验和感受，然后启发引导其他幼儿想象：如果今后自己在家，应该做什么、注意什么？怎么克服恐惧、表现勇敢？在谈话过程中，教师

不能作一致性的要求，要让幼儿利用自己的经验和认知能力进行合理想象，并在教师引导下既能做出正确的判断和结论，又能自由发表自己的看法。如果要求必须有标准的、统一的认识，则会限制幼儿的谈话，局限其思维发展。

2. 谈话活动不要求必须用特别规范的语言

自由交谈时的表达是口头语言，和规范化的语言不同，往往具有随意性的特点。谈话活动鼓励幼儿愿意交谈、积极说话、充分表达个人想法，如果在说的时候教师不断纠正其表达内容的对错、句式的规范化、词汇的正确与否、表达的连贯完整等，会极大地影响幼儿的兴趣和积极性，而这也与谈话活动的目的和要求不符。因此，教师一定要注意，谈话的主要目的是鼓励幼儿大胆、自由地与他人交谈，而对语言本身的要求在其次，只要合乎情理即可。例如，一次谈话活动中，教师发现一个幼儿在表达时习惯每句话里都有“然后……然后……”就进行提醒并要求尽量不说“然后……”，结果这个幼儿习以为常的表述习惯被打破后突然不会流利地说话了，出现了卡壳、停顿、犹疑的问题。

在这一点上，我们要区分谈话和讲述这两类语言活动的不同。谈话活动注重给幼儿提供说的机会，帮助幼儿在用口头语言交流的过程中操练自己的语言，提高对语言的敏感性，进而发展自己的语言；而讲述则不注重交流，而是侧重于幼儿清楚连贯地进行表述。相对来说，讲述比谈话的要求要严格、规范。谈话是对话，正如平时人们的交谈，不要求幼儿在非常正式的场合使用规范、严谨的语言，而是不拘形式，以能够说得出来、说得明白清楚为准。

(四)谈话活动是多方信息交流的过程

和讲述活动这种个人独白言语不同，谈话活动强调的是对白言语，侧重于幼儿和他人间的语言交往。谈话具有交谈信息来源多样化、交谈主体多样化、交谈方式多样化等特点。

1. 谈话活动的信息来源多样化

虽然幼儿语言和认知水平有限，但是每个幼儿各有各的语言经验，不同的生活背景和经验也使得谈话中的信息来源多样化。从语言信息源来看，幼儿的思维特点使得谈话中的思路呈发散性，其认知经验的有限反倒使得发散性想象由于少了束缚而呈现出丰富多样性。总体来看，谈话活动中的幼儿获取的信息量是较大的。

2. 谈话活动中交谈主体多样化

幼儿交流的对象较多，有教师、全班幼儿、小组里的幼儿以及个别幼儿。在交谈的活动中，师幼之间、幼儿同伴之间还可以进行言语信息内容以及交流方式的补充。因此，谈话活动是一种多方位的语言交流，可以促使幼儿进行充分的语言运用练习。

3. 谈话活动中交谈方式多样化

每个幼儿在参与谈话活动时都可和他人发生集体的交流或是个别的交流，如在小组里或班里的多方相互交流，与其他幼儿个别的交谈，或和教师交谈等；也会有个人见解的发表，如在全班面前谈个人想法。需要注意的是，在师幼交谈中，教师与幼儿谈、幼儿与教师谈有一定的区别，前者侧重于教师引起围绕话题的谈话，并引导幼儿进行交流；后者侧重于幼儿主动与教师进行交谈。

(五)谈话活动中有教师合理、间接的引导

谈话活动注重在宽松的语境氛围中，教师引导幼儿围绕谈话主题，学会用多种方式和他人交流。在谈话活动的设计和组织过程中，教师是设计者，是教育活动的引领者，谈什么、怎么谈都需要教师的引导。在谈话活动中，教师的引导作用不宜直接呈现，而应以间接的方式出现，这也是创设宽松、自由谈话氛围的基本要求。特别是在谈话的内容方面，如果直接对幼儿提出表达的具体要求，很可能导致幼儿瞻前顾后、顾此失彼等现象。

谈话中的间接引导要求教师以参与者的身份参加谈话，让幼儿觉得老师和他们是一样在和大家说话谈笑，有平等的感觉，而不是老师高高在上。因此，在谈话活动的组织和开展中，教师要注意从以下两方面进行间接的引导和参与。

1. 创设宽松平等的谈话环境

教师要成为参与者最重要的一点就是要让幼儿感觉到平等。一种有效的环境创设方式是改变座位的排列方式。一般情况下，幼儿园的座椅是横排排列，有两三行，看起来很整齐，这是典型的“秧田式”布置，有利于教学活动中的集中和教师主导作用的发挥，但是却不利于所有幼儿的参与。因此，教师要打破原有的座椅摆放方式，按照半圆形或弧形、马蹄形排列，最好是排成一圈。如果幼儿较多，也可以排成紧凑的两圈。教师参与到谈话活动中来的时候，可以坐在半圆或弧形的任何一个位置，这样教师和每个幼儿的空间距离几乎是等距的，而空间距离在一定程度上决定了彼此之间的心理距离，如此设置就有利于创造一种平等参与、不分高低的活动氛围。另外，教师要注意自身的姿态，采用蹲下来或坐在小椅子上的方式，除非需要展示图片等教具或进行实践操作，最好不要站在幼儿面前，以免造成幼儿心理上的压抑感。

2. 教师的间接引导通过提问的方式体现

教师以参与者的身份加入到幼儿的活动中，这并不意味着谈话活动是无计划、无组织的。教师可用提问在活动之初引出谈话的主题，将幼儿吸引到活动中来，打开谈话的思路；在活动展开的过程中，教师用提问的方式体现对谈话内容和方式的引领。

另外，教师还可用隐性示范的方式进行间接引导。谈话活动的特点和目标使教师不能硬性规定“你必须这样说……”，而应让幼儿充分发表自己的看法。但是，幼儿往往在开始环节和自由讲的时候说不好，因此教师就要考虑如何才能既引导谈话的方向和内容，又能对幼儿起到示范作用。一种有效的方式是教师进行隐性示范，通过谈论自己的某方面经验，不动声色地“告诉”幼儿该说什么内容、应该用什么样的谈话方式。教师不能高高在上地对幼儿发号施令，而是应潜移默化地向幼儿进行暗示，这也是谈话活动不同于其他语言活动的一个独特之处。比如，在“我最喜欢某人”的谈话中，教师通过隐性示范的方式为幼儿谈话提供了范本：我最喜欢谁——讲明自己的观点；我为什么喜欢他——说明原因，列出事实。幼儿依据教师的这种隐性示范，纷纷表述自己的想法。例如，一个幼儿谈道：我最喜欢爷爷，因为爷爷最喜欢我。爷爷他可有耐心了，陪我玩游戏，给我讲故事，还给我买好吃的、好玩的东西。所以，我最喜欢爷爷。

四、谈话活动的主要类型

(一)个别交谈和集体交谈

从谈话的发生范围和交谈对象来看，可将谈话活动分为个别交谈和集体交谈。个别交谈是集体交谈的基础，个别交谈和集体交谈适用于各个年龄班的幼儿。

1. 个别交谈

个别交谈既包括教师和个别幼儿进行谈话，也包括幼儿个人之间的谈话。个别交谈最大的好处是交流的充分性。在个别交谈中，幼儿要注意别人对自己说话时要积极应答，不仅有言语上的回应，还要有表情、姿势等的回应；要懂得听说轮换，认真倾听对方说的话，听懂对方的意思，不抢话，在对方说完后再针对对方所说的话表述自己的意思，并使对方听懂；要有主动意识，能主动发起和他人的交谈，并有耐心把对话延续下去，学会询问和答话。

2. 集体交谈

集体交谈是在幼儿园中几个幼儿、小组或是全班范围的交谈。集体交谈对幼儿的要求比较高，需要有个别交谈的基础。在集体交谈中，幼儿要注意倾听教师在活动中提出的问题，做出相应的回答；要注意听同伴的发言，听懂对方的意思，然后再说明自己的想法。在集体交谈的场合，教师要引导幼儿遵循谈话的基本规则，要求幼儿逐步学会听别人把话讲完再发表自己的意见；多人交谈时要按照一定的顺序逐个发言，不能总是抢着说、乱插嘴或光听不说。

(二)日常生活中的谈话和专门的谈话活动

根据谈话活动的内容和组织系统性，可将谈话活动分为日常生活中的谈话和专门的谈话活动。在各个年龄阶段都可开展专门的和日常的谈话。

1. 日常生活中的谈话

语言具有交际性，可随时随地进行，日常生活中的谈话作为发展幼儿口头言语的重要方式越来越被重视。日常生活中的谈话可以在一天的任何生活环节开始或结束，空间场所不受限制，交谈的情境性和感情色彩突出，谈话的话题极其丰富，交谈对象可以经常变化，所以对任何一个年龄班的幼儿都比较适用，具有较大的灵活性。

从内容来说，教师要考虑在日常生活环节和幼儿谈什么，即针对哪些内容、针对幼儿的什么方面、在交谈中发展他们哪方面言语交流的技能和态度。谈什么源自明确的目标，教师要把这些内容列入一日活动计划中。从对象来说，教师要规划好找哪个或哪几个幼儿进行交谈。在一段时间内，主要的谈话对象最好指向某一个幼儿，针对他的某方面具体的问题。从时间来看，在一日生活的各个环节，如早晨来园、晨间活动、盥洗时间、游戏活动、离园等时间都可以利用。这些看似零散的时间蕴藏着随时进行教育的时机，教师需提前做好准备，抓住这些“空隙”，以达到良好的效果。例如，在早晨入园时，教师有目的地和内向、言语表达能力弱的幼儿交谈，话题可以很简单，如“来幼儿园的路上都看到了什么”，通过简单交流，培养幼儿大胆主动地与他人交往的能力和主动表达的积极性，增强其自信心。

日常生活中的谈话也可以在集体范围内进行，幼儿既可自由参加，也可随时离开。例如，在活动的过渡环节或室外自由活动中，教师根据四季花草树木变化或其他环境变化等进行交谈和讨论，既能锻炼幼儿的言语表达能力，又能培养幼儿的观察能力。

2. 专门的谈话活动

专门的谈话活动是学前儿童语言教育类型之一，和日常生活中的谈话相比，计划性、组织性、系统性更强，既需要对活动的各个环节精心设计，也需要全面的准备，包括语言准备、物质准备、心理准备。教师根据幼儿的语言发展实际水平，明确活动的具体目标，制订一定的活动计划和方案，依据事先确定的谈话主题，有计划地组织进行。

专门的谈话活动和其他类型的语言教育活动的开展有相同的原则、观念，但也有其自身的特点。在活动构建中，首先要根据幼儿语言发展的终期目标和年龄阶段目标，确定适合本年龄班谈话水平的谈话目标。例如，小班幼儿在交谈表述方面，要能够用简单的语言回答问题，表达自己的意见，知道在集体面前大声发言，在个别交谈时音量适当；而到大班阶段，则要求幼儿能主动使用适当的词语和语段表达，敢于发表不同见解，在不同场合会用恰当的音量和语速交谈。明确的、具体的活动目标是专门谈话活动的基础和前提，据此才能进行活动方式、步骤的策划和组织。

在精心设计和准备专门谈话活动时，教师要注意谈话话题的适切性。教师可以和幼儿一起来拟订话题，这样才更能贴近幼儿熟悉的生活，如我最喜欢的(人物、动物、玩具等)、我眼中的节日(儿童节、春节等)、季节的变化(春夏秋冬不同季节的特征，花草树木的变化等)。在指导活动开展的过程中，教师要创设良好的语言环境，而不是像日常谈话一样随时随地都可进行，要鼓励每个幼儿都能在宽松、自由的语境中发表看法和见解。教师还要注意增加幼儿进行语言交谈的密集度，即不仅幼儿自己说，还要和小伙伴交谈、和老师交谈、在集体面前谈话，以在充分的言语交往中学习有用的经验，锻炼有意注意、记忆等能力，不断提高其语言运用能力。

(三)回忆性谈话和概括性谈话

根据谈话活动的指向和基本性质，可将谈话活动分为回忆性谈话和概括性谈话。回忆性谈话，指的是进行参观或观察之后进行的谈话；概括性谈话，指的是具有总结、概括特点的谈话活动。回忆性谈话适用于各年龄班幼儿，但最好从小班下学期开始；概括性谈话最好在大班和中班开展。概括性谈话涉及幼儿思维能力的发展水平，对小班幼儿来说有一定难度，因此不太适合。

1. 回忆性谈话

幼儿通过日常生活和各种教育活动，可以获得各种各样的知识经验。特别是在幼儿园中，教师经常组织幼儿进行参观或观察等活动，丰富了幼儿对自然和社会生活的感知。但是，幼儿的思维水平和认知水平比较低，分析和综合能力差，他们所获得的认识和经验往往是零碎的、片面的、肤浅的、不完整的，有时还可能是错误的，这就需要教师经过某些教育活动将幼儿的知识和经验明确、系统起来，而语言教育中的谈话活动能较好地完成这一任务。

在谈话中，幼儿在教师的组织下，彼此进行一定主题的交流和补充，将自己在参观或观察中的印象进一步扩大、丰富。在观察过程中，每人所关注的方面都不太一样，幼儿注意的角度也有限，因此，观察后的谈话活动可以对其有限的认识进行补充、完善。而且，在参观或观察时，幼儿不可能将各方面内容都记得清清楚楚，这就需要大家一起回忆、相互补充，在关键的地方还需要教师进行合理的引导。在巩固这些所观、所感的印象时，教师要帮助幼儿分析、提高，形成合理的、正确的对事对物的态度。例如，在参观动物园后的谈话活动中，要求幼儿按照参观的顺序谈自己的印象、动物的特征。教师对幼儿的提问和引导就需要按照参观的顺序，要求幼儿既要谈参观的过程，又要谈自己最喜欢的动物的特征、习性。教师可以提这样的问题：那天是怎么去参观动物园的？到动物园后你看见了什么动物？还有什么？你最喜欢哪种动物？它长什么样子？爱吃什么？……

2. 概括性谈话

概括性谈话指的是对谈话活动进行总结。一般在谈话结束时，教师会进行简短小结。在总结时，要尽量简短，不占用太长时间，否则幼儿注意力会分散。除了总评一下幼儿的谈话情况，还要对谈的内容作一个小结，帮助幼儿规整通过谈话获得的知识经验，使得他们对谈话的主题有明确、完整的印象。小结的形式不限，一般是教师言语的表达，有时也可用儿童诗或儿歌的形式来概括谈话活动的内容。例如，在谈话活动“秋天的印象”结束时，教师用一首《秋天好》的儿歌对秋天作了一个总结：“秋天好，秋天好，秋天什么好？秋天天气好，不冷不热真凉爽，遍地菊花都开放。秋天好，秋天好，秋天什么好？秋天收成好，棉花、稻子堆成山，蔬菜、水果吃不了。”

概括性谈话主要是针对教育内容的概括、总结、提升，因此不仅语言教育活动中有，其他领域的活动中也有，特别是在幼儿科学活动中。科学活动中概括性谈话的目的在于帮助幼儿巩固、加深有关科学内容的认识。和主题谈话活动目的一致的地方在于，概括性谈话能对幼儿的认知起到促进和发展的作用，而且各领域活动之间在内容上存在着相互渗透、相互联系的特点。例如，谈话活动“我喜欢春天”和科学活动“关于春天的认识”在内容上是相互渗透的，都要涉及春天的天气特征、景象和人们的活动等内容，只不过在具体的针对性方面，谈话活动侧重于幼儿言语表达交谈能力的培养，而科学活动侧重于幼儿对科学知识的理解、认识。

(四)讨论性谈话

讨论性谈话是谈话的特殊形式。其特殊性表现在，言语交往中谈话的形式、话题的基本性质、言语表达以及教师的指导都具有开放性特点。这类谈话活动对幼儿来讲有一定的难度，应尽量在大班开展。

讨论性谈话活动的主题具有符合幼儿已有知识经验和言语表达水平的特点，同时要求具有一定的开放性，适合年龄较大的幼儿，因为需要经过思考才能表述、回答。讨论的话题并没有规定的答案，不追求固定的、统一的观点，幼儿可以自由发挥、随意想象，只要是合理的，就应鼓励。

讨论性谈话活动的开放性特征明显。在这种言语交往中，谈话的对象可以是一一对应的；也可以是一对多的，即在小组等小群体进行，同时在全班范围内也可开展，这时讨论往往会演变成辩论。

讨论性谈话活动要求较高。讨论本身就是不同个体思想观点的交流甚至交锋的过程。在和同伴进行言语的交往活动时，幼儿必须要善于倾听他人的见解，然后向对方表达自己的看法，或是接纳对方，或是进行反驳，这对幼儿自身的分析、判断能力和语言组织能力的发展具有很大的促进作用。

教师在讨论性谈话中的指导要具有开放性。幼儿的认识和经验有限，这恰恰使得他们的思维较少受思维定式的影响，发散性明显，对此，教师不要从成人生活的角度去判定所谓逻辑性和合理性，而应对幼儿那些富有想象力和创造性的想法采取鼓励、支持的态度，以保护其可贵的童心。教师指导的重点应放在提高幼儿言语交往能力上，如讨论话题可以是“假如你是老师，你最想做的事是什么”“假如人会像小鸟一样飞，会怎样”等，这些话题可以让幼儿随意发挥，而且没有固定的答案。

五、谈话活动的具体指导

幼儿语言教育中专门的谈话活动遵循了语言教育活动的基本规律，其设计与组织也有其自身的结构。谈话活动的活动目标、活动方式的独特性，都要在活动设计的基本结构和组织开展中得到体现。

谈话活动的设计与组织具体包括以下步骤。

1. 创设情境，引出谈话话题

谈话活动一开始就要吸引所有幼儿的注意，生动有趣、自然而然地引出话题，使其在不知不觉中从心理上做好活动开展的准备。要做到这一点，谈话的情境创设很有必要。情境创设应遵循直观性教学的基本原则，具体的情境要能激发幼儿活动的积极性，引起他们的兴趣，启发他们对谈话话题的相关经验的联想。

有趣的谈话情境有多种方式，教师可采用以下几种方式。

1) 用实物创设谈话情境

这是直观教学中实物直观的方式，即直接感知实际事物，获得感性认识，有利于激发学习兴趣。教师可在活动初始向幼儿呈现具体实物，唤起幼儿对某些事物的回忆，引发他们谈话的兴趣。例如，在进行关于秋天特征的谈话时，教师可围绕“秋天是收获的季节”这一特征，准备一些实物，如稻穗、棉花、花生、苹果、栗子等。除了展示实物外，教师还可展示标本、演示小实验、布置墙饰，如在一次小班的谈话活动“美丽的服装”中，教师在活动角挂上了各种衣服，让幼儿在观赏中萌发交谈的兴趣。

2) 用直观教具创设谈话情境

这是直观教学中的模像直观方式，如展现各种图片、模型或者通过幻灯片、多媒体视频等的演示等。通过这种方式，幼儿可获得关于事物的大小、动静、虚实、色彩对比等方面的直观感受，而不受实物观察的局限。例如，在一次渗透了科学活动的谈话活动中，教师展示了两个盛满水的玻璃杯，每个杯中放有一枚鸡蛋，然后往其中一个杯子中加盐，鸡蛋逐渐浮上来。教师演示时幼儿充满好奇和兴趣，教师可据此引导幼儿谈自己观察到的现象，最后讲解，使其学会相应的科学知识。同时，在活动开展中，利用图片或多媒体技术演示 PPT 等，也是常用的创设谈话情境的形象化方式。

3) 用形象的语言创设谈话情境

教师可用生动、形象的语言，达到创设谈话情境的目的，这是言语直观的方式。从形式上说，要注意语音、语调的变化；从内容上说，要注意开场白是有趣的话题。总之，要以言语表达激发幼儿的兴趣。教师可自己说一段话，提一些问题来唤起幼儿的回忆和相关经验，并适时切入话题，也可以用一些生动有趣的儿歌、谜语等来引入。例如，谈话活动“怎么过马路”，教师提到：“早上来上班，过马路时差点被车撞到，吓了一跳。”这话一说，就吸引了幼儿的注意力，幼儿会想到底是怎么回事呢？原来老师没有遵守交通规则，没有走斑马线。接着，教师提出问题：“过马路时要注意什么？”“为什么行人要走斑马线？”幼儿的情绪被调动起来，纷纷给老师出着。

4) 用游戏或表演的方式创设谈话情境

通过小游戏或表演活动引出谈话情境，达到激发幼儿表述愿望的目的。需要注意的是，这种形式的运用一定要控制好时间，不能喧宾夺主、耗时太多，否则会导致活动开展得本末倒置。例如，谈话活动“发生在公共汽车上的事”，教师先请几个幼儿扮演乘客乘车的情景，教师扮演老奶奶等角色，并提出“如果遇到这种情况你会怎么做”等问题。在具体情境下，幼儿的积极性和兴趣很容易被调动起来。

2. 围绕话题自由交谈

引出谈话的主题后，教师要引导幼儿围绕这一谈话主题自由交谈。因为每个幼儿的成长和家庭教育背景不同，而且具有不同的语言经验和知识积累，所以这一步骤的主要目的是调动幼儿对于谈话主题的知识和经验储备，从自己的经验出发来表达，并和同伴进行充分的言语交流。在不同见解的交流中，个人认识会得到完善或修正，而对于不同观点的阐述，也可培养幼儿初步的讨论意识。

1) 放手让幼儿围绕话题自由交谈

在这一环节，幼儿的兴趣被谈话的起始情境唤起，很容易产生表达的欲望和实际表达的行动。教师应鼓励他们和其他同伴说说自己的想法，进行自由交谈。只要是围绕着话题进行，教师就不需要做出示范，也不用给他们提示，让幼儿想说什么就说什么，充分、自由地表达。

幼儿在自由交流的过程中往往会转换谈话的对象，转向别的小伙伴，从形式上看，或是两两交谈，或是三五个人形成小组，对此，教师要允许他们有一定的自由，形成双向或者多向的交流。自由结组更有利于幼儿参与积极性的发挥，转换谈话对象使得他们有更多的机会进行交流，也可保证气氛的融洽、宽松。

2) 鼓励每名幼儿积极参与，关注个别差异

自由交谈的环节为幼儿增加了开口说话的机会，让他们想说、多说，形式、对象自由。但是，由于性格内向、环境陌生、言语表达能力不佳等多方面原因，总有些孩子游离于活动之外，在课堂上不发言，或发言时声音小等。为此，教师要有意识地在一旁小声提醒或鼓励，也可提示其他幼儿说完后注意听听这些不善于发言的幼儿的话语，以增强其自信心和大胆说话的能力。另外，在遵循幼儿自由选择说话同伴的前提下，可有意将光听不说或少说的幼儿和言语交往能力强的幼儿安排在一起。总之，不让一个孩子缺席是自由交谈的

基本目的。

3) 自由交谈中，允许幼儿有“动作”

谈话活动的开展并不仅仅只是说，动口又动手才符合幼儿身心发展的特点。适当增加幼儿“动作”的机会，让幼儿在动嘴、动脑的同时，也能有动手、动脚等其他操作活动，将有利于保持幼儿谈话的兴趣，增强他们说话的积极性。例如，在谈话活动“我喜欢的水果”中，可用几种常见的水果引出话题，在幼儿自由交谈这一步骤中让幼儿品尝水果，并引导他们说出水果的味道、颜色、形状等内容。和事物有关的谈话可以让幼儿有摸、尝、闻、嗅等动作参与，以充分感知；其他类的谈话活动也可以根据话题的内容，适当鼓励幼儿增加动作展现。例如，在参观动物园后的谈话活动中，教师可以设计模仿动物形态、动作的环节，以配合幼儿回忆、表述各种各样的动物。

4) 教师要关注幼儿谈话情况

在幼儿自由交谈环节，教师要密切关注并观察幼儿的自由发言。教师在活动现场要和幼儿靠近，不能离得太远，否则活动中会有跑题或“放羊”的情况发生。在这一活动环节中，教师最好做到以下两点。

(1) 要巡视幼儿的自由交流，并用非言语形式做出相应的反应。轮番巡视、倾听、观察不同幼儿的谈话，对每一对或每一组都停下来听听，并用微笑、点头、轻抚幼儿等表情和身体语言进行鼓励；也可用皱眉、摇头、手指示意等方式对没有积极参与状态的幼儿进行提示。必要时，教师要用简单的言语做出反馈。

(2) 要详细观察幼儿的活动参与情况，对不同幼儿的谈话水平进行了解，明确其差异，特别是那些言语表达能力相对较差的幼儿。同时，对幼儿总体的谈话经验做到心中有数，以利于下一步活动的展开。

3. 引导幼儿逐步拓展谈话范围

在幼儿自由、开放交谈之后，教师有必要集中引导幼儿会谈。每个年龄班幼儿都应在原有谈话基础上进一步扩展谈话的经验范畴，学习运用新的谈话经验，提高其谈话水平。

1) 逐步深入谈话

教师通过提问的方式，引导幼儿在集体范围内谈话。教师的提问和引导，逐层开拓、发展着幼儿的谈话内容，给幼儿提供了学习运用新的谈话经验的机会。教师通过逐层深入的谈话，向幼儿展示新的谈话经验，可促使幼儿谈话水平的提高。

所谓新的谈话经验，是谈话活动目标在谈话活动中的具体化，是幼儿要学习的谈话思路和谈话方式的总和，亦即拓展谈话思路、谈话技能以及对规则、态度的学习。教师要仔细琢磨“怎样让幼儿学会谈话”的问题，不要认为新的谈话经验就等于学会了一个句式或几个词语。在设计和组织谈话活动时，教师应从谈话活动的目标、思路上寻找本次的活动目标和新的语言经验点，力图从大的方面帮助幼儿整理谈话思路，掌握一定的谈话规则，获得一些适用于谈话的交往方式。

谈话话题拓展的一般顺序为：对话题对象的描述和基本态度——为什么会有这种态度——对话题对象的独特感受。例如，在谈话活动“我喜爱的图书”中，教师可引导幼儿首先描述图书的种类和自己对待图书的态度，然后说说为什么有这样的态度，最后谈论自己的一些独特感受。这种话题拓展模式给幼儿提供了谈话的经验，能使他们习得有条理、清晰的谈话思路。若形成了良好的表达习惯，对以后书面语言的表达将起到促进作用。再如，在中班谈话活动“我喜欢的糖果”中，教师采用提问和引导的方式逐步拓展谈话范围：

你带来的糖果是什么样的？(名称、形状、颜色、味道) 你最喜欢什么糖果？为什么？

你觉得什么糖果最有趣？为什么？

如果让你设计制造一种糖果，你想做出什么样的糖果？为什么？

2) 注意不同层次的拓展

每次谈话活动都应当根据不同年龄阶段幼儿的总体谈话经验和谈话活动的规则、特点，确定具体的活动目标与新的语言经验。

(1) 关注每个年龄班幼儿的谈话水平。不同年龄段幼儿的谈话经验和目标应具有不同层次的特点，教师要对本班幼儿的总体情况和个别差异进行详细了解，在幼儿原有谈话经验的基础上进一步扩展谈话经验。培养幼儿倾听谈话的意识、情感、态度和能力，在小班、中班和大班都应有不同的要求，落实到每次具体的谈话活动中，应针对不同年龄班逐步加入新的不同层次的倾听经验要求。例如，小班幼儿刚开始学习谈话，要求“乐意听别人说话”“知道在别人说话时要安静，不打断”“能够听懂谈话的中心内容”；大班幼儿在倾听方面的水平提高了，同小班幼儿相比有更高的要求，“能认真、有礼貌地听别人说话”“能集中注意力倾听教师布置的活动任务”等。

(2) 各个谈话活动设计的新语言经验要有所侧重。这次谈话活动可重点帮助幼儿学习围绕中心话题谈话，下次可能是重点学习围绕中心话题深入拓展小话题，再之后的谈话活动中还可能是让幼儿自己提出话题谈话等。不管本次活动关注哪方面，教师一定要正确、合理地看待幼儿谈话技能、态度的发展，认识到这需要一定时间的逐渐培养和积累，不能急于求成。

3) 教师隐性示范新的谈话经验

应该明确一点，教师在此阶段向幼儿展示的新的谈话经验应当特别注意思考自己“说什么”和“怎么说”，因为此时教师说话的内容和方式，直接关系到幼儿对新的谈话经验的学习。一般来说，谈话中教师引入新的谈话经验不是用明确指示的方法说给幼儿听的，而是通过间接的方式将这种新经验逐步传递给幼儿，这种方式即平行谈话。教师通过谈自己的生活经验、自己的感受等，向幼儿暗示谈话的内容和方式。这种方式具有潜移默化的特征，将新的谈话经验隐性示范给幼儿，让幼儿在谈话过程中不知不觉地沿着新的思路去说，去应用这种新的谈话经验，最终学会这种新的谈话经验。例如，在“我的爸爸”的谈话中，教师用平行谈话方式进行隐性示范：“我的爸爸是老师。爸爸的工作很辛苦，每天晚上都要备课、批改作业。他会讲很多有趣的故事。我常常和爸爸一起整理图书，还帮爸爸做其他的事情。我喜欢我的爸爸……”在教师的这段示范性谈话中，教师说明了是否喜欢爸爸、为什么喜欢爸爸、为爸爸做了什么事情这些内容，启发引导幼儿在不知不觉中学习这种新的谈话经验。

第三节 学前儿童讲述活动

一、讲述活动的概念与作用

(一)讲述活动的概念

讲述活动是有目的、有计划地培养幼儿独立构思和表述一定内容的教育活动。讲述活动是幼儿语言教育的重要组织形式，要求幼儿借助于一定的凭借物，独立构思，在相对正式的语境中完成完整、连贯的语言表达。它的着眼点在于促进幼儿独白言语的发展。

讲述活动为幼儿提供了不同于日常生活谈话的语言运用情境，教师要创设相对正式的语言运用场合，引导幼儿积极参与到命题性质的语言表达实践中，学会使用比较规范的语言来表达对事、对物、对人的认识。相关研究和实践表明，讲述活动是发展幼儿独白言语的有效方式，对幼儿言语表达的目的性、独立性、连贯性和创造性，对幼儿的记忆、思维和想象都有很好的促进作用。因此，在学前儿童语言教育中，讲述活动具有重要的地位和作用。同时，不论是过去还是现在，讲述都是幼儿教育工作者极为关注的一种教育形式。

(二)讲述活动的作用

讲述活动能有效提高幼儿的言语表达能力，同时也会对幼儿的认知及社会化发展等产生良好的影响，因此具有一定的教育价值。其作用具体体现在以下几个方面。

1. 培养幼儿的感知、理解能力

开展讲述活动的必备要素是要有一定的凭借物，即讲述活动中教师为幼儿准备的讲述对象。这既可能是相关材料，如图片等，也可能是一定的情境。不管怎样，都要求幼儿认真、仔细地观察，多方面感知，在获得感性经验的基础上，运用自身的想象、分析、概括等思维活动，达到对讲述对象的充分理解，并进行讲述。因此，讲述活动能培养幼儿的感知和理解能力。同时，幼儿观察和认识事物的具体方法会得到锻炼，幼儿之间的交流和补充也会使他们加深、丰富对感知对象的认识和印象，促进幼儿的理解，培养他们初步的逻辑思维能力。

2. 促进幼儿一般性表述能力的提高

学前儿童语言教育的四大目标之一就是表述。谈话活动培养的是幼儿与他人交流的语言能力，而讲述活动重点在于培养幼儿独立表述的能力。在讲述活动中，幼儿需要独立构思所要表述的内容，既要注意内容组织的顺序、表达的重点，也要考虑怎样让别人理解自己的话语，如在讲述过程中，先讲什么、后讲什么、重点讲述什么、用什么样的词语来描述等。简而言之，即学会说话，知道讲述的一般方法，能连贯、完整、清楚地讲述。

3. 锻炼幼儿的独白言语能力

学前阶段，主要应发展幼儿的口头言语，而口头言语可分为对话言语和独白言语两种形式，分别对应语言教育活动中的谈话活动和讲述活动。独白言语原指戏剧中的人物自己对自己说话，这里指的是说话人在头脑中构思和表达对某些内容的完整的认识，要求较长

时间地独自讲述，没有交谈者的应答来支持，因而语句要完整，讲述的内容不能简化。因此，幼儿要有一定的生活经验和词句的积累，有较好的记忆力和准确的表述能力。有研究表明，幼儿的独白言语在 3 岁以后已逐步发展起来，但在 5 岁前不能对幼儿讲述方面提太高的要求。在专门组织的讲述活动中，幼儿要有机会对独白言语能力进行锻炼，学习在集体面前独立、大胆地讲述自己的感受，把对事物和人的想法讲清楚，逐步达到完整、清楚、有声有色地讲述故事或系统地描述看过或听过的事件，有中心、有顺序、有重点，有一定的逻辑性。

二、讲述活动的目标

(一)培养幼儿感知、理解讲述对象的能力

讲述活动能够促进幼儿对讲述对象的积极感知和理解，它不仅要求幼儿听懂指示，还要观察讲述对象，然后通过运用概念、想象、判断、推理等多种思维形式的活动，获得对有关讲述内容的认识。这是综合信息汲取的过程，并非简单的听和说，还有各种语言和语言之外的认知，因此对幼儿语言和其他方面的发展都会产生极大的促进作用。

不同年龄的幼儿在感知、理解方面具有不同的发展水平，因此各年龄班在感知、理解方面的活动目标应有所区分。

小班幼儿：讲述活动的目标是能听懂并按照教师指令的要求感知并理解内容较为简单的实物、图片和情境等。

中、大班幼儿：讲述活动的目标是能够用比较分析的方法理解较为复杂的讲述对象。其一，能感知表面内容，如图片中的人物动作、事件、背景等；其二，能理解深层次的内容，包括人物对话、内心活动等。

(二)培养幼儿独立构思与完整表述的能力

讲述活动能够培养幼儿独立构思和清楚完整地表述的意识及能力。从认识角度看，幼儿懂得用适度的音高讲话，有积极的表达愿望；从情感、态度角度看，幼儿喜欢与人交流，能在适宜场合积极主动发起话题，乐意在集体中发言，态度大方，声音响亮；从能力角度看，能够用连贯的语句和恰当的语调清楚表达，能够条理清楚、前后连贯、生动形象地讲述图片及事件等。具体表现在以下三个方面。

1. 在集体场合大方自然地讲话

讲述活动可以锻炼幼儿的独白言语能力，尤其是逐渐学会在集体面前大方自然地讲话。讲述活动要求幼儿敢于在许多人面前说出自己的想法；能够也乐意跟别人分享自己的观点，积极地说话；姿态上，在集体面前说话时不忸怩害羞，不胆怯退缩；知道用适宜的音量和正常的语调、节奏在集体面前说话。

2. 使用正确的语言内容和形式进行讲述

幼儿的语言在逐步发展中，常常会出现语音、语法、词汇等方面的错误。在尝试修改错误的过程中和教师的指导下，幼儿口头言语表述会越来越正确和规范。尤其是，讲述活动不同于谈话活动，要求幼儿使用规范化的语言，在相对正式的情境中讲述，这就有利于

引导幼儿不断地纠正错误，提高使用正确语言内容和形式的水平。

3. 有条理、有重点地讲述

在讲述活动中要求幼儿使用独白言语，发展幼儿有中心、有顺序、有重点地表述的意识和能力。讲述活动能够培养有中心地讲述，不说与中心内容无关的事，不过多关注次要的内容；培养幼儿有条理、有顺序地讲述，教幼儿逐步学会按照一定的逻辑规律来组织自己的言语表达，增强他们说话的清晰度、逻辑性；锻炼幼儿有重点地讲述，抓住事件或物体的主要特征，传达最重要的信息。

根据不同年龄阶段幼儿的语言发展水平，并依据《纲要》精神和《指南》内容，各年龄班幼儿讲述能力发展的具体要求应该不同。

小班：能理解内容简单、特征明显的实物、图片和情境，能正确地说出讲述内容的主要特征，愿意在集体面前讲述。

中班：逐步学会理解图片和情境中的事件顺序，学会按照一定的顺序讲述，在集体面前清楚、响亮地讲述，能基本完整地讲述所见所闻和经历的事情，讲述比较连贯。

大班：能够有序、连贯、清楚地讲述，没有明显停顿，讲述用语较为准确，能使用常见的形容词、同义词等，语言比较生动，能够有重点地讲述，突出讲述的中心内容。

(三)培养幼儿对语言交流的调节能力

讲述活动要求幼儿善于倾听别人的讲述内容，并根据不同的语境和听者的反应，调节自己的言语表达，以进行有效的信息交流和沟通。根据心理语言学的研究，这种能力即个体对交流信息清晰度的调节技能。这种调节技能是针对交往场合中各种主客观因素，以及这些因素与个人使用语言关系的敏感性而言的。具体表现在以下几个方面。

1. 增强对听者特征的敏感性

根据听者的特征来调节说话的内容和形式，使听者能理解和接受，这是保证交流信息清晰度的一个方面。幼儿园的讲述活动，要求幼儿在集体中说话、交流，并且这种表述应具有共同指向的内容。这就促使幼儿关注别人的言谈以及自己所说与别人所说内容之间的关系，努力使听者对自己所讲内容产生兴趣，并能为他们所理解。这就锻炼了幼儿对听者特征的敏感性，逐步提高幼儿言语交流清晰度的调节技能。

2. 增强对语境变化的敏感性

根据语言环境的变化来调节语言表达方式，也是保证交流信息的清晰度的一个方面。讲述活动要求有正式的语境，而讲述的类别多样，看图讲述、情境讲述等各有差异，每一次的讲述活动设计和组织都会有不同的语言环境，因此对幼儿提出了感知语境变化的具体要求。幼儿在学习讲述的过程中，逐步锻炼对语境变化的敏感性，培养能随语言环境变化而调节自己表述方式的能力。

3. 增强对听者反馈的敏感性

讲述虽然锻炼幼儿的独白言语，但并非完全的自言自语，也要求运用语言进行交往，这就需要幼儿根据听者做出的反馈，及时调整自己说话的内容和方式，这是保持语言清晰度和交流效果的基本语用技能。具体内容包括：①及时关注听者的反应。幼儿在表述时，还要及时地捕捉听者听懂与否，有没有表现出困惑、同意、不赞成等反馈信息，以做出相应的反应；②锻炼根据这些反馈的信息对所说内容进行修正的技能。这个要求对幼儿来说是较难的。当听者发出不理解的反馈信息时，幼儿多半是沉默或多次重复最初的话语，但如果讲述的内容是幼儿熟悉的事情，他们则能根据听者反馈的信息进行再组织，因此教师要在讲述活动中灵活应对。

三、讲述活动的基本特征

(一)讲述活动有一定凭借物

围绕什么中心来表达，在不同种类的语言教育活动中有不同体现。与主要围绕幼儿已有经验来交流的谈话活动不同，讲述需要有一定的凭借物。所谓凭借物指的是学前儿童进行讲述的对象，既可以是教师为幼儿准备的，也可以是幼儿自己准备的；既包括实物、图片等具体事物，也包括设计的活动情境等。讲述围绕凭借物进行，因此它决定了幼儿讲述的指向和内容范围。

凭借物在讲述中的应用应符合幼儿言语发展的需要。由于原有的经验有限，幼儿有时完全靠记忆和感知表象来进行个人化的言语表述往往不能实现，因此需要凭借当时出现在眼前的实物或情境，将其具象化，即用一定的凭借物将记忆中的材料信息补全，或是丰富表象。

在不同的年龄阶段，幼儿讲述活动的凭借物应有所区别：小班主要进行实物讲述或简单的图片讲述，清楚完整地描述实物和图片的主要特征即可；中、大班幼儿不但要针对实物、图片和情境进行充分的讲述，还要学习如何利用凭借物进行创造性的讲述，即运用思维、想象等自己编创的方式超越原有内容，将凭借物本身没有反映出来的人物的心情、对话、内在行为动机等表述出来。

(二)讲述活动有相对正式的语言情境

和谈话活动的宽松、自由不同，讲述活动为幼儿提供的是相对正式的、规范的语言运用场合。讲述活动不仅要求幼儿能在小组中发表自己的见解和看法，还要求幼儿能在集体面前用规范的、严谨的语言大胆地表达自己的认识。这种正式讲述表现在两个方面：①环境规范、语境规范，即一般在专门的教学活动中开展这类活动；②语言规范，即幼儿需要使用较为完整的连贯句。

语言的表达离不开具体的语言情境，语言被用来表达特定的意义，传递信息，交流感情；反过来说，不同的语境对语言的使用也有不同的要求。讲述活动要求有相对正式规范的语境，给幼儿提供规范语言发展的机会，这和谈话活动对幼儿语言理解和表达水平的要求是不同的，是对谈话活动的一种提升、促进。语言是人们用来交际的工具，在一定的交际场合，说什么、怎么说，内容、方式、环境和表达者是相互统一的。幼儿在谈话活动和讲述活动中，体会并感知宽松、自由和严格规范的不同的语境，学会自主调节自己的说话方式、交流范围、表达风格，知道慎重考虑才能发表个人见解，对规范性语言的发展有促进作用，尤其是可以为入学后的书面语言学习打下良好的基础。具体而言，要求幼儿在讲述活动中不能像谈话活动那么随意，要有头有尾、完整地构思内容，在表达时用词、用句尽量准确，不要出现明显的错误，合乎语法规则。例如，对春天的描述，在谈话活动中，幼儿自由交谈："我看到迎春花开了，真好看！""我还看到小草发芽了，很小。"这样的表达重在充分展现个人对春天的感受，发展的是对白言语，只要他们能交流，不强求正式规范的语言，教师不做过多干预；而讲述活动要求幼儿独白言语的发展，个人要连贯、清楚、完整地说出对春天的印象。教师可借助于图片等凭借物进行引导："春天来了，小草透出了一点点绿色，柳树发出了新芽。春风轻轻吹过……"

(三)讲述活动的语言是独白言语

幼儿通过日常谈话和专门的谈话活动发展了与他人交往的能力，也逐步具备一定水平的讲述能力。讲述活动是培养、锻炼幼儿独白言语的最好途径。

讲述活动需要幼儿用完整、连贯的言语将内心的感受和体验准确无误地表达出来，并能得到他人的理解，这是讲述活动的目标和要求。独白，指的是说话的人独自构思和表达对某内容的完整认识。在谈话活动中，幼儿的言语交流是多向的，发展的是对白言语能力，即围绕一定的话题和他人进行交谈，交谈的对象明确，交谈的话语也比较简短，并不明确要求一定要内容完整连贯；而讲述活动侧重于独白言语能力，往往是在集体场合讲给多个人听，表述的话语相对较长，而且内容要完整连贯、首尾一致，这样的表达我们可称其为语段。这种独白性质的语段，也围绕一定的中心主题来组织，相对于对白的彼此交流，它更要求个人独立表达，有顺序、有重点、有条理、有头有尾地叙述或说明，是较高水平的言语表达，是较晚年龄才出现的。

从现代信息论的角度看讲述的过程，言语的交际经历了幼儿从独立编码到发送的过程。编码是根据所要表达的目的、内容等自主选择合适的词语、句式，组成一定的话语，即确定先说什么、后说什么以及怎么说；然后，通过发音器官，用口头语言的方式将构思的内容表达出来，这就是言语信息的发送。在准确编码和完整发送的过程中，幼儿需要将认知的信息转换成有意义的语言符号，还要注意表达得合乎规范性，然后将这些成段的言语信息按照编码发送传递出去，这个过程是幼儿独自完成的，对其知识、经验水平、语言水平的要求都是较高的。因此，讲述的要求比谈话的要求高。从对白到独白，这是幼儿口头语言发展的基本规律，独白言语要建立在一般交谈的基础之上。

四、讲述活动的主要类型

讲述活动可以按照多种方式进行划分，可以按照讲述的内容来分类，也可以按照讲述的凭借物来分类。

(一)按照讲述的内容分类

从讲述的内容和表达方式来看，讲述活动可分为叙事性讲述、描述性讲述、说明性讲述和议论性讲述。

1. 叙事性讲述

叙事性讲述就是幼儿用口头言语把人物的经历、言行或者事情的起因、发生发展、结果讲出来。叙事性讲述要求幼儿在讲述中说清楚人物的基本特点以及事件发生的时间、地点和缘由，并且能够说明白事情发展的先后顺序，这些都是幼儿叙事性讲述的基本要素。幼儿叙事讲述能力的发展，意味着这些叙事要素得到不断扩充和加深，即先有什么、再加什么和以什么样的方式出现。

总体来看，学前教育阶段的幼儿叙事讲述能力能够得到迅速的发展，但是总体水平不高。相关研究和实践均表明，4 岁左右是幼儿叙事讲述能力发展的关键期，但是直到幼儿园大班依然会有很多幼儿不能有条理、有逻辑地进行讲述。因此，要求幼儿能够简洁、清楚地按一定的顺序讲述事件即可。

2. 描述性讲述

用生动形象的口头言语把人物的状态、动作或者事物的性质、特征等具体地描述出来，即描述性讲述。描述性讲述一般在观察过程中或者观察后进行。在学前阶段，幼儿学习描述性讲述的重点在于能够使用具体、生动、形象的词语说话，而且能够抓住最主要的特征进行描述。描述的内容可以是多方面的，如物品的外部特征、用途、使用方法等，人物的外貌、动作、表情等。如果是讲述单幅的图片内容，幼儿要具体描述图片上的人物是什么样子的、在干什么、有什么面部表情等。

3. 说明性讲述

说明性讲述指的是用简单明了的言语把事物的形状、特征、用途等解说清楚。例如，讲述“我喜欢的玩具”，幼儿需要说清楚自己喜欢的玩具是什么、长什么样、用什么材料做成的、怎么玩这个玩具。说明性讲述活动要求进行细致而全面的观察、清楚的记忆、有条理的思维、层次清楚的讲述。因此，说明性讲述活动要求较高，不适宜在小班、中班开展。

4. 议论性讲述

议论性讲述通过分析事实、说明观点来表明自己的立场，即赞成什么或反对什么，并说出采取某种态度的理由和根据。议论需要讲道理，或论是非，这对议论者的思维水平、言语逻辑性等有极高的要求。学前儿童的思维和逻辑性不能达到这样的高度，因此只能进行初步的议论性讲述，即幼儿能够根据自己的认识经验和个人喜好说清楚即可。例如，讲述“我喜欢的季节”，有的幼儿表达“我喜欢夏天。因为在夏天我可以吃冰激凌，还可以去游泳”。发展初步的语言逻辑性和逻辑思维能力的议论性讲述活动，可考虑在大班开展。

(二)按照讲述的凭借物分类

根据讲述的凭借物的特点，讲述活动可分为看图讲述、生活经验讲述、情境讲述和实物讲述。

1. 看图讲述

图片利用色彩和一定的构图把人或事表现出来，是幼儿喜爱的一种艺术形式。在幼儿的语言教育中，利用图片对幼儿进行教育，符合了幼儿的发展特点，而看图讲述活动是最常用的一种讲述活动形式。幼儿的语言发展总是和认识周围的环境、事物紧密联系在一起的，幼儿的认识发展特点要求教育内容和形式的直观性，而具体的事物不可能在教育过程中都呈现给幼儿，因此图片的应用就具有重要的意义。同其他的模型等直观教具相比，图片具有应用方便、经济实用、包含内容广等特点，而且形式多样，能在语言教育过程中起到连接现实的感觉和过去的经验的作用。同时，在观察和讲述图片时，幼儿需要从已经掌握的词语中找到最准确的、最有表现力的方式来讲述，或者根据图片线索进行创造性的讲述，可以有力地推动幼儿的想象、思维和口头言语的发展。因此，看图讲述是幼儿园进行语言教育的一种很重要的形式。

根据图片的内容进行讲述，包括单幅图讲述、多幅图讲述、拼图讲述、绘图讲述、粘贴图讲述等多种变化形式。

拼图讲述是看图讲述的拓展。教师不直接提供幼儿讲述的对象，而是给幼儿一些构图的材料，如插塑板、积木、七巧板、立体图片等，有人物、动物、花草树木或各种形体，让幼儿根据一定的主题进行自由构思，拼构成各种各样的画面，在完成自己的拼图或构图后，展开想象，构造一个完整的、有情节的故事，然后讲述自己的作品。拼图或构图讲述不仅可培养幼儿言语表达的连贯性，而且在拼构的过程中，幼儿可以动手、动脑，有利于提高其参与的兴趣。在拼构活动完成后，幼儿有一定的成就感，讲述的兴趣自然浓厚。幼儿可以自己决定讲述的顺序，独自介绍讲述的内容，或描述介绍，或创造性编构，学习中的主动性和创造性都能得到有效体现。这不仅可以锻炼幼儿的口语表达能力，也可以促进他们创造性思维能力的发展。

绘图讲述是指幼儿在教师的指导下针对一定的主题进行绘画，然后再进行讲述。广义的绘图讲述，不仅包括绘画，还包括幼儿进行泥工、折纸等其他类的手工活动，然后将自己的作品讲述出来。这一类的讲述活动和拼图或构图讲述活动不同，拼图构图注重的是“拼”，幼儿有可以依据的材料；而绘图讲述没有适合的参照物，幼儿要根据自己的生活经验和相关知识独立构思，独立创作。由于绘图讲述是幼儿自己制作，因此可分两次进行活动，第一次活动进行绘画、捏泥等，第二次活动组织讲述。在绘画或做手工过程中，教师提供相应的主题，但在具体画什么或做什么、怎么做的过程中，不做具体的要求，让幼儿依自己的意愿随意构思、表现。幼儿最好能编构出一定情节，也可针对动画形象等自己感兴趣的情节或角色进行描绘，以保证讲述有可凭借的内容。

2. 生活经验讲述

生活经验讲述是指幼儿将自己在生活中对人、对事、对物的感知讲出来，即针对自己经历过的、见到的、听到的，将最清楚的、最感兴趣的部分，有条理地表述出来。这种讲述活动不仅能够锻炼幼儿独立、连贯的讲述能力，而且可以促进幼儿观察、了解日常生活和社会生活，激发其求知欲和观察力，扩展其知识领域。特别是在教师的引导下，幼儿将那些有意义的事件说出来，这对幼儿的品德、情感等会产生潜移默化的影响。在讲述过程中，幼儿需对自己亲身感知和经历的过程进行再组织，而不是一点也不变地呈现出来。有的幼儿还习惯把多次的经历或多种印象组织在一起，通过口头语言再次呈现，这对于幼儿的分析、概括和语言的组织能力能起到锻炼作用。

生活经验讲述包括幼儿共同的生活经验讲述和幼儿个人的生活经验讲述。

幼儿共同的生活经验讲述，指的是幼儿讲述在共同的活动中获得的生活经验。例如，教师组织幼儿一起游览动物园，或者几乎所有幼儿都有过的生活经验，如大家几乎都看过《喜羊羊和灰太狼》的动画片。这种共同的生活经验使教师能有计划地组织幼儿开展讲述活动。在游览动物园后，教师引导幼儿回忆观察某些动物的过程和获得的感性认识经验："我们在动物园看到了什么动物？"并进而针对某种动物的特点、生活习性等进行引导，让幼儿进行独白形式的讲述。具有共同生活经验的讲述活动组织起来比较顺手，也便于指导。

幼儿个人的生活经验讲述比共同的生活经验讲述活动组织起来难度大。幼儿的生活、成长背景各不相同，在个人的生活经验中总是会有和其他人不同的地方，幼儿需要从自己的经验中选择出相应的内容来进行讲述，而且要讲述完整、清楚、连贯，这对个体幼儿的记忆、思维和口头言语的发展有极大的促进作用，但教师在组织和指导时可能会有一定的困难。教师需要根据幼儿的讲述还原他们原有的生活经历或经验，尽力做到及时地指导或补充。在进行幼儿个人生活经验的讲述活动时，教师要注意讲述的主题要具体，内容要有限定，如"我最喜欢的玩具"，不同幼儿有不同的喜好，自己喜欢的玩具是什么样的要给大家介绍清楚，为什么喜欢这个玩具要说得明白，玩具的功能和玩法讲述得要具体。这样的个人生活经验讲述，是幼儿生活范围内熟悉的、印象深刻的，也是他们感兴趣的，因此在感知这样的事物的过程中，能触动他们的情感、兴趣，他们也更能记得清楚，回忆再现也更容易。所以，只要有生活经历、有一定的感知经验，幼儿就能进行这种讲述。但是，总体来看，幼儿的生活经验还不是特别丰富多样，因此这类讲述活动最好不要在小班开展，可以在中班的后期或者大班进行。

3. 情境讲述

情境讲述是指根据幼儿的经验设计一定的具体情境，由教师或幼儿来进行角色扮演，或者操作玩具、木偶等进行表演，引导幼儿观看表演，要求凭借对情境中表演的理解进行讲述，也称情境表演讲述。因为设置的情境是幼儿喜欢的表演、场景、角色、情节，还有不同角色的动作、表情及对话等，具有形象、鲜明的直观性，因此能够诱发幼儿观察和参与的兴趣，而对情境的感知也使幼儿相应的讲述活动的开展具有便利性，所以这种形式的讲述活动适用于所有年龄班。

情境表演变化较快，要求幼儿集中注意力，观察动作、表情，记住人物的对话，这对锻炼幼儿的有意注意能力、观察力具有很好的促进作用。观看具体情境表演的浓厚兴趣，可促使幼儿尽力回忆所获得的相关印象，想象、思考情境中事件等表达的意思，并按照一定的线索或者顺序来组织口头言语，这对于培养幼儿的记忆、思维、想象及口语表达能力都有积极的作用。

4. 实物讲述

实物讲述是指以实物为凭借物开展的讲述活动，真实感强。实物应是幼儿生活中经常接触到的，如日常生活用品、玩具、动物、植物、自然景物等。这类活动在开展时，要引导幼儿进行详细观察，充分把握具体实物的特征，在观察中或观察后将具体实物的基本特征、用途及使用方法等讲述出来。

五、讲述活动的具体指导

讲述活动的类型多种多样，但由于其拥有共同的特点，因此在专门的讲述活动的设计和组织中有相对固定的结构和流程，即导入环节的设计、对讲述凭借物的感知、理解和讲述等。

具体来说，专门的讲述活动的设计与组织主要包括以下四个步骤。

1. 感知、理解讲述对象

讲述活动的特点是有相对固定的讲述对象，因此教师首先要帮助幼儿对讲述的凭借物进行感知、理解。感知、理解讲述对象，主要通过观察的途径进行，教师要调动儿童各种感官对讲述对象进行多角度的观察，以获得充分的感知印象，达到对感知物的理解，为讲述打好基础。观察主要是通过感觉通道中的视觉来获取信息，如看图讲述中的看图片、实物讲述中的看实物、情境讲述中的看表演等，教师都要引导幼儿仔细观察。发展心理学认为，幼儿的各种感觉器官发展迅速，幼儿的视力、听力、触觉力、注意力等逐渐得到发展，因此教师可以调动幼儿的多种感官，充分全面地感知、理解讲述对象，最好将听觉、触觉、嗅觉、味觉等各种感官联合起来，将各种感觉通道获得的关于事物的表象综合，让幼儿在看得见、摸得着、听得清的情境中更好地理解感知对象。例如，通过声音呈现的讲述活动“夏天的夜晚”，教师先给幼儿听录音，让其分辨各种声音，树上的知了叫、池塘里的蛙鸣、草丛里的蟋蟀声等，让幼儿通过听觉去感知、想象夏天夜晚的景象和发生的事情，并讲述出来。再如，通过触觉来组织描述性讲述活动，教师可以蒙上幼儿的眼睛，让其触摸具体实物，要求幼儿根据触摸物体的外形等基本特征猜出物体的名称，并讲述物体的形状、质地、用途等。

在感知、理解讲述对象时，教师要进行合理引导，具体如下。

1) 根据讲述的不同类型指导幼儿感知、理解讲述对象

例如，叙事性讲述要引导幼儿重点感知、理解事情发生的过程，不能颠倒顺序，感知人物等角色在事件中的作用。如果是描述性的讲述，幼儿观察的侧重点是物体的形状、特征，人物的动作、表情等。

2) 依据凭借物的特点引导幼儿感知、理解讲述对象

讲述活动的凭借物具有多样性，有单幅的、多幅的、相互联系的图片，有具体的实物，情景化的表演等。教师在指导幼儿感知时，要抓住每一类讲述对象的特点，合理组织幼儿的观察活动。例如，在看图讲述中，教师要指导幼儿从观察外显的、表面的内容到观察内在的心理活动或事物之间的联系，从画面上直观的内容到画面外想象的内容。

3) 依据具体的活动要求引导幼儿感知、理解讲述对象

每次活动的目标要求是不一样的，有时要求幼儿学习有中心、有重点地讲，有时要求有顺序地讲，教师应根据活动的具体要求指导幼儿观察。例如，同样是看图讲述，根据对幼儿在语言上的不同要求，可以设计和组织不同性质的看图讲述，在感知讲述对象时也有不同的表现。如果组织描述性的看图讲述，要求幼儿能够观察到图片上主要的描绘对象及其主要的特征，同时还要对细节部分或事物之间的关系有所感知。在讲述时，讲清楚有什么人、在干什么、怎么做等，如“妹妹在跳绳，弟弟也要跳绳”。如果组织创造性的看图

讲述，要求幼儿根据自己的想象进行创造，要超出画面内容，不仅要讲出画面内容，还要讲出与画面内容有关的、没有表现出来的内容，如发生在画面所示情境之前或之后的情节、为什么、画面人物是怎么想的、什么心情、怎么办等，即根据画面描述的表面意思推演其内在心理，如“自己做错了，怎么办呢？”

2. 运用已有经验讲述

在引导幼儿对讲述对象有一定的感知、理解后，教师就应该调动他们的积极性，运用已有的言语表达和知识经验进行讲述。在这个阶段，教师要尽量放开让幼儿自由发挥、自由讲述。这种自由讲述对活跃气氛、提高幼儿的积极性、锻炼幼儿的独立表达能力都有积极作用。因此，教师要创造机会，让每个幼儿都能参与进来，而不能仅有一两个幼儿在讲而大多数幼儿处于听的被动局面。但自由讲述并不是放任不管，教师可以采取多种组织方式进行活动。

1) 集体讲述

集体讲述既可以提高幼儿对讲述的语言环境的认识，也能促进幼儿对个人言语表达形式的感知，知道用适合的音量语调讲话。在集体讲述中，要让每个幼儿都能围绕感知对象发表个人见解。例如，讲述“我最喜欢的玩具”，让每个幼儿都介绍自己最喜欢的玩具。这种讲述方式适合幼儿人数较少的年龄班。

2) 分组讲述

分成小组不仅能够让幼儿有更多机会进行轮流讲述，而且能够保证每个幼儿都有发言的机会，和其他小伙伴进行直接交流。分组的时候，注意小组人数不能太多，三四人最好，最多不能超过 5 人。因为幼儿的合作意识和自控能力差，人数较多的小组方式不利于活动的开展。

3) 个别讲述

通常，教师会让幼儿一对一地进行自由讲述。在组织活动中，这一方式容易操作，幼儿就近与相邻的小伙伴结成对子即可。

教师要注意，在讲述的自由发挥阶段最容易出现混乱，因此在这个环节活动前，教师一定要注意交代清楚讲述的要求。讲述活动和谈话活动一样也有相应的主题，特别要提醒幼儿结合讲述对象进行讨论。在讲述活动过程中，教师要进行巡回指导，要求幼儿尽量用规范的言语表达。但是不必着急告诉幼儿什么，而是要注意倾听，既要倾听讲得精彩的部分，又要倾听能力较弱和能力中等的幼儿的讲述，这样的倾听有助于教师了解幼儿对讲述对象的感知，为下一个步骤的顺利开展奠定良好的基础。如果需要指导，教师可以通过插话、简单提问的方式进行。

3. 引进新的讲述经验

上一阶段开放性的自由讲述是“放”，这一阶段教师要“收”，即为幼儿引进新的讲述经验。新的讲述经验指的是新的讲述的思路和讲述的方式。教师在引进、示范新的讲述经验时，很重要的一点就是帮助儿童厘清讲述的思路，使整个讲述顺序性、条理性强，让幼儿在模仿中学习，提高其讲述水平。例如，哪些部分是重点内容，要多讲；哪些部分是次要内容，可以少讲；按照一定的顺序讲述，从上到下、从左到右、从大到小、从近到远、从表面到本质地描述等。新的讲述经验是讲述活动的重点内容，在确定活动目标时，要在目标表述中体现出来，而且最好将不同的讲述活动做成一个系列，将前一次活动的重点和本次活动联系起来，以便明了新的讲述经验是什么以及如何提供给幼儿。

在引进新的讲述经验时，教师可通过多种方式进行。

1) 教师示范新的讲述经验

教师提出新的讲述思路，发表自己的见解，为幼儿做示范。在示范时，很重要的一点就是要帮助幼儿厘清讲述的思路，使得讲述内容有较强的顺序性和条理性。这种清晰的思路可以帮助幼儿关注基本的表述内容，以免重要的方面被忽略或者顺序颠倒。讲述中，教师要帮助幼儿认识到讲述的基本要素：人物、地点、事件、结果。讲述人物，主要是动作、对话和内心活动及感受；讲述事件，主要是起始、过程和结果。掌握这些基本要素，并准确地表达出来，讲述的完整性和连贯性就能实现，幼儿也就不会在讲述中遗漏某些方面的内容。需要注意的是，教师的示范不能成为幼儿复述的模本。讲述的思路有多种，如果要求幼儿按照教师讲述的内容模仿，就成了复述活动。

2) 教师通过提示引进新的讲述经验

教师可以用提问或者插话的方式引导幼儿对新的讲述经验进行认识和学习。在讲述过程中，教师并没有明显的示范，而是表面上顺承幼儿的讲述，实际上是通过提问等方式改变幼儿的讲述思路。

幼儿在看图讲述的发展中有不同的表现，水平较低的表现为做出列举式的反应，水平较高的表现为进行描述、解释。针对不同的具体情况，教师在讲述活动中应进行提示。例如，关于一幅描绘人物的图片讲述中，个别对象列举的讲述为："这是电话，还有电视机，还有妈妈，电熨斗，还有衣服。"教师可以提示："妈妈在做什么？宝宝在做什么？"这样幼儿就可以按照教师的提示进行描述："妈妈在熨衣服，宝宝在叠衣服。"较高层次的看图讲述还要求幼儿能够讲出图片上没有表现出来的内容。据此，教师可以提问人物之间的关系、内心感受等，引导幼儿对因果关系等进行解释，完善讲述的具体情节，如"宝宝自己做事情，心里会有什么感觉？妈妈会怎么样看她呢？"幼儿根据教师提问的线索能够讲述"宝宝做了这些事情，心里可高兴了。妈妈也笑眯眯地看着她。"

3) 与幼儿一起讨论新的讲述思路

共同讨论新的讲述经验可以从某一个幼儿的讲述内容入手，与幼儿一起来归纳。幼儿的讲述不一定有很清晰的条理性，教师和幼儿进行共同性的讲述，意在通过引导调整幼儿讲述的思路，使幼儿遵循一定的讲述顺序或规律，以此为幼儿引进新的讲述经验。例如，在"我最喜欢的玩具"的讲述中，教师先让幼儿进行讲述，再通过集体场合来进行讨论、归纳：刚才大家都讲述了自己最喜欢的玩具，我们一般先说自己最喜欢的玩具是什么，然后再讲玩具有什么特点、有什么好玩的，还介绍了玩具怎么玩，还有的小朋友说了玩具是什么材料做的……在这样的分析讨论中，教师帮助幼儿理顺了介绍实物的基本顺序。

4. 巩固和迁移新的讲述经验

在讲述活动中获得的新的讲述经验需要通过巩固性练习固定下来，因此教师要在活动设计和开展中给幼儿提供练习机会，让幼儿实际操练新的讲述经验。具体来说，这一步骤既可以放在活动过程的基本环节中，也可以放在活动的延伸环节进行；教师既可以让幼儿分组自由讲述，也可以在语言区中进行。教师的指导主要在于：一是理解每名幼儿的讲述水平和进步情况；二是帮助幼儿迁移新的讲述经验。

在巩固和迁移新的讲述经验时，教师可以采取如下做法。

1) 示范和小结

幼儿学会新的讲述经验并不意味着就达到了熟练正确运用的程度，幼儿可能会存在词语错用或语音、语调等方面的问题。教师可以进行总结性示范，让幼儿再次感知规范、正确的表述方式，或者选择言语表达较强的幼儿进行示范讲述。注意，示范者无论是教师还是幼儿，示范讲述的内容都要完整。

如果幼儿的讲述能力较低，如针对小班幼儿，教师要进行小结性的示范讲述。中班的幼儿可以理解事物间的关系，讲述要求要逐步提高。例如，看图讲述时，要求幼儿自己总结性地讲述，从单幅图片过渡到对多幅图片的连贯讲述。对于大班的幼儿，要求其自己进行概括总结，用简单明了的句子讲清楚讲述对象的内容，教师可不做示范总结。

2) 多种形式结合进行练习

讲述活动可以和游戏、绘画、情境表演等多种形式结合，以调动幼儿的积极性，巩固迁移新的讲述经验。具体方式如下。

(1) 由此及彼式的练习。

幼儿学会了一种讲述经验，教师可以创设机会让其练习用同样的讲述思路对另一件事情或事物进行讲述。例如，幼儿学会了对自己最喜欢的玩具进行描述性讲述，可以让其对另一件玩具进行描述性讲述，看其是否已经熟练掌握了对事物外形特征、用法等的讲述方法。或者在针对人物的讲述活动后，教师提供不同的角色，引导幼儿更换角色，按照前者的思路扩展讲述后者，如幼儿学会了讲述“夸夸我的好妈妈”，教师可以引导幼儿再迁移讲述“夸夸我的好爸爸”“夸夸我的好老师”等。

(2) 由此及此式的练习。

教师帮助幼儿学会了一种讲述经验后，可以更换场景，让其运用这种讲述方式再次进行讲述练习，如幼儿学会对一些图片内容的连贯讲述后，教师既可以让幼儿放学回家后根据这些图片给家长讲述，也可以展示给其他班的小朋友。虽然主要内容未变，但是讲述的听众、场景变了，幼儿也会有一定的兴趣。注意，这种讲述的迁移不是单纯地重复，教师应鼓励幼儿再次呈现讲述内容的时候加上自己的创造，以真正实现举一反三，灵活运用。

(3) 扩展、补充方式的练习。

引导幼儿对讲述的对象进行再创作或情节的补充，如重排拼图的顺序，绘图活动中进行画面添加，构图活动中增删拼构对象等。在原有讲述的基础上，讲述的对象通过教师或幼儿的活动有了变化，如何将这种变化讲述出来，其策略就是学会新的讲述思路，即用所学会的思路进行扩展讲述。例如，在关于伞的讲述活动后，教师引导幼儿根据伞的多种用途进行扩展、迁移讲述，讲出新的情节，如伞可以给老爷爷当拐杖、可以倒过来放到河里当小船等。

讲述活动有明确的活动目标，有其内在的组织结构，新的讲述经验只有经过实际的操练，达到熟练化，才能产生迁移。语言经验的不断积累创新，才能促进幼儿言语水平的总体发展。

第四节 学前儿童听说游戏活动

听说游戏以培养幼儿倾听和表述能力为主要目标，是一种用游戏的方式组织起来的教育活动。它是由教师设计，并且是在教师的组织和引导下进行的游戏活动。学龄前儿童最爱游戏，当游戏中的教育价值被发现并被运用于各种教育活动时，游戏就会经历一个华丽的变身，由单纯性质的娱乐变为教育价值非凡的活动。同时，游戏也充分体现了寓教于乐的教育思想。幼儿在听说游戏过程中学习相应的语言教育内容和规则，会比在传统的语言教育活动中学得更有兴趣，也更有意义。

一、听说游戏活动的概念

听说游戏也称语言教学游戏，是一种由教师设计组织、以培养幼儿的倾听和表述能力为主要目标、用游戏的形式来实施的语言教育活动。

社会性是人的本质属性，与外界进行交往是人类最基本的活动，因此获得一定的交际工具就成为必需，而语言就是人类进行交际的最重要的工具。幼儿在没有学会说话之前，就已经开始运用各种非语言的方式与周围的人进行沟通，如通过自己的各种表情、肢体语言或声音来表达自己不同的感受、需求和情绪等。但这些非语言的方式有很大的局限性，所表达出来的内容也极其不好确定，成人只能根据自己的经验去判断，结果往往不能尽如人意。而当婴幼儿能逐渐掌握语言这种交际工具时，他们与外界的交往就会变得明朗起来，沟通就会变得容易。长期的教育实践经验和儿童心理研究成果表明，婴幼儿时期是人一生中掌握语言最迅速的时期，也是最关键的时期。《纲要》就将语言列为幼儿园五大教育领域之一。由此可见，语言教育在幼儿成长发展过程中占据着举足轻重的地位。游戏符合幼儿的年龄特点和心理发展水平，是幼儿最喜欢的活动之一，也是以自然环境和社会环境为中心组织的幼儿园课程的基本形式之一。当游戏的形式和语言教育活动的内容以恰当的方式融为一体时，一种全新的语言教育活动——听说游戏便产生了。不过，这种听说游戏和游戏的区别是比较大的。

1. 听说游戏是由教师设计组织的，并不是幼儿自发组织的

游戏这个名词，尽管有多种定义和分类方法，在英文里却只有 play (游戏)和 game(规则游戏)两个不同的概念。广义的游戏(play)，包含角色游戏、结构游戏、表演游戏和规则游戏等；狭义的游戏则将规则游戏(game)排除在外。而我们讨论的听说游戏恰恰是由教师设计、组织幼儿学习语言的规则游戏。若将它归于游戏的话，也只能将其列入规则游戏的范畴。

根据美国游戏研究专家诺伊曼(Neuman，1975)的观点，游戏与活动的基本区别主要在于：①控制。活动由外部控制，而游戏则有内部控制的特征。②真实。活动具有真实的特点，而游戏在很大程度上是假想的现实。游戏中的人、事、语言均有假扮转换的可能。如将木棍当成枪，人扮演动物、父亲、母亲的角色等。③动机。活动是由外部动机产生的，是教师组织安排幼儿参加的；而游戏则有明显的内部动机，由幼儿自发地开展和参与。对

照诺伊曼的游戏特征论述，我们发现，听说游戏是一种半活动半游戏的教育活动形式。但是毫无疑问，听说游戏既提供了由外部控制转向内部控制、由真实转向假想的情景条件，也提供了幼儿在活动中由外部动机激发转换为内部动机的机会。由此，我们可以将它定义为“听说游戏活动”。

2. 听说游戏以培养幼儿的倾听和表述能力为主要目标

听说游戏不是语言游戏，而是语言教学游戏。语言游戏有一种相对固定的概念，是指儿童在语言发展过程中自发地使用语音、语词的一种现象。例如，6～7 个月的婴儿吃饱睡足后独自躺在床上，感到舒服愉快，嘴里发出一连串的音节“ɑ-bɑ-bo-ɑ-bɑgu-bei-bigu”。又如，3～4 岁的幼儿在与同伴一起游戏时，嘴里念念有词地拿同伴的名字为题说：“马晓东是一匹小马，小马小马小妈妈，小妈妈骂小马，小马呜哇呜哇马晓东。”这些口头语言游戏带有明显的自发言语的特点，并且是无意义的、非具体指向性的语言活动。而且这种语言现象在很大程度上带有自娱的意味。相比之下，听说游戏由教师设计组织，有明确的语言学习目标、有明确的语义内容，因而与上述的语言游戏有很大差别，所以只能将它称为语言教学游戏。在区分了听说游戏与其他游戏的差别之后，我们可以认为，听说游戏的教育目标以培养幼儿倾听和表述能力为主，活动内容主要集中在幼儿听和说的理解和表达方面。听说游戏是为培养幼儿倾听和表述能力而专门设计的、用游戏形式组织的语言教育活动。

二、听说游戏活动的目标

(一)帮助幼儿按一定规则进行口语表达练习

由于听说游戏是具有游戏和活动双重性质的特殊语言教育活动，活动过程中遵守游戏规则是重头戏，而这恰恰可以帮助幼儿按一定规则进行口语表达练习。这里所说的游戏规则，主要是指按照语言规范制定的游戏规则，而游戏规则也正是语言学习的重点。在幼儿参与听说游戏的过程中，他们需要自觉地参与规范语言的学习，锻炼自己的理解、倾听和表达能力，在执行游戏规则的活动中逐步掌握运用规范的口语和别人进行沟通。

按照一定规则进行的口语练习，主要包括三个方面的子目标。

1. 复习巩固发音

听说游戏中蕴含着幼儿语音学习的目标，着重为幼儿提供练习发音的机会，以利于幼儿复习巩固他们近期学习的发音。教师可以根据幼儿语音学习的四种特别需要来组织活动。

(1) 难发音的练习。对于某些近期所学的语音难点，教师采用听说游戏的方式去运载这些语音要素，可以产生较好的学习效果。幼儿园阶段，普通话发音的难点主要有“zh、ch、sh”和“r”等音。教师可以根据幼儿的实际情况，选取这些声母与一定韵母相结合的音节来帮助幼儿学习。

(2) 方言干扰音的练习。一定区域方言都有可能对幼儿的普通话学习产生干扰，影响他们正常地发音。例如，南京方言“l”和“n”不分，幼儿在说普通话时往往有可能将“南(nan)”说成“lan”。在听说游戏中，幼儿可以有集中和比较学习的机会，练习发准这些受到方言干扰的语音，从而提高其对这些语音准确发音的敏感性。

(3) 声调的练习。普通话声调对幼儿发音有很重要的意义，因而念准普通话声调也是幼儿语音学习的一个部分。用听说游戏运载各种相似音和声调要素，让幼儿在辨别中学说，在学说中提高分辨能力，从而掌握准确的声调。

(4) 发声用气的练习。3 岁幼儿进入幼儿园时，还有相当一部分人不能很好地掌握说话用气的方法，因此，说话时有气喘吁吁的感觉。尤其在表述长句子时，有的幼儿还表现出上气不接下气的情况。听说游戏的发音练习可把练习用气作为活动的目标内容，培养幼儿正确的用气方法，以便其讲话的发声更加自然，更趋向于正常。

2. 扩展练习词汇

大量积累词汇、增加口语表达的内容，是幼儿语言学习的一个重要方面。应该说，幼儿的词汇是在日常生活经验的积累过程中逐步、迅速地增长起来的。几乎没有一个研究能确切地证明究竟一个幼儿每天能习得多少词汇。用听说游戏的活动方式帮助幼儿学习词汇，是专门提高幼儿对词汇敏感的机会。这类集中学习词汇的听说游戏，着重引导幼儿积累以下两方面的词汇学习经验。

(1) 同类词组词的经验。听说游戏往往让幼儿做同一类词汇的扩词练习，实际上也是向幼儿提供了某一类词的使用范例，鼓励幼儿在听说游戏过程中按照一定的规则去组织扩展。例如，“怎样走”的听说游戏要求幼儿用一定的副词描述走的动作。幼儿可以说“快快地走”“慢慢地走”“大步地走”“小跑步地走”“一蹦一跳地走”。在学习过程中，幼儿可依据规则创造性地运用词汇进行描述练习。

(2) 不同类词搭配的经验。词汇的搭配通常与语言习惯和经验有关，它是一种约定俗成的表现，但也有一定的规则。到大班阶段，幼儿对量词开始产生一定的敏感性。在这个时期给他们提供听说游戏的机会，可以很好地帮助他们掌握一般量词的使用方法。此外，还有介词(方位词)的学习等，都可以通过听说游戏活动产生良好的教育效果。

3. 尝试运用句型

学前阶段是幼儿句法习得和发展的重要阶段。一般而言，幼儿将从简单句过渡到合成句水平，幼儿阶段后期开始进入理解嵌入句的水平。无论是简单句还是合成句等，均有多种类型的句式，幼儿要理解、掌握并且熟悉运用都需要经过一定场合的练习。幼儿在日常生活中可能获得运用句法的机会，但听说游戏却是有意识地帮助幼儿练习，让他们通过专门的集中学习迅速地把握某一种句法的特点规律，并在尝试运用过程中提高熟练使用的水平。例如，在大班听说游戏“盖楼房”中，幼儿通过用“……越来越……”和“……越……越……”的句式学习句型。在游戏中学习句型，有一定的激励机制的存在，幼儿可能产生很高的积极性。

(二)在听说游戏中提高幼儿积极倾听的水平

听说游戏为幼儿提供的是一种不同于其他语言学习的场合，幼儿在参与学习时具有更多的主动性和自主性，因而有利于他们积极倾听水平的提高。

需要注意的一点是，在幼儿语言学习的活动中，听和说永远是相伴存在的。以游戏的方式组织的听说游戏活动，对幼儿积极倾听能力的提高具有特殊的作用。教师在思考听说游戏的目标时，应对幼儿提出以下三点要求。

1. 听懂教师的讲解，理解游戏的规则

教师在听说游戏开始时总是要向幼儿提出一定的要求，接下来“布置”活动的任务并对任务做出解释，讲解示范游戏的规则。这一过程对幼儿的倾听提出了具体要求。能否听懂教师布置的任务、理解游戏的规则，直接影响幼儿参与游戏的状态。因此，这对幼儿的倾听能力具有一定的挑战性。可以说，这方面能力的培养将有利于幼儿在所有交往场合倾听水平的提高，甚至对幼儿进入小学阶段之后的学习都十分有益。

2. 听懂游戏的指令，把握游戏进程

在游戏过程中，幼儿随时需要把握游戏中传出的指令信息，并做出相应的反应。例如，在“金锁银锁”游戏中，念完儿歌后即有一个指令，要求问“这是什么锁”，开锁人听后立刻予以回答“这是××锁”。所有指令信息一环套一环，幼儿在游戏中必须敏锐地感知，否则将无法进行游戏。恰恰是这样一些要求，可促使幼儿自觉且主动地去倾听、捕捉指令信息。

3. 准确把握和传递有细微区别的信息，提高倾听的精确程度

有的听说游戏专门设置倾听的“圈套”，要求幼儿辨别某几个相似音的差异，以做出相应的反应，诸如“z、c、s”和“zh、ch、sh”的辨别活动。有的听说游戏要求幼儿准确传递信息，错了便会闹出笑话来，如“我这样对你说”的传话游戏活动。这些活动把倾听要求的重点放在准确把握和传递信息上，可以较好地提高幼儿倾听的精确程度，最终会对他们完整的倾听能力培养起到良好的作用。

(三)培养幼儿在语言交往中的机智性和灵活性

作为特殊的语言交往场合，听说游戏对幼儿运用语言与人交际有一种特别的挑战，可以使幼儿机智、灵活地使用语言的能力得到较好的锻炼。因此，在听说游戏活动中培养幼儿语言的机智性和灵活性，是教师在设计组织这类活动时应考虑的一项目标。

在听说游戏中提高幼儿语言交往的机智性、灵活性，从根本上说是提高幼儿在语言交往过程中反应敏捷的能力，着重可从以下三点考虑。

1. 发展迅速领悟游戏语言规则的能力

由于听说游戏将幼儿语言学习的重点内容转换为游戏规则并贯穿活动始终，那么幼儿掌握游戏规则的过程，在某种意义上便意味着掌握语言规则的过程。在听说游戏中，幼儿需要迅速领悟游戏规则，否则便会落伍，就无法实现参与游戏的愿望。这种激励有利于使幼儿逐步适应迅速领悟交往要求的场合。

2. 发展迅速调动个人已有语言经验进行编码的能力

听说游戏是一种活动进程，幼儿在参与时需要根据一定的规则迅速调动个人已有语言经验进行编码。这种场合不允许幼儿慢慢想、细细思考，如果速度太慢，游戏便要受到影响。因此，幼儿在活动中会得到迅速调动个人已有语言经验进行编码的训练。

3. 发展迅速以符合规则要求的方式进行表达的能力

在领悟编码的同时，幼儿也获得快速反馈信息的机会。听说游戏的规则要求幼儿按照

一定的规范方式说话，并且没有太多的时间让幼儿仔细斟酌讲话，所以，一切都是在短暂的、直感的状态下说出来的，这里便有一个语言快速应答能力的培养。

总之，听说游戏作为一种特殊形式的语言教育活动为幼儿的语言发展提供了某些特别的机会。教师应当抓住这种机会去促进幼儿的语言学习，为他们语言能力的整体提高创设良好的教育环境。

三、听说游戏活动的基本特征

听说游戏作为一种特殊形式的语言教育活动，主要有以下三个方面的特征。

(一)寓语言教育目标于游戏活动之中

幼儿的语言教育目标应该是完整的，包括培养幼儿听、说、读、写四个方面的情感态度、认知和能力。听说游戏的主要目的之一是让幼儿进行听说练习，培养他们的听说能力和良好的听说习惯。听说游戏属于一种基本的语言教育活动形式，教师要根据具体的语言教育目标，有计划地设计组织，并引导幼儿进行系统、连贯的学习。教师设计的每一个听说游戏虽然含有较多的游戏成分，但都明确地包含对幼儿语言学习的具体要求，幼儿需要有意识地进行语言学习，并最终达到语言教育的目标。语言教育目标的设定应该着眼于幼儿语言的发展，教师不仅要明了幼儿的心理发展水平处于哪个阶段、具有什么样的特征，了解其生理条件及外部语言环境如何，更应将促进幼儿语言的发展作为活动的主线。教师应根据幼儿的语言发展水平和语言发展需要确定具体的语言活动目标，并通过设计相应的听说游戏，将其恰如其分地体现出来。

听说游戏的语言教育目标有以下三个特点。

1. 听说游戏包含的语言教育目标具有明确、具体的特点

例如，赵寄石、楼必生在《学前儿童语言教育》中提出，幼儿语言教育的听说目标包括培养幼儿注意倾听的习惯和能力，具体如下。

小班：喜欢听和谐、悦耳的声音，乐意听别人说话；在集体中会听老师和同伴说话；能听懂普通话；倾听时能注意说话人的口型，辨别语音；听别人说话时，能保持安静，不打断别人说的话；能理解较简单的指令，如关于一日活动常规的指令。

中班：能耐心地倾听别人说话；听别人说话时，眼睛看着对方，保持正确姿势；能区分普通话和方言的发音；能理解多重指令。

大班：别人说话时，能认真地、有礼貌地倾听；能辨别不同的声调、语调；在集体中能专注地、较长时间地听别人说话；能理解较复杂的多重指令。

同时，听说游戏的语言教育目标还包括培养幼儿良好的表述能力和口语表达习惯，具体如下。

小班：愿意学说普通话，喜欢与老师、小朋友交谈；知道个别交谈时声音要轻，集体面前说话声音要响；会保护嗓子，不大声喊叫；别人说话时不随便插嘴，乐意回答别人提出的问题；能用简短的语言表达自己的请求和愿望；能在集体面前讲述自己感兴趣的事；能独立地念儿歌，复述简短的故事。

中班：能用语言表达自己的意思，说话声音适度；积极学说普通话，发音清楚；积极

与别人交谈，不随便打断别人说话；会热情地与别人打招呼，乐意说出自己的意见；能用完整的句子较连贯地讲述自己经历的事、图片的内容，能大胆、清楚地用语言表达自己的意思；能讲述观察到的事物现象，会有表情地朗诵儿歌和复述故事。

大班：会在不同的场合用适度的音高、音量发音，说话声音好听，不妨碍别人；坚持说普通话，发音准确；能主动热情地招呼熟人，有礼貌地招呼客人，能在适当场合主动与别人交谈；在集体面前说话，态度自然大方，声音响亮；能主动表达自己的意思，勇于辩论，声音、语调自然大方；能根据不同情形、对方的身份，使用恰当的词、句、语调；能连贯讲述一件事或图片，有表情地表演诗歌、故事，并能自编或和同伴一起编诗歌、故事。

小班幼儿刚离开家庭进入幼儿园前，集体生活经验少，社会化程度很低，感知觉的发展还不完善，注意、记忆、想象、思维等复杂心理活动的发展水平较低，加上幼儿自身又比较随性、好动，因此想通过直接说教的方法来实现一定的语言教育目标是不太容易。而如果让幼儿在听说游戏中体会到，注意听清指令才能玩集体游戏，并能享受到听指令玩游戏带来的愉悦，那渗透在活动中的语言学习任务便会在游戏的过程中不知不觉地被完成。例如，小班幼儿“zh、ch、sh”和“z、c、s”的发音经常混淆，教师可用听说游戏的方式来帮助幼儿学习正确发音，如可以设计一个“我学动物唱小曲”的活动，让幼儿分别扮演不同的动物角色，了解动物的特点，知道动物的名称和叫声。教师交代游戏规则后，引导幼儿展开活动，并充分发挥儿歌“知了知了，呜呜呜；小猪小猪，了了了；老鼠老鼠，吱吱吱；苍蝇苍蝇，嗡嗡嗡”的作用。这种活动将发准“zh、ch、sh”三种卷舌音作为具体的目标任务，但也能对幼儿的语言学习产生多方位的影响。因为在实际的操作过程中，一个目标可以通过多种途径和方法来达到，而一个活动也可以同时实现多个领域的目标。在幼儿参与听说游戏学说“zh、ch、sh”的过程中，他们需要听懂教师的指令，明白游戏规则，需要了解并记忆动物的名称和特点，想象自己扮演的动物角色，需要理解别人的语言和动作以明了游戏的进程，需要按照游戏的规则及时做出反应。可以说，在幼儿参与听说游戏的过程中，他们的语言理解和表达能力会获得多方面锻炼的机会。因此，听说游戏中包含的单一而具体的语言教育目标，实质上对幼儿语言能力有多方面的培养、提高作用。

2. 听说游戏包含的语言教育目标具有练习的特点

任何一种语言教育活动的设计都应当首先树立完整语言的教育观、整合教育观和活动教育观，要明确语言教育和其他领域教育的关系以及幼儿语言发展的动态过程。听说游戏往往根据幼儿最近的语言发展水平和重点需要来设计，而幼儿当前的这种语言发展水平和重点需求，是幼儿的认知能力与他所处的语言环境及各种教育活动相互作用的结果。通过这种精心的活动设计，教师要让幼儿在游戏中复习巩固已学的语言内容，掌握一定的语言知识，改正自己的语言错误，从而真正获得与儿童年龄阶段相对应的语言交际能力。仍以“我学动物唱小曲”的活动为例，利用小班幼儿正处于学习卷舌音的关键阶段，对卷舌音和平舌音较敏感并且容易混淆的特征，教师可将这个听说游戏的具体目标定为发准“zh、ch、sh”三种卷舌音。这个具体的活动目标应该与幼儿年龄阶段的目标和语言教育总目标相一致，而将这个语言教育的任务定位在由 3 岁到 4 岁儿童来完成有科学的依据，因为 0 岁到 2 岁儿童对平舌音与翘舌音的区分尚未产生敏感性，而中、大班儿童已基本掌握了卷舌音的发音规则，所以这种有关平舌音和卷舌音区别的听说游戏在小班展开最为合适。通过游戏的形式开展听说游戏为他们提供练习的机会，边玩边学，逐步巩固语言教育的内容，使幼儿真正掌握正确的语言发音规则，使他们在原有水平的基础上再提升一个新的高度。

3. 听说游戏包含的语言教育目标具有含蓄的特点

这是听说游戏与其他形式的语言教育活动相比所具有的独特优势。听说游戏将语言教育活动的内容以游戏的形式加以包装，趣味性强，易吸引幼儿的注意力，幼儿在玩耍的过程中会自然地进行听音和发音练习，幼儿的听觉注意和辨音、发音能力就会得到发展。其他形式的语言教育活动则不同，它们与游戏泾渭分明，一般直接呈现语言学习任务，教育目标明确，并且直接按设计好的程序开展。由此可见，听说游戏在语言教育活动中具有独特的地位，是其他形式的语言教育活动所不能取代的。

(二)在活动过程中逐步扩大游戏的成分

听说游戏属于学前儿童语言教育的一种形式，并不是单纯的游戏。可以说，幼儿园听说游戏活动兼有活动和游戏的双重性质。从活动组织形式上看，具有从活动入手，逐步扩大游戏成分的特征。听说游戏活动在刚开始的环节中，与其他形式的语言教育活动没有明显的区别：语言教育的任务明确，目标清晰、具体。在活动开始时，教师首先要告诉幼儿活动的名称，用简明扼要的话帮助幼儿理解活动的内容，交代清楚游戏的规则，并且示范游戏的玩法。然后，教师带领幼儿尝试着玩两次游戏。在幼儿熟悉游戏规则，逐步掌握游戏玩法后，教师再放手让幼儿进行独立自由的游戏。应当说，听说游戏活动以活动的方式导入，而最后又以游戏的方式结束，教师的主导作用在开始时体现得十分鲜明，而后随着幼儿熟悉水平的提高而逐渐减小，直至幼儿完全自主地进行游戏。听说游戏活动的组织兼有活动和游戏的双重性质，并且在活动过程中出现了逐步扩大游戏成分的现象。

听说游戏存在着由活动逐渐向游戏过渡的三种转换。

1. 由外部控制向内部控制转换

听说游戏刚开始时，教师主导创设游戏情境，交代游戏规则，幼儿只是被动观察、听讲、思考。当他们产生兴趣时，不由自主地跟随教师参与游戏。在掌握规则之后，幼儿尝试自己游戏，最终完全主动积极地投入到游戏中去。这一过程实际上是由外部控制转换为内部控制的过程。

2. 由真实情境向假想情境转换

无论教师如何提供游戏的场景，在听说游戏刚开始时，幼儿所处的仍然是真实情境。教师向幼儿交代活动内容、解释活动规则，甚至示范游戏玩法，此时幼儿均以旁观者的身份进行观察思考，所有的一切对他们仍然是真实的环境。随着幼儿自己参与游戏，他们开始扮演某一角色，并想象可能有的情节、动作、物品、语言，于是幼儿所处的环境便发生了变化：它成为假想的情境，听说游戏活动因此由真实情境向假想情境转换。

3. 由外部动机向内部动机转换

与外部控制向内部控制转换密切相关，在听说游戏活动中，同样有外部动机向内部动机转换的过程。幼儿刚开始参加听说游戏时，和其他教育活动一样，外部动机决定了他们参与的积极性。然而，由于听说游戏活动的特点，幼儿在游戏中自主的成分越来越高，他们的主动性、积极性逐渐得以充分发挥。随着他们对听说游戏规则的掌握和对游戏内容方式的熟练，他们在活动中保持着越来越明显的内部动机。当然，必须说明，幼儿能否将外部动机转换为内部动机，在很大程度上取决于这个听说游戏是否真正具有游戏的特点，是否真正对幼儿有强大的吸引力，幼儿自己能否真正地玩起来。否则，在活动中，幼儿便无法实现由外部动机向内部动机的转换。反过来说，如果在听说游戏中，幼儿不能将外部动机转化为内部动机，那么这种听说游戏便只能称为听说活动，甚至于是一种蹩脚的听说活动，因为它不真正具有游戏的价值，也不能发挥听说游戏作为一种特殊的语言教育活动所应发挥的作用。

(三)将语言学习的重点转换为一定的游戏规则

人们对一些事情定下规则以方便事情的进行，由群体里的所有成员共同遵守，如我们做游戏的时候有游戏规则。所有的听说游戏都具有一定的游戏规则。规则有的复杂，有的简单，听说游戏中的游戏规则属于相对复杂的一种规则。它是幼儿教师根据具体的语言教育目标，选择适当的语言学习内容，并将语言教育活动的重点转化为一定的游戏规则。游戏的规则是幼儿必须听清、理解，且在整个活动过程中必须遵守的。当幼儿参与这样设计好的语言教育活动，按规则进行游戏时，便练习了自己的听说能力，同时也培养了自己的规则意识。

例如，在小班“我是小小购物主”游戏中，教师设计的是语音购物超市的场景。先是教师扮演语音购物机器，“机器”的背后装满了各种水果、动物、玩具的图片，这些图片不是随意选择的，而是教师专门挑选的带有“z、c、s、zh、ch、sh”音的图片。幼儿走到“机器”面前，念儿歌“早上好，早上好，我有硬币买东西”，“机器”说“随便挑，随便选，要买什么大声喊”。幼儿便根据自己的喜好说出自己想买的东西，如“红柿子、黄柿子，我要花花大柿子”。教师制定的游戏规则是：“小购物主”一定要对“机器”说清楚买什么商品，语音“机器”才能将商品卖给他。如果发音不清楚，则暂时不卖，直到说对了再卖给他。这就要求儿童必须发准“柿”“石”“车”“鼠”等音，才能顺利地买到自己需要的“商品”。由此可见，语言学习的重点摇身一变为游戏规则，幼儿通过整个听说游戏的过程，不知不觉达到了练习听说能力的目的。

听说游戏活动的游戏规则按性质可以分为竞赛性质的游戏规则和非竞赛性质的游戏规则。不过，不论是哪种性质的游戏规则，幼儿必须听清、说对。遵守游戏规则，才能使游戏活动顺利进行，才能达到语言学习的目的。例如，在游戏规则是竞赛性质的“小猎手”这个游戏中，教师设计活动时，可以让一个小朋友戴上猎人的头饰扮演小猎手；其他小朋友戴上各种小动物的头饰，拉成一个圈，边走边唱儿歌“我们好伙伴，转呀转呀转，猎人一个人，追呀追呀追”，猎人接着说“看我捉到谁”。然后全体小朋友不许动，这时“猎人”的手指向谁就表示那个小朋友被捉到了。被捉到的“小动物”要立刻做出反应，并念儿歌，如猴子要念“猴子好，猴子好，猴子为什么被抓到”。如果被抓到的“小动物”能及时做出反应并清楚地念出儿歌，就可以扮演小猎手的角色；如果反应太慢或念错了，就只能继续扮演小动物的角色。这种游戏容易使幼儿全身心地投入到活动中去，幼儿会饶有兴趣地一轮一轮地玩下去，并按游戏规则尽量说清楚儿歌，从而掌握学习的重点。再看一个非竞赛性质的听说游戏“小鸡寻食”。游戏中，教师扮演鸡妈妈，带着自己的孩子去草地上寻找食物。幼儿扮演小鸡一边跳一边唱儿歌“小太阳，高高照；小宝宝，蹦蹦跳；小虫虫，被抓到，乐得妈妈咯咯笑”。念三遍以后，一只“大老鹰”就会出现，说“我是老鹰，要抓小鸡喽”。这时，“鸡娃娃们”就必须马上跑到“鸡妈妈”身边，藏在“鸡妈妈”的翅膀里，以免被“大老鹰”抓着。这样的游戏比带有竞赛性质的游戏容易一些，但小朋友也必须知道什么时候“大老鹰”会出现，当“大老鹰”出现时自己要记得赶紧跑到“鸡妈妈”身边。儿歌与语言教育活动相互融合，使幼儿在娱乐的过程中锻炼自己的语言能力。

四、听说游戏活动的主要类型

听说游戏重在“听”“说”二字，注重培养幼儿的倾听与表述能力。幼儿在进行语言学习活动时，往往是听说不分家的，二者相互依存、共同发展。只不过每一个语言教育活动都有其各自的具体目标，导致活动时各自的侧重点不同。

按照语言教学游戏对儿童语言发挥作用的主要方面，可以将语言游戏分为以下四类。

(一)语音游戏

语言的交际作用是通过代表一定意义的声音来实现的，而这种代表一定意义的声音就是语音。幼儿年龄小，发音器官尚未发展成熟，声带较短、较薄，同时也还不善于协调使用这些发音器官，因此年龄越小越不容易把音发清楚，但语音的准确度会随着年龄的增长而提高。按照 21 个声母发音部位——双重音(b，p，m)、唇齿音(f)、舌尖音(z，c，s，d，t，n，l，zh，ch，sh)、舌面音(j，q，x)、舌根音(g，k，h)，幼儿教师通过多种方法对幼儿的这些语音进行调查，找出幼儿发不准的音、难发的音、易混淆的音，并分析原因，以便在设计活动时有明确的目标。幼儿在听说游戏的过程当中，逐步掌握发音规则，以轻松愉悦的方式学会辨音、发音。一般来说，语音训练方面的活动放在小班进行。语音游戏又可细分为听音、辨音游戏和发音游戏。

良好的听力和良好的听觉习惯是幼儿进行听音、辨音练习的必要条件，在此基础上幼儿才可能听得准。日常生活经验告诉我们，幼儿在言语发展的早期，常常会模仿大人们说话的语调，但是却还没有获得对每一个音的感知能力。直到 3 岁左右，幼儿发音时仍会出现互相代替的情况，不能精确区分近似音，如把“灰太狼”说成“灰太羊”，把“魔方”说成“魔帮”，把“鹅鹅鹅”说成“咯咯咯”。要使幼儿发音准确，就必须注意发展幼儿的听觉，让幼儿听得准，为幼儿正确感知语音打好基础。

(二)词汇游戏

词汇既可以指一种语言或方言的整个词汇系统，也可以指一个人所掌握的词或一篇文章里所使用的词的总和。学前期是大量积累词汇的时期，词汇量会随着幼儿年龄的增长而增加。幼儿要想与别人沟通自如，清楚地表达自己的意思，掌握足够数量的词汇是一个必要条件。词汇游戏是以丰富幼儿的词汇、教幼儿正确理解词义和教幼儿正确运用词汇为目的的游戏。这类游戏不仅可以帮助幼儿学习一些新词，接受一些新事物，也可以帮助他们进一步理解已学词的含义，学会正确地使用词汇，变消极词汇为积极词汇。在幼儿的词汇中，名词、动词、形容词、数量词、代词等实词占绝大部分，这是因为实词相对虚词来说可以表达一个确定的、完整的概念。它们在语言中的作用比较重要，具有比较确定的词汇意义，幼儿容易理解和掌握。副词、介词、助词、连词、叹词等虚词的词义比较抽象，幼儿较难理解，而且活跃在幼儿口头上的也只是少量构成句子所必需的连词和介词等。

在丰富幼儿词汇的听说游戏中，教师应当掌握幼儿词汇发展的顺序和特点，对不同年龄阶段的儿童要有不同的侧重点和要求。

1. 练习正确使用名词的游戏

“黑匣子里淘宝贝”“逛超市”“卡车来运货”就是练习使用名词的典型语言游戏。不过，要根据小、中、大班幼儿对名词的掌握程度对游戏进行不同角度的设计和改造。以“黑匣子里淘宝贝”为例，教师准备一个纸箱子，整体要保证是完整的，最好对箱子进行简单的装饰。在其中一面设计出一个圆形的口来，用黑布遮挡上，箱子里面可以放实物或玩具(这些实物或玩具应是幼儿仔细观察过的)。请幼儿按一定的顺序到“黑匣子”去摸东西，要求只能用一只手。让幼儿凭触觉判断摸到的是什么东西，正确说出它的名称以及简单特点。小班适合选择形状、材料差异明显的，日常生活中接触频繁的东西，要求正确地说出名称就好。中班可以增加一些物品，除要求正确说出它们的名称外，还要说出它们的主要特征。大班可以再加大些难度，除正确说出该物体的名称外，还要能判断它的形状、材质、用途及关于此物体的日常生活体验。

2. 练习正常使用动词的游戏

例如，“奇妙的口袋”教幼儿正确运用“抱”“开”“遥”“顶”“摸”“吹”“搅”“转”等动词，并学习运用完整的短句说话。又如“来来来”，通过对歌的形式，让幼儿练习使用动词。

幼儿说：	教师说：
小鸟来，	小鸟飞过来。
小狗来，	小狗跑过来。
小鱼来，	小鱼游过来。
乌龟来，	乌龟爬过来。
青蛙来，	青蛙跳过来。
云儿来，	云儿飘过来。
雨滴来，	雨滴落下来。
风儿来，	风儿吹起来。

这个游戏与日常生活联系较紧密，幼儿玩起来兴致高。教师要注意，答案不是唯一的，符合词语搭配习惯就好。

3. 练习正确使用形容词和副词的游戏

例如，听说游戏“什么样的花”要求幼儿用不同的形容词形容同一件事物，幼儿可以说“漂亮的花”“鲜艳的花”“美丽的花”“红色的花”“好看的花”“五颜六色的花”“可爱的花”“树上的花”“路旁的花”“公园的花”等。游戏“警察叔叔帮我找同学”，要求幼儿能用恰当的形容词说出自己同学的外貌特点和穿着特征等，如幼儿可以说：“我走丢的同学叫小红，她长着圆圆的脸，又大又圆的眼睛，尖尖的鼻子，小小的嘴巴，卷卷的头发。她穿着黄色的上衣，黑色的裤子，蓝色的鞋子。警察叔叔能帮我找到她吗？”游戏“看谁说得好”，教师精心选备一些图片，要求幼儿用已掌握的形容词恰当地描述图片的内容及特征，并尽力说出成句的、较完整的话。游戏“啄木鸟考考你”，教师首先交代游戏的背景：啄木鸟先生要办一个谈话乐园，想邀请喜欢说又说得好的小朋友都去参加。现在老师扮演啄木鸟的角色来考考大家，如老师说“苹果”，幼儿可以说“大大的苹果”“圆圆的苹果”“红红的苹果”“脆脆的苹果”“红色的苹果”“好吃的苹果”等。教师可以继续出“石头”“小草”“家”“奶奶”“医生”“小猫”等词，让幼儿练习使用形容词。哪个小朋友用词最恰当贴切、富有新意，教师就赠送一张“邀请卡”给他。

练习使用副词的游戏有“我演你说”，要求所有幼儿围坐成一个半圆，教师说“请一位小朋友来表演一下吃的动作”，选出来的幼儿便上前来进行各种有关吃的动作表演。一个动作表演完毕后，其他幼儿要用恰当的副词来形容，依次进行。最后，幼儿可能会说出“大口大口地吃”“慢慢地吃”“急匆匆地吃”“小口小口地吃”等。教师还可以请小朋友表演有关“笑”“跳”“走”“读”等各种动作，并让其他小朋友用恰当的副词来形容。

4. 练习正确使用量词的游戏

例如，游戏“找朋友”要求幼儿正确使用双、副等量词。又如，游戏“看谁说得对”要求幼儿运用不同量词说明不同物体的数量。再如，游戏“娃娃过生日”，老师将小朋友们带到商店，告诉他们娃娃今天过生日，请每一个小朋友给娃娃选一件生日礼物，如“一块巧克力”“一盆小花”“一个闹钟”“一把梳子”等。然后大家到娃娃家送给它，并说一句祝福的话，如“送你一块巧克力，愿你生活甜蜜蜜！”“送你一盆小花花，愿它陪伴你！”“送你一个小闹钟，愿你天天早早起！”“送你一把小梳子，愿你越来越美丽！”这些游戏能帮助幼儿练习使用“双”“个”“辆”“只”“件”“本”“顶”“棵”“卷”“把”“瓶”“幅”“块”“盆”等量词。幼儿运用量词准确，表达清楚，大家以掌声鼓励；如果有错误，大家一起讨论怎么说更好。

5. 练习正确使用代词的游戏

例如，游戏“打电话”教幼儿初步学会正确使用“你”“我”“他”等代词。教师也可以利用传话游戏，锻炼幼儿正确变换代词的能力。教师还可以将全班幼儿分成几组，表演各种活动，然后通过一定的活动方式来描述大家在做什么。例如，第一组中的幼儿可以跑到第二组说：“我们刚刚在讲故事，你们在做什么？”同时，还可以指着第三组问：“你们知道他们在做什么吗？”然后换其他小朋友继续做游戏。这种游戏可以让幼儿练习使用“你们”“我们”“他们”等代词。再如，“我的水果宝宝在这儿呀”游戏，教师预先准备一些水果教具，其中一些教具上要标有本班小朋友的名字。把各种“水果”分类，儿童要从中挑出属于自己的水果宝宝，并按要求说正确了才可以取走，如幼儿找到后可以说：“这些水果中的这个梨是属于我的水果宝宝。”说对了，就可以带走自己的水果宝宝；说错了再给一次机会；如果又说错了，就只能空手而归了。这个游戏可以帮助幼儿练习使用多种代词。

6. 练习正确使用方位词、介词、连词的游戏

例如，游戏“东西换地方了”可以练习幼儿使用“上”“下”“前”“后”等方位词，同时也可以锻炼幼儿使用“在”“从”“向”等介词。又如，“听话要仔细”教幼儿理解连词“或者”“和”的不同词义，并能正确运用“或者”“和”说一句完整的话。

7. 练习正确使用礼貌用语的游戏

例如，游戏“到娃娃家做客”教幼儿正确使用“请”“谢谢”“再见”等礼貌用语。又如，“请朋友做客”也是练习使用礼貌用语的游戏，不过玩法要复杂些，游戏中可以要求幼儿加入一些日常生活经验。

8. 练习使用近义词、反义词的游戏

例如，“好东西怎么说”要求幼儿正确使用近义词去形容一样东西。以花为例，幼儿可以说“美丽的花”“漂亮的花”“好看的花”；以妈妈为例，可以说“温柔的妈妈”“善良的妈妈”“慈爱的妈妈”。又如，“正反游戏”，游戏的内容是培养幼儿正确掌握一些反义词，游戏的玩法可以多种多样：第一种是运用实物进行。游戏可以先由教师主领，玩几遍后可以选幼儿进行主领。主领人说：“一个大苹果。”另一幼儿要说：“一个小苹果。”主领人说：“一本厚书。”另一幼儿要说：“一本薄书。”实物的种类可以多一些，速度可以逐渐加快，指向哪名幼儿，该幼儿就必须马上说出，没被指的幼儿不能出声。第二种是口头问答结合动作，如一方说“大南瓜”，同时用手比画一个大圆，另一方则要说“小南瓜”，同时用手比画一个小圆。第三种是完全口头进行，如教师说“我开门”，幼儿说“我关门”；教师说“我睡觉”，幼儿说“我起床”；教师说“我跳得近”，幼儿说“我跳得远”等。

9. 其他纯语言游戏

这类游戏大都是丰富或使用词汇的游戏，一般按照幼儿的座位顺序进行，每个幼儿都有练习的机会，可以提高幼儿使用词语的能力，同时也可以训练幼儿的记忆力和思维的敏捷性。

1) 连词游戏

这个游戏就是让幼儿用第一个词的第二个字组出第二个词，如“中国—国家—家园—园长—长大—大人……”这种游戏最好是能从第一个幼儿连到最后一个幼儿，如果有的幼儿遇到困难连不下去时，教师要及时予以启发和帮助。如果不能连到最后一人时，教师可以再出一个新词，接着往下连。

2) 练三字叠词游戏

这种游戏由教师或一名幼儿说第一个词，幼儿按座位顺序每人说出类似格式的词，要求幼儿最好不要说别人说过的词，如果幼儿说不出，也可允许他说相同的词。主要包括以下几种形式。

双音词尾的游戏：圆溜溜、金灿灿、黄澄澄、红彤彤、白茫茫、冷冰冰、绿油油、亮晶晶、乐呵呵……

第一个字和第三个字相叠：走一走、试一试、看一看、跳一跳、尝一尝、听一听、瞧一瞧……

前两个字相叠：呱呱叫、团团转、摆摆手、帮帮忙、变变样、点点头、叮叮当……

3) 四字格词的游戏

四字格词类型各异，玩法和三字叠词游戏相同。主要包括以下两种。

前两个字一样、后两个字一样的，如干干净净、乐乐呵呵、大大方方、欢欢喜喜、蹦蹦跳跳……

第一个字和第三个字一样的，如不慌不忙、不大不小、不紧不慢、不冷不热、不温不火、越来越好……

(三)句子和语法练习的游戏

幼儿在日常生活语言环境的影响下能够积累大量的句型、语法。一般来说，幼儿将从说简单句过渡到说复合句的水平。无论是简单句还是复合句，都有多种类型的句式，幼儿想要理解掌握和运用这些句型，就必须通过一定的练习。这些练习可能在幼儿成长过程中会无意识地获得，而听说游戏则是有意识地帮助幼儿进行练习。幼儿通过专门的集中学习，能在较短时间内把握某一句法的特点规律，并在尝试运用过程中提高自己的水平。在游戏中学习句型，幼儿可以产生较高的积极性，效果比较好。不过，这种游戏主要在中、大班进行。

(四)描述练习的游戏

描述性游戏是训练幼儿运用比较连贯的语言对事物进行具体形象的描述的游戏。教师可以和幼儿玩各种游戏，在游戏中通过对话、对答、叙述等培养幼儿用词的准确性和语句的完整性。通过这种游戏，不仅可以提高幼儿独立、连贯的讲述能力，而且能促使幼儿比较完整、深刻地认识事物，了解各种关系，对扩大幼儿的视野和知识面也大有裨益。这类游戏主要适合在大班进行。例如，教师可以选一个幼儿常见的实物做好准备。首先选一名幼儿出来，要求其他幼儿闭上眼睛。教师给这名幼儿看一下他要描述的东西，然后把东西藏起来，其他幼儿睁开眼睛。请这名幼儿描述该物品的特征，如它的颜色、形状、用途等。如果听了他的描述，其他幼儿能猜出来，就可以获得一个小奖励。

五、听说游戏活动的具体指导

《纲要》指出：幼儿园的教育应“游戏为基本活动”。具有游戏和活动双重性质的听说游戏，是一种创造性的语言教育活动，可以为幼儿营造宽松的游戏氛围，提高幼儿的语言发展水平，锻炼幼儿的言语交际能力。听说游戏有自己独特的规律，按照一定的思路去设计，可以产生更好的教育效果。因此，教师可以按以下四个步骤设计和组织活动。

(一)创设游戏情境

教师在组织语言教学游戏时，首先要激发幼儿参与活动的热情，这就需要教师动脑筋创设一些生动有趣的氛围和情境，这能为游戏顺利有序地开展奠定良好的基础。

创设游戏氛围和情境的方法主要有以下四种。

1. 用实物创设游戏情境

教师可以恰当地利用或改造活动区的装饰、空间布置，使它作为活动的实体背景，也可以利用卡片、挂图等向幼儿交代与游戏有关的事物特点，还可以使用一些与听说游戏有关的物品、玩具或日用品等来创设游戏的情境，以制造一定的氛围，达到引发幼儿参与游戏的目的。例如，听说游戏“动物知多少”，教师可以出示各种动物的图片，吸引幼儿的注意，引导幼儿利用已有日常生活经验对小动物进行描述和再认识。

2. 用语言创设游戏情境

教师可以利用谜语、短小的儿歌或故事来设置兴趣点，也可以通过提问来唤起幼儿的记忆，或者是用自己的话直接描述或指出游戏中的角色以及所处的环境，调动他们的生活经验，为幼儿创造良好的游戏氛围。比如，在“水果在哪里”的听说游戏中，教师可以直接对小朋友说：“秋天到了，水果熟了，小动物们要去摘果子啦！现在请大家戴上自己的动物头饰，扮演小动物去找找水果在哪儿吧。”教师直接用语言营造游戏氛围，引导幼儿进入角色，同样可以起到创设游戏情境的作用。

3. 用动作创设游戏情境

教师可以模仿一些角色或进行丰富的动作表演，让幼儿想象教师表演的可能是游戏中的什么角色、游戏的内容和进行方式大概是怎样的等。其目的都是向幼儿展开游戏的情境，激发幼儿参与游戏的兴趣和欲望。例如，“卡车运来啥”这个游戏，教师可以先表演开卡车的动作，让幼儿猜出与此次游戏有关的一个重要角色“卡车”，由此车营造游戏情境的氛围。

4. 综合运用多种方法创设游戏情境

在创设游戏情境时，有时将实物、语言、动作等几种方法两两结合或综合起来，效果会更好，如游戏“认识四季”，教师可以一边出示有关四季的图片，一边说：“有四个兄弟，它们的关系特别好，一个接一个地变戏法，让我们的生活好奇妙。它们是谁呢？”两种方法综合运用，有利于调动幼儿多感官参与，吸引幼儿的注意力，为游戏顺利进行打好基础。无论使用哪种方法，都要注意避免时间过长，而且不能太花哨。教师要谨记游戏的情境不是为了创设而创设，要分清活动的主次，否则会喧宾夺主，适得其反。

(二)交代游戏规则

一个完整的语言教学游戏必须包含明确的游戏内容、游戏规则和玩法，如此才能使幼儿在游戏中按照游戏的规则、步骤顺利地进行游戏，并实现语言教育目标。教师完成创设游戏情境这一步骤后，接着就要向幼儿交代游戏规则和玩法。实际上就是通过教师的示范和讲解，告诉幼儿游戏的内容、规则、步骤和要求，让幼儿明白到底要玩什么、怎么玩，以保证游戏的顺利进行。例如，“听音小探长”这个游戏，教师通过谜语、图片及儿歌创设好游戏情境后，就会交代游戏规则。幼儿围坐成一个半圆形，教师在半圆的对面放一把小椅子，利用点兵点将的方法选一名幼儿先做“听音小探长”，让他坐在半圆对面的椅子上，背对着大家，闭上眼睛。教师任选一名幼儿出来，并拿出一个动物的图片给这名幼儿看，这名幼儿要站在“听音小探长”的身后，按要求说话。如果图片是小老鼠，就说：“我是小老鼠，吱吱吱，吱吱吱。”说完后立即回到自己的座位上。老师问猜声音的幼儿：“请你猜一猜，小老鼠在哪里？”幼儿猜出以后，换刚才扮演小老鼠的幼儿来猜。连续三次都猜不出的幼儿要被罚表演一个节目。

教师在交代游戏规则时要注意：①要注意使用简洁明了的语言进行讲解。教师在交代游戏规则时，尽量使用幼儿听得懂的词和简单的句式，避免解释的内容啰唆、冗长，没有重点。这样幼儿才能抓住要领，理解游戏规则，顺利地开展游戏。②要注意讲清楚游戏的规则要点和开展顺序。听说游戏的规则要点一般都是在游戏中要求幼儿按规范的要求说话，教师应当让幼儿明白在什么时候应该说什么、怎样说，什么时候不该开口说话。同时，教师还应该让幼儿熟悉游戏进行的顺序，明白先做什么、后做什么、什么角色做什么等，这样游戏才能顺利进行。③教师要用较慢的语速进行讲解和示范。教师在讲解游戏规则时，应该使用相对较慢的语速，声音要洪亮。尤其是在示范游戏规则要点时，教师一定要放慢语速，保证幼儿能听清楚。

(三)教师引导游戏

交代好游戏规则后，在幼儿初步理解并掌握游戏规则的基础上，教师可以带领幼儿开展听说游戏了。教师带领幼儿开展游戏是一种以教师为主导，引导幼儿进行游戏的过程。在这段时间内，教师是游戏的主角，要帮助幼儿把游戏的规则运用到实践中去，熟悉游戏的玩法和程序，掌握运用语言进行交往的基本思路，为幼儿独立进行游戏积累经验。教师可以先和部分能力强的幼儿一起进行游戏，给全体幼儿做示范，再逐步过渡到请全体幼儿参加游戏；也可以和全体幼儿共同参加游戏的一部分活动，待幼儿掌握游戏后，逐步放手，把主动权交给幼儿。

(四)幼儿自主游戏

通过前三个步骤的活动，幼儿已经初步具备了独立开展游戏的能力。在儿童自主游戏阶段，教师可以放手让幼儿自己开展活动。此时，教师已不再是游戏的主角，教师应该从领导者的身份退出，处于旁观者的位置，尽量避免过多地限制和束缚幼儿以及直接控制幼儿的行为。在儿童自主游戏的过程中，教师应注意以下三点：①对个别不熟悉规则和玩法的幼儿进行及时的指导点拨，帮助这些幼儿更快地加入到游戏中去。②注意及时解决游戏中可能出现的矛盾和纠纷，避免因角色分配不当或其他问题影响游戏的顺利进行。③幼儿参与游戏的行为表现，教师要及时予以评价。因为教师的评价和态度能激发幼儿的积极性，促使幼儿更加积极、主动地活动，从而圆满地完成听说游戏的任务。

第五节　学前儿童早期阅读活动

一、幼儿早期阅读活动的概念与作用

(一)幼儿早期阅读活动的概念

早期阅读是指学前儿童凭借着图文并茂的材料或成人生动形象的讲解，并通过自己以视觉和听觉为主的感官参与，理解阅读材料的表征意义，发展书面语言能力，培养阅读兴趣、阅读习惯和自主阅读能力的活动过程。它不是单纯的看书、识字活动，而是一种结构相对完整、体系相对独立、能积极地调动幼儿各个感官，从而促进幼儿身心全面、和谐发展的活动。

早期阅读对幼儿心智的发展具有至关重要的作用。它呈现出以下六个特点：①早期阅读是针对 0～6 岁婴幼儿而言的(本节中主要讲的是 3～6 岁幼儿在幼儿园环境中的阅读活动)。②阅读材料丰富。所有对婴幼儿产生视觉刺激的材料都属于阅读材料，甚至包含听觉的、口语的、触觉的材料，因此，教师在教学过程中应善于应用各种形式的阅读材料以达到最佳的教学效果。③阅读的对象主要是基于幼儿生活经验的图文并茂的文本和一些有声读物。④阅读发生在真实的、完整的、有趣的、非竞争性的、与生活有关的情境之中，如家庭和幼儿园(本节主要讲的是幼儿园中的阅读活动)。⑤阅读实现的过程是婴幼儿凭借着变化的色彩、图像、文字或成人的讲解而不是幼儿通过单纯与文字的接触而实现的。因此，在幼儿园中，教师的指导对幼儿早期阅读能力的发展有着至关重要的作用。⑥早期阅读具有培养幼儿的观察、记忆、思维、想象及语言表达等其他能力的作用，而不止局限于单纯的识字活动。

(二)幼儿早期阅读活动的作用

通过阅读，我们可以在短时间内了解到大批的前人积累的经验，因此阅读是人类文明进步必不可少的活动。尤其是对于幼儿而言，早期阅读习惯和技能的培养对于幼儿的后继学习和阅读本领的提高具有特别重要的意义。通过阅读，幼儿不仅可以获得丰富的知识，而且还能启迪智慧、活跃思维、诱发创造灵感。所以，早期阅读对于幼儿来说是非常有益的活动，具体表现为以下四点。

1. 发掘幼儿的潜力，为幼儿的未来发展打好基础

阅读是学习的基础，阅读能力是一个人未来成功地从事各项工作的基本条件。研究表明，喜欢阅读是早慧儿童的共同特点。美国心理学家推孟研究发现，天才儿童中 44%的男孩和 46%的女孩在 5 岁之前就形成了良好的阅读习惯。

新的教育理念认为，早期阅读应提前至 0 岁开始，因为 0～6 岁是培养阅读兴趣和学习习惯的关键时期，对幼儿潜力的开发有着不可估量的作用。以培养天才女孩而出名的斯特娜夫人在女儿刚满月时就给她朗读文学作品。她认为孩子的感觉器官需要接受种种刺激，特别需要语言的刺激。同时她也认为，这种语言应该是语音纯正，语句规范、完整、漂亮的，而语句规范、完整正是书面语言的特点。也就是说，朗读、阅读不是一般地跟孩子“说话”，而是要让孩子读书，让她接受优美语言的刺激。郭沫若两三岁时，母亲常给他读唐诗，他说：“我之所以倾向于诗歌和文艺，给我决定性影响的首先是我的母亲。”我国著名作家巴金回忆，母亲温柔的读词声是自己童年时的音乐。以上这些例子都充分地证明了早期阅读对于一个人今后的发展起着至关重要的作用。适当科学的早期阅读训练可以发掘幼儿的潜力，并为幼儿未来的发展打下良好的基础。

2. 促进幼儿观察能力与思维能力的发展

观察能力初步形成的重要时期正是幼儿期。幼儿观察能力的发展具体表现在观察的目的性、组织性、持久性、细致性以及概括性的不断发展。这些观察能力的培养充分体现在

幼儿早期阅读活动中。例如，观察画面时按一定的次序，围绕教师提出的某一问题观察画面，观察事物个别的、细微的甚至较隐蔽的特征。在阅读活动中，幼儿需要通过比较、分析等思维形式对画面、角色表情等做出简单的判断和推理。在自己不断观察、成人经常讲解指点的刺激下，幼儿的思维得到促进，并逐步从以具体、直观、形象为主向逻辑抽象思维形成过渡。提供给幼儿的阅读材料应随着幼儿年龄的增长其文字比例逐渐加大，这是适应幼儿逻辑抽象思维发展的体现。

3. 早期阅读活动促进幼儿口头语言和书面语言的发展

作为人类交往或互动的一种工具，语言产生于人类交往的需要。按照人际交往使用的生理器官的不同，语言可以分为口头语言和书面语言。儿童的口头语言在0～6岁这个阶段的发展速度是惊人的。同时，幼儿开始认识符号、声音与意义的关联性，尝试用自己所学的语言解释生活中的所见所闻。国外相关研究表明，幼儿在早期获得口头语言的同时就开始关注周围环境中的书面语言了。例如，幼儿常常拿着书，嘴里叽里咕噜，好像在读书；他们常常用纸和笔模仿成人涂涂写写不是字的字。而且幼儿获得的早期阅读经验对幼儿口语的发展会起到促进作用，特别是有利于幼儿词汇的积累，有利于幼儿对复杂语法结构的掌握，而且还与他们进入小学后的学业成绩正相关。早期阅读活动是幼儿接触书面语言的途径，通过阅读，幼儿接近了书面语言，增长了书面语言的知识，懂得了“读”和“写”的初步规则，从而为日后的正式读写打下了良好的基础。

4. 早期阅读活动是幼儿具备终身学习能力的基础

提倡早期阅读以预防儿童阅读困难的发生是近年来早期阅读研究者们一致的呼声。有研究表明，儿童在校的学习成绩、受教育年限以及成年以后的发展方向和生活质量能够通过早期阅读能力准确地预测。很多追踪研究都发现，即使排除了家庭经济状况、家庭结构、母语甚至家长受教育程度这些因素，通过早期阅读情况仍然能够预测个人的未来发展。因为阅读不但能够决定孩子的文化水平，还会影响到孩子其他科目的成绩。此外，国际教育界的研究还发现了早期阅读与后期阅读的关系，即早期阅读对未来阅读能力和学业成就具有预测作用。哈佛大学的一项3～19岁儿童语言和阅读能力追踪研究的结论显示，儿童早期语言和阅读的条件、环境、能力与他们的未来阅读能力以及所有学业成就存在很高的相关关系。另一项研究也表明，那些在小学三年级阅读差的学生，一般到高中阶段学习成绩也会很差。由此可以看出，阅读是一切学习的基础，是儿童成为终身学习者的开端，是人具有终身学习能力的基础。

二、幼儿早期阅读能力的概念与发展特点

(一)幼儿早期阅读能力的概念

幼儿早期阅读能力是指幼儿在正式学习读写之前所具有的关于读写的知识、技能、技巧和态度。早期阅读能力的形成会为幼儿正式入学后的继续学习打下良好的基础。有研究指出，早期阅读能力与儿童进入学校教育阶段后的读写成绩存在着很高的相关关系。

(二)幼儿早期阅读能力的发展特点

幼儿的早期阅读能力在其发展过程中呈现出以下一些特点。对这些特点的了解，将会对幼儿教师的教学工作产生很好的指导作用，将能够帮助我们更有针对性地指导幼儿的早期阅读。

(1) 早期阅读能力是在幼儿没有掌握足够汉字的情况下进行的阅读，所以伴随着口语的发展，早期阅读在生活中就开始萌芽了。人从呱呱坠地的那一刻起就开始通过各种感官与这个世界发生着联系，并在这种交互活动中逐渐地认识世间万物。这可以理解为儿童最为早期的阅读。随着儿童经验的积累，他们开始接触承载着人类文化精华的文字。因此，教师在设计早期阅读活动时，不应脱离幼儿已有的生活经验。

(2) 幼儿早期阅读能力的培养离不开家长、教师的指导和帮助，但是幼儿又是学习读写的主动者，他们会尝试着将口头语言、书面语言和生活中的事物建立起联系。由于幼儿已有知识经验以及阅读能力的有限，要想顺利地进行阅读，就必须借助于教师和家长的帮助，同时也离不开幼儿的自主性学习。

(3) 幼儿的早期阅读能力主要是幼儿关于读写的知识、认知技能和能力，对语音、语法、文字的敏感性，书面语言与口头语言对应的能力等。也就是说，幼儿的早期阅读能力不局限于识字、写字的层面，而应该强调与阅读相关的各项技能的形成。

(4) 早期阅读能力是指幼儿在正式学习读写之前所具有的关于读写的知识、技巧和态度。因此，我们在提到幼儿早期阅读的内容时，经常会提到向幼儿提供前阅读经验、向幼儿提供前识字经验、向幼儿提供前书写经验。幼儿在这一个阶段形成的早期阅读能力是儿童以后阅读能力顺利发展的基础。

(5) 幼儿的早期阅读能力随着年龄的增长呈现不断提高的趋势。文字意识和图画故事书阅读能力是衡量其阅读能力的重要指标。比如，有研究表明，5 岁幼儿的文字意识能力水平比 3 岁幼儿更高、更准确。

三、幼儿早期阅读活动的目标与内容

(一)幼儿早期阅读活动的目标

为以后高级的阅读活动做准备是早期阅读活动的目的之一。所以，一般人们对早期阅读教育的总目标大都定位在四个方面：态度目标、技能目标、认知目标、情感目标，即从情感和态度上培养阅读兴趣，从能力和技能上培养阅读理解能力，并使幼儿对口头语言和书面语言的对应与转换关系有所认识，懂得书面语言学习的重要性。接下来主要从态度、技能、认知和情感四个方面对早期阅读的目标进行阐述。

1. 早期阅读的态度目标

态度目标主要包括对幼儿阅读兴趣和良好阅读习惯的培养。正所谓“知之者不如好知者，好知者不如乐知者”，培养幼儿浓厚的阅读兴趣是早期阅读教学的首要目标。幼儿阅读教育应当激发幼儿广泛而持久的阅读兴趣，使幼儿产生通过书面语言获得信息的强烈求知欲。但是具有阅读的兴趣只是求知的开始，态度目标中还要包括对幼儿良好的阅读习惯的培养。

态度目标举例：对文字产生好奇和探索的欲望；喜欢与父母一起读图书；通过发声游戏感受语言节奏的快乐和语言游戏的乐趣等；将涂涂写写当成一种有趣的活动；喜欢用自己的方式关注常用词的声母或韵母；喜欢阅读，感受阅读的乐趣；能集中注意力看阅读材料；有观察周围生活中各类事物、现象的兴趣；爱护图书，不撕书、不卷书、不乱扔书。

2. 早期阅读的技能目标

幼儿早期阅读教育最基本的目标不是单纯地教幼儿识得那些具体的字词，而是使幼儿掌握阅读的方法，具备阅读的能力，从而为进入小学后的学习打下坚实的基础。应当让儿童掌握的早期阅读技能大致包括基本的图书翻阅技能、预测阅读内容的技能和自我调适的技能等。

技能目标举例：能一页一页地翻书，从上到下地阅读；有意识地通过封面图文了解书的内容，知道书有目录；能通过目录较快地查找到自己需要的内容、书页；能正确理解图文指示，能认真观察画面的情节变化；能根据阅读的内容、发展的线索进行补充；能够根据故事的插图或部分情节预测故事的发展或者结局；知道常见图示、标记、符号代表的意思，并能在实际生活中运用；初步具有收集资料，捕捉信息、新闻，制作字典、辞典的技能；主动联系图文，并能找出自己认识的文字；对图书内容进行叙述时，能够调整自己不符合书面语言规范的语言格式。

3. 早期阅读的认知目标

这一目标是使幼儿获得较为丰富的语言知识、社会科学知识、自然科学知识等，为日后幼儿语言水平和文化素养的提高打好基础。早期阅读虽不以知识的传授为主，但是这却必然成为儿童获得间接知识的一个初级阶段。

认知目标举例：知道简单的图示、标记、符号的意思；能理解常用的词(主要是名词、动词、代词和形容词等)；知道书店、阅览室收藏着许多书；能用日常生活中的简单符号标记解决简单的问题；对自然界中的事物可以进行简单的分类；能够初步了解一些自然现象。

4. 早期阅读的情感目标

培养幼儿高尚的道德情操是早期阅读教育中一个不容忽视的目标。幼儿阅读材料中人物的立场观点、思想认识、审美情操等情感因素会潜移默化地对幼儿产生影响。因此，教师和家长要适时、适当地给予正确引导，以利于幼儿高尚道德情操的养成。

情感目标举例：喜欢阅读浅显的童话(寓言、故事)，向往童话中美好的情境；喜欢诵读儿歌(童谣和浅显的古诗)，感受儿歌中语言的优美，获得初步的情感体验；能主动讲述阅读内容，并使用恰当的词句、语调；能理解别人的情感，关心他人；对人际交往中各种美好的感情(如亲情与友情等)有较深的感触。

上述四类目标统一在幼儿早期阅读活动的整体目标之中，各个目标之间不是孤立的，它们相互联系、相互补充。在具体的阅读活动中，教师要根据幼儿身心发展的特点和需要进行适当的调整和整合。

(二)幼儿早期阅读活动的内容

《纲要》对幼儿早期阅读的定位是：接触书面语言的学习阶段。对于幼儿来说，掌握书面语言是有困难的，但他们已经表现出了对书面语言的浓厚兴趣。早期阅读作为幼儿接触书面语言的重要途径之一，应该包括一切与书面语言学习有关的内容。

按照幼儿接触书面语言的不同阶段以及幼儿早期阅读的目标，为幼儿提供的早期阅读内容应包含三个方面的阅读经验，即前阅读经验、前识字经验和前书写经验。在幼儿早期阅读能力的发展特点中，我们已经指出早期阅读能力是指幼儿在正式学习读写之前所具有的关于读写的知识、技能、技巧和态度，所以在提到这些阅读经验时都在前面加上“前”字。

1. 前阅读经验

一般而言，图书是书面语言的载体，但因为幼儿认知能力有限，所以学前阶段儿童阅读的图书是由文字和图画两种符号系统构成的，具有图文并茂的特点。利用幼儿感兴趣的、丰富多彩的图画书籍来帮助幼儿学习阅读图书，提高阅读的能力，就成为幼儿教育工作者的特殊任务。

幼儿要学会看图书，至少要学习若干具体的行为经验：①阅读图书的经验，掌握一般的翻阅图书的规则方式。②读懂图书内容的经验，会看画面，能从中发现人物表情、动作、背景，并将之串联起来理解故事情节。③理解图书画面、文字与口语有对应关系的经验，会用口语讲出画面内容；或听老师念图书，知道是在讲故事的内容。④图书制作的经验。知道图书上所说的故事是作家用文字写出来，画家又用图画表现出来，最后印刷装订成书。幼儿也可以自己尝试做小作家、小画家，把自己想说的事编成一页一页的故事，再订成一本图书。

可以说，幼儿园早期阅读活动为幼儿提供机会，让他们学习上述前图书阅读的内容。在此过程中培养幼儿的图书阅读兴趣、养成幼儿良好的阅读习惯以及发展他们初步的阅读能力。

2. 前识字经验

在幼儿阶段并不适合让幼儿集中、快速、大量地识字，这是幼儿进入小学阶段的学习任务。但是幼儿园有计划、有组织的早期阅读活动，在帮助幼儿获得前识字经验的同时，还可以提高幼儿对文字的敏感程度。需要特别说明的是，我们反对在幼儿园里专门集中地让幼儿识字，这种现象目前在我国农村幼儿园中极为普遍，应引起广大农村幼儿教师的重视。在实际的教学过程中，教师应该特别注意的问题是：在各年龄班早期阅读活动中，前识字的活动可以向幼儿提供有关文字信息，但是绝不应当要求幼儿机械记忆和认读那些文字。

幼儿早期阅读活动向幼儿提供的前识字经验包括下列六方面的具体内容：①知道文字有具体的意义，可以念出声音来，可以把文字、口语与概念对应起来。例如，认识“小狗”两个字，知道小狗是一种小动物；看到“水”字知道读“shuǐ”，并知道什么是水。②理解文字功能、作用的经验。比如，将想说的话写成用文字表达的信寄到别人手中，收信人将书面文字再转换成口头语言，别人就能明白写信人的具体意思。③粗晓文字来源的经验。初步了解文字是怎样产生的、文字是如何演变成今天的样子的。④知道文字是一种符号，并与其他符号系统可互相转换，如认识种种交通与公共场合的图形标志。这种标志代表一定的意思，可用语言文字表现出来。⑤知道文字和语言的多样性经验，认识到世界上有各种各样的语言和文字。同样一句话可以用不同的语言文字来表达，不同的语言文字又可以互译。⑥了解识字规律的经验。在前识字学习中让幼儿明白文字有一定的构成规律，掌握这些规则就可以更好地识字。例如，汉字中“氵”字旁的字大都与水有关，如湖泊、河流、汤、汁等。把握这种内在规则，幼儿会对识字感兴趣，也有利于他们自己探索认识一些常见的字。

3. 前书写经验

集中、大量的写字学习是对小学生的要求，对幼儿来说不应提出这样的要求。但是获得一些有关汉字书写的信息却是必要的，这有助于为幼儿进入小学以后正式学习书写做好准备。因此，在设计幼儿阅读活动时，幼儿教师可以适当地根据幼儿的年龄特点设计一些有趣的识字游戏来锻炼幼儿的书写能力。

前书写经验学习的早期阅读活动，可以向幼儿提供理解有关汉语文字构成的学习机会，其中包括以下五项具体内容：①认识汉字的独特书写风格，如能将汉字书写区别于其他文字。②知道汉字的基本架构，如懂得汉字可以分成上下结构、左右结构等。③了解书写最初步的规则，学习按照规则写字，尝试用有趣的方式练习基本笔画。④知道书写汉字的工具，知道使用铅笔、钢笔、圆珠笔、毛笔书写的不同要求。⑤学会用正确的书写姿势书写，包括坐姿、握笔姿势等。

四、幼儿早期阅读活动的基本特征

鉴于早期阅读的特殊意义和重要作用，早期阅读活动在幼儿园的教学中越来越引起重视。幼儿教师要想有效地组织早期阅读活动，在准确把握幼儿的年龄特点和学习的基本规律的同时，还应了解早期阅读活动的主要特征。

研究发现，幼儿早期阅读活动应具备以下三个特征。

(一)阅读环境相对丰富

根据幼儿发展的阶段特点为幼儿提供丰富的阅读环境，是早期阅读活动的一个重要特点。教师和家长要善于为幼儿提供一切机会、场所，让幼儿感受书面语言，体会阅读的乐趣。以幼儿园为例，在时间和空间两个维度的环境中都可以为幼儿创造出丰富的阅读环境。时间上，除了为幼儿专门开设的早期阅读活动课，还可以充分利用幼儿园一日生活中的各个环节来锻炼幼儿的早期阅读能力，如在幼儿晨间入园时、盥洗与饮水时、午睡起床时、晚间离园时，教师适时安排阅读活动。空间上，可以合理利用幼儿园中的各个场所，如在园中的走廊、楼梯上绘上配有生动图案的阅读文字；在盥洗室等幼儿公用场所标上图文结合的指导语。幼儿园中还可以布置“识字墙”“阅读角”等专门的阅读活动区域。这些在引导幼儿养成良好习惯的同时，也给幼儿灌输着一些文字信息。

(二)阅读活动方式具有整合性

早期阅读活动的方式并不是单一的，它往往是多种方式的整合。这可以从以下三个角度进行概括：①书面语言与口头语言的整合，如幼儿可以在完成书面语言的学习后，根据图画内容讲述故事。②语言和其他学习内容的整合，如教学策略中自制图书法的应用。故事《雪天使》给幼儿呈现了下雪的类型，那么教师就可以和幼儿一起制作大图书，请幼儿想象更多下雪的类型，争当雪天使。然后，将幼儿的想象制作成一本属于幼儿自己的图书。③静态学习与动态学习方式的整合，如让幼儿独自观察、阅读图书后，指导幼儿模仿故事中的角色进行表演等。

(三)阅读过程与讲述活动紧密相连

让幼儿在理解的基础上用口头语言来讲述图书的主要内容是早期阅读教育的一个主要目标。由此可见，幼儿的阅读活动与讲述活动是紧密相连的，他们既可以边看边说，也可以在看完之后把图书的大概意思讲述出来。讲述图书内容的方式多种多样，既可以在全班或小组中讲述，也可以是幼儿独自讲述。通过讲述，幼儿可深入了解图书内容，发展其口头表达能力和综合概括能力。

需要注意的是，早期阅读活动不等同于看图讲述活动，二者的教育目标是有区别的。看图讲述活动侧重于发展幼儿的独白语言，要求幼儿用正式规范的语言完整、连贯地讲述图片的内容。早期阅读教育的重点在于让幼儿理解各个画面之间、画面与故事之间的关系，从而把握图书的基本结构，理解故事情节的发展。在充分理解的基础上，幼儿再用口语表述图书的主要内容。早期阅读活动是先理解、后讲述，虽包含讲述的内容，但不同于看图讲述。

五、幼儿早期阅读活动的具体指导

幼儿园中，教师要想切实提高幼儿的早期阅读能力，就要促使幼儿生动活泼地参与到早期阅读活动的学习中。这就需要教师对早期阅读教育活动进行有效的设计。下面提供一个进行活动设计和组织的基本步骤。

(一)幼儿自由阅读

在阅读活动开始之前，教师要努力为幼儿创造独自、自由阅读的条件，让幼儿在欣赏文学作品、充分感知文学作品的同时，拥有自由想象、自由阅读的空间，激发其阅读的兴趣。在这一阶段中，教师要提出一些具有启发性的问题，让幼儿带着问题阅读。通过幼儿对这些问题的回答，教师也能理解幼儿对图书的理解程度，为下一步的活动提供必要的依据。

在指导幼儿自由阅读时，教师应注意以下两个方面的问题：①不可以对幼儿不闻不问。在幼儿自由阅读的过程中，教师要切实地起到引导作用，如采用问题引导和教具引导的方式。②教师要注意仔细观察每个幼儿的表现，在充分了解幼儿阅读情况的基础上，进行有针对性的个别指导。如对阅读速度较快的儿童，教师要鼓励他们反复阅读图书中的细节部分，深入了解故事情节的发展线索，以便更好地理解故事内容；对于阅读速度较慢的幼儿，教师要给予适当的提示，以辅助幼儿理解。

(二)教师与幼儿一起阅读

在幼儿自己阅读的基础上，教师开始与幼儿一起进行更为深入的阅读。在这一环节中，教师可以按照自己的理解和教学设想，将要求幼儿掌握的各项阅读任务和阅读技能贯穿到阅读过程中去。在这一阶段，教师要完成的具体教学任务是：引导幼儿理解图书的大致内容；围绕重点、难点开展阅读活动；引导幼儿归纳图书的主要内容。

同时，在这一活动环节中，教师应注意不能直接“告诉”幼儿是什么、怎么做，而应采用“平行”的方式，与幼儿平起平坐地共同阅读。也就是说，教师可以将自己的指导放到“一起阅读”之中。这样的方式易于为幼儿所接受，并且也有利于锻炼幼儿的自主性以及合作能力的发展。

(三)围绕重点开展阅读活动

就如同每一节课都会有一个授课重点一样，每一次阅读活动也会有一定的重点。在备课的过程中，教师要做到心中有数，把握好这个重点，并将其有计划地贯穿到活动中。有些教师会将这一步骤合并到“教师与幼儿一起阅读”的步骤中去进行活动。

(四)归纳阅读内容

这一步在整个阅读活动的最后，也是整个阅读活动中不可缺少的一步，起到了归纳总结的作用，其目的在于帮助幼儿巩固、消化所学内容。归纳总结可以采用多种方式，试举例如下：①采用创编故事的方式让幼儿根据已经学习理解的故事内容创编新的故事。例如，在阅读故事《伙伴》的活动中，教师就可以带领幼儿创编出以下故事：“袜子和袜子是一对好伙伴，丢了一只，另一只就没法穿。袖套和袖套是一对好伙伴，掉了一只，另一只就很孤单。欢欢和闹闹是一对好伙伴，走了一个，另一个就会想念。”②采用游戏的形式，由教师有效地组织对阅读活动进行总结。其中比较实用的一种游戏方式就是，在幼儿阅读图书之后用配乐童话的方式进行游戏，让幼儿跟随音乐做动作，以体会图画故事所表现的情节和人物的角色心理，加深幼儿对故事的理解。③采用表演的方式来组织归纳阅读活动。例如，对于有关动物的故事，教师就可以将事先准备好的动物头饰分发给幼儿，让幼儿根据图书中的故事进行表演。

第六节 学前儿童文学作品学习活动

有经验的家长和教师都知道，学前儿童似乎有热爱故事、诗歌的天性，无论是朗朗上口的童谣，还是生动有趣的故事，对他们都有着莫大的吸引力。儿童文学学习历来是儿童喜闻乐见的一种学习活动，有着巨大的教育潜能。对儿童文学的教育功能，有人认为是导思、染情、添趣，有人认为是认识生活、教育思想、开发智力、训练语言，无论哪一种说法，都说明文学作品的教育功能是多方面的。文学作品的学习是幼儿语言教育一个十分重要的方面，以幼儿文学作品为基本教育内容而进行的文学教育活动，也是幼儿语言教育活动不可缺少的类型。

一、幼儿文学作品的概念与教育价值

(一)幼儿文学作品的概念

幼儿文学作品是指与0～6岁儿童心理发展水平及其接受能力和阅读能力相适应的各类文学作品的总称，包括童话、寓言、神话、儿歌、儿童诗、谜语诗、绕口令、儿童散文、

儿童小说、儿童科学文艺等多种文学体裁。幼儿文学作品具有一般文学作品的特点，但它更是以具体的形象、艺术寓言的感性形态存在于时空之中，以能激发人们的感情、情绪为最大特点，与幼儿的认知心理和情绪特征相吻合，在陶冶幼儿性格、提高幼儿审美趣味、激发幼儿想象力的同时，又能开拓幼儿的视野、增长幼儿的知识，给幼儿以思想道德的启迪和教育。

幼儿对文学作品的学习不是一个简单的听说学习过程，它是成人通过引导幼儿围绕文学作品而展开的一系列丰富多彩的活动。通过幼儿视觉、听觉、动觉的参与，幼儿文学作品对幼儿的语言产生了潜移默化的巨大影响，对幼儿的成长产生了全方位、多通道的促进作用。

(二)幼儿文学作品的教育价值

幼儿文学作品包含作家对所描写的对象、整个人类社会和宇宙的认识和评价，是用语言塑造文学形象的艺术，以文学作品向幼儿进行多元价值的教育。作为艺术品，第一是审美价值：语言美、形象美、心灵美、意境美；第二是多功能的其他认识价值，即科学知识的、人际认识的、行为品质的认识价值；第三是娱乐价值，即引起美感享受，愉悦身心；第四是促进想象力、创造力、情感体验等审美心理发展的价值。

二、幼儿文学作品学习的发展特点

(一)围绕文学作品开展学习活动

幼儿文学作品学习活动的主要特点之一就是从文学作品入手，围绕作品开展系列活动。在幼儿园文学活动中，幼儿学习的内容是具体的文学作品。文学作品是语言艺术的结晶体，每个具体的儿歌或故事都含有丰富而独特的语言信息，这些语言信息表征着幼儿已知及未知的人、事、物概念，综合呈现幼儿所需要和渴望了解的社会生活现象。文学作品呈现的是书面的语言信息，幼儿需要有一个中介方式将书面语言信息转化为口头语言信息，所以需要通过聆听、诵读、阅读图画、观看动画片等方式理解文学作品传递出的信息。因此，任何一个文学活动都必须从文学教育入手，围绕一个具体的作品开展活动，让幼儿完全理解文学作品含载的丰富、有趣的信息。

(二)包含感受、理解与表现的审美目标

文学是一种用语言塑造文学形象的艺术，具有语言美、形象美、心灵美、意境美等审美价值。儿歌及儿童诗情感洋溢、想象丰富、语言含蓄而凝练，集中体现了文学语言形式美的特点，如节奏感、韵律感、音乐性、形象性、对称或错落有致的整体结构。故事、童话有引人入胜的情节，有拟人、夸张、象征的表现手法，一般都是美的形式和真、善、美的内容的高度统一，如《丑小鸭》《小马过河》等。由此，文学作品学习活动的主要目标应是培养儿童的审美能力和文学理解能力、想象力，而不仅仅是达成知识教育和道德教育的目标。文学作品学习活动是一个包含感受美、理解美、表现美以及表达自己对文学作品的理解和想象的一系列多层次的审美教育活动。

(三)整合相关的学习内容

幼儿园的文学作品学习活动从文学作品教学出发，常常整合与其相关的其他学科的内容，使得幼儿有更多的机会认识某个文学作品中表现的社会与自然生活的内容，以促进他们对作品的感知、理解。这是幼儿文学活动的另一个基本特征。

一首儿童诗或一则童话对幼儿而言，往往意味着不同方面的学习。文学作品表现了一定的社会与自然生活内容，幼儿在学习各种文学作品的同时，实际上是借助于文学作品来认识周围的世界。因此，仅仅向幼儿讲述故事、诗歌等作品内容是不够的，教师有必要在幼儿接受了一个具体作品的内容后，进一步开展与这一具体作品内容相关的活动。以童话《金色的房子》为例，在幼儿熟悉了故事内容后，教师可以开展表演活动让幼儿体验、理解作品人物心理，继而让幼儿画一画“我的房子”，谈一谈“如果我有一座金色的房子”。毫无疑问，这些相关的活动将有利于幼儿感知和理解文学作品，也有利于幼儿语言以及其他各方面能力的提高。

文学作品本身是社会知识、认知知识和语言知识的结合物，任何一个文学作品的学习都对幼儿这三方面的知识提出了一定的挑战。在设计组织文学活动时，根据具体的文学作品整合相关学习内容，教师就为幼儿提供了在这三方面协调扩充经验的机会，帮助幼儿完成整个语言学习的调整。当然，在文学作品教学中，整合相关的学习内容要从语言角度进行，以文学作品为基本出发点去开展活动。

(四)提供多种与文学作品相互作用的途径

儿童语言的发展是通过个体与外界环境中各种语言和非语言信息交互作用逐步实现的。因而，幼儿园的文学活动应当着重引导幼儿积极地与文学作品相互作用，在这一过程中通过多种操作途径让幼儿得到发展。用活动的形式来组织幼儿文学作品教学过程意味着幼儿可以在动手、动口、动眼、动耳、动脑等各种途径的学习中获得亲身体验，可以有效地激发幼儿的兴趣，帮助幼儿更积极主动地投入到学习中去，也可以更好地帮助幼儿掌握学习内容，为幼儿提供发展的机会。

三、幼儿文学作品学习活动的目标

幼儿文学作品学习活动是通过欣赏文学作品来学习语言的语言教育活动类型。在这种活动中，要求幼儿积极参加文学活动，乐意欣赏文学作品，以帮助幼儿感受文学作品的语言美，培养他们对艺术语言的敏感性；要求幼儿理解文学作品内容，掌握相关的社会认知，学会用语言或非语言的表现方式表达自己对某个文学作品的理解；要求幼儿结合文学作品提供的语言信息进行创造性想象，并学会用自己的语言表达经验和想象，尝试艺术性结构语言。

幼儿文学作品学习活动的目标具体表现在以下三个方面。

(一)认知目标

- 理解文学作品内容，学会标准发音，扩充词汇，了解各种语言句式的表达，懂得文学作品中运用规范而成熟的语言。

- 学习相关的社会知识，初步学会一些简单的为人处世的道理。
- 结合文学作品提供的语言信息进行创造性想象，尝试运用艺术性语言。

(二)技能领域目标

- 学习倾听和表达，提高语言的感受能力。
- 会说、说好普通话。
- 学习创造性地运用语言，尝试艺术性语言，用动作、语言、美术、音乐等不同表现方式积极主动地表达对文学作品的理解。

(三)情感态度目标

- 学习欣赏文学作品，体验文学作品蕴含的情感。
- 体验文学作品中人物的真善美，感受文学作品的情感脉络和语言美。
- 培养艺术想象力和审美能力，以及对艺术语言的敏感性。

四、幼儿文学作品学习活动的内容

幼儿文学作品学习活动是以幼儿文学作品为基本教育内容而设计组织的系列语言教育活动。它从一个具体的文学作品教学入手，围绕这个作品展开一系列相关的主题活动，帮助幼儿走近作品，理解体验作品生动有趣的主题，学习丰富形象的语言。通过开展与作品主题一致的迁移经验活动和创造性运用语言的活动，让幼儿走出作品，与现实生活结合，帮助幼儿发展语言。儿童文学作品是一个笼统的概念，根据文学样式和体裁的不同，主要可以分为儿童故事和儿童诗歌两种。

(一)儿童故事

1. 儿童故事概述

儿童故事有广义和狭义之分。广义的故事泛指神话、传说、童话、寓言等体裁的作品；狭义的故事是以叙事为中心，适合幼儿阅读和欣赏的篇幅短小的各类故事。

儿童故事属于叙事文学的一种，它重在叙述事情的经过。完整的儿童故事应该有开始、进行、高潮、结束四个部分。儿童故事多以拟人化的叙事风格出现，这符合儿童思维的特点。儿童故事题材广泛，主题单一，结构完整，语言口语化，容易被儿童理解和接受，是儿童喜闻乐见的文学形式。

2. 儿童故事的特征

作为文学体裁的一种，儿童故事与其他文学形式相比，有其自身的特征。

1) 题材广泛，主题单一

儿童文学作为一种文学形式，是对现实社会生活的直接反映，并且以儿童熟悉、了解的现实生活为创作基础。现实社会生活的多样性为儿童故事提供了丰富的创作题材，它涉及方方面面：有历史题材的，如《孔融让梨》；自然界生物变化的，如《小蝌蚪找妈妈》；富含哲理的，如《小马过河》等。

儿童故事题材广泛，反映社会生活的各个领域，但在表现这些知识和思想时，儿童故事往往只截取其中某一片段或情节进行加工，通过单一的主题来反映深刻而复杂的内容。儿童故事必须集中于一个主题，并调动所有人物围绕这个主题展开情节。

2) 情节简单生动，结构完整

儿童故事的情节是故事的主要组成部分，它是故事人物思想和行为的载体。鉴于学前儿童自身的特点，儿童故事应简单生动，富有趣味。例如，《小马过河》开始是马妈妈与小马对话的情节，然后是小马在河边与小松鼠、老牛交谈，小马激烈思想冲突以及被迫回家的情节，最后通过马妈妈对小马进行教育，小马终于蹚过了河。整个故事围绕“做事情要自己去思考和尝试，不能只听别人说”这个主题，通过马妈妈、小马、小松鼠、老牛等人物展开故事情节，整个故事只有三个情节，没有过多的描述，简单、生动而富有童趣。

儿童故事结构紧凑，用短小的篇幅反映丰富的社会生活，它一般“开门见山”，直接入题；展开过程中，思路清晰，直线发展，层层递进，叙事完整。

3) 以叙事为主，语言口语化

儿童故事以叙事为中心，着重于情节的构思：完整地叙述故事的发生、发展及结局，不刻意塑造人物的形象和性格；结构简单，清晰反映一个明确而深刻的主题。

儿童故事在叙述时，所用语言力求口语化，简练、浅显、形象生动，符合人物的性格特点，难度适宜，有利于幼儿语言的学习。

(二)儿童诗歌

儿童诗歌是儿童文学作品中韵体作品的统称，包括儿歌、儿童诗、儿童散文、浅显的古诗等。它们的共同之处是语言精练、想象丰富、内容生动，有优美的韵律和节奏，易懂易记，适合幼儿学习。

儿童诗歌在儿童语言教育方面有着特殊的作用，它适于朗诵，便于幼儿练习发音，有利于幼儿说好普通话，能够提高幼儿语言的艺术性和表现力。同时，儿童诗歌可以陶冶幼儿情操，进行美感教育，潜移默化地影响幼儿的思想，有利于促进幼儿想象力的发展。

1. 儿歌

儿歌是儿童童谣的简称。它运用一定的艺术形式和表现手法反映现实社会生活，是最富韵律感的儿童诗歌形式。儿歌可以分为多种形式，常见的有摇篮曲、游戏歌、数数歌、问答歌、连锁调、绕口令、字头歌和颠倒歌等。它符合儿童的特点和需要，为儿童所喜爱，对儿童语言等各方面的发展起着十分重要的作用。儿歌是儿童最早接触的文学活动形式之一，它有着优美的旋律和节奏，给人们以美的享受。

儿歌具有以下艺术特征。

1) 内容浅近，单纯活泼

幼儿由于生活经验少，掌握的知识和词汇不多，缺乏对复杂事物内在联系及其一般规律的概括能力，而儿歌作为一种听觉艺术，念诵时也不可能给幼儿留下多少思考的时间，因此相对于其他文学体裁，儿歌咏唱的内容都很浅显，并且十分贴近幼儿的生活。一首儿歌往往单纯、集中地描述一件(也可以是几件)事物或某种现象，明白地表述一个意思或事理，让幼儿一听就懂，很快领悟到其中的内涵并且受到启迪。还有，幼儿天真烂漫、活泼好动，专供他们诵唱的儿歌总是用充满趣味的口语去描绘他们眼中的世界，表达出他们纯真的情感，洋溢着一种天然的童趣。例如：

满天星，
亮晶晶，
好像青石板上钉铜钉。

这首儿歌以贴近幼儿生活的比喻，描述了满天星斗的夜空。

2) 篇幅简短，易记易诵

幼儿对周围事物的认识还比较单纯，又限于口耳相传，因此，儿歌的篇幅应当短小精巧，结构应当单纯而不复杂。常见的儿歌一般只有短短的四句、六句、八句，当然也有较长的。就每句组成的字数看，有三言、四言、五言、七言、杂言。三字句、五字句、七字句是基本句式，短小、单纯、自然，便于幼儿领会、唱诵和记忆。例如：

千条线，万条线，
掉到河里看不见。

仅仅十几个字，就以谜语的形式生动活泼地写出了雨这一自然现象。

3) 节奏明朗，音韵和谐

儿歌的传播在很大程度上是通过游戏的方式来实现的，所以要求其适宜诵唱，并能与游戏过程相配合，呈现出鲜明的音乐性和节奏感。幼儿好动，又处于学习语言、提高语言表达能力的阶段，富有音乐感、节奏明朗、生动活泼的儿歌语言可以引起幼儿的美感、愉悦感，提高他们学习语言的积极性。因此，无论是传统儿歌还是创作儿歌，或者无论是世界上哪一个民族的儿歌，都具备合辙押韵、节奏明快易唱、语言活泼的特点。例如，太阳太阳照四方，它的好处不寻常。太阳不晒草不绿，太阳不晒花不香。太阳不晒果不熟，太阳不晒苗不长。被窝也要太阳晒，身体也要太阳晒，太阳晒了才健康。全歌用整齐的七字句，多次出现“太阳”一词，每句都押“ang”韵，充分表现出汉语语言的音响美、回环美，同时又切合幼儿学习语言需要反复记忆的特点。

2. 儿童诗

儿童诗是儿童诗歌的一个分支，具有鲜明的特点，能反映时代的主流和作家对现实的思想感情。儿童诗语言凝练，形象生动，富含意境。从内容来分，儿童诗又可以分为故事诗、童语诗、科学诗、讽刺诗等形式。

3. 儿童散文

儿童散文是用散文体的形式抒发一定的思想、情感。儿童散文语言优美、富有韵律，符合儿童认知水平和心理特点，对发展儿童语言、陶冶儿童情操起着重要的作用。

4. 浅显的古诗

这里所说的古诗是指符合儿童特点和水平，浅显易懂、形式活泼、语言具体形象，富有韵律和节奏，易懂易记，适于幼儿朗诵的古诗。它能给幼儿以一定的思想影响，让幼儿了解古诗的一些相关知识。

五、幼儿文学作品学习活动的具体指导

幼儿文学作品学习活动的主旨是以幼儿为主体，将幼儿置身于教学活动中，引导学前儿童积极主动地学习文学作品，感知体验文学作品，并创造性地运用语言。教师应遵循《纲要》的理念，结合文学作品本身的丰富性，设计和组织系列教育活动。

幼儿文学作品学习活动具体可以分为以下四个层次。

(一)学习文学作品

活动的起点是幼儿学习和欣赏文学作品。在活动开始之前，为了激发幼儿欣赏文学作品的兴趣和热情，教师应创设一个可发挥幼儿文学想象，能让幼儿获得更直观体验的情境，让文学作品所展现的生活场景更加生动。

1. 语言描述情境

在讲述文学作品前，教师用语言为幼儿描绘一个生动逼真的情境，激发幼儿对文学作品产生无穷的遐想，并对教师要讲述的作品产生强烈的兴趣。例如，故事《梨子小提琴》是这样为幼儿描绘的："在一片大森林里，住着许多小动物，有狐狸、狮子、小鸡、小兔、小松鼠等。狐狸很坏，它喜欢欺负小鸡；狮子很凶，它喜欢追小兔。但是，有一天，当它们听了一种好听的音乐以后，就再也不欺负别人了。你想知道是什么音乐那么神奇吗？是谁带来了那么好听的音乐呢？"

2. 设问引出情境

教师可以利用提问与幼儿一起讨论一些与文学作品有关的内容，以此来引出情境。例如，故事《城里来了大恐龙》可以这样创设情境："小朋友，你们喜欢恐龙吗？你觉得恐龙是怎样的动物呢？假如有一天，它来到了我们生活的地方，你觉得将会发生什么事呢？"在幼儿充分表达了自己的想法以后，教师继续说："小朋友们都说了很多可能发生的事，说得很好。那到底会发生什么事呢？听听故事就知道了。"

3. 艺术渲染情境

艺术渲染情境，即利用音乐、美术等艺术手段营造一种安静、和谐、优美的氛围，让幼儿在这种氛围中得到美的熏陶。例如，故事《梨子小提琴》可以这样创设情境：教师首先出示一幅小提琴的图片，同时播放优美的小提琴乐曲，让幼儿安静地观察和欣赏。还可以结合提问引导幼儿欣赏："这段音乐听起来感觉怎样？听了音乐，你想做什么？"幼儿欣赏着美妙的音乐，同时大胆地想象、积极地思索，有助于幼儿初步体会"音乐能给人们带来快乐"这一故事主题。

(二)理解文学作品，体验作品情感

通过作品表演、谈话等方式帮助幼儿体验作品是在幼儿学习和欣赏文学作品的基础上，根据作品内容范畴设计相关的活动，帮助幼儿理解作品内容，体验作品人物形象的情感心理，以便幼儿进一步认识作品中展示的生活和精神境界。

1. 呈现文学作品

给幼儿呈现文学作品可以利用多种方式，如教师讲述作品，借助录音、情境表演、幻灯片、多媒体动画展现作品内容。不管运用何种方式给幼儿呈现文学作品，欣赏作品时，教师应注意给幼儿营造和谐、宽松的氛围和逼真、生动的意境，应尽可能地让幼儿在欣赏作品时还能与其他活动相互结合，即作品欣赏与活动教具或动作结合、作品欣赏与音乐结合、作品欣赏与游戏结合，为幼儿创设一个引人入胜的文学意境。

2. 理解、体验文学作品

初步理解文学作品：了解文学作品中的人物，理解作品的主要情节和主要意思。教师可通过提问法和讨论法，结合图片、幻灯、录像等手段，引导幼儿初步了解作品的内容。深入理解文学作品：理解作品的语言，感受作品的美以及情感，感知作品的主要特色。同时，教师还应让幼儿通过多种活动表达自己的体验和感受，以获得愉快的直接体验。教师还可围绕作品内容设计和组织几个相关的活动，如可以组织观察走访、观看图片和动画片、情境表演等活动，引导幼儿理解与作品内容有关的自然和社会生活；可以通过绘画、折纸、音乐、舞蹈等活动，引导幼儿体会作品的情感和美。

(三)迁移作品经验

开展与作品主题相关的绘画、手工等动手动脑活动，帮助幼儿迁移相关经验。文学作品来源于生活又高于生活，要使幼儿真正理解作品，就要为幼儿创设围绕作品内容重点开展的可操作的或具有游戏性质的活动，让幼儿在活动中将作品各方面纳入自己的经验范畴，以加深对作品的理解。例如，在诗歌《快乐的小屋》活动中，教师引导幼儿观察了各种美丽的建筑——小屋后，让幼儿搭一搭“美丽的小屋”，或画一画“我自己的美丽小屋”，有助于幼儿作品经验的迁移。

(四)创造性想象和语言表述

在幼儿对文学作品有了深刻理解的基础上，教师应给他们创造良好的环境和氛围，让他们扩展自己的想象，并能创造性地运用语言表达自己的认识和想象。在立足于原作品内容的基础上，教师可以让幼儿学习续编和改编故事。例如，《猴子吃西瓜》，教师可以引导幼儿讨论“我用瓜皮做什么”，让幼儿创造性地想象并能用语言完整讲述。

六、幼儿文学作品学习活动组织实施中应注意的问题

(一)充分发挥文学作品的整体功能

幼儿文学作品是人类文学作品的重要组成部分，主要面向幼儿，为幼儿发展服务。它蕴含着社会知识、认知知识和语言知识，要充分发挥文学作品在幼儿发展中的作用，就必须全面利用文学作品所承载的内容，发挥文学作品的整体功能。

幼儿文学作品，能够启迪智慧，让幼儿获得自然知识和社会知识，更主要的是激发幼儿的创造性思维和潜能，能使幼儿学会创造性地表达认识和想法。因此，在幼儿文学作品教育活动中，既要注意发掘文学作品的表层功能，又要注意发掘其深层功能，把其所蕴含

的语言知识、认知知识、社会知识全方面地传递给幼儿，发挥文学作品的整体功能，促进幼儿全面发展。

(二)在日常生活中渗透文学教育

文学作品教育活动不只是幼儿会讲多少故事、会背多少儿歌，重要的是让幼儿在这种活动中有所感触，感悟文学作品中所描绘的人们对生活美好的憧憬，各种人物、事件以及人们之间的关系或情感，同时也感受文学作品优美、规范的语言。在幼儿日常生活中，教师可以在场景布置中安排故事和诗歌的内容，也可以在睡觉前后、用餐前后给幼儿讲故事，让幼儿听儿歌，使其在潜移默化中对幼儿产生一定的影响。教师还可以在其他领域的教育活动中渗透文学教育活动，如在幼儿穿衣时，教师可以与幼儿一起边念儿歌“抓领子，盖房子，小老鼠，出洞子，吱溜吱溜上房子”，给穿衣服增加情趣，让幼儿在游戏中学习儿歌，学会自理。幼儿年龄越小，越要让作品融入其日常生活，使幼儿在不知不觉中形成对文学作品的印象。

(三)选择符合幼儿特点的文学作品

幼儿文学作品教育活动形式灵活，没有固定的内容。在进行教育活动时，教师可以根据幼儿的知识经验和兴趣特点，选择能够真正体现语言教育目标，能促进幼儿语言发展的作品。在幼儿的知识经验范围内，教师可以适当选择一些具有一定难度、富有挑战性的作品，这样可以激发幼儿学习作品的潜能，全方位调动幼儿已有的知识经验，促进幼儿的发展。

文学作品的学习对于幼儿语言及心理的发展具有重要意义，不管我们教儿童文学的哪类体裁，重要的一点是，教师不但要了解幼儿心理发展特点和儿童文学特点，而且还需要对文本做深入的钻研，根据实际情况，实施教学策略。还有一点也很重要，教师要爱上儿童文学，和幼儿一起品读儿童文学各种体裁的作品，这样不仅可以提高教师的文学素养，还会让我们保有一颗真挚的童心，更有利于儿童文学的教学。

拓展阅读

讲述活动要有一定的凭借物

凭借物种类	凭借物举例
实物	植物、动物、玩具、生活用品用具、文具等
图片	印制的图片、照片、绘本、连环画等
情境	户外情境、某一具体活动场景等
多媒体课件	PPT、Flash 等
音乐	音乐剧等
绘画	教师绘制的图片、儿童绘画作品等
动画片	如《机器猫》《海底小纵队》等
材料	报纸、绳子、泥工、盒子、贴绒等

本章小结

学前儿童语言教育活动是指以促进幼儿语言发展为目的的教育活动。本章主要研究的是专门的语言教育活动，包括谈话活动、讲述活动、听说游戏活动、早期阅读活动以及文学作品学习活动。它们的存在主要是为幼儿集中进行语言学习提供机会，让幼儿熟悉并提炼在日常语言交际中获得的语言经验，帮助幼儿理解和掌握语言的规则，并且有意识地进行运用。

谈话活动是指教师有目的、有计划地组织幼儿围绕一定的话题，学习运用口头语言与他人进行交流的语言教育活动。其作用在于能够提升幼儿的语言交际能力，增进幼儿知识信息的积累，引导幼儿获得谈话的基本规则，提升同伴关系。

讲述活动是有目的、有计划地培养幼儿独立构思和表述一定内容的教育活动，是幼儿语言教育的重要组织形式，要求幼儿借助于一定的凭借物，在相对正式的语境中完成完整、连贯的语言表达。其作用旨在培养幼儿的感知、理解能力，促进幼儿一般性表述能力的提高，锻炼幼儿的独白语言能力。

听说游戏也称语言教学游戏，是一种由老师设计组织，以培养幼儿倾听和表述能力为主要目标、用游戏的形式来实施的语言教育活动。其目的以培养幼儿倾听和表述能力为主，充分体现了寓教于乐的教育思想。

早期阅读是指学前儿童凭借着图文并茂的材料或成人生动形象的讲解，并通过自己以视觉和听觉为主的感官参与，理解阅读材料的表征意义，发展书面语言能力，培养阅读兴趣、阅读习惯和目主阅读能力的活动过程。对幼儿来说，这是非常有益的活动，可以发掘幼儿的潜力，促进观察能力与思维能力的发展，促进幼儿口头语言和书面语言的发展，为幼儿具备终身学习能力奠定基础。

幼儿文学作品是指与0～6岁儿童心理发展水平及其接受能力和阅读能力相适应的各类文学作品的总称。它以能激发幼儿的感情、情绪为最大特点，与幼儿的认知心理和情绪特征相吻合，在陶冶幼儿性格、提高幼儿审美趣味、激发幼儿想象力的同时，又能开拓幼儿的视野、增长幼儿的知识，给幼儿以思想道德的启迪和教育。其对幼儿的成长产生了全方位、多通道的促进作用。

【推荐阅读】

[1] 周兢. 幼儿园语言教育[M]. 北京：人民教育出版社，2004.

[2] 孙莉莉. 早期阅读与幼儿教育[M]. 合肥：安徽少年儿童出版社，2011.

[3] 金美敬. 儿童口语表达[M]. 孙赟，译. 北京：中国城市出版社，2013.

思考与练习

一、名词解释

谈话活动　讲述活动　听说游戏活动　早期阅读活动　文学作品学习活动

二、简答题

1. 谈话活动的特点及作用是什么？
2. 讲述活动的主要类型及作用是什么？
3. 听说游戏的主要类型及作用是什么？
4. 幼儿早期阅读活动的作用是什么？

三、论述题

论述文学作品活动的组织结构与指导要求。

【实践课堂】

1. 请设计一份大班实物讲述活动《我收藏的宝贝》的活动方案。
2. 请设计一份中班谈话活动《今天的天气》的活动方案。

反省是一面镜子，它能将我们的错误清清楚楚地照出来，使我们有改正的机会。

——海涅

第七章　学前儿童语言教育评价

本章学习目标

- 明确学前儿童语言教育评价的含义。
- 理解学前儿童语言教育评价的意义和原则。
- 掌握学前儿童语言教育评价的内容。
- 掌握学前儿童语言教育评价的方法。

核心概念

教育评价(educational evaluation)　语言教育评价(evaluation of language education)

引导案例

这是一篇来自张雯雯老师的反思笔记。她在对小班幼儿进行绘本教学《没有声音的运动会》时，综合运用了学前儿童语言教育的评价原则，通过课后反思，既发现了亮点，又找到了不足，有助于以后语言教育活动的更好开展。

《没有声音的运动会》讲述了老鼠爷爷过生日，老鼠家的大大小小决定做一个世界上最大、最好吃的蛋糕送给爷爷，但是一定不要让老鼠爷爷知道，要给爷爷一个惊喜，所以它们在无声中悄悄地进行着，就像一场没有声音的运动会。

这个绘本诙谐有趣，适合小班幼儿年龄特点，并通过静态 PPT 课件和动态 AVI 课件的使用，让幼儿在动静交替中感受了故事，进而喜爱故事。活动一开始也不断向孩子抛出各种问题，帮助幼儿深层次理解绘本。但是在实际教学过程中，张老师发现：适当调换幻灯片顺序，让孩子先观察后提问，更有利于幼儿畅所欲言。而且在最后完整欣赏整篇绘本的时候，老师若能切换到不同的角度，让孩子自然说出他们是相亲相爱的一家人，明白老鼠家的大大小小都爱爷爷，更能推动幼儿语言的发展。

(资料来源：张雯雯. 语言活动：没有声音的运动会[J]. 儿童与健康，2012(10).)

案例分析

在当前幼儿教师普遍感到语言教育改革比较困难的情况下，语言教育评价还可以作为剖析语言教育实践，形成语言教育整体结构和运行机制的一种手段。例如，教师或园长既可用语言教育整体结构四要素来对照本班或本园的语言教育实践，从中发现薄弱环节和不足之处，予以加强和改进。也可用各种评价工具对儿童的语言能力发展，对儿童语言学习过程的设计和实施，对语言教育目标和教育内容等进行检验，从而发现优点加以发扬，找出弱点加以改进。

学习指导

本章主要讲解学前儿童语言教育评价的意义与原则、内容与方法。本章的重点是学前儿童语言教育评价的内容和方法。在学习的过程中首先要仔细阅读教材，掌握相关的理论。其次要结合具体案例，领会可以从哪些方面进行学前儿童语言教育评价，以及用什么方法进行评价。最后要在语言教育实践活动中，学会根据学前儿童语言教育评价的原则，选用适当的方法，对相关内容进行恰当的评价。

第一节 学前儿童语言教育评价的意义与原则

教育评价的历史渊源非常久远，《学记》中就有了关于“考校”与“选考”制度的详细记载。隋唐形成的科举考试制度，使我国的考试制度达到了相当高的水准。随着西方“教育测验”的兴起，使得我国只注重定性研究、人文色彩比较重的教育评价受到了影响，教育评价开始注重定性与定量的结合，我国科学的教育评价道路由此开启。

一、学前儿童语言教育评价的概念与意义

(一)教育评价与学前儿童语言教育评价

教育评价是指在教育过程中人们收集与教育活动有关的各方面的信息，依据一定的客观标准，对教育活动的整个过程、内容、方法、效果等做出客观科学的评价的过程。

《纲要》指出：“教育评价是幼儿园教育工作的重要组成部分，是了解教育的适宜性、有效性，调整和改进工作，促进每一个幼儿发展，提高教育质量的必要手段。”同时，《纲要》强调“平时观察所获得的具有典型意义的幼儿行为表现和所积累的各种作品等，是评价的重要依据”，评价要“在日常活动与教育教学过程中采用自然的方法进行”。

所谓学前儿童语言教育评价是指以语言教育目标为准绳，运用科学的评价方法，按照一定的评价程序，对语言教育活动的整个过程和语言教育活动的效果做出价值判断和事实描述，并将结果反馈于语言教育实践活动，为教育对策的制定提供科学依据的过程。从我国学前儿童语言教育评价的现状来看，学前儿童语言教育评价强调评价的主体是教师和幼

儿；评价的客体是语言教育活动，包括语言教育活动的各个部分及其相关关系、具体的某个语言教育活动本身、教师的教和儿童的学等。在语言教育活动中，教师和幼儿通过收集、整理与语言教育活动有关的各个方面的资料，参考一定的标准做出科学的评价。

(二)学前儿童语言教育评价的意义

学前儿童语言教育评价的意义主要体现在以下三个方面。

1. 学前儿童语言教育评价是学前儿童语言教育活动的重要组成部分

学前儿童语言教育活动，包括了语言教育活动目标、语言教育活动内容、语言教育活动过程和语言教育活动评价四个要素，由此可见，语言教育评价是学前儿童语言教育活动的一个不可或缺的重要组成部分，是连接一个语言教育活动和另一个语言教育活动的中间环节。在设计语言教育活动时，虽然一般不在活动过程中呈现活动评价，但是，它却对语言教育活动的设计、实施以及活动的改进等都起着重要的作用。

2. 学前儿童语言教育评价对整个语言教育活动起着调节、控制和引导的作用

随着教育理论的不断发展，现代教育评价的功能也在发生着改变，其最为主要的功能之一就在于检查教育目标的达成水平，取得反馈信息，以便调整教育教学过程，及时针对缺陷和问题进行补救和矫正。一个教学活动是否有效是通过教育目标的达成情况来进行判断的，而教育目标的达成情况离不开教育评价的反馈作用，通过教育评价能够将教育活动的信息返回给教师，从而使教师能够意识到自己在教育活动中存在的优点与不足，从而判断出自己选择的教学方法是否恰当、教学内容是否适合儿童的年龄特点、教学环节的安排是否合理等。一方面能够激发教师参与教学活动的积极性；另一方面有助于教师不断地自我改进，完善教学过程，提高教师教育教学的能力和分析问题的能力。

新课程标准强调教育评价具有多元性、多样性、发展性的特点。其中的多元性、多样性主要针对的是评价主体、评价方法和评价内容而言。而发展性主要强调的是教育评价的一种引导功能。无论是在理论研究中还是实际的教学过程中人们都非常重视教育评价。其原因之一就是在教育评价的过程中人们能够发现存在的一些问题，如本班儿童对语言活动的兴趣、语言表达能力的差异、已有的语言经验等。通过对这些问题进行分析，在下次进行语言教学活动的选择、准备及实施的过程中，教师就能够做到真正意义上的因材施教和进行有效的个别指导。总之，通过对每次语言教育活动进行评价，发现其中存在的不足，然后根据这些不足改进教学方法、调整教学内容，对以后的语言教育活动起着引导的作用。

3. 学前儿童语言教育评价有助于提高语言教育活动的质量，完成语言教育活动目标

日本著名评价专家梶田睿一指出：“教育评价必须有助于教育活动开展得更有成效、更为妥当，否则，就极有可能成为对学生进行分类划等的非教育性工具。”因此，进行教育评价有利于减少教育活动中的很多“无效劳动”，使教师和幼儿能够将更多的时间花在有效的教育活动中，提高教育活动的质量。从短期情况来看，每节教育活动结束后进行教育评价可能会暂时地增加教师的负担，但从长远发展来看，进行教育评价不仅让教师在遇见同类问题时能选择最优的方法进行教学，还能加强幼儿对整个教育活动的参与性，同时有利于提升教师的教学能力。随着教育评价体系的不断完善和评价工具的不断改进，教师只需花少量的时间用于教育评价，就能取得长久的教育效应。

二、学前儿童语言教育评价的原则

随着人们对教育评价的重视，教育评价的原则也开始引起了人们的关注。所谓教育评价的原则是指教育评价主体在评价教育活动时必须遵循的最基本的要求，是指导教育评价活动的一般原理。学前儿童语言教育是研究学前儿童语言发生、发展规律及如何对学前儿童进行语言训练和教育的一门科学，它与健康教育、艺术教育、社会教育和科学教育既相互联系，又相互区别。因此，进行学前儿童语言教育评价必须遵循相应的原则。

(一)科学性原则

科学性原则是指在对幼儿语言教育活动进行评价时，评价者不能单凭主观经验来判定和判断语言教育活动的质量或幼儿的语言发展能力和水平，必须科学地确定评价标准，采用科学的评价方法、手段和工具来进行评价。这是进行语言教育活动评价的最基本的原则。

1. 采取科学的教育评价态度

在进行语言教育评价时，评价主体必须端正自己的态度，将教育活动本身作为评价的客体，做到以事实为依据，以评价标准为准绳。

2. 使用科学的评价标准

教育评价并不是一种“想当然”的行为，进行教育评价必须按照相应的指标和标准进行。要有科学的依据、科学的结构和科学的内涵界定。

3. 使用科学的评价方法

教育评价是针对具体的教育内容进行的，评价是否有效，很大程度上取决于评价方法的选择是否科学。设计评价方案、收集评价信息、建立评价组织机构、分析处理评价结果等都要涉及评价方法的选择，因此，选择的评价方法在理论和实践上都要求必须具有科学性。

(二)可行性原则

教育评价是围绕具体的教育活动展开的，教育评价的可行性原则强调进行教育评价时，必须立足于实际情况的需要和可能，使教育评价既符合实际，又简易可行。在进行教育评价时，首先要做的是制定一个可行的评价方案。评价方案的设计必须考虑到评价对象、评价的规模和次数、评价的技术和方法等方面。评价对象应立足于实际的调查情况；评价的规模和次数不应追求“大”和“多”，应根据需要进行确定；评价的技术和方法应是评价者自身能掌握和理解的，且和实际的教育评价活动是符合的，做到定性评价和定量评价相结合。具体体现在以下三个方面。

1. 评价指标的可行性

任何教育评价都是根据一定的评价指标进行的，评价指标越多，指标间重复的内容就越多，评价所需要的时间也就越多，因此，评价的指标要简明不失其关键、全面不失其重点。简明保证了评价的高效率；全面保证了评价的科学合理性；关键则突出了评价的重点。

2. 评价标准的可行性

评价标准的可行性是指评价的标准和被评价对象的发展水平之间存在一个“合理区间”，从而保证评价标准既不是高不可攀，又不是唾手可得，而是必须经过被评价者不断地努力才能达到。

3. 评价方法的可行性

从有关教育评价的研究来看，我国关于教育评价的研究较晚，由此导致了评价方法的落后性。为了推进教育评价的不断发展，教育评价方法必须具有可操作性，即教育评价方法的选择必须是有用的，能达到评价的目的，同时又必须是可行的。

(三)尊重差异性原则

《纲要》从评价的意义、评价的方式、评价的参与者、评价的过程及评价的重点等方面对教育评价进行了论述。从相关的论述中可以看出，在进行教育评价时必须重视幼儿的个体差异性。但在日常的幼儿园教学过程中却发现，在进行教育评价时存在许多问题，其中比较突出的一个问题是：教师总是采用整齐划一的标准进行教育评价。在语言教学活动中这种现象也比较突出。考虑到定性评价和定量评价相结合，教师在进行某一个语言教学活动时会依据一定的标准制定相应的评价标准，但从教师的这些评价标准不难发现，这些标准都缺少应有的弹性，太过于强调一致性。人与人之间由于遗传基因的差异以及后天环境和所受教育的差异，世界上并不存在两个完全相同的人，人与人之间是必然存在差异性的，不同的个体对同一事物的理解也可能存在千差万别。相关研究发现，男女儿童由于生理构造的差异性，对语言的表达和理解也是不相同的，这就要求在教学过程中要做到因材施教，在进行教育评价时需尊重个体之间的差异性，制定一系列具有弹性的评价标准，最大限度地促进幼儿语言能力的发展。

(四)整体性原则

教育是一个连续运动、全面发展的过程，是一个包含了多种因素的复杂的系统，是一个存在很多变量、具有层次结构的有序整体。教育包含着许多既相对独立又相互联系的方面。因此，教育评价应是一个不断发展的、包含各个组成部分的整体。在评价目标的确定、评价标准的制定、评价指标体系的设计等方面，都必须注意到整体性。这就要求评价者在对学前儿童语言教育进行评价时，必须考虑到各个方面的因素，既要对学前儿童的语言发展情况进行评价，又要对幼儿教师的语言教学情况进行评价；既要对语言教学的目标进行评价，又要对语言教学活动中教师的教学态度、幼儿参与教学活动的积极性及师幼互动进行评价；既要单纯从语言领域方面进行评价，又要整体从幼儿园的五大领域进行评价；既要注重有关语言教育活动中静态要素的评价，又要注重从动态要素方面进行评价。

(五)多主体原则

传统的儿童观多将儿童看作“白纸”“无知无能的人”，认为儿童什么都不知道，没有自己的思想，也就不能做出正确的行为，由此导致了在教学活动中教师“控制者”“决策者”“操纵者”角色的出现。随着现代科学技术的不断发展，教育理论也在不断与时俱进，以求跟上时代的步伐。教育理论的发展引起了人们对“儿童”这一特殊群体的重新认识，人们逐步意识到儿童并不是成人所谓的“小大人”，他们有自己特殊的生理结构，有自己独特的思想体系。这种认识逐步渗透到幼儿园教育活动过程中，使得教学观从“教师主体”到“教师主导”再到“双主体”不断地演变。教育评价也从教师是评价主体、儿童是评价客体，转变为多元化主体评价，包括教师评价、儿童自评和互评、儿童与教师互动评价等，同时多元化主体评价还强调家长评价、社会评价和幼儿园评价三者的有机结合。这种评价不再是一种单向的评价者与被评价者的刺激反应，而是评价者与被评价者之间的一种连续互动的过程。

第二节　学前儿童语言教育评价的内容

学前儿童语言教育活动评价的内容通常是指评价什么，它涉及许多方面。例如，是评价语言教育方案的设计是否依据了科学的原理、原则，还是评价学前儿童的语言学习态度、参与程度、情绪情感？是评价学前儿童在语言教育活动中的行为以及对语言学习内容的掌握，还是评价教师指导学前儿童学习语言的方法，抑或是评价教师与学前儿童在语言教育活动中的互动关系。

幼儿园的教育活动是否有意义，要看通过幼儿园实施的教育活动所达成的教育效能。“幼儿有意义地学习”和“教师有意义地教学”，这是思考和评定幼儿园教育活动有效性的两个基本着眼点。因此，学前儿童语言教育活动评价的内容分为两个方面：对学前儿童学习的评价和对教师“教”的评价。

一、对学前儿童学习的评价

对学前儿童学习的评价是指对学前儿童参与语言教育活动状态的评价和对学前儿童学习结果的评价。前者是从儿童在活动中的表现对其参与状态进行分析和评价，称其为动态的评价；后者是从儿童学习的效果的角度，对目标达成情况进行分析和评价，称其为静态的评价。

(一)对学前儿童参与活动状态的评价

对学前儿童参与语言教育活动状态的关注，既可以了解学前儿童语言的发展状况，也可以了解学前儿童对语言教育活动适宜性的信息，发现活动的问题，及时对活动进行调整。对学前儿童参与语言教育活动状态的关注，主要涉及以下几个方面的内容。

1. 学前儿童参与活动的程度

关于学前儿童参与活动的程度的评价，主要评价在语言教育活动进行的过程中，学前儿童的注意力集中程度，对语言学习内容的兴趣，思维是否活跃，在学习探索以及表达表现活动中的积极性、自主性、能动性程度等。参与语言教育活动的程度可以分为三个等级，即主动积极参与、一般参与和未参与；也可以按高、中、低进行划分。

2. 学前儿童的情绪情感状态

关于学前儿童的情绪情感状态的评价，主要评价学前儿童在语言教育活动过程中的情绪状态。愉快的情绪往往使儿童愿意学习，不愉快则易导致各种消极行为。可以通过学前儿童在语言教育活动中表现出来的学习态度、学习热情、情感语言、动作等进行观察。儿童在活动中的情绪情感状态可以分为三个等级：高、一般、低。

3. 学前儿童互动的程度

关于学前儿童互动的程度的评价，主要涉及对学前儿童在语言教育活动过程中与他人(教师和同伴)互动交流的评价，包括在活动中与他人互动的形式、次数以及有效性等。互动程度可以分为三个等级：积极互动、一般配合和未互动。

4. 学前儿童使用语言的意愿

关于学前儿童使用语言的意愿的评价，主要评价学前儿童在语言教育活动过程中对语言的使用状态，包括用语言回答问题、表达表现所学内容等。儿童使用语言的意愿可以分为三个等级：强、一般、弱。

5. 学前儿童在活动中的能力

关于学前儿童在活动中的能力的评价，主要评价在语言教育活动中，学前儿童在语言能力发展水平上的表现和反应，包括活动中的语言表达能力、提问能力、独立见解、语言经验的迁移、分析判断等思维能力、操作能力和创造性运用语言等能力。儿童在活动中的能力可以分为三个等级：强、一般、弱。

6. 学前儿童面临挑战的态度

关于学前儿童面临挑战的态度的评价，主要评价学前儿童在语言教育活动中是否接受活动的挑战、面临问题时是否努力去解决问题，是否有效地运用已有语言经验。儿童面临挑战的态度可以分为三个等级：积极、一般、不接受。

7. 学前儿童的学习习惯

关于学前儿童的学习习惯的评价，主要评价在语言教育活动中，学前儿童对语言学习和操作活动的坚持性，对轮流、合作及分享等基本行为技能的掌握情况。儿童的学习习惯可以分为三个等级：好、较好、差。

以上几个方面的评价内容，可以用量化等级的评价方式显现在“幼儿园语言教育活动定量评价记录表”中，与对教师的评价内容一起共同构成一份比较全面的评价表(见表7-1)。表中每一方面的评价内容分为三个等级：“好”“一般”“差”。“好”表示上述几方面评价内容等级中的主动积极、强、高等；“一般”表示上述几方面评价内容等级中的一般；“差”表示上述几方面评价内容等级中的未参与、不配合、低、未互动、弱等。

对学前儿童参与语言教育活动的评价，应突出对幼儿参与活动的有效性的评价。仅仅通过表面的、定量的形式来评价，有可能呈现的结果有一定的表面性，无法展现教师与学前儿童在语言教育活动中活生生的行为与表现。要注意和体现语言教育活动的实际效果，就应当结合深入的、全面的、实录式的、描述式的观察和记录来呈现，可以采用“幼儿园语言教育活动综合评价记录表”的方式进行评价(见表 7-2)，从而弥补单一的表格中只见结果不见过程的遗憾。

表 7-1　幼儿园语言教育活动定量评价记录表

评价项目 \ 评价指标		好	一般	差
幼儿	参与活动的程度 情绪情感状态			
	互动的程度			
	使用语言的意愿			
	在活动中的能力			
	面临挑战的态度			
	学习习惯			
教师	活动目标的设计			
	活动环境的创设			
	活动内容的适宜性			
	活动的组织与指导			

表 7-2　幼儿园语言教育活动综合评价记录表

活动名称：　　　　　　　　　　班级：

活动时间：　　　　　　　　　　执教者：

项　目		原始记录	分析评价
活动准备			
活动目标			
活动内容选择			
活动过程	活动环境的创设		
	教师的组织与指导		
	材料的利用		
	幼儿的参与程度		
	幼儿的情绪情感状态		
	幼儿与教师、同伴的互动程度		
	幼儿使用语言的意愿		
	幼儿在活动中的能力		
	幼儿面临挑战的态度		
学习结果	幼儿的学习习惯		
	幼儿的能力和水平		

(二)对学前儿童学习结果的评价

幼儿园语言教育活动的根本目的是促进学前儿童的学习和发展，对学前儿童学习效果的评价自然成为语言教育活动评价中不可或缺的一部分。对学前儿童学习效果的评价可以帮助评价者了解学前儿童语言发展的状况。而语言教育活动设计又是指向一定的语言教育目标的。因此，对学前儿童学习效果的评价主要是对目标达成情况进行分析和评价。在对目标达成度进行评价时应反映学前儿童的整体发展水平，包括对语言知识的掌握、语言运用水平和语言学习的情感态度、学习方式等，要防止评价内容的片面化倾向。对学前儿童学习结果的评价涉及以下三个方面。

1. 认知目标的达成情况

在语言教育活动中，可以通过谈话、回答提问、操作、表演、作品分析等方式了解儿童是否获得了目标所规定的语言知识，是否掌握了有关的语音、词汇、句法，是否懂得在不同的语言环境中正确运用这些词汇、句法，能否顺利进行书面语言的学习。

2. 情感与态度目标的达成情况

在语言教育活动中，了解儿童是否养成了关于倾听的习惯，是否乐意与人交谈，是否运用礼貌语言与人交往，养成文明交往的习惯，是否乐意在集体面前讲述自己经历的事情和图片内容，对文学作品是否有兴趣，是否养成了良好的习惯。

3. 技能和运用语言能力目标的达成情况

在语言教育活动中，了解学前儿童构词成句的能力和在具体的语境下运用语言的能力。了解儿童是否能根据活动中的语言情境来运用有关的词汇、语法和不同的表达方式，语言表达的清晰度、流畅度、条理性、完整程度等。

以上三方面的目标达成有程度之分，一般分为完全达成、部分达成和未达成三个等级。经过这样两个维度的分析，可以了解学前儿童参与语言教育活动后的变化。

二、对教师“教”的评价

幼儿园语言教育活动是由教师、幼儿、语言教育活动目标、内容、手段与组织形式，语言环境等诸多要素构成的。语言教育活动是由教师实施的，教师是决定幼儿园语言教育活动有效性的最为重要的因素，教师对语言教育活动的价值判断，对教育活动的设计、语言教育活动环境的创设、语言教育内容的组织、采用的活动方式，教师与幼儿之间的互动等，都会影响语言教育活动实施的有效性。为了科学地、准确地评价语言教育活动的有效性，除了要对学前儿童的学习进行评价，还要对教师的“教”进行评价。评价内容主要包括语言教育活动的目标、内容、方法、组织形式、环境、材料及教师自身的语言素质等。

(一)对语言教育活动目标达成度的评价

在评价语言教育活动目标时，主要分析活动所确定的目标是否以3～6岁幼儿学习与发展指南和各种语言教育活动类型的核心经验为依据，是否符合本班儿童的年龄特点和规律，是否具体、明确，易于衡量，是否包含了认知、情感和态度、技能和能力三个方面的内容。

(二)对语言教育活动内容的评价

在评价语言教育活动内容时，主要分析：活动内容与目标是否一致；活动内容难度是否适合本班儿童的发展水平，是否最有利于儿童接受和发展；活动内容的容量是否合适，即活动内容的多少是否最有利于目标的实现；活动内容是否科学；活动内容是否贴近儿童的生活；活动内容是否适合儿童的最近发展区，可以激发学前儿童的已有经验并能促进儿童新经验的获得；活动内容是否具有整合的理念，尽可能地与各领域有机渗透；活动内容的组织是否分清了主次，突出了重点，是否抓住了关键内容。

(三)对语言教育活动教学方法的评价

教学方法的选用是为了更好地达成教育活动目标。例如，在中班阅读活动“啪啦啪啦嘭”中，教师采用角色扮演的方法帮助幼儿体验小鼹鼠在地底下碰到植物的经历，澄清哪些植物是长在地下的。中班语言活动“快乐的婚礼”中，教师采用观察视频的方法帮助幼儿理解故事内容。

在评价语言教育活动教学方法时，主要分析教师是否根据语言教育活动目标、不同的语言学习内容和幼儿的年龄特点选择适宜的教学方法。幼儿园语言教育活动中常用的方法有谈话、观察、示范、讲解、提问、讲述、讨论、表演等。对语言教育活动教学方法进行评价时，主要考虑以下几个方面的内容：能否将这些方法进行合理、灵活而优化的使用，而不是刻板单一；各种教的方法与学前儿童的学习方式是否适合；方法是否能调动学前儿童学习的积极性，使幼儿通过适宜的方法进行感受、体验，促使学前儿童已有语言经验和新经验的认知碰撞，进而推动儿童自主建构知识。

(四)对语言教育活动组织形式的评价

在评价语言教育活动组织形式时，主要分析活动形式是否适宜于活动内容；是否适当地采用了集体活动、分组活动、个别活动等多种形式；是否能满足学前儿童学习方式上的差异性，因材施教；是否能促进学前儿童在已有水平上的有效学习。

(五)对环境、材料的评价

语言教育活动中，环境的创设和材料(包括教具、学具)的利用是满足学前儿童探索、操作和交往的基础条件。在评价环境创设和材料利用时，主要分析教师是否为学前儿童创设了一个自由、宽松的语言交往环境；环境的创设和材料的提供是否与活动目标定位、活动内容相适宜；环境与材料的呈现方式是否与学前儿童的年龄特点和活动内容相吻合；教具、学具是否具有实用性和可操作性，是否得到充分的利用；环境和材料是否丰富多样，最大限度地满足儿童探索、操作和交往等活动的需要。

(六)对师幼互动的评价

在评价语言教育活动中的师幼互动时，主要分析评价教师是否为幼儿提供了适宜的与同伴、教师互动的机会；教师与幼儿在语言教育活动过程中的交往是否积极主动、和谐融洽；教师是否积极回应幼儿的提问，是否用恰当的语言和方式评价幼儿的回答。

(七)对教师语言素质的评价

1. 对教师教学口语的评价

学前儿童语言教师在活动组织中以发展儿童的语言、培养儿童对语言和文学的兴趣为主要目的，所以，其教学口语应更能突出学前儿童教师职业口语的特点，即规范性、科学性、生动性、启发性和可接受性。

(1) 教师口语的规范性。评价标准：语音清楚准确，语汇丰富确切，语句符合语法规范，语流顺畅，内容文明，无口头禅。

(2) 教师口语的科学性。评价标准：语汇、句型、段意及整体表述符合儿童认知特点，浅显易懂，解说符合客观实际，表达准确无误。

(3) 教师口语的生动性。评价标准：语言形象传神、活泼鲜明，使抽象化的道理具体化，深奥的道理浅显化。能使幼儿如见其人、如闻其声、如临其境，体现语言的形象性和情感性。但这里要特别注意，在讲故事时，对于可能使儿童产生强烈负面情绪的内容只需点到为止，切不可为了追求语言的生动性而导致幼儿出现恐惧等不良情绪。

(4) 教师口语的启发性。评价标准：提问能够激发幼儿积极思维，点拨应适时、巧妙，能激发幼儿的学习兴趣。除了为烘托气氛和激发幼儿参与活动的热情以外，应少问那些只需要让幼儿机械地回答“是”与“否”的问题。

(5) 教师口语的可接受性。评价标准：根据儿童年龄特点和场地，确定口语的速度、可亲度和句子的长短与句式。对于托班儿童，语速要慢，语句要短，语气、语调要柔和亲切。对于大班儿童，语速可适当加快，语气、语调应亲切活泼。

2. 对教师体态语的评价

教师体态语是教学中的一种重要的言语辅助形式，能补充或强化教学信息，交流情感，调控交际过程。由于学前儿童处于直觉行动思维和具体形象思维阶段，更需要教师运用恰当的体态语帮助其感知和理解语言活动的内容。

教师体态语的评价标准是：文明、自然、得体、和谐。作为语言教师，不仅口头语言应具有示范性，体态语也应具有示范性，应无以下不当体态：动作幅度过大、频率过高；体态夸张、做作；生硬呆板，缺乏活力；轻率浮躁、傲慢无礼或懒散随便。

第三节 学前儿童语言教育评价的方法

对幼儿园语言教育活动进行评价，不同的评价者可以采用不同的评价方法。评价的方法实际上是收集信息的方法，应该根据评价的目的、内容，综合采用几种方法收集信息。由于幼儿园语言教育活动涉及的主要是人的活动，其实施的有效性取决于多种因素，有的能被量化，有的难以被量化，因此，对语言教育活动进行评价时不可脱离具体的、真实的语言教育情境。学前儿童语言教育活动评价的方法有：观察法(日记描述法、逸事记录法、时间抽样法、事件抽样法)、微格教学评价法、多彩光谱评价法、自由叙述法、综合等级评定法等。

一、观察法

在幼儿园语言教育活动的评价中，观察法是一种有效的评价方法，也是目前幼儿园中广泛使用的语言教育活动评价方法。通过观察，可以获得第一手事实材料，可以及时了解语言教育活动的运行状况，可以评价学前儿童的语言学习情况，促进教师的反思，及时调整活动内容、方法和组织形式等。根据观察的目的和时空条件的不同，可以将观察分为自然条件下的观察和情境背景中的观察两大类。一般自然条件下的观察比较多见，它又可以分为描述性观察(日记描述法、逸事记录法)和抽样性观察(时间抽样法、事件抽样法)。

(一)描述性观察

1. 日记描述法

日记描述法是一种日志式的观察记录，要求根据系统的观察计划，以记日记的形式描述性地记录相关事件。这种方法方便易行，能记录详细的资料，以后能反复利用。教师既可以使用日记描述法记录语言教育活动在某一阶段或某一方面的具体实施情况，也可以有重点地记录语言教育活动实施过程中的典型事件。通过长时期的日记描述，能了解语言教育活动实施的确切程序和连续的教师或幼儿的行为，如果能客观地记录，资料一般真实可靠。因此，日记描述法也是教师反思自己教学行为的好方法。但日记描述法需耗费大量的时间和精力，要求观察记录者长期记录，持之以恒，要坚持下来很不容易。

拓展阅读

观察日记——小班宝宝的语言

一、天天

天天，2007 年 4 月出生，父母都是中国汉族人，他是一个活泼帅气的小男孩。

2010 年 5 月 19 日　　星期三　　雷阵雨

今天是天天来园的第六天，前几天他总是会哭闹好一阵儿才安静下来。早晨，姥姥来送他，刚进幼儿园，他的眼泪就在眼圈里打转，看到我以后，转身就抱住姥姥像个大人似的，说："姥姥，你每天都把我送到幼儿园，你就自己一个人在家了，你不孤单吗？"姥姥感动得差点就要再把他带回家。我蹲下来，轻轻地抱着天天说："是啊，天天，姥姥一个人在家会很想你，所以晚上姥姥一定会早早地来接你。但是，只有你在幼儿园不哭不闹，乖乖的，姥姥才能早早地来接你。"天天认真地看着我，没有像往常那样哭闹，半信半疑地跟我回到了班上。

2010 年 6 月 18 日　　星期五　　晴

天天来园有一个多月了，他已经完全适应了幼儿园的生活。在今天的科学课上，我和宝宝们正在饶有兴趣地认识各种动物，天天却突然把两只脚踩在椅子上东张西望。我说："天天，你把脚放在椅子上是不对的，上课要专心。"他迅速把脚放了下来，说："老师，你是在批评我吗？"我说："是的。因为你犯了错误，所以我批评了你。"他说："那你批评我，是不是就证明你不喜欢我了？"我说："如果你改正错误，我就会继续喜欢你。"他说："老师我现在已经改正了错误，你还会继续喜欢我，对吗？"我说："对！"看这语言表达的逻辑性，谁能不喜欢这个知错就改的宝宝呢？

2010 年 8 月 10 日　　星期二　　多云转小雨

今天早晨，我正在点名记录出勤，发现自己的圆珠笔写了几个名字就没油了。我就让天天去对门班级老师那儿借笔。天天很高兴地要往外走，我又担心他说不明白，就问："天天，你能说明白要干什么吗？"他竟然扬着小下巴说："小菜一碟！"我很惊讶，这哪像一个 3 岁孩子？这分明是一个十足的"小大人"啊！

二、阳阳

阳阳，2007 年 3 月出生，父母都是中国汉族人。他是个胖嘟嘟的小朋友，非常可爱。他的父母工作非常忙，几乎没有时间陪孩子，只是把他放在房间里，让他与电视、玩具为伴，他在家里很少与人沟通。也许正是这个原因，他的语言能力与其他同龄孩子有很大差距。

2010 年 10 月 14 日　　星期四　　晴

经过两个星期的时间，阳阳终于适应了幼儿园的生活。今天早晨，阳阳刚到幼儿园，就指着他的头兴奋地对我说："小爽老师，我昨天剪头发(hua)啦！"我当时忍不住笑了起来，阳阳见我笑了，很紧张，以为我在笑话他的新发型。我说："你的新发型很好看，但是你应该说剪头发(fa)啦。"他还是说："剪头发(hua)啦。"我反复纠正了几遍，还是不对，看来还得专门下功夫啊！

2010 年 10 月 27 日　　星期三　　晴转多云

今天我们学习儿歌《小鸽子》，第一句是："小鸽子，真勇敢，飞得高来飞得远。"当我带领小朋友们念第一句时，我总能听见有人没有发准音。通过单个练习，我发现原来是阳阳。我让他跟我学："小鸽子。"他却说："小鸽(de)子。"我说："哥哥。"他说："哥哥(de de)。"我就问他："你有哥哥吗？"他说："有啊，我有涛哥(de)。"看来，他不光是声母"f"发不准，还有"g"呢。

2010 年 11 月 9 日　　星期二　　阴　小到中雪

今天在背古诗《静夜思》的时候，阳阳怎么也发不准"床前明月光"的"月"字。他说："床前明月(ye)光。"单个练习后，他还是发不准音。下课后，我找了一个月饼包装盒，指着上面的月饼图案问他："这是什么？你吃过吗？"他高兴地说："月(yue)饼我吃过呀，可好吃啦！"然后我再请他说"床前明月光"，他就说对了。

三、权权

权权，男孩，2007 年 5 月生，父亲是中国朝鲜族人，母亲是韩国人。权权入园时，只会说韩语。由于我们班中国汉族孩子相对多一些，老师大部分也是中国汉族，因此我们用汉语沟通。而权权在这种环境下，慢慢地会说一些汉语了，我也努力让他尽快适应这个环境，教他一些生活中常用的汉语。

2010 年 4 月 12 日　　星期一　　晴

今天，权权发现班级里有一个小熊玩具和他家里的一样，他就指着那个玩具对我说："老师，我家一样的小熊玩具有。"我告诉他："权权，你应该这样说：'我家里有一样的小熊玩具。'"他很认真地看着我，重复了三遍这个句子，后来这样的句型就再也没错过了。

2010 年 5 月 6 日　　星期四　　阴有小雨

今天上午我们在室外活动时，权权无意间发现了他在初中部任教的妈妈也在外面。他就指着远处，大声地对我说："老师，你看看吧，那就是我的妈妈。"虽然他的语音发得不准，但我还是很高兴，因为他会用正确的语法来表达啦！

2010年7月20日　　星期二　　多云转中雨

今天权权感冒了，他的鼻子不通气，很不舒服。我去问他感觉怎么样时，他对我说："老师，我的鼻子不喘气了。"我说："呵呵，喘气的是嘴巴，那是你的鼻子不通气了。"

四、思思

思思，英文名字叫Selah，2007年9月出生，父亲是美国人，母亲是韩国人。她是个聪明漂亮的洋娃娃。刚入园时，会说韩语和英语，但是不会说汉语。这是她第一次来中国，她的父母非常担心她因为语言不通难以适应这里的环境。为了让她尽快适应幼儿园、喜欢幼儿园，我除了和她一起玩她喜欢的玩具外，还教她说一些简单的汉语，如"老师""喝水""去厕所"等。她自己也向小朋友学会了很多，如"给我""谢谢""再见"。

2010年9月16日　　星期四　　多云转小雨

思思来幼儿园快两周了，但她从来没说过汉语，只是用英语或韩语和我们沟通。除了权权等几个宝宝外，其他宝宝根本听不懂她在说什么。但是今天我第一次听她说出了汉语。中午，刚摆完饭，我们正忙着要发勺子，坐在她旁边的一个小朋友竟急得用手抓饭吃，她看到后又惊讶又着急，情急之下，她大声地朝着我喊了一声："老师(lào shì)。"虽然发音声调不是很准，但这是她第一次说汉语，她终于走出了艰难的第一步，相信思思以后一定会说更多的汉语。她会喜欢这里的！

2010年9月28日　　星期二　　多云转小雨

中午吃饭时，思思吃完一碗饭，就把吃完的空碗递给我说："还吃吗？"我明白她的意思是还想再吃一碗。但她为什么会这样对我说呢？后来我想起来，前几天午饭时，思思刚吃完一碗饭，我就用汉语问她："还吃吗？"她向我点点头，于是我又给她盛了一碗，她高兴地端走了。我想她当时一定以为我说的是"再吃一碗吧！"。哈哈，亲爱的小宝贝，你一定是把这个疑问句当成了陈述句或祈使句了！

2010年10月13日　　星期三　　晴转多云

晚饭后，小朋友们都在愉快地玩玩具。一位宝宝淘气地去抢另一位宝宝手里的玩具，被抢走玩具的宝宝气得大哭起来。我的同事看到这个情景非常气恼，就大声地说："你手欠啊？"没想到这时候，思思也立刻跟着大声地对着那个小朋友喊了一声："你手欠啊？"这次她说的汉语非常标准，字正腔圆。我的同事听了惊得目瞪口呆，我也被思思把这句话学得这么快、这么准给惊呆了，我突然反思到自己说话也有因不注意而随口溜出不敬话语的情况。一个刚来的宝宝都学得这么标准，更何况我们带了这么久的孩子了。看来，做老师的一定要注意自己的一言一行，我们是他们模仿的榜样啊！

（资料来源：姜晓燕，郭咏梅. 学前儿童语言教育[M]. 北京：高等教育出版社，2014.）

2. 逸事记录法

逸事记录法是常用的一种评价方法。它是将在语言教育活动中幼儿自然表现出的行为或言语反应进行记录，也可记录观察者认为有价值、有意义的行为情景，帮助教师探讨产生该行为的特殊原因，以便有针对性地实施语言教育活动。

逸事记录无须专门的编码制表，无须连续跟踪观察，运用起来简单方便。在记录时，力求真实、客观，记录的行为或逸事都应该是观察者本人直接观察到的，而不是听来的。

应尽量做到及时、准确和具体，要在事件或行为刚发生时及时记录，用词准确，应当包括环境(如行为在哪里发生)以及人物说了什么、做了什么。记录时不要持有偏见，应同时关注积极的与消极的事件，以使取样的计划尽量达成一种平衡。记录时还要注意将对事件的实际描述和对事件的解释区分开来。

(二)抽样性观察

1. 时间抽样法

时间抽样法是指使用一定的分类系统为基础编制幼儿园语言教育活动观察量表，在一定的时间间隔内(如 5 分钟或 10 分钟)对语言教育活动进行观察记录。

时间抽样法的特点是在现场观察时，使用事先编制的量表，记录简便，采取打钩的方法即可，可以记录有多少幼儿达成了教师制定的语言教育活动的目标，可以运用某些指标，客观地评价语言教育活动中幼儿与教师互动的状态。这一方法可使观察过程本身与资料分析过程简化。但是，这种方法仅适用于经常发生的行为和容易被观察到的外露行为，最后获得的结果只是“数字”或“频次”，有可能呈现的结果有一定的表面性，缺乏鲜活生动的幼儿和教师在语言活动中的表现的事例。同时，这种方法需要观察者在观察之前非常熟悉各种行为的操作定义，否则很难在短时间内做出准确的判断。

2. 事件抽样法

事件抽样法是抽样观察并记录某种特定的事件的方法，如阅读活动中的行为。事件抽样法不受时间间隔与时间段规定的限制，只要事件一出现，便可记录。采用事件抽样法，需要观察者事先明确观察目的，选择所要观察的行为，确定观察的时间、地点，设计出行为记录表及环境特征表，以便迅速、完整地记录，同时可提出一些有关的简单问题，以便作描述性记录。事件抽样法通过详细生动的文字描述，既可以使人产生“如见其影，如闻其声”的效果，也可以让观察者分析幼儿行为发生的因果关系。但其不足主要是缺乏测量的稳定性。由于观察到的行为在不同情境下具有不同的内在含义，因此，在运用事件抽样法时应注意记录与分析事件发生的情境或背景。下面以幼儿园语言教育活动中幼儿为发起人的师幼互动事件为例对事件抽样法加以说明(见表 7-3)。

表 7-3　幼儿园语言教育活动中幼儿为发起人的师幼互动事件记录表

幼儿姓名：　　　　　　年龄：　　　　　　性别：

互动内容	互动时间	开始情况	过　程	言　行	结　果	影　响
寻求指导与帮助						
主动展示作品						
发表个人见解						
询问						
请求						
倾诉						
告状						
表述						

上面这个事件抽样观察表，可以使观察者了解幼儿园语言教育活动中幼儿为发起人的师幼互动事件发生的内容和频率，持续时间长短，幼儿发起的师幼互动事件的表现等。使教师了解本班以幼儿为发起人的师幼互动事件的情况，为有的放矢地实施语言教育活动提供依据。

二、微格教学评价法

微格教学评价法由微格教学演变而来。微格教学的英文为 Microteaching，在我国又被称为“微格教学”“微观教学”“小型教学”等。由美国斯坦福大学爱伦博士 1963 年开发建立，最初是作为培训师范院校师范生的教学方法，后来逐渐运用于教师的职后培训。随着视听设备的普及，微格教学评价法目前在幼儿园教育活动中被广泛运用。

微格教学评价法强调录像设施的使用，并要求采用一个团队的形式进行评价。其基本过程是：用摄像机记录教师实施的语言教育活动，然后，以放像再现的方式供教师进行分析、评价，最后进行理论总结，并将理论运用于教育活动实践中去检验和拓展。微格教学评价法具有人少(最好控制在 10 人左右)、直观，评价反馈及时、全面，评价效果显著等优点，既是教师提高实施语言教育活动能力的有效方法，也是语言教育活动评价的一种有效手段。

三、多彩光谱评价法

多彩光谱评价法以美国哈佛大学教授霍华德·加德纳的多元智能理论为主要依据，通过这种评价，可以让教师、学生和家长等人参与到研究的过程之中。该评价方法旨在“识别儿童的智能强项领域”，“利用儿童在其强项领域的经验，引导他们进入其他广泛的学习活动中，我们称此过程为‘搭建桥梁’”[①]。

多彩光谱项目中，教学和评价是交织在一起的，一旦确认了儿童的智能强项，教师就可以根据这些信息为儿童设计个别化的教育方案。多彩光谱评价法通过创设宽松、公平等涉及七种智力的，对儿童来说有意义的情境，强调儿童通过参加各种各样真实的任务而进入多个领域，考查儿童的能力。多彩光谱的语言评价活动是以分析成人社会里以语言为主要工具的职业(故事讲述者、诗人、演讲者、记者等)所需要的技能、能力入手来设计的。例如，儿童可以通过“小小主持人”活动练习说话，通过在“电视采访”活动中练习说话，通过播新闻、讲故事等形式把儿童引入到直接运用语言的职业领域中，从而帮助他们了解幼儿园里的活动与真实生活的关系。多彩光谱的研究者通过分析发现，成人社会里以语言为主要工具的职业需要的语言能力可以分为两种：虚拟性叙述的能力和描述性叙述的能力。虚拟性叙述能力强调的是语言的主题一致性、表现性和创造性；描述性叙述能力强调的是语言的实用性、精确性、一致性等。多彩光谱评价法通过报告活动和故事板活动评价幼儿的语言能力。通过报告活动评估幼儿描述事件的能力，评价标准包括叙述的准确程度、详细程度、句子结构和词汇量；通过故事板活动评价各种语言技能。下面以一个多彩光谱评

① 陈杰琦，艾斯贝格，克瑞克维斯基. 多元智能理论与儿童学习活动[M]. 何敏，李季湄，译. 北京：北京师范大学出版社，2002：11.

价法中的语言活动的例子来说明这种评价法的主要特点。

该活动的评价系统包含了给故事录音者的说明表(表中包括了成人需要准备的事项及怎样开始这个活动的指导语)、录音整理表(见表 7-4)、评价标准(见表 7-5)、观察表和汇总表。

所谓故事板，就是一块放置有玩偶和场景的木板或盒子盖。幼儿在听了故事的范例后，使用故事板讲一个故事。幼儿讲述故事的评价标准包括：儿童在活动中的主要语言功能(讲故事、与成人的互动、探究、描述、辨别或分类)、故事结构、主题是否贴切、叙述语气的运用、对话的使用、时间标记的使用、表现性、词汇水平、句子结构。以其中一项标准“主题是否贴切”为例，该项目的评价标准如表 7-5 所列。

表 7-4　故事板活动录音整理表

儿　　童＿＿＿＿＿＿	日　期＿＿＿＿＿＿
录　　音＿＿＿＿＿＿	观 察 者＿＿＿＿＿＿
故事长度＿＿＿＿＿＿	转 录 者＿＿＿＿＿＿
	转录时间＿＿＿＿＿＿
	故　　事

表 7-5　故事板评价标准(节选)

主题是否贴切
1=一个想法到另一个想法之间的转换不清楚；儿童注意力分散(常常受故事板上的材料的影响)；故事线索断开而不衔接
2=故事线索含糊且只能维持一小段时间(如几句连续的话)；儿童简单地使用彼此矛盾的线索编成零散的故事
3=连续超过 4 句话保持故事线索的一致性和相对连续性；把事件联系起来，并最终构成故事线索；很少偏离故事的发展

记录下幼儿讲的故事后，教师可以根据上述标准对幼儿的故事进行评价。例如，下面是一个幼儿讲的故事。

他拿着这个(　)在这里……然后他拿起这个小提箱，又把它放下，现在他想要一个水桶。然后他要去装水，然后要把它灌到这个洞里。然后龙在水里喷水花想把火扑灭。然后国王来了，得到一个宝物箱，他想打开它……但是打不开，因此他就把它放回去了。然后他看见了那个外星动物，外星动物说：“你是谁？”他说：“我是一个小动物 。”然后他弄明白(　)跳过海龟的池塘就进到(　)里面去了，然后国王看见一条蛇，他就到了这儿。然后国王到了河边看到一个人在那里，海龟也在河里玩(　)进进出出，玩得很开心。(　)国王走进去……小女孩也来帮助国王。国王来到了房子里进了山洞。怪物过去常常住在外面(后来另一个怪物住在这里)。然后那个小女孩看见了珠宝，她就拿了一些珠宝，她想拿走，然后她看见，看见她的一个朋友，她站住了，然后这个朋友就向这边走来，蛇出来了，向这边过来，到了这里(　)出去了。那是(　)然后她拿起提箱从那边走到这里，然后拿着提箱站在那儿，但是她举起了手，侧举着，然后她来到了这里站着，直到她的朋友回来。

在“主题连贯性”方面，这个幼儿大约处于第二级的水平。

下面是另一个幼儿讲的故事。

儿童：……然后士兵就钻进了他们的木车开走了，国王没有跟上他们。他说(高声地)“等等，等等，停下来，等等”。因此他们就停下来，国王跳进车里，乒乓他们就一起开车走了。“呜……(模仿车的声音)”。他们停下来装了一些珠宝。国王拿起一颗珠子放在王冠上，然后把珠宝放在车里，把更多的珠宝放在车里，然后把它们放在王冠里，然后，他们就丢下它们跑了……国王说(高声地)“等等，等等我！”他跳了起来。“金子！”他把所有的金子放在一个提箱里然后决定把所有的衣服拿出来，然后去旅行。

成人：哦。哈哈。

儿童：但是还没有完！怪物不小心闯进了城堡，士兵边向窗户外看边说话，然后闭上嘴巴，然后他就走了，所有的人都出来了……现在所有的珠宝都属于国王，国王把所有的东西包括珠宝，从山洞里拿出来带回家……他把掉在地上的所有珠宝都捡起来，把它们放到山洞里，他把一些珠宝留给熊，为了让熊看见，他把珠宝放到森林里，因为他很喜欢熊，非常非常喜欢……他盖好箱子朝城堡走去，但这时出来一个凶恶的怪物，它开始追赶大家，它的脚印留在了雪地里。嘿，我得到它了——这可能是一些落下来的雪花。

在“主题连贯性”方面，这个幼儿大约处于第三级的水平。

多彩光谱语言评估活动不同于传统的语言能力评价法的特点有两个：①在丰富的社会情境中考查语言能力，强调在讲述中考查幼儿的语言水平。②关注幼儿语言的讲述特征。

四、自由叙述法

自由叙述法是将对幼儿园语言教育活动的感想、判断、意见等自由地写下来，采用文字叙述对教育活动进行评价的方法。这种评价方法既适合于自我评价，也适合于对他人的评价。自由叙述法的最大特点是自由灵活，不进行定量分析，不需要专门的测量工具和复杂的评价程序，易于教师掌握。

自由叙述法有利于综合反映语言教育活动实施的情况，既可以对静态的因素，如语言教育活动的目标、内容、方法、环境、材料等进行评价，又可以对幼儿在活动中的行为表现等动态的因素进行描述。不过，为了清楚地用文字表述对某一语言教育活动的评价，在叙述时应该进行分类。叙述中的分类可以有多种维度，既可以按照活动的要素分为对目标的评价、对内容的评价、对方法的评价、对师幼互动的评价、对教师评价语言的评价、对教师提问的评价等；也可以分为对幼儿的评价和对教师的评价；还可以按照优缺点分成两大类。

五、综合等级评定法

在语言教育活动的评价中，为了获得对语言教育活动的整体印象，还可以运用综合等级评定法。这种方法既对活动的各种要素进行分析，又对活动的各种状态进行分析和评价，能够获得比较全面的评价信息。

综合等级评定法从纵向和横向两个维度确定评价指标，纵向包括构成语言教育活动的各种要素，主要有目标、内容、方法、形式、幼儿参与活动程度、师幼互动、幼幼互动、材料利用等；横向包括语言教育活动各因素在运行过程中的状态和等级。根据这两个维度编制成的综合等级评定表，比较全面地涵盖了对语言教育活动中教师和幼儿各要素的评价内容(见表 7-6)。评价者在使用时很方便，只需在相应的位置打钩即可。

表 7-6　幼儿园语言教育活动综合等级评定表

目标达成度	完全达到	部分达到	未达到
目标 1			
目标 2			
目标 3			
活动适合程度	完全适合	部分适合	不适合
内容			
方法			
形式			
幼儿参与程度	主动积极	一般参与	未参与
互动程度	积极主动	一般配合	消极被动
师幼互动			
幼幼互动			
材料利用	充分利用	一般利用	未利用
效果评价(整体印象)	优秀	良好	一般

本章小结

教育评价是指在教育过程中人们收集与教育活动有关的各方面的信息，依据一定的客观标准，对教育活动的整个过程、内容、方法、效果等做出客观科学的评价的过程。所谓学前儿童语言教育评价是指以语言教育目标为准绳，运用科学的评价方法，按照一定的评价程序，对语言教育活动的整个过程和语言教育活动的效果做出价值判断和事实描述，并将结果反馈于语言教育实践活动，为教育对策的制定提供科学依据的过程。

学前儿童语言教育评价是学前儿童语言教育活动的重要组成部分；对整个语言教育活动起着调节、控制和引导的作用；有助于提高语言教育活动的质量，完成语言教育活动目标。因此，学前儿童语言教育评价在语言教育活动中具有重要意义。

教育评价的原则是指教育评价主体在教育活动评价时必须遵循的最基本的要求，是指导教育评价活动的一般原理。学前儿童语言教育评价主要遵循科学性原则、可行性原则、尊重差异性原则、整体性原则和多主体原则。

学前儿童语言教育活动评价的内容分为两个方面：对学前儿童学习的评价和对教师“教”的评价。对学前儿童学习的评价是指对学前儿童参与语言教育活动状态的评价和对学前儿童学习结果的评价。对教师的“教”进行评价的内容主要包括语言教育活动的目标、内容、方法、组织形式、环境、材料及教师自身的语言素质等。

学前儿童语言教育活动评价的方法有：观察法(日记描述法、逸事记录法、时间抽样法、事件抽样法)、微格教学评价法、多彩光谱评价法、自由叙述法、综合等级评定法等。

【推荐阅读】

[1] 教育部. 幼儿园教育指导纲要(试行)[M]. 北京：北京师范大学出版社，2001.

[2] 姜晓燕，郭咏梅. 学前儿童语言教育[M]. 北京：高等教育出版社，2011.

[3] 夏燕勤，邹群霞. 学前儿童语言教育[M]. 北京：高等教育出版社，2013.

[4] 欧阳新梅. 学前儿童语言教育[M]. 南京：东南大学出版社，2014.

思考与练习

一、名词解释

教育评价　学前儿童语言教育评价

二、简答题

1. 为什么要进行学前儿童语言教育评价？
2. 学前儿童语言教育评价应遵循哪些原则？
3. 学前儿童语言教育评价的内容有哪些？

三、论述题

学前儿童语言教育评价常用的方法有哪些？在实际工作中应如何选用？

【实践课堂】

请你根据学过的知识，从教师“教”的角度，对下面的语言教育活动案例进行评价。

故事活动：你好(小班)

活动背景：为满足刚入园小班幼儿的交往需要，使幼儿掌握日常生活中最基本的礼仪礼貌，根据这一时期幼儿的年龄特点，选用童话故事《你好》作为教学内容。色彩丰富的阅读材料、活泼可爱的动物角色、不断重复的对话内容，都可以激发幼儿模仿的兴趣，使小班幼儿在不知不觉中学会使用文明用语，掌握语言交往技巧。

活动目标：(1)学会与小朋友们友好交往，礼貌待人。(2)学会与他人见面时的礼貌用语“你好”；学会短句“你好，一起玩吧”。(3)能分辨不同情境下不同动物的语言特点和语气、语调变化以及所表达的心情。

活动准备：(1)小河马、小猪、小老鼠、小鳄鱼的动物手偶各一个，怪物头罩一个。(2)有小河、秋千、滑梯等背景挂图。

活动过程：

1. 介绍故事角色及其声音，设置悬念，激发幼儿听故事的兴趣

教师以生动形象的声音依次模仿故事中小动物的声音说“你好”，引导幼儿猜测声音的来源和说话时的心情。教师运用体态语和手偶依次介绍故事里的角色。

小河马正在玩，听见有个小动物说：“你好，一起玩吧。”小河马就和它一起玩了。

一会儿，又有小动物同样也说了“你好”，它们却吓得撒腿就跑，不敢和它玩，这是为什么呢？

2. 出示挂图，讲述故事

交代场景和故事题目，运用手偶绘声绘色地讲述故事，并适时引导幼儿学说短句“你好，一起玩吧”。

(1) 小河马正在玩，听到一个声音传过来：“你好。”小朋友猜猜这是谁的声音呢？它为什么要说“你好”呢？

(2) 原来这是小猪的声音，它说“你好”是想和小河马玩。小河马听到小猪说“你好”，就和小猪一起玩了。小朋友想和别人玩的时候该怎么说呢？(小朋友学说短句“你好！我是×××，一起玩吧”)

(3) 小河马和小猪一起荡秋千的时候，又听见有人说“你好”，小朋友猜猜是谁呢？它为什么也要说“你好”呢？

(4) 这是小老鼠的声音，他说“你好”是想和小河马、小猪它们一起玩。小朋友们想和别人玩的时候应该说什么呢？(引导小朋友回忆新学的短句)

(5) 小河马、小猪、小老鼠一起玩滑梯的时候，又听见有人奇怪地说“你好”。这是谁的声音呢？这是小鳄鱼的声音。小鳄鱼说是妖怪在说“你好”。小河马它们三个听了小鳄鱼的话撒腿就跑。小鳄鱼摘下怪物头套伤心地说：“等一下，等一下，是我说的‘你好’，我是真的想要和你们一起玩，明天我要好好地说‘你好’！”

(6) 小河马它们为什么要跑呢？小鳄鱼为什么会伤心呢？小朋友们要和别的小朋友一起玩，应该怎么说呀？应该好好地说“你好”。(引导幼儿复习短句)第二天，小鳄鱼好好地和小河马它们说：“你好，一起玩吧。”于是，小鳄鱼和小河马、小猪、小老鼠一起快乐地玩了起来。

3. 教师结合故事提出问题，引导幼儿深入理解故事，学说短句

(1) 小河马在玩的时候遇见了谁？

(2) 小河马为什么愿意和它们一起玩呢？

(3) 小河马它们为什么没和小鳄鱼一起玩呢？后来为什么又在一起玩了呢？

(4) 在生活中，如果你想和小朋友们玩，你应该怎么说呢？

4. 教师组织小朋友玩游戏：“找朋友”

老师和小朋友们围坐成一个圆圈，集体唱儿歌《找朋友》：“找啊找啊找朋友，找到一个好朋友。”幼儿两两相对，微笑念白“你好，我是×××，一起玩吧！”然后继续唱：“敬个礼呀，握握手，你是我的好朋友。再见！”

活动延伸：将本次活动延伸至表演角，小朋友们可以利用头饰或手偶分角色表演《你好》。

作为一种感人的力量，语言的美产生于言辞的准确、明晰和动听。

——高尔基

第八章　学前儿童语言教育研究展望

本章学习目标

- 了解国内、国外学前儿童教育研究的现状。
- 了解学前儿童语言教育研究与实践的未来趋势。
- 掌握全语言教育的内涵、原则。
- 理解全语言教育理念对我国学前儿童语言教育的影响。

核心概念

全语言教育(whole language education)

引导案例

一个风和日丽的午后，教师带着孩子们散步。正值春暖花开的季节，苹果树长出了嫩芽，樱花热烈绽放……孩子们忍不住窃窃私语，有的说：“快看!树上长出嫩芽了。”有的说：“我看到地上有新的小草长出来了。”孩子们边看边放慢了脚步，原本整齐的队伍越来越松散。教师于是停下脚步整顿队伍，要求孩子们保持安静，并告诉孩子们等明天上课的时候再讨论“美丽的春天”……

案例分析

幼儿的语言能力是在交流和运用的过程中发展起来的。《指南》指出：“幼儿语言的发展要贯穿于各个领域。”“每天要有足够的时间与幼儿交谈。”“应为幼儿创设自由、宽松的语言交往环境，让幼儿想说、敢说、喜欢说并得到积极回应。”由此，学前语言教育不能只拘泥于正规的教学活动，也可以在非正规的教育活动中进行。当幼儿没有表达的欲望时，教师应该想方设法激发幼儿的表达欲望；当幼儿表现出表达欲望时，教师应该把握机会，鼓励与引导幼儿尽情表达。只有这样才符合学前语言教育发展的趋势——全语言教育理念。案例中的教师需要及时调整自己的教育观念，让语言教育在日常生活场景中自然而然地发生，真正让幼儿的语言学习无处不在。

学习指导

本章的重点是全语言教育的概念、原则和对我国学前儿童语言教育的影响。在学习的过程中，首先要认真阅读教材，并学会查阅更多的相关文献，更全面地把握学前儿童语言教育的发展趋势。其次要结合前面章节的学习内容，更好地理解全语言教育观念，并指导自己的教学实践活动。

第一节　学前儿童语言教育研究的新进展

在 200 多年的儿童语言研究历史中，人们获得了对于儿童语言发展面貌的部分认识，对于影响儿童语言发展的各种要素，以及这些要素是如何发生作用的进行了一定程度的探讨；对于儿童语言发展的内部规律，提出了一些分析判断，也形成了一些理论体系；并且在儿童语言发展的研究方式上，也进行了有效的探讨。然而，对于学前儿童语言教育的研究，直到 20 世纪中叶才逐渐发展起来，到了 20 世纪 80 年代，关于学前儿童语言发展和语言学习方面的研究引起了有关方面的重视，研究地位和研究价值得到了空前的提高。

我国的学前儿童语言教育与研究，逐渐向拓宽与深入的方向发展。起初，以大而化之的概述与事实研究为主，以心理学的视角为主，研究对象也限于正常儿童，之后经过深入细致的调查，逐渐升华到理论研究的探索，而心理学界与语言学界的联袂，更是带来了新的气象，研究对象也拓展到了特殊儿童。不仅如此，学界对于西方的重要研究成果进行了引进，对汉族儿童语言发展与教育做出了粗线条的描绘，并着手对语言的一些子系统和特定年龄段的语言发展与教育进行了较为深入的研究。当然，我国同国外研究相比，差距还比较明显，但发展的前景却令人鼓舞。1993 年 10 月，由中国心理学发展心理专业委员会主持召开了儿童语言发展的协作研讨会，心理学界和语言学界的儿童语言研究者一起探讨儿童语言的发展问题，这标志着两个学科的学术界将进一步紧密合作，共同推动我国儿童语言教育和研究的纵深发展。

一、国外学前儿童语言教育研究现状

关于学前儿童语言教育的研究，西方的研究历史长，成果较为丰富，集中体现在对儿童语言研究理论的贡献上。主要代表有以斯金纳行为主义理论为代表的后天环境论、以乔姆斯基语言天赋论为代表的先天决定论，以及以皮亚杰认知发展论为代表的先天与后天相互作用论。有关儿童语言获得(发展)理论的探讨，可以说是经历了从外部到内部再到内外结合、从单一视角到多视角综合的过程。在今天看来，任何一种理论处在学科发展的某段进程中都有着一定的合理性和不可取代的重要性。对研究者来说，与其试图某种程度上对某

一理论进行单纯的批判，倒不如学习某理论建构者的视角，吸取该理论的长处，用于指导实践，这一点显得尤为重要。

在过去的 40 多年里，有关学前儿童语言运用的研究经历了几个不同的阶段，形成了不同的学前儿童语言研究层面。最初的研究者比较关注话语和语境的问题，着重研究在不同的语境中幼儿如何学会使用委婉的方式来表达自己的意愿；20 世纪 80 年代之后，研究者又比较注意探讨学前儿童如何学会与人交谈，将研究的关注点放在儿童学习如何寻找话题、轮流谈话以及延长谈话的能力上面来。

1986 年，美国幼儿教育协会(National Association for the Education of Young Children，NAEYC)提出适宜性的概念，进而发布了发展适宜性实践(Developmentally Appropriate Practice，DAP)的立场声明，其后于 1997 年对该立场声明进行了修订。2009 年，美国幼儿教育协会正式发布第三版的发展适宜性实践的立场文件，提出“发展适宜性”，就是要促进幼儿所有方面(包括身体、情感、社会性、语言、审美以及认知)的发展。这种发展应该是包括年龄适宜性、个体适宜性和文化适宜性。该声明文件在涉及儿童语言教育的问题时，就 0～1 岁、1～3 岁、3～6 岁学前儿童语言环境提出了一些建议。

对于 0～1 岁婴儿，培养婴儿语言的发展要注意以下几个方面：承认在照顾婴儿的每一天都要经常性地与婴儿直接讲话；认识到要把语言当作对话来教，要演示交流时的轮换技巧；要将对话与环境中的物体和行动联系起来；当婴儿开始学说话时，应说一些简单的对话，并将词与具体事物联系起来；给婴儿唱歌和念儿歌；和婴儿一起阅读。要注意避免限制婴儿的身体运动、感觉上的探索，过量的刺激和超出婴儿能力的教学，缺少玩伴，嘈杂或寂静的环境等不利于婴儿语言发展的环境。

对于 1～3 岁婴幼儿，为了促进其语言发展，教育过程中应做到：对婴幼儿的交流做出回应；为婴幼儿提供语言示范榜样；要注意言辞的简化；丰富婴幼儿的词汇；把词汇与行动及经验联系起来；注意语言的间接引领；鼓励对别人大胆讲话；与幼儿密切联系；提供丰富而适宜的儿歌并做游戏以及与婴幼儿一起阅读。同时，要避免出现两个极端：一是创造一个没有挑战和回应的环境，二是创造一个强迫幼儿学习、成人决定学习经验的环境，这些都不利于婴幼儿语言的发展。

在学前期，语言成为幼儿游戏和学习中不可缺少的一部分。3 岁时，幼儿在语言上获得了惊人的发展，他们已经能够掌握 900～1000 个口语(表达性)词汇，理解词汇的能力也大大增强。他们说出的句子符合语法规则，基本上已经学会了如何去控制自己说话的节奏和流畅性。这就应该认识到：成人为幼儿提供发展适宜性的语言环境应是包含了对早期读写及其组成元素的理解，强调使用所有的沟通形式，以便幼儿将他们自己的经历和想法得以展示。幼儿的语言和语言材料的使用是完全与主动的游戏结合在一起的。教师提供材料鼓励幼儿在口头和书面沟通中发展读写能力，通过与玩伴和成人的对话发展口语和听力技能，认同幼儿掌握沟通技能的愿望；通过体验活动，幼儿文学书籍等丰富的环境来帮助幼儿发现对读写的需要。应避免那种在教育活动中教师讲，幼儿安静地听，机械重复老师的话或机械记忆文本中的字母和发音练习的现象；避免那种孤立地训练或教授幼儿阅读技能的不尊重幼儿的行为。

到 20 世纪 90 年代，研究者们重点关注幼儿语言交流行为的发展过程，探讨幼儿在语言发展中如何获得必要的知识技能，以便在相互交往中适当、有效、规范地使用语言。

当代美国心理学家迈克尔·托马塞洛提出基于用法建构的语言获得理论(usage-based theory of language acquisition)。该理论在彻底的功能主义思想的基础上，吸收了认知语言学的一些观点，应用了皮亚杰的发生认识论和当代心理学在社会认知领域及进化心理学领域的研究成果，比较完整地揭示了语言获得的规律和机制。该理论强调学前儿童习得语言过程中“解读意图”(intention-reading)技能和“探求模式”(pattern-finding)技能的重要作用。前者体现了对语言功能的关注，他认为学前儿童只有在与成人有共同关注并能解读成人交际意向的前提下才可能获得语言；后者强调学前儿童的认知技能，他认为学前儿童的语言知识始于具体的、单个的程式，随着这种程式的累积，在固化及竞争机制的约束下，幼儿逐步将这些具体的表达抽象化和构式化，从而完成语言的发展过程。托马塞洛的基于用法建构的语言获得理论代表了目前国外学前儿童语言研究领域的最新成果。

二、国内学前儿童语言教育研究现状

(一)关于学前儿童语言发展的研究

李宇明《幼儿语言的发展》是立足于语言学领域的一部幼儿语言学著作，其目的在于研究幼儿语言发展本身。该书充分利用汉族幼儿语言发展的材料，比较全面、细致地刻画了幼儿语言发展过程中的语音、词汇、语义、语法、语用等方面的现象和问题，并紧紧围绕语言学这一中心，引介述评幼儿语言研究历史、幼儿语言发展基本理论，探讨幼儿语言发展的阶段性和顺序性等，从实践上和理论上丰富和发展了幼儿语言学。同一时期的孔令达、周国光、李向农、王葆华等采用横向调查法、实验法研究幼儿实词、虚词、句式等的习得情况，在充分描写的基础上，对语言习得和语言发展理论的重要问题进行了深入探讨，如从语言结构能力发展的角度重新定义幼儿语言发展的三个阶段：词语法阶段、词组语法阶段、句语法阶段，并提出幼儿习得基本句法结构的主要机制是句法分解和句法合成，最后初步建立了汉语语言习得理论体系。

此外，还有李行德等进行的汉语幼儿早期习得项目(Chinese Early Child Language, CECL)，以及张云秋等在汉语幼儿副词习得、幼儿语言获得的动因和机制等方面的研究。周兢则主要对汉语儿童语料库的建设、汉语儿童平均语句长度发展、汉语儿童语言的发展、汉语儿童早期词汇习得发展以及汉语儿童叙事语言发展进行了探讨和研究。

近十年来，学前儿童语言研究呈现出多元化的特点。除了以传统方式继续探讨学前儿童语言在语音、词汇、语义、语法、语用等语言基本方面的习得、发展情况外，研究者意识到建立统一格式的幼儿口语语料库是增强幼儿语言研究科学性的重要手段。由于仅供个人或在有限范围内使用的语料，对于语料资源来说是极大的浪费，同时其他研究者无法对数据及其结论的真伪进行鉴别，因此一些研究者试图把自己掌握的幼儿语料以计算机能够识别、处理的方式保存起来。

(二)关于幼儿语言教育的研究

随着语言教育的重要性日益受到重视，我国关于学前儿童语言教育的著作也集中出现在20世纪90年代以后，大多数是以教材的形式呈现出来的，下面具体介绍。

周兢主编的《语言》(南京师范大学出版社 1998 年版)，周兢、余珍有著的《幼儿园语言教育》(人民教育出版社 2004 年版)主要是对幼儿园语言教育活动的目标、内容和组织形式及方法进行阐述，将幼儿园语言教育目标分为终期目标、活动类型目标、阶段目标等多个层次，在此基础上对教育活动计划进行了梳理，认为幼儿语言教育的形式主要有听说游戏活动、文学活动、谈话活动、讲述活动、早期阅读活动等，为教育教学实践提供了一些可具体操作的研究成果。

华东师范大学张明红编著的《学前儿童语言教育》(华东师范大学出版社 2001 年版)就语言功能篇、语言发生发展篇、语言教育实践篇三个维度来阐述幼儿语言发展的一般规律和语言教育的一般原理，包括学前儿童语言教育的含义、教育目标、教育内容、教育途径与方法、教育活动设计与指导以及教育评价等。

徐书芳、王瑞华主编的《语言表达》(北京师范大学出版社 2001 年版)侧重于从培养学前儿童语言交往的乐趣，对标志符号文字的兴趣与理解，对文学作品及形式的感受、理解、欣赏、表达出发，结合主题活动的案例形式，对每一个案例进行分析与建议，以此确定小、中、大班学前儿童语言教育活动的目标、内容与实施。

崔同花主编的《幼儿全语言教学理论与实践》(科学出版社 2002 年版)提出语言教育应注意幼儿听、说、读、写全语言能力的发展，提出可供参考的教学目标体系和丰富而有启发性的教学案例。

朱海琳主编的《学前儿童语言教育》(科学出版社 2009 年版)主要是作为高校学前教育专业的教材用书，阐述了学前儿童语言发展和教育的基本理论及语言教育活动设计、组织与实施的要点。黄曦、易进、林丹华编著的《幼儿语言教育》(南海出版公司 2009 年版)也是在介绍幼儿语言教育若干理论的基础上，介绍了不同类型幼儿语言教育活动(如讲述活动、文学作品欣赏活动、早期阅读活动等)的设计、组织和指导要点。

唐淑、孔起英主编的《幼儿园语言和科学教育》(南京师范大学出版社 2010 年版)作为幼儿园课程研究论文集萃，主要收录了语言教育的回顾、多领域渗透及语言运用能力的发展、全语言教育的影响等方面的文章。

此外，刘晓东的《学前教育学》、赵寄石等的《学前儿童语言教育》等著作，具体阐述了学前儿童语言教育的理论和观点，包括语言教育整合观、完整语言教育观、全语言教育观、语言教育活动观，重视交往能力的培养，语言教育寓于活动和游戏之中等，提出语言教育应注重发展学前儿童的听、说、读、写能力，促进儿童语言运用能力的发展。

国内学者们在对学前儿童语言教育理念进行局部研究的同时也在实践层面探讨了学前儿童语言教育具体实施环节，他们普遍注重日常生活及游戏活动中的语言教育，注重在日常生活中发展儿童的语言能力。此外，还提到要重视教师自身语言素养的提升。

总体来看，目前已有的关于学前儿童语言教育的实践研究成果以教材居多，研究内容一般从语言教育基本概念、含义到语言的功能；从学前儿童语言的发展到语言教育的一般原理(目标、内容、实施与评价)；从学前儿童语言教育活动的形式到活动设计与指导，形成了相对完整的语言教育研究体系，同时也注意到儿童语言教育环境的营造、提高教师自身的语言素质、利用语言教学活动和其他相互渗透的教育活动，多渠道来促进儿童语言的发展。这些反映出当前我国学前儿童语言教育研究队伍呈逐渐壮大的趋势，伴随着这一趋势的不断涌现，幼儿语言教育研究内容的宽度也在不断拓展，其深度也逐渐深入。

三、学前儿童语言教育研究与实践的未来趋势

新世纪学前儿童语言教育研究与实践的积累将会不断向前发展，信息技术时代的变革对教育的影响与挑战，也必将反映到教育的改革与实践中来，也会传递到学前教育的变革中来。有些原来被认为强有力的理论，在逐渐失去其“真正力量”的光芒。研究者们正在试图对以前的理论进行新的阐释，或是试图建构全新的理论框架。展望未来学前儿童语言教育研究与实践的走向，将会表现出以下趋势。

(一)研究趋势凸显多元化

现代社会发展的多元化趋势更加明晰。随着科学技术的不断进步，现代网络通信技术进入了飞速发展轨道，这些都已经深刻影响着人们的思想观念、工作方式和行为方式，变革、创新成为社会进步与发展的主要推力。这给教育带来的影响也将是多方面的，也将深刻影响到学前儿童教育的各个方面，学前儿童语言教育研究的多元化的趋势将会愈加明显，表现为：理论观点将进一步出现多元化，如研究的方法多元化、研究的目的多元化、研究的领域多元化、研究的范式多元化、研究的主体多元化等。这种多元化的发展本身是学前儿童语言教育研究繁荣的一个重要标志，同时也是学前儿童语言教育研究对当下时代变革发展必然要求的反映。

(二)重视学前儿童语言运用能力发展的研究

近年来，学前儿童语言运用能力的发展越来越受到研究者的普遍关注。国际学前儿童语言界纷纷重视儿童语言运用能力的发展，并将儿童语用发展与儿童语音、语义和语法的发展并列，成为儿童语言发展的第四个重要范畴。有关的研究甚至将儿童语用的发展称为“儿童语言发展的源泉”，因为儿童在早期与成人交往过程中表现出的积极的语用倾向，给他们创造了语言学习的机会。对儿童语言发展研究的语用倾向也体现出研究视角的转变，对儿童语言发展的研究不再是静态地描写，而是将儿童语言发展置于动态的、人际间的语言的功能实现过程中去考察。伴随着研究的深入，研究者将进一步考察如何为儿童提供宽松的语言运用情境，如何为儿童提供真实而丰富的语言运用情境，如何提供有利于儿童创造性运用语言的机会，等等。

(三)关注学前儿童早期阅读教育

学前儿童语言教育另一个非常明显的趋势就是对早期阅读教育的重视。美国的学前儿童语言教育家凯瑟琳·斯诺领衔发表《在早期预防幼儿阅读困难》(1998 年)的研究报告，从预防阅读困难的角度，提倡开展早期阅读教育。其所提出的早期阅读教育的价值受到国际教育界的普遍关注，早期阅读的有关问题成为研究的一个热点。我国幼教界也对早期阅读教育展现出极大的热情，开展了形式多样的早期阅读教育。然而，由于理论研究滞后于教育实践，有关儿童早期阅读的诸多问题，尚未达成共识，导致教育实践工作者存在一些困惑，最根本的就是：对学前儿童来讲，儿童早期阅读的核心能力(经验)有哪些？基于高质量早期教育的要求，幼儿园、家庭将如何创设支持性早期阅读环境，等等。这些将会是早期阅读教育研究与实践重点关注的内容。

(四)研究影响学前儿童语言教育的因素

自幼儿教育改革伊始，语言教育的影响因素问题便一直受到幼教界普遍关注，诸如教育目标、内容、方法、途径、情境、师幼互动、教师语言素质等影响幼儿语言教育的因素将成为理论研究与实践的一个热点。尽管有关研究已经取得了一些进展，但随着学前儿童教育改革的深入发展，伴随着对学前儿童教育支持性环境的深入研究，提倡在教育过程中成人要对学前儿童的各种需求做出积极的反应。因此，关于学前儿童语言教育影响因素的支持性语言教育环境的研究，必将成为未来教育者和研究者持续关注与研究的问题。

第二节 学前全语言教育

全语言教育是近年来国外儿童语言教育界最为重要的理论思潮。这种教育理论思潮，不仅促进了世界范围内儿童语言教育方方面面的改革，而且对近年来流行于西方的幼儿园项目活动课程等也产生了很大的影响。20 世纪 90 年代以来，全语言教育的思想逐步进入我国，对我国的语言教育产生了积极的影响。本节从综述全语言的起源入手，再涉及全语言教育的概念及原则，并进一步探讨全语言教育理念对我国幼儿园语言教育发展的影响。

一、全语言的起源

全语言起源于 20 世纪 70 年代。以心理语言学家古德曼为代表的一批学者，受维果茨基理论的影响，将儿童语言教育置于社会文化环境中进行再思考，并吸收了当代有关儿童语言发展的研究成果，开展了“全语言”的语言教育改革运动。从 20 世纪 90 年代起，“全语言”运动波及国际学前教育界。

近几年来，教育家们已经改变了许多传统学前儿童语言实际运用以及读写能力的实践理论。起初，教育家把这种思想运用于语言的基础教育方面，在思想上，全语言提出了一种特殊的思维学习方法，通过这样的方法，锻炼儿童听读说写的能力更加有效。经过多方面的尝试，现阶段已经将全语言运用到学前儿童教育的很多方面。全语言遵循了一个学习语言的原则：语言的学习不仅是听、说、读、写的学习，而且还要跟社会、环境等其他方面的学习相联系，这样才能使学前儿童学习不仅体现了语言上的进步，在思想、意识等其他方面也都得到了全面发展，只有通过这样的教育，儿童才能真正掌握语言。

拓展阅读

全语言的思想渊源

年　代	思想家理论和研究领域	与全语言相关的理论重点
17 世纪	夸美纽斯	要提供实际参与的机会以促进有效的学习，让学习者主动活跃地介入学习活动，并将所学的与过去的知识和经验相联系
18—19 世纪	卢梭	建立儿童中心的基本哲学观，尊重儿童和他们的想法，认为经验是知识的来源

续表

年　代	思想家理论和研究领域	与全语言相关的理论重点
	裴斯泰洛齐	平等重视不同背景的学习者，为其争取对等教育权利。反对直接教导、灌输、干预的教师角色，视教师为供应者、促成者和观察者，是学生的学习伙伴，是学习社群成员之一。主张学校的生活和环境要和家庭的相近，近似全语言主张学校内的学习历程尽量接近学校外的学习
20 世纪上半叶	进步主义教育：杜威	学习者是课程发展的中心，课程应与儿童的生活和经验融贯；学习即以问题解决的方式重整经验；强调省思在教学中的意义和重要性
20 世纪 20 年代	幼儿教育：英国幼儿学校美国儿童研究	持幼儿中心的哲学观。教学要尊重并考量幼儿的发展特质，活动的发展要跟随幼儿，课程的安排要以幼儿既有的经验为起点，由此延伸扩展。提供幼儿游戏机会，以之影响幼儿的心智发展和学习。提供选择让幼儿可以按个别兴趣、能力探索
20 世纪 30—60 年代	读者反应理论：罗森布莱特	认为读者在阅读过程中扮演了活泼、有动力、有策略的主动角色，根据自己的相关知识，从文本中持续尝试组构自己的观点，与文本有反复来回的互动，提出了所谓“交易”的创见
20 世纪 60 年代	认知理论：皮亚杰	儿童对外在世界的了解是个建构的过程，而非接受他人传递的信息的结果，他们主动地与外在人事物互动，从而建立其思考类别，进行他们的概念化历程，强调儿童在学习过程中的主动性
20 世纪 60 年代	阅读理论和研究：K.古德曼 F.史密斯	阅读不是一对一符号的解码，而是复杂得多的心理历程。阅读时意义的建构过程中，读者和文本及语言之间持续地互动，读者运用已有的语言知识、文本及自己经验所提供的资讯，主动地进行取样、预测、确认，或更正、再确认所预测的结果，以建构文意。阅读的主权在读者，所有阅读中所出现的差异，都有其发展和策略使用上的意义
20 世纪 70 年代	学习、思考、语言发展理论：维果茨基	社会导向的学习理论，指出社会情境对个体学习的影响，以及教师和同僚在学习中所扮演的建设性角色，特别指出幼儿的语言和思考的发展，都被他所在社会环境中的他人所支持和影响
20 世纪 70 年代	社会语言学：韩礼德	儿童语言的使用是功能性的，情境对语言学习具有影响力，语言学习是建立社会意符系统的历程，而语言的学习、事物的学习和语言知识的学习三者是同时发生的
20 世纪 60—70 年代	语言经验活动	提供学生各种不同的学习经验，看重语言在经验活动中的角色，让学生在活动过程中能充分使用听、说、读、写，一方面充实经验内容，另一方面增加听、说、读、写的机会，以促进语言发展
20 世纪 60—80 年代	儿童文学	以包括文学在内的各式出版物和真实书面材料支持学生的探索活动，看重文学所能提供给学习者的学习经验

续表

年　代	思想家理论和研究领域	与全语言相关的理论重点
20世纪70—80年代	写作理论和研究	写作是一个意义建构的过程，也是社会性历程。从学习者的角度出发，鼓励教师以建设性的态度看待学生的错误，相信他们有主动建构知识的能力
20世纪70—80年代	读写萌发理论和研究	幼儿的口头语言和书面语言的发展过程是类似的，他们在进学校接受正式教学之前已是书面语言使用者，他们已在主动建构语言知识，具备读写能力，而他们对语言功能的认识要先于语言形式的发展，读写是他们参与社会的一种途径，环境和情境都是重要的支持要素

二、全语言教育的概念

全语言教育这个概念最早是由美国著名语言教育家古德曼于1986年提出来的，他认为“全语言教育是一种视儿童语言发展和语言学习为整体的思维方式”。全语言教育不是某一种具体的教育教学方法，而是一种新的语言教育观念。

对全语言教育进一步的诠释如下：全语言教育提倡的是开放式的语言教学，它将传统的“师传生受”的语言教学过程转换为教师和儿童合作学习的过程。

首先，从发展目标来讲，旨在培养幼儿的语言兴趣，发展幼儿的听、说、读、前书写等全面语言能力。

其次，从活动类型来讲，应该是涵盖所有的语言活动形式，如谈话、讲述、阅读、语言游戏、文学活动等。

再次，从选择的内容来讲是全面的。例如，经典的绘本、有趣的故事、朗朗上口的儿歌、古诗、寓言等。

最后，活动的组织形式也是全面的。它既可以是正规的教学活动、非正规的教育活动(在晨间、游戏活动、户外活动等之中进行的语言教学)，也可以是随机的语言教育活动(随人、随物、随事、随地、随时、随境的语言教育)，从而让幼儿对语言的感受和学习无处不在。

总之，我们一致认为全语言教育应该强调幼儿语言经验在幼儿园全部课程中的渗透；语言学习应与孩子个人的全部生活融为一体；全语言教育是全天候的，不限地点的，幼儿在参与各种活动的同时都能学习语言，享受语言给他们带来的快乐。

三、全语言教育的原则

全语言教育主要应遵循以下原则。

(1) 儿童的语言学习是整体性学习。在吸收当代儿童语言发展研究诸多成果的基础上，研究者们认为，儿童从出生就已经具备了学习作为人的全部语言的基本条件，儿童语言发展的过程是以完整的方式呈现出来的，因而儿童语言的学习应当是完整的学习，早期语言教育应当不仅重视儿童听说能力的发展，同时也要注意为他们读写能力的发展做准备。

(2) 儿童的语言学习是自然而然的学习。全语言的提倡者注重儿童语言发展的规律，认为儿童是通过与他人互动的方式学习和使用语言的，主动理解是儿童学习语言的特点，因此，有关教育机构要为幼儿提供各种学习语言的机会和资源，让幼儿被充满语言和文字信息的环境所包围，同时采用“自然学习模式”(即示范、参与、练习或扮演角色、创造表达)进行语言教育。

(3) 儿童的语言学习是有效的和有用的学习。研究发现，有效的语言学习不是“正确的”或者是“标准的”，而是连接个人生活经验和社会的学习。对幼儿来说，只有当他们的语言学习是有用的，即能用语言进行沟通时，这种学习才能对他们产生意义。因此，教育者要注意引导幼儿在情境中学习语言，脱离了情境的语言对儿童来说是没有意义的。

(4) 儿童的语言学习是整合的学习。全语言的教育观念告诉人们，人的学习是符号的学习。从早期语言教育的角度来看，语言既是幼儿学习的对象，也是幼儿学习其他内容的工具。全语言的研究者吸取了维果茨基的观点，认为任何符号系统学习的原理都是相通的，因而建议将不同的符号系统交叉运用到儿童学习的过程中来。例如，在语言学习中运用艺术、戏剧、音乐、舞蹈等手段。这种打破学科界限的学习，不仅有利于儿童的语言学习，而且有利于儿童其他领域内容的学习。

(5) 儿童的语言学习是开放而平等的学习。在全语言教育观念中，教师和儿童是构造愉快学习过程的共同体。从教师方面来说，他们熟悉学习和教学理论，据此选择课程内容和教材，并设计教学活动。从儿童方面来说，在教育过程中儿童和教师是合作学习关系。教师的责任是为儿童创设一个良好的语言学习环境，并在儿童之间营造一个非竞争性的学习共同体。尤其要注意的是，当儿童有权去做自我选择的时候，学习的效果会更好。

(6) 儿童的语言学习是创造性的学习。语言的学习和运用兼具守成与创新两方面的特点。守成是指语言是社会约定俗成的产物，一个特定的社会文化环境里的通行语言一定是有共同定义的。但是语言也是不断创新的产物。在全语言研究者的眼里，儿童学习语言的过程是没有“错误”可言的，有的只是他们的“尝试”和“创新”，只有尝试了，才会获得正确的表达方式，进行尝试是创新的前奏和必由之路。教育工作者应当充分肯定和鼓励儿童语言学习的创新精神。

全语言教育虽然没有提出固定的模式和方法，但是这种教育理论思潮的观念和原则却在近年来的幼儿语言教育中得到了推广和应用，对当前我国幼儿园语言教育教学的改革起到了积极的推动作用。

四、全语言教育理念对我国学前语言教育的影响

近20年是中国学前教育引进新的教育观念和理论的重要阶段，同时也是与国际学前教育接轨的时期。从语言教育的角度来看，全语言教育理念对我国的学前语言教育产生了积极影响。

首先，在目标上趋向完整语言的要求。近年来，在学前语言教育研究中，人们关注语言教育目标的问题，提出在培养儿童听、说能力和良好的听、说行为习惯的同时，要注意培养幼儿的早期阅读习惯和技能。一些研究者更进一步将学前儿童的早期阅读行为具体化为前阅读、前识字、前书写三个方面的要求。《纲要》明确地把幼儿早期阅读方面的要求

纳入幼儿园语言教育的目标体系，提出在重视学前儿童听和说等口头语言能力发展的同时，要“培养幼儿对生活中常见的简单标记和文字符号的兴趣”，要“利用图书、绘画和其他多种方式，引发幼儿对书籍、阅读和书写的兴趣”。这从国家纲领性文件的高度确立了幼儿园语言教育的完整目标体系。值得注意的还有，近年来，我国开始关注儿童语言运用能力的发展与教育。在幼儿园语言教育目标的分类上，已有学者从儿童语言运用的角度，将语言教育目标分为倾听能力、表述能力、文献作品欣赏能力和早期阅读能力等，《纲要》也第一次比较明确地提出要重视儿童语言运用。这从某个侧面反映了我国幼儿园语言教育目标上的完整语言倾向。

其次，在内容上表现出整合的倾向。20 世纪 90 年代以来，我国幼儿园语言教育改革的一个导向是提供整合的语言教育观念，研究者们开始把儿童语言学习看成一个整合的系统，充分意识到儿童语言发展与其他智能、情感等方面发展整合一体的关系。在儿童语言发展过程中，儿童对每一个新词、每一种句式的习得，都是整个学习系统调整、吸收与发展的结果。离开了儿童发展的其他方面，语言学习是不可能成功的。与此同时，儿童语言学习的每一点收获，都对他们其他方面发展起到良好的促进作用，儿童其他方面的发展同样也离不开语言的发展。基于这样的认识，在开展学前儿童语言教育的时候，幼教工作者要注意从外部进行整合，将语言教育视为学前教育整体中的一部分，加强幼儿语言教育与其他方面教育之间的联系，同时也注意到儿童语言学习内部的整合，在选择和编排语言教育内容时，把语言学习内容视为一个整体。

最后，教育过程呈现出真实性和活动化倾向。《纲要》明确指出，“发展幼儿语言的重要途径是通过相互渗透的各领域的教育”，要“在丰富多彩的活动中去扩展幼儿的经验，提供促进语言发展的条件”。20 世纪 90 年代以来，我国幼教工作者在幼儿园语言教育中，比较关注幼儿语言教育活动的设计与组织，在组织活动中为幼儿创设具有真实语言运用机会的交流情境，使语言教育活动的过程成为教师与幼儿共同建设的积极互动的过程。

总之，由于全语言本身的理念符合语言学习自身的规律，符合幼儿学习语言的规律和特点，必将对我国的幼儿园语言教育教学产生越来越大的影响。

拓展阅读

全语言教育思想对我国幼儿园语言教育的启示

全语言教育虽然没有提出固定的模式和方法，但是这种教育理论思潮的观念和原则却在近年来的幼儿语言教育中得到了推广和应用，对当前我国幼儿园语言教育教学的改革起到了积极的推动作用。全语言教育理念对我国幼儿园语言教育具有如下启示。

(1) 幼儿园语言教育应该是完整的、全面的。

全语言认为，幼儿园语言教育应是完整的、全面的。幼儿语言教育的完整目标应该包括听、说、读、写等方面的情感态度、认知和能力的发展。目前，我国幼儿园语言教学存在着一些误区，如让幼儿机械地识字，单纯地阅读，片面地将早期阅读与“读写汉字”相等同现象，这不利于幼儿语言的学习和幼儿的整体发展。《纲要》也提出，将儿童的早期阅读能力培养纳入幼儿园语言教育的目标，在重视儿童听、说等口头语言能力培养的同时，要利用图书、绘画和其他多种方式，引发幼儿对书籍、阅读和书写的兴趣，培养前阅读和前书写技能。因此，幼儿园语言教育既要引导幼儿学习口头语言，也要学习书面语言；既要幼儿理解和运用日常生活用语，也要引导幼儿学习文学语言，而且应是听、说、读、写各方面的学习。

(2) 幼儿语言教育活动的过程应是真实的。

全语言教育强调将读写建立在幼儿的语言基础和个人经验之上，主张教学要贴近幼儿，贴近幼儿的学习基础和背景知识，教师和儿童应共同参与语言活动。幼儿教师要重视为幼儿提供能动脑、动口、动手的生活环境和学习材料，创造条件，使幼儿成为主动的语言学习者；教师以主题整合各领域学习内容，让幼儿在学习各领域知识的同时，发展语言能力，即将语言的学习融合在各领域学习之中；教师要重视通过日常生活和游戏发展幼儿的语言能力，寓教育于生活、游戏之中，创设一个自由、宽松的语言交往环境，支持、鼓励幼儿与教师、同伴交往。

(3) 采用多样化的形式开展幼儿园语言教育。

幼儿园语言教育应采用多种多样的形式，包括正规的语言教学活动、非正规的语言教学活动(在游戏活动、户外活动中进行的语言教育活动)、随机的语言活动(随时、随地的语言教育活动)。其中，语言游戏活动是比较重要的语言教育活动类型。全语言重视幼儿在运用语言的过程中，在真实的读写实践中学习语言，而游戏对幼儿来说是最有意义的、最真实的实践。幼儿在游戏中与同伴接触和交往，产生语言交往的迫切要求，能提高幼儿学习语言的兴趣，游戏中又常有新的情境和新的需要，从而可锻炼和丰富幼儿的创造性语言。

(4) 幼儿园语言教育应与其他领域的活动相整合。

全语言认为，语言能力培养并非只有在语言领域中可以进行，在其他领域也可以对幼儿进行语言表达能力的培养。幼儿园语言活动应注重在其他各领域中对幼儿进行语言表达能力的培养。幼儿教师应充分挖掘各领域活动中有利于语言教育的因素，在设计和组织各领域教育活动时，把语言教学与其他诸如社会、数学、音乐、美术等学科整合起来，以跨学科的方式，以某一主题为单位，把听说读写与各学科统整起来实施综合性教学。

总之，由于全语言本身的理念符合语言学习自身的规律，符合幼儿学习语言的规律和特点，必将对我国的幼儿园语言教育教学产生越来越大的影响。

(资料来源：马雪琴. 全语言教育理念及对我国幼儿园语言教育的启示[J]. 大庆师范学院学报，2012(1).)

本章小结

本章主要讲述了国内外学前儿童教育研究的现状，研究与实践的未来趋势，全语言教育的内涵、原则及其对我国学前儿童语言教育的影响。

关于学前儿童语言教育的研究，西方的研究成果较为丰富，集中体现在对儿童语言研究理论的贡献上。到 20 世纪 90 年代，研究者们重点关注幼儿语言交流行为的发展过程，探讨幼儿在语言发展中如何获得必要的知识技能，以便在相互交往中适当、有效、规范地使用语言。当代美国心理学家迈克尔·托马塞洛提出的基于用法建构的语言获得理论，代表了目前国外学前儿童语言研究领域的最新成果。

我国对学前儿童语言教育的研究主要体现在对幼儿语言习得和语言发展理论等方面，

并初步建立了汉语语言习得理论体系。近 10 年来，学前儿童语言教育研究呈现出多元化的特点。除了以传统方式继续探讨学前儿童语言在语音、词汇、语义、语法、语用等语言基本方面的习得、发展情况外，研究者意识到建立统一格式的幼儿口语语料库是增强幼儿语言研究科学性的重要手段。

学前儿童语言教育研究与实践的未来趋势主要体现在四个方面，即研究趋势凸显多元化、重视学前儿童语言运用能力发展的研究、关注学前儿童早期阅读教育、研究影响学前儿童语言教育的因素。

全语言教育这个概念最早是由美国著名语言教育家古德曼于 1986 年提出来的，他认为“全语言教育是一种视儿童语言发展和语言学习为整体的思维方式”。全语言教育不是某一种具体的教育教学方法，而是一种新的语言教育观念。

全语言教育主要有六个原则，即儿童的语言学习是整体性学习、是自然而然的学习、是有效的和有用的学习、是整合的学习、是开放而平等的学习、是创造性的学习。

全语言教育对我国学前儿童语言教育的影响主要体现在三个方面：在目标上趋向完整语言的要求，在内容上表现出整合的倾向，教育过程呈现出真实性和活动化倾向。

【推荐阅读】

[1] 张明红．学前儿童语言教育与活动指导[M]．上海：华东师范大学出版社，2014.

[2] GOODMAN K．全语言的“全”全在哪里？[M]．台北：信谊基金出版社，1998.

[3] 王萍．英美全语言教学理念及实践对我国幼儿园语言教学的启示[J]．外国教育研究，2007(4).

思考与练习

一、名词解释

全语言教育

二、简答题

1. 学前儿童语言教育研究和实践的未来趋势有哪些？
2. 全语言教育的原则有哪些？

三、论述题

请结合实际阐述全语言教育理念对我国学前语言教育的影响。

【实践课堂】

请查找 5 篇近 5 年发表的关于学前儿童语言教育的学术论文，并以小组为单位分析和讨论该领域研究与实践的未来趋势。

参 考 文 献

[1] 张加蓉，卢伟．学前儿童语言教育活动指导[M]．上海：复旦大学出版社，2013．

[2] 舒阳花，李振江．幼儿语言活动指导[M]．北京：北京师范大学出版社，2013．

[3] 王佩佳，徐杰．学前儿童语言教育[M]．镇江：江苏大学出版社，2013．

[4] 教育部基础教育司．幼儿园教育指导纲要(试行解读)[M]．南京：江苏教育出版社，2002．

[5] 张明红．给幼儿教师的 101 条建议，语言[M]．南京：南京师范大学出版社，2007．

[6] 史密斯．乔姆斯基：思想与理想[M]．2 版．田启林，马军军，蔡激浪，译．北京：中国人民大学出版社，2015．

[7] MACHADO J. M．幼儿语言教育[M]．王懿颖，译．北京：北京师范大学出版社，2012．

[8] 夏燕群，邹群霞．学前儿童语言教育[M]．北京：高等教育出版社，2013．

[9] 张亚军．语言学概论[M]．上海：华东师范大学出版社，2013．

[10] 张明红．学前儿童语言教育活动与指导[M]．上海：华东师范大学出版社，2014．

[11] 李国祥，夏明娟，项慧娟，等．幼儿心理学[M]．北京：人民邮电出版社，2015．

[12] 张明红．0～3 岁儿童语言发展与教育[M]．上海：华东师范大学出版社，2013．

[13] 朱海琳．学前儿童语言教育[M]．北京：科学出版社，2009．

[14] 姜晓燕，郭咏梅．学前儿童语言教育[M]．北京：高等教育出版社，2011．

[15] 杭梅．幼儿语言教育与活动指导[M]．北京：北京师范大学出版社，2012．

[16] 李敏．了解孩子[M]．天津：天津科学技术出版社，2008．

[17] 陈丽群．蒙台梭利幼儿语言教育[M]．上海：第二军医大学出版社，2004．

[18] 教育部．幼儿园教育指导纲要(试行)[M]．北京：北京师范大学出版社，2001．

[19] 何芙蓉，胡陵．学前儿童语言教育[M]．成都：西南交通大学出版社，2013．

[20] 欧阳新梅．学前儿童语言教育[M]．南京：东南大学出版社，2014．

[21] 周兢．幼儿园语言教育[M]．北京：人民教育出版社，2004．

[22] 孙莉莉．早期阅读与幼儿教育[M]．合肥：安徽少年儿童出版社，2011．

[23] 金美敬．儿童口语表达[M]．孙赟，译．北京：中国城市出版社，2013．

[24] GOODMAN K．全语言的“全”全在哪里？[M]．台北：信谊基金出版社，1998．

[25] GOODMAN K.What's Whole in Whole language？[M]．Portsmouth，NH：Heinemann，1986．

[26] 王萍．英美全语言教学理念及实践对我国幼儿园语言教学的启示[J]．外国教育研究，2007(4)．